KB232720

북한의 정치 2

북 한 학 총 서
북한의 새인식 ②

북한의 정치 2

북한연구학회 편

景仁文化社

■ 발간사

통일연구원 선임연구위원

북한연구학회가 출범한 지도 벌써 10년이 지났다. 세월은 유수같이 빠르고, 10년이면 강산도 변한다는 데, 10여 년 전에는 40대 초반의 중년의 나이로 학계를 누볐던 학자들이 이제는 머리가 희끗희끗하고 중후한 50대 초반의 학자들로 변모하였다. 그래도 연구활동을 묵묵하게 하고 있는 모습을 보면, 여전한 연구열에 감탄하곤 한다.

10여 년의 세월이 흐르면서 북한학계는 눈부시게 발전하였다. 남북관계의 변화만큼 북한학계 또한 변화했고, 양적인 면이나 질적인 면에서 비교할 수 없을 만큼 장족의 발전을 이룩하였다. 우선 북한연구학회 회원만 해도 400여 명 가까이 증대하였고, 새로운 시각으로 쓰여진 학위논문과 학술논문, 단행본 등이 수백 편에 이르고 있다. 특히 사회문화, 여성, 무용, 가족, 과학, 체육 분야 등에서도 연구성과물이 나오면서 북한학 연구의 다양성이 확보되었다. 북한을 정치군사, 경제적 측면에서만 주로 분석·전망하는 한계를 벗어나 다양한 관점에서 분석·전망할 수 있는 터전이 마련된 셈이다. 앞으로도 더욱 다양한 분야에서 연구 성과물들이 쏟아져 나올 것으로 기대된다. 아울러 우수한 신진학자들이 많이 배출되어 북한학 연구의 저변이 확보됨으로써 북한학의 명맥을 유지할 수 있게 되었고, 통일에 대비한 인적 집단이 충분히 확보됨으로써 통일 이전이나 이후의 문제점, 특히 통일후유증을 최소화할 수 있게 되었다.

사실 1989년 을유문화사가 12권의 북한학 총서를 간행한 이후 이렇다할 북한연구 총서가 나오지 않아 일반인이나 전문가들의 아쉬움이 컸었다. 이러한 기대가 오늘날 『북한의 새인식』(전 10권)이라는 총서가 나오게 된 배경이 되었다. 솔직히 처음 시작할 때는 제대로 책이 나올까 하는 두려움도

v

없지 않았지만 훌륭한 동료, 후배들의 격려에 힘입어 끝까지 출판을 마무리
할 수 있었다. 책이 나오게 된 지금에 와서 돌아보니, 『북한의 새인식』 총서
10권의 출판이 북한학의 역사에도 크게 기여하게 되리라는 자부심이 일을
끝까지 마무리할 수 있었던 큰 힘이 아니었나 생각된다.

이 자리를 빌어 모든 난관을 참고 견뎌준 편집책임자 정영철 박사를 비
롯해 전영선·이무철·신효숙·고재홍 박사님들께 감사를 드린다. 그리고
출판계의 어려움에도 불구하고 별 이익도 없는 사업에 흔쾌히 출판을 맡아
준 경인문화사 한정희 사장님께 감사드린다. 특히 출판의 타당성을 놓고
망설이고 있을 때 자신감을 불어 넣어준 유영구·정창현 선생에게 무한한
감사를 드린다. 아울러 많은 실무자들이 일을 할 수 있도록 물심양면으로
도와준 최준택 차장님, 정세현·박영규·라종억 박사님들께도 사의를 표
한다. 아울러 총서 출간을 위해 지원을 마다하지 않은 미래에셋 최현만 사장
님께도 감사드린다. 마지막으로 집필자 선정을 위해 시간을 아끼지 않으신
북한연구학회의 정규섭·고유환·김근식·이기동 박사님들께 감사드린다.

아쉬운 것은 수 천편의 책과 글 중에서 110여 편의 글과 110여 명의
필자들만이 선정되어 좋은 글과 필자들이 많이 빠졌다는 점이다. 여러 가지
이유로 여기에 실리지 못한 연구자들에 대해서는 죄송한 마음을 금할 길이
없다. 지면관계상 또는 필자별·분야별로 안배를 하다보니 많은 우수한 논
문들과 필자들이 빠지게 되었다. 다음에 이러한 기회가 있을 때는 보다 정
교한 선정작업이 이루어져 모든 글들이 실리기를 바란다. 다시 한번 총서가
나오기까지 물심양면으로 도와주신 수많은 선배·동료·후배님들에게 감
사의 마음을 전하고, 이 총서가 수많은 초학자는 물론 기존 연구자들에게도
북한 연구의 좋은 길잡이가 되기를 바라면서 발간사를 가름한다.

2006년 11월
북한연구학회장 **전 현 준**

■ 추천사

동국대학교 교수

북한연구학회가 창립 10주년을 맞아 북한학 총
서『북한의 새인식』(전 10권)을 출간하는 것은 대
단히 뜻 깊은 일이다. 학회 창립의 산파역을 맡아
동분서주하던 일이 엊그제 같은 데, 벌써 10년의
세월이 흘렀다. 그 동안 학회는 장족의 발전 속에
북한, 남북관계 등의 영역에서 많은 연구 성과를
거뒀다. 총서 10권을 출간함으로써 이제 학회는
단단한 반석 위에 섰다 하겠다.

사실 북한학 총서는 지난 1989년 을유문화사에서『북한의 인식』(전 12
권)으로 출간된 적이 있었다. 당시의 북한학 총서는 북한 연구의 척박한 현
실을 반영하듯, 북한에 대한 각 분야의 소개에 그친 점이 없지 않다. 그럼에
도 당시의『북한의 인식』은 연구자들에게 많은 영향을 미쳤고, 상당한 성과
를 거두었다. 그로부터 약 17년의 시간이 흐른 뒤, 남북한은 물론 남북관계
에도 많은 변화가 있었다. 가장 큰 변화는 2000년 정상회담과 '6·15 공동선
언'의 발표라고 할 수 있다. 이로부터 약 6년의 시간동안 남북한은 과거의
대립과 갈등을 지양하고, 평화와 공존, 번영을 위한 여러 분야에서의 협력
을 진척시켜왔다. 그 결과 이제 남북한간에는 무역액 10억 달러 이상, 연간
교류 인원 10만 명을 웃도는 관계 진전을 이루었다. 북한 연구도 이러한
시대적 조류에 맞게 많은 발전을 이룩하였다. 과거 정치와 경제, 군사부문
에 한정되던 연구 주제들이 사회, 여성, 가족, 교육, 문화, 과학기술, 외교
등으로 확장되었고, 연구의 질도 심화되었다. 이러한 조건에서 북한학 총서
의 발간은 북한학의 새로운 단계로의 발전을 위한 시의 적절한 기획이고,
앞으로의 발전을 위한 단단한 초석이라고 할 수 있겠다.

총 114편의 논문으로 구성된 이번의 총서는 북한의 정치·경제·사
회·문화 등 모든 영역을 망라한 국내외 최초의 대규모 기획이다.

1권 '북한의 정치 1'에서 10권 '북한의 통일외교'에 이르기까지 북한 연구의 중요한 주제들을 모두 포괄하고 있다. 필진 역시 원로 학자에서부터 소장 학자에 이르기까지 국내 북한학 연구 인재들을 총망라하였다. 각각의 논문을 그 분야 전문 연구자가 집필함으로써 총서의 무게감을 더한 것도 큰 성과라 할 수 있다. 이러한 성과는 그동안 북한학 연구자들의 저변이 확대된 현실과 그 연구의 질적 심화의 과정을 그대로 보여주고 있는 고무적인 현상이다.

연구사적 차원에서도 총서 발간으로 이제 국내 북한 연구는 한 획을 그었다고 할 수 있다. 탈냉전 이후 북한 연구를 집대성한 최초이자 최대의 성과이기 때문이다. 이 성과를 바탕으로 학회 창립 20주년이 되는 2016년에는 북한학과 통일학을 망라한 총서 20권의 출간을 기대한다. 북한 연구의 지평을 넓힌 북한학 총서는 북한학 연구에 관심 있는 모든 연구자와 학생들에게 길잡이로서 손색이 없다. 관심 있는 모든 이들에게 일독을 권하는 바이다.

끝으로 총서 발간을 기획하고 출간을 가능케 한 전현준 회장과 출판을 위해 수고한 연구자들에게 감사를 표하는 바이다.

2006년 11월
북한연구학회 고문을 대표하여
강 성 윤

■ 추천사

통일부 장관

북한연구는 우리 사회의 북한에 대한 인식의 거울이라고 할 수 있습니다. 남북관계의 변화만큼이나 우리의 북한에 대한 이해의 방향과 깊이도 많이 변화되어 왔기 때문입니다.

냉전시기 북한에 대한 연구는 이데올로기적 가치판단에 따라 실증적·과학적 연구가 크게 제약되었고, 그 결과 학문성 자체까지도 의심을 받아온 것이 사실입니다.

그러나 이제 그 시대는 지나갔습니다. 1980년대 후반 한국 사회의 민주화와 세계냉전의 붕괴는 북한 연구에 있어서도 큰 영향을 미쳤습니다. 이데올로기적 편견의 탈피, 실사구시의 강조, 객관적 비교연구, 이런 것들이 북한 연구에서도 본격적으로 나타나기 시작했습니다.

북한연구학회의 창립도 이러한 시대적 흐름과 궤를 같이 하고 있다고 봅니다.

북한연구학회는 지난 1996년 출범한 이래 객관적·실증적이고 학제적인 북한 연구를 통해 북한에 대한 새로운 시각을 제시하는데 앞장서 왔습니다.

이러한 노력의 연장선상에서 북한연구학회 창립 10주년을 맞아 발간한 『북한의 새인식』(전 10권)은 그간의 북한 연구의 결정체이자 국내 북한 연구자들의 땀과 노력이 빚어낸 값진 쾌거입니다.

북한 연구는 다른 연구와 달리 3중고에 시달리고 있습니다. 이분법적 이념의 편견이 여전히 남아 있고, 공신력있는 1차 자료를 획득하는 것이 불가능한 경우가 많고, 경험적이고 실증적인 현장연구가 상당히 제약되어 있다는 것입니다.

『북한의 새인식』은 이러한 3중고 속에서도 북한의 실체에 최대한 가까이 접근하고자 한 학자적 소신과 열정이 녹아 있습니다.

이 10권의 총서는 이러한 어려움 속에서도 북한의 정치・경제・사회 문화 등 제반 분야의 과거와 현재, 나아가 미래까지를 아우르고 있다는 점에서 북한 연구에 있어 매우 귀중한 자산이 될 것으로 평가합니다.

북한을 이해한다는 것은 우리 자신을 보다 잘 이해하는 것입니다. 60년간 잊고 있었던 우리의 반쪽을 알아가는 과정입니다.

북한을 정확히 아는 것은 진정한 통일을 위한 첫걸음이기도 합니다. 남북이 하나의 공동체로 나아가기 위해서는 서로에 대해 있는 그대로 인식하는 것이 무엇보다 중요하며, 그러한 바탕 위에서 남북간에 차이를 좁히고 동질감을 확산시키는 부단한 노력이 이루어져야 할 것입니다.

그동안 이 총서가 발간되기까지 많은 수고를 아끼지 않으신 전현준 북한연구학회장을 비롯한 출판 관계자 여러분의 열정과 노고를 높이 평가하며 경의를 표합니다.

이 총서가 북한과 통일에 대해 연구하는 내외의 학자들에게는 소중한 나침반이 되고, 대북정책을 추진하고 있는 정부의 실무자에게는 정책을 수립하고 집행하는 데 있어 유용한 참고서가 될 것입니다.

그리고 일반인에게는 편견없이 북한을 바라볼 수 있는 진솔한 설명서가 될 것으로 기대합니다.

2006년 11월
통일부 장관
이 종 석

x

■ 추천사

전 통일부 장관

1989년에 국내 한 출판사가 『북한의 인식』(을
유문화사)이라는 북한학 총서 12권을 출간한 이후,
17년 만에 북한연구학회가 『북한의 새인식』 총서
10권을 출간하게 되었다. 북한연구학회 회원인
114명의 학자들이 집필한 대작大作이다. 북한에 관
한 한 다루지 않은 문제가 거의 없는 것 같다. 먼
저 이러한 방대한 연구사업을 기획하고 추진해 온
전현준全賢俊 회장을 비롯한 북한연구학회 임원진
의 추진력과 노고에 대해 경의를 표한다.

1989년을 전후해서 북한은 매우 어려운 상황에 처해 있었다. 남북간 체
제경쟁은 사실상 오래전에 결판이 났고, 중국의 개혁·개방과 소련의 페레
스트로이카·글라스노스트가 속도를 내면서 국제정세가 탈냉전 방향으로
발전하는 동시에 사회주의권은 붕괴되는 상황이었다. 체제생존이 위협받는
상황에서 북한 나름의 자구自救를 위한 노력이 시작되었다. 북한의 모습과
실체가 작은 변화나마 시작했었다는 점에서 1989년에 국내 출판사가 출간
한 『북한의 인식』이라는 총서는 북한에 대한 지식과 정보의 갈증을 느끼던
사람들에게 매우 유익한 길잡이 역할을 했다고 본다.

그로부터 17년이라는 시간이 흐르는 동안 국제정세도 변했지만, 남북관
계는 가히 '극적인 변화'라고 할 수 있을 정도로 변했다. 남북 정상회담 이
후 남북관계가 빠른 속도로 개선되면서 북한도 다른 사회주의국가들처럼
개방·개혁을 시작했고, 북한주민들의 대남인식과 북한사회의 변화도 감지
되고 있다. 북한을 제대로 알아야 한반도 평화와 남북관계 개선을 위한 올
바른 인식과 정책대안이 나올 수 있다는 점에서 17년 전의 북한학 총서를
수정·보완할 필요는 충분히 있다. 그때의 총서가 당시로서는 훌륭한 역할
을 했지만, 최근의 변화 상황까지 설명할 수는 없기 때문이다.

　21세기를 맞이하여 북한도 새로운 시각과 관점에서 살 길을 찾고 있다. 변하고 있는 북한을 분석하고 평가하는 데도 새로운 시각과 관점이 필요하게 되었다. 그런데 매사에 지속(continuity)과 변화(change)가 공존하기 때문에 변화의 요소를 보면서도 지속의 요소를 놓쳐서는 안 된다.

　이번에 북한연구학회의 북한학총서를 집필한 학자들 중 상당수는 1990년대에 박사학위를 받고 대학과 연구기관에서 가르치고 연구해온 신진학자들이다. 그러나 집필진에는 원로학자도 있고 중진학자도 적지 않다. 신진학자들과 원로·중진이 함께 토의하고 분야를 나누어 집필하여 하나의 총서로 꾸몄으니, 집필진 구성면에서 노老·장壯·청靑 3결합이 조화롭게 이루어진 셈이다. 북한연구학회가 출간하는 총서 『북한의 새인식』은 변화된 상황에 맞게 적시에 출간되기 때문에 의미가 크지만, 북한에 대해서 가질 수 있는 편견을 극복하고 북한 실체에 더 가까이 다가갈 수 있도록 집필진이 구성되었다는 점에서도 주목을 받을만하다고 본다.

　다시 한 번 북한연구학회의 『북한의 새인식』 총서 출간을 축하하면서, 북한문제에 관심 있는 분들, 특히 통일 후계세대들에게 이 책을 추천하고자 한다.

2006년 11월

북한연구학회 명예고문을 대표하여

丁 世 鉉

<차 례>

서문:
북한 연구의 성과와 앞으로의 과제

전 현 준

2000년 남북정상회담과 6·15 공동선언은 갈등과 반목의 남북관계를 질적으로 변화시켰다. 공동선언의 합의에 따라 19차례의 장관급 회담을 비롯한 당국간 대화가 진행되었고, 경제협력을 포함한 다방면의 교류협력이 확대되었다. 또한, 초보적이기는 하지만 국방장관 회담과 장성급 회담을 통해 남북간의 군사적 신뢰구축 조치가 가시화되었다. 더불어 이산가족 상봉 등 인도적 문제에 대해서도 적잖은 성과를 보였다. 그러나 이러한 남북관계의 진전은 한반도의 정세 변화 속에서 불안전성을 보여주고 있다. 과거 8·15 대축전에 참여하였던 북한 인사의 표현처럼 남북관계는 '불안한 과도적 공존상태'에 놓여있는 셈이다. 이를 반영하듯 최근 북한의 미사일 발사 실험과 핵실험 등으로 남북관계는 중대한 기로에 놓여있는 상황이다.

남북정상회담 이후 확대된 남북교류는 한국 사회에 북한을 바라보는 시각은 물론 통일문제에 대한 인식에도 많은 변화를 가져다주었다. 그렇지만 반세기 이상 지속되어 온 반공 이데올로기의 영향으로 북한에

대한 경계심 또한 지속적으로 제기되고 있다. 이에 따라 통일 및 대북
정책을 둘러싼 남남갈등이 확대되어 왔던 것도 사실이다. 이러한 갈등
은 한국사회의 정치사회적 모순에 기인한 측면도 있지만, 북한이 같은
민족으로서 통일의 대상임과 동시에 아직까지 정치군사적 경계의 대상
이라는 이중성에서도 비롯된다 할 수 있다.

북한의 이중성은 핵실험 강행이라는 행위와 태도에서도 확인된다. 북
한의 이러한 행위와 태도는 한국사회에 북한 및 통일문제에 대한 인식
의 혼란뿐만 아니라 남남갈등을 증폭시키고 있다. 이러한 북한을 어떻
게 바라봐야 하며, 어떤 방식으로 대응해 나가야 할 것인가? 이 질문에
해답을 구하기 위해서는 우선 북한체제에 대한 정확한 이해가 필요하다
하겠다. 북한연구학회가 2000년 이후의 북한 연구의 체계적 정리를 위
해 기획한 북한연구 총서 발행 사업은 이런 측면에서 매우 시의적절하
고 의미있는 작업이라 할 수 있다.

한국에서의 북한연구는 1980년대 말까지만 해도 냉전체제의 최전방
에 위치해 있던 한반도의 특성으로 인해 냉전적 시각에서 크게 벗어나
지 못했다. 그 결과 반공과 반북의 편향성을 띠었고, 정치적 목적에 의
해 학술적 연구가 왜곡되는 우여곡절을 겪기도 하였다. 그러나 사회주
의권의 붕괴와 냉전의 종식은 우리 사회에서 북한연구의 환경을 근본적
으로 변화시켰다. 그리고 과거 냉전의 틀에 갇힌 단선적 연구에서 벗어
나 북한 자체에 대한 보다 객관적이고 실증적인 연구의 필요성이 대두
되기 시작했다. 1980년대 후반부터 시작된 소장 연구자들을 중심으로
한 이른바 '북한바로알기' 운동의 연구들이 탈냉전의 정세변화를 반영
하고 있다 하겠다. 그러나 다른 한편으로 당시의 북한바로알기는 반북
에 대한 역편향으로서 친북적인 성향을 노정했다는 비판을 받기도 하였
다. 북한연구는 1990년대 북한체제의 위기와 탈북자의 증가를 계기로
이데올로기적 편향에서 점차 벗어나 객관성과 실증성을 기준으로 한 학

문적 논의가 가능한 영역으로 진입해 가고 있다. 특히 남북정상회담 이후 북한과의 직접 접촉 및 교류의 활성화는 북한체제에 대한 학문적 논의에 긍정적으로 작용하고 있다.

본 총서는 이러한 북한연구의 성과를 정리하고 집대성함으로써 북한체제에 대한 체계적인 이해와 함께 향후 북한체제에 대한 심층적 연구에 기여하고자 한다. 아쉬운 점은 본 총서가 여러 가지 한계 상 모든 북한연구 내용을 망라할 수는 없다는 점이다. 이에 북한연구학회는 양극단의 이념적 성향을 보이는 논문들은 가능한 한 배제하고, 2000년 이후 발표된 단행본 및 논문들 가운데 학회의 기획과 북한 연구의 성과를 보여주는 주제에 적합한 논문을 선정하였다.

『북한의 정치 2』는 북한 정치체제의 형성과정을 다룬 『북한의 정치1』에 이어 현재 북한의 이데올로기와 권력구조, 선군정치의 의미와 내용, 그리고 군사국가화 경향과 북한의 국가성격 규정문제를 다루고 있다.

우선 본 총서에서는 북한 이데올로기와 관련해서 주체사상과 선군사상, 그리고 민족주의 문제를 다룬다. 북한의 체제와 사회를 이해하기 위해서는 주체사상을 이해하는 것이 필수적이라는 것에 대해 대부분의 연구자들이 동의하고 있다. 그러나 북한사회에서 주체사상이 차지하는 비중을 강조하다 보니 현실과 이데올로기 간의 관계 규정과 해석에 있어 여러 혼란을 가져왔던 것도 사실이다. 그리고 1990년대 김일성의 사망과 북한체제의 위기 속에서 주체사상의 지속과 퇴조에 대한 논란도 있어 왔다. 따라서 주체사상의 형성과 변화, 그리고 논리체계의 분석은 북한 연구에서 가장 기초적인 작업이라고 할 수 있다. 이러한 주체사상에 대한 이해와 함께 최근 북한이 강조하고 있는 선군정치 및 선군사상에 대한 이해도 필수적이다. 선군사상이 무엇을 의미하는지, 그리고 선군사상과 주체사상에 대한 관계 규명도 매우 중요한 연구과제다.

한편, 남북관계 및 통일문제 논의 가운데 가장 현실적인 문제가 바로 민족 · 민족주의 문제다. 남북한이 모두 통일의 당위성을 민족에서 찾고 있는데서 알 수 있듯이 민족·민족주의 문제는 통일논의의 출발점이라 할 수 있다. 따라서 북한의 민족·민족주의 개념에 대한 정확한 인식은 북한 이데올로기 특성의 이해뿐만 아니라 통일논의를 위한 선차적이며 현실적인 과제라고 할 수 있다.

북한의 권력구조와 관련해서는 북한 권력의 핵심기관이라고 할 수 있는 조선로동당의 위상과 역할, 국가기관의 특징, 그리고 북한의 법체계, 당 · 정 · 군관계를 주제로 선정했다. 북한도 다른 사회주의국가와 마찬가지로 당-국가 체제를 유지해 왔다. 사회주의 국가의 구조를 이해하기 위해서는 국가를 지배하는 공산당(북한은 조선로동당)에 대한 이해가 필수적이다. 사실상 사회주의 국가는 공산당 없이는 존재할 수 없는 반면, 공산당은 국가 없이도 존재할 수 있다. 당-국가체제의 원형은 스탈린에 의해 수립되었고 2차 대전 이후 수립된 대부분의 사회주의 국가가 이 모델을 수용했다. 또한 북한의 경우, 절대화된 수령의 존재로 수령과 당과의 관계 규명도 중요하다. 이와 함께 국가기관 및 군대의 기능과 역할에 대한 분석도 병행되어야 한다. 북한은 수령의 권위를 배경으로 당과 함께 국가기관, 그리고 군대가 체제를 유지시키는 핵심 권력체이자 하나의 제도 또는 기구로서 역할을 수행한다. 따라서 당 · 군 · 정관계 변화는 권력구조의 변화를 의미한다 할 수 있다.

또한 북한연구와 관련된 자료의 제약이 존재하는 현실 속에서 북한의 사회주의 헌법을 비롯한 법체계 분석은 매우 중요하다. 수령의 권력이 절대화된 북한체제의 특성상 민주주의 체제에서처럼 법의 중요성이 강조되지는 않는다. 그러나 김일성이 법을 '사회경제제도의 반영이며 정치의 한 표현 형식'으로 규정하고 있는 것에서 알 수 있듯이, 법체계 분석은 북한의 권력 구조뿐만 아니라 정치사회의 실상을 유추하는데 유용한 자료가 된다.

　김일성 사후에 고난의 행군으로 대표되는 대내외적 위기 상황에서 북한이 군대를 앞세우는 '선군정치'를 전례 없이 강조하고, 나아가 선군사상으로까지 나아가면서 국내에서도 '선군정치'에 대한 연구가 활발히 이루어지고 있다. 앞서 이데올로기 부문에서 다루고 있듯이 과연 선군사상이 주체사상을 대체하고 있는가? 그리고 선군정치의 등장과 함께 당·군관계가 변화했는가 등이 쟁점이 되고 있다. 이러한 논의는 결국 정치체제 및 국가성격 논의와 연결될 수밖에 없다. 따라서 북한이 주장하는 선군정치의 내용과 선군정치의 구체적 양상, 그리고 그것이 현재 북한체제와 어떠한 연관성을 가지고 있는가를 분석할 때만이 오늘의 북한을 이해할 수 있다.

　또한 북한의 군사국가화 경향은 김정일 시대의 독특한 현상이라고만 할 수는 없다. 따라서 북한체제의 군사화 현상의 기원을 이해할 필요가 있다. 이러한 논의들은 북한 정치체제 및 국가성격의 규정에 있어 매우 유용한 자료로 활용될 것이다. 이를 기반으로 다른 사회주의권 국가들과의 비교연구를 수행한다면 북한 체제 및 국가성격의 일반성과 특수성 규명에 도움이 될 것이다.

　북한연구학회에서 선정한 주제의 글로 수록된 논문 이외에도 다양한 입장과 관점에서 분석, 평가한 글들이 있으며, 그 가운데 참고해야 할 논문들도 다수 존재한다. 따라서 본 총서에 수록된 글들이 각 주제의 대표적 논문이라고 주장할 수는 없다. 그렇지만 본 총서가 현재 북한연구의 경향과 쟁점을 보여주고 향후 연구의 질적 발전을 위한 토대로서의 역할을 충분히 할 것으로 기대된다. 특히, 이제 막 연구자의 길로 들어선 분들께는 더 없이 유용한 길잡이가 되리라고 생각된다.

제1부
이데올로기와 권력구조

주체사상의 형성·변화와 논리체계

정 성 장

1. 서 론

1990년대 중반 북한에서 전례 없이 심각한 식량난으로 수십만에서 수백만으로 추산되는 아사자가 발생하고, 북한당국이 주민들의 이동 통제에 한계를 드러내는 상황이 나타났다. 그러자 국내에서는 주체사상이 근저에서부터 흔들리고 있으며 북한 정권 및 체제의 붕괴는 시간문제라는 '희망적 사고'가 널리 확산되었다.[1] 그러나 북한은 현재까지 정치적 안정성을 유지하고 있으며, 단기간 내에 정권 및 체제 붕괴가 발생할 가능성은 크지 않은 것으로 전망된다.

김일성 사후 주체사상이 '쇠퇴' 또는 다른 사상으로 대체되고 있다고 주장하는 연구자들에게 일반적으로 발견되는 공통점은 경제상황의 악화 또는 사회적 불평등이 주체사상에 대한 '불신'으로 연결되고 있다는 것이다. "순진하고 때가 묻지 않은 대다수 북한의 주민들은 수령과 당에 충실하고 일만 열심히 하면 신분을 고칠 수 있다고 생각하였고, 그 결과 '자기 운명을 개척할 수 있다'는 주체사상의 논리는 이들의 심정을 사로잡았던 것이다. 그러나 많은 시간이 흘러도 노동자, 농민의 자식은 좋은 대학에 갈 수 없고, 신분을 상향 조절할 수 없는 현실에 부딪치면서 주체사상은 매력을 잃고 말았다"[2]는 식의 주장이 바로 그 같은 관점에 입각한 것이다.[3] 그런데 이 같은 주장은 주체사상에 대한 막연한 '선입견'과 북한 현실에 대한 부정확한 이해에 기초하고 있다는 문제점을 보이고 있다. 2002년 7.1 경제관리개선 조치 이후 북한에서 '실리'를 강조하는 경향이 나타나고 있기는 하지만, 주체사상은 기본적으로 '물질적 자극'보다 '정치도덕적 자극'을, '생산력 발전'보다 '공산주의적 인간개조'를 중시하는 관점을 유지해왔다. 그리고 대부분의 북한 주민들은 1990년대 중반의 식량난을 기본적으로 전례 없는 자연재해와 '미제의 고립압살책동'에 기인하는 것으로 받아들이고 있었기 때문에 주체사상에 대한 불신으로 연결되지 않았다.

주체사상은 기본적으로 '수령중심사상'이며, 정치중심적인 사상이다. 그 점을 정확히 이해해야만 왜 심각한 식량난에도 불구하고 김정일이 정권을 안정적으로 유지할 수 있었는가에 대해서도 답을 구할 수 있을 것이다. 주체사상의 본질에 대한 이해 없이 북한에 대한 막연한 선입견과 편견을 가지고 접근하는 것은 학문적으로 극복되어야 한다.

세종연구소 북한연구센터가 2002년부터 2005년까지 북한이탈주민 78명을 대상으로 심층면접을 하면서 설문조사한 결과에 의하면, 의외로 응답자 중 가장 많은 수가 북한 주민들의 주체사상에 대한 신뢰도가 '높다'고 대답했다. 그리고 신뢰도가 '매우 높다'와 '높다'라는 반응을 보인 응답자가 49.4%를 차지해, '매우 낮다'와 '낮다'라는 반응을 보인 19.5%보다 훨씬 높게 나타났다. 이 같은 조사결과는 북한의 대내외 환경 악화로 인해 일반 인민들의 주체사상에 대한 신뢰도가 낮아졌다고 해도, 주체사상이 여전히 일반 인민들의 의식에 많은 영향을 미치고 있음을 보여주는 것이다.4)

주체사상은 무엇보다도 북한 대내외 정책의 기초가 되고 있기 때문에 그에 대한 이해가 매우 중요하다. 따라서 북한 연구자들에게 적어도 1980년대 중반에 발간된 '주체사상 총서'의 강독은 필수적이라고 할 수 있다. 그러나 그 분량의 방대함 그리고 문체의 지루함 때문에 총서에 대한 분석은 주체사상에 관심을 가지고 있는 일부 연구자들에게 국한되고, 북한의 대내외 정책을 분석하는 연구자들에게 자주 무시되는 경향이 나타나고 있다. 물론 이 짧은 글에서 주체사상 전반에 대해 상세하게 논의하는 것은 불가능하다. 따라서 이 글에서는 주체사상의 핵심적 요소, 주체사상과 수령, 후계자 관계 등을 중심으로 논의를 전개하도록 하겠다.

주체사상 관련 기존 연구의 상당 부분은 주체사상의 '허구성'이나 '독창성'을 밝히려는 목적에서 쓰였다. 이 같은 목적에서 쓰인 글들은 연구자들의 정치적 또는 이데올로기적 편견을 강하게 반영하고 있어 주체사상에 대한 객관적 분석에서 벗어나는 경우가 많다. 주체사상에 대한 완벽한 객관적 연구라는 것은 이상에 불과하겠지만, 연구자가 적어도 용어 사용에 있어서 중립성과 객관성 확보를 위해 노력하는 것은 필수적이라고 하겠다. 따라서 필자는 다의성多義性 또는 모호성을 띠고 있어 오해의 소지가 있는 용어들에 대해 나름대로의 조작적 정의를 내리고, 어떠한 방식으로 주체사상 연구에 접근할 것인가를 밝히는 것으로 논의를 시작하고자 한다.

주체사상의 형성과정과 관련한 기존연구의 상당부분은 김일성이 사상사업에서 '주체' 확립의 필요성을 처음으로 강조한 1955년 12월 연설을 주체사상이 대두하게 된 계기로 파악하고 있다. 그리고 이 연설 이후의 김일성과 김정일의 연설을 주된 분석의 대상으로 하고 있다. 그런데 주체사상에 대한 연구에서 이처럼 1955년 이전의 김일성 사상에 대한 연구를 배제한다면, 1955년 이전과 이후의 김일성 사상 간에 존재하는 연속성을 보지 못하고 단절성만을 과도하게 강조하게 되는 문제점을 노정하게 된다. 그 결과 기존 연구의 대부분은 스탈린적 마르크스-레닌주의와 주체사상 간의 이념적 단절을 지나치게 강조하게 되었다. 그리고 주체사상의 본질적 요소와 부차적 요소를 혼동하는 경향도 보여 왔다. 따라서 본 논문은 주체 확립 강조 이전의 김일성 사상과 북한 이데올로기에 대한 분석으로부터 시작하여 이들이 1955년 이후 어떠한 변천과정을 겪어왔는지를 고찰하고자 한다. 그렇게 함으로써 스탈린적 마르크스-레닌주의와 주체사상 간에 어떠한 연속성과 단절성이 존재하는지를 밝힐 것이다.

1955년 이후 주체사상의 형성 및 변화 과정을 고찰함에 있어서 담화 분석법을 채택하고 있는 연구자들의 상당수는 주체사상을 구성하는 새로운 이론적 요소의 출현 또는 주체사상의 체계화 정도 등을 기준으로 주체사상의 변화 과정을 분석하였다. 그런데 이러한 접근은 일반 철학자의 '사상'이 아닌 김일성의 통치와 김정일의 권력승계를 정당화해온 '이데올로기'로서의 주체사상의 성격 변화를 설명하는데 일정한 한계를 가질 수밖에 없다. 따라서 필자는 본 논문에서 김일성의 권력 강화 및 김정일의 정치적 위상 강화와 함께 스탈린적 마르크스-레닌주의와 주체사상 간의 위계적 관계가 어떻게 변화하게 되었으며, 주체사상이 김일성 사상 및 김정일 사상과 어떻게 동일시되는 과정을 겪어왔는지에 초점을 맞추고자 한다. 그리고 마지막으로 주체사상의 논리체계를 수령·후계자·주체사상 간의 관계와 인간중심철학·계급주의·스탈린주의 간의 관계를 중심으로 고찰할 것이다.

2. 주체사상 연구상의 고려 사항

사회의 다른 모든 현상과 마찬가지로 주체사상을 연구하는 데에도 일정한 방법론적 문제들이 제기된다. 주체사상 연구에서 객관성을 확보하기 위해 고려되어야 할 몇 가지 점들을 언급하면 다음과 같다.

1) 주체사상의 '사상': 일반적인 사상인가 이데올로기인가?

주체사상에 대한 논의에서 제일 먼저 유의해야 할 점은 주체사상에서의 '사상'은 일반 철학자의 사상과는 다른 지도이념 또는 이데올로기의 의미와 가까운 개념이라는 것이다. 북한에서 '사상'이라는 용어는 "일정한 계급이나 계층의 요구와 이해관계가 반영된 자연과 사회 또는 그 개별적 대상에 대한 관점과 입장, 견해의 체계," "사유를 통하여 얻어진 내용," "사고나 생각," "제기된 문제에 대한 해답으로 주어지는 견해와 주장" 등으로 정의되고 있다.[5] '사상'이 "일정한 계급이나 계층의 요구와 이해관계가 반영된 자연과 사회 또는 그 개별적 대상에 대한 관점과 입장, 견해의 체계"로 정의될 때에는 서구 정치학에서 사용하는 '이데올로기([불] idéologie, [영]ideology)'라는 용어와 비슷한 의미로 사용되고 있다고 볼 수 있다.

역사적으로 '이데올로기'라는 용어는 의식이나 관념의 생성을 사회적 문맥과 관련지어 설명하려는 방법론적인 의미와 논란의 대상이 되는 비현실성이나 허위의식을 폭로하기 위한 모멸적 함의를 수반하는 논쟁적 무기로서의 의미 등 다양하게 사용되어 왔다. 그러다가 현재에는 이데올로기라는 말이 정치적 교의教義 · 정치적 세계관이라는 의미로 널리 사용되고 있다. 이데올로기를 사회적으로 규정된 의식의 방향이라기보다는 정치주체가 의도적으로 만들어낸 교의로 이해하려는 경향이 더욱 확산된 것이다.6)

북한의 주체사상은 세계와 인간 문제에 대한 해석을 제시하고 있을 뿐만 아니라 세계를 어떻게 변혁시킬 것인가 하는 방법까지 제시하고 있다. 또한 북한 체제를 철저히 정당화하는 기능을 수행하고 있기 때문에 '주체사상'이라는 용어에서 '사상'은 현재 서구 정치학에서의 '이데올로기' 개념과 유사한 의미로 사용되고 있다고 볼 수 있다. 따라서 특정 사상가의 정치 · 경제사상 등을 분석하듯이 북한의 주체사상을 분석한다면 주체사상을 일면적으로 밖에 파악할 수 없다. 주체사상이 단순한 사상이 아니라 이데올로기이기 때문에 그것의 형성 및 발전 과정에서 새로운 요소가 추가되었을 때 그것이 어떠한 정치적, 사회적 함의를 내포하는가를 연구의 대상으로 할 필요가 있다.

2) '주체사상'의 개념 문제:
'광의의 주체사상'과 '협의의 주체사상'

북한에서 주체사상에 대한 정의는 시기에 따라 많은 변화를 보여 왔다. 1966년까지만 해도 주체사상은 조선로동당의 지도사상으로 간주되어 북한 문헌에서는 '우리 당의 주체사상'에 대해 주로 언급하였다.7) 그러나 1967년 갑산파 숙청 이후 주체사상은 '김일성 사상의 진수'와 동일시되어 '우리 당의 주체사상'이라는 표현 대신 '김일성 동지의 주체사상'이라는 표현이 주로 사용되었다. 그러다가 김정일이 김일성의 사상을 '김일성주의'로 선포한 1974년부터 주체사상(또는 '주체의 사상')은 혁명이론 및 영도방법과 함께 김일성주의의 한 구성요소이자 '진수'로 간주되었다. 이 같은 시각은 1980년대 초까지 유지되었다.8) 그런데 김정일이 정치에서뿐만 아니라 사상 분야에서까지 후계자로서의 지위를 확고히 하게 된 1980년대 중반에는 주체사상을 '넓은 의미(광의)의 주체사상'과 '좁은 의미(협의)의 주체사상'으로 새롭게 나누어, 그전까지의 주체사상을 '협의狹義의 주체사상'과 동일시하고, '김일성주의'를 '광의廣義의 주체사상'과 동일시하는 변화를 보여주었다.

1985년에 북한에서 발간된 주체사상 총서 1권인 『주체사상의 철학적 원리』는 "주체사상이 원래 위대한 수령님과 친애하는 지도자동지의 혁명사상의 진수를 이루는 사상만을 의미"하지만, 넓은 의미에서는 "위대한 수령님과 친애하는 지도자 동지의 혁명사상 전반을 의미한다"고 밝히고 있다. 그리고 "위대한 수령님과 친애하는 지도자 동지의 혁명사상은 주체사상을 진수로 하고 있으며, 그 사상, 리론, 방법의 전일적 체계인 위대한 수령님과 친애하는 지도자동지의 혁명사상은 주체사상으로 대표되며 주체사상으로 불리우는 것이다"9)라고 설명하였다. 이 같은 언급은 주체사상을 '김일성주의' 또는 '김일성 사상'의 진수와 동일시하던 기존의 시각에서 벗어나 '김일성·김정일의 사상' 또는 그 진수로 보게 되는 큰 변화가 발생하였음을 나타내는 것이다.

그런데 1985년 이후 발행된 일부 문헌에서는 '주체사상'을 여전히 '김일성 사상' 또는 그 진수로 설명하고 있다. 예를 들어 1992년에 발간된 『조선말대사전 2』는 "사람중심의 완성된 세계관, 가장 완성된 혁명리론과 전략 전술, 령도리론과 령도방법을 밝혀주는 위대한 혁명사상, 주체의 사상, 리론, 방법의 전일적 체계로서의 김일성동지혁명사상을 주체사상"이라고 서술하고 있다. 그리고 "위대한 김일성동지혁명사상의 진수로서의 주체사상은 주체의 철학적 세계관, 사회력사관, 혁명과 건설의 지도원칙으로 이루어져있다"10)고 설명하고 있다. 『조선말대사전 2』는 주체사상이라는 용어에 '광의(김일성동지혁명사상)'와 '협의(김일성동지혁명사상의 진수)'의 두 가지 의미가 있음을 지적하고 있는 것이다.

<그림 1> 주체사상의 구성체계: '주체사상 총서'를 중심으로

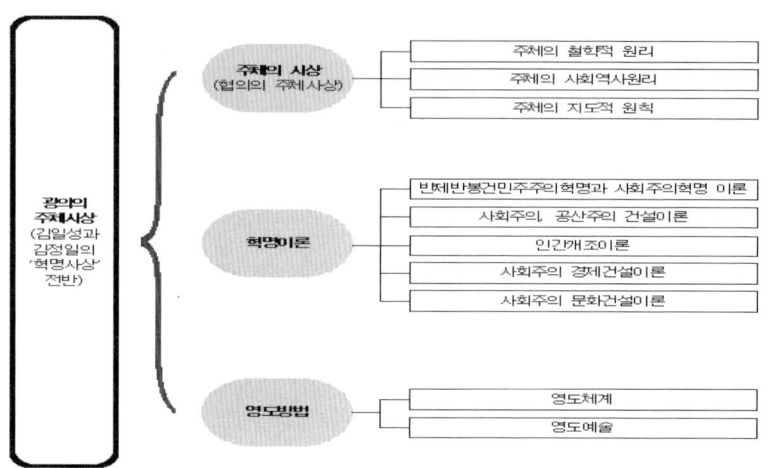

이 같은 사실은 연구자들에게 오늘날 주체사상을 '김일성의 사상'으로만 이해해야 할지, '김일성과 김정일의 사상'으로 이해해야 할지, '광의'로 해석해야 할지, '협의'로 해석해야 할지 하는 문제를 제기한다. 구체적인 역사적 맥락 속에서 논의할 때에는 주체사상이 어떠한 의미로 사용되고 있는지 구분할 수 있지만, 그렇지 않고 과거부터 현재까지의 주체사상에 대해 이야기할 때에는 어떠한 의미를 채택해야 할지 혼란이 생기지 않을 수 없다.

따라서 필자는 주체사상에 대해 포괄적으로 논의할 때에는 "김일성이 1955년에 '주체' 확립을 강조하기 시작한 시점부터의 북한 통치 이데올로기"라는 정의를 채택해 사용하고자 한다. 즉 '광의의 주체사상' 개념을 주로 사용하되, 학문적 엄밀성을 기하기 위해 필요한 경우에는 주체사상이라는 용어가 광의로 사용되고 있는지, 협의로 사용되고 있는지, 조선로동당과 김일성, 김정일 중 누구의 사상과 동일시되고 있는지 명확히 밝히면서 논리를 전개하도록 하겠다.

3) 마르크스-레닌주의와 주체사상의 비교 및 위상 문제

주체사상에 대한 기존 연구들 중 상당수는 "사람이 모든 것의 주인이 며 모든 것을 결정한다"는 주체사상의 '철학적 원리'를 주체사상의 핵심 적 요소로 간주하여 주체사상의 독창성 문제를 논의하고 있다. 그래서 많은 연구자들은 주체사상이 마르크스-레닌주의로부터 이탈하였다는 입 장을 취하였다. 반면 북한의 이론가들과 국내 일부 연구자들은 주체사상 이 마르크스-레닌주의를 계승, 발전시킨 것이라는 입장을 취하였다.

그런데 북한이 협의의 주체사상은 철학적 원리(주체철학), 사회역사 원리(주체사관), 지도적 원칙으로 구성되어 있다고 설명하고 있는 데서 확인할 수 있는 것처럼, '사상'을 '철학'보다 상위의 포괄적 개념으로 이해하고 있다. 따라서 주체사상의 '철학적 원리'와 마르크스-레닌주의 의 변증법적 유물론만을 가지고 주체사상이 마르크스-레닌주의를 계승 발전시킨 것인지 혹은 양자가 별개의 사상인지를 이분법적으로 논하는 것은 부적절하다. 또한 뒤에서 자세히 살펴보게 되겠지만, 주체사상의 '철학적 원리'는 주체사상의 전 체계 속에서 마르크스-레닌주의적 원리 (프롤레타리아독재론과 당독재론)에 철저하게 종속적인 관계에 놓여있 고, 수령 독재를 합리화하는 영도이론의 장식적 요소로 기능하고 있다. 따라서 주체사상의 비 핵심적 구성요소인 '철학적 원리'와 마르크스-레 닌주의의 핵심적 요소인 변증법적 유물론은 적절한 비교의 대상이 되지 못한다.

북한에서 마르크스-레닌주의와 주체사상 간의 관계 변화를 파악하는 데에는 서만 교수가 사용하고 있는 '순수 이데올로기(pure ideology)'와 '실천 이데올로기(practical ideology)'의 개념이 매우 유용하다. 서만 교 수는 모택동사상을, 보편타당성을 주장하는 '순수 이데올로기'로서의 마르크스-레닌주의가 중국혁명의 구체적 실천과정에 적용되면서 생성된 '실천 이데올로기'로 파악하였다.11) 모택동사상처럼 북한에서 초기 주체사상은 마르크스-레닌주의의 '실천 이데올로기'로서의 위상을 가지고 있었다. 그러나 김정일이 '수령의 후계자'가 되면서 주체사상은 마르크스-레닌주의보다 우월한 위상을 갖는 '순수 이데올로기'로 되었다.

4) '마르크스-레닌주의'와 '김일성주의' 및 '김정일주의' 등의 용어 문제

　　주체사상의 '독창성'에 대한 논의에서 혼란을 일으키는 다른 문제점은 논자들마다 '마르크스-레닌주의'에 대해 서로 다른 정의를 내리며 접근하고 있다는 것이다. 마르크스-레닌주의에 대해 이야기할 때에는 그것이 스탈린적 마르크스-레닌주의인지, 흐루시초프식 마르크스-레닌주의인지, 모택동식 마르크스-레닌주의인지 아니면 다른 누군가에 의해 정식화된 마르크스-레닌주의인지를 분명히 밝힐 필요가 있다. 탈스탈린화의 과정을 겪지 않은 북한에서 이야기하는 마르크스-레닌주의는 기본적으로 스탈린에 의해 정식화된 마르크스-레닌주의라고 할 수 있다. 따라서 필자가 본문에서 단순히 마르크스-레닌주의라고 말할 때는 스탈린적 마르크스-레닌주의를 지칭하는 것임을 미리 밝혀둔다.12)

　　연구의 객관성을 보장하기 위해 북한에서 사용되는 용어들에 대한 비판적 검토와 학문적으로 '중립적'인 용어의 선택과 사용 필요성에 대해서는 새삼 강조할 필요가 없을 것이다. 예를 들어 북한에서 '주체사상'의 성격은 김일성의 권력 강화 및 김정일 후계체제의 수립과 함께 계속 변화되어왔으며, 그 결과 1960년대 중반과 1970년대 중반 그리고 1980년대 중반에 '주체사상'은 각기 다른 의미를 가지게 되었다. 따라서 이를 구별해서 사용하는 것이 필요하다. 필자는 주체사상의 성격 변화를 효과적으로 분석하기 위해서 '김일성주의', '김일성-김정일주의', '김정일주의'라는 용어 사용이 유용하다고 본다.

총련계 인사인 리진규는 1995년 평양에서 발행된 그의 저서 『21세기 ― 김정일시대』에서 '김일성주의'가 "력사상 처음으로 인민대중이 자기 운명의 주인으로 등장하여 자기 운명을 자주적으로, 창조적으로 개척해 나가는 력사적 시기의 지도사상"이라고 설명하였다. 그리고 '김정일주의'는 "자기 운명의 주인으로 등장한 인민대중이 사회주의의 완전한 승리와 공산주의 건설, 온 세계의 자주화를 실현하여 자주위업을 완성해 나갈 력사적 시기의 지도사상"이라고 주장하였다.[13] 리진규는 또한 '김일성-김정일주의'에 대해 언급하면서 "김정일주의는 그 원리와 구성체계에 있어서 김일성주의의 철학적 원리와 사상, 리론, 방법을 그대로 계승하면서 새로운 원리와 명제들로써 발전풍부화시키고 전면적으로 체계화한 것으로 하여 인류사상사와 로동계급의 혁명리론발전에서 김일성-김정일주의라는 하나의 사상사적 단계를 이루"게 된다고 밝히고 있다.[14]

'김일성주의', '김일성-김정일주의', '김정일주의'에 대한 이 같은 정의는 개인권력(pouvoir personnel), 극단적 수령숭배, 권력의 왕조적 계승, 정치적 테러, 주의주의(主意主義: volontarisme) 등 북한체제의 중요한 측면들을 배제하고 있기 때문에 객관적 연구를 위해서는 적절하지 않다. 따라서 본 논문은 김일성과 김정일의 권위를 절대화하기 위해 북한 및 친북인사들이 사용하는 정의 대신, '김일성주의', '김일성-김정일주의', '김정일주의'라는 용어를 '김일성 정권의 통치 이데올로기', '김일성-김정일 공동정권의 통치 이데올로기', '김정일 정권의 통치 이데올로기'라는 중립적 의미로 사용할 것이다.

3. 김일성 시대 주체사상의 형성 및 발전

1) 1955년 이전의 김일성 사상과 북한 이데올로기

1930년대 김일성은 만주지역에서 중국 공산주의자들과 함께 항일무장투쟁을 전개하면서 모택동주의와 스탈린주의의 영향을 받았다. 그리고 1940년 말 소련 영내로 들어가면서부터 특히 스탈린주의의 영향을 크게 받았다. 이를 간략하게 살펴보면 다음과 같다.

김일성은 1931년 중국공산당에 가입하여15) 1940년 소련영지로 이동하기 전까지 중국공산당의 지도 하에 만주지역에서 중국인 및 조선인 공산주의자들과 항일무장투쟁을 전개하면서 모택동주의와 스탈린적 마르크스-레닌주의의 영향을 받았다.16) 이 시기 청년 김일성의 활동은 해방 후 북한에서 그의 권력의 강화와 함께 미화되어 정통성의 주요기반이 되었다. 특히 1956년 8월 조선로동당 내 권력투쟁에서 승리한 후 김일성은 전 북한인민들에게 그의 항일투쟁을 중심으로 서술된 항일무장투쟁사를 학습하도록 강요하고, 사회의 모든 방면에서 그의 청년시대의 영웅적 삶을 모방하도록 하였다. 그 결과 1930년대 그가 모택동으로부터 받은 지적 영향이 초기 주체사상의 형성과정에 일정한 영향을 미치게 되었다. 북한당국의 유격전에 대한 선호, 군중노선, 사상개조 선행주의, 정치사업 선행주의 등은 김일성이 모택동주의로부터 받은 영향에서 비롯된 것이다.

김일성은 1940년 말 소련영내로 이동하여 1945년 조선해방 시까지 머무르면서 소련 장교들로부터 직접 정치군사교육을 받았다.17) 이 시기에 그는 스탈린적 공산주의의 기초와 현대전의 이론을 체계적으로 학습할 수 있었고, 소련 사회주의체제의 작동을 직접 관찰하였다. 그리고 해방 후 스탈린이 김일성을 북한의 제1인자로 선택하는데 중요한 역할을 한 소련장교들과 우호적인 관계를 형성할 수 있었다. 이 때 청년 김일성의 경험이 그의 지적 성숙과 해방 후 북한에서의 권력 장악에 큰 역할을 하였음은 물론이다. 해방 직후부터 1953년 스탈린의 사망 시까지 김일성은 처음에는 소련군 사령부를 통해 그리고 소련군의 철수 후에는 평양주재 소련대사관과 소련계 한인들을 통해 스탈린주의의 영향을 받았다.[18]

황장엽이 회고록에서 증언하고 있듯이 "제2차 세계대전의 결과 소련의 영향 아래 많은 사회주의 나라들이 생겨나면서 소련을 무조건 지지하고 소련의 모범을 무조건 따라가는 것이 사회주의 나라들의 관례가 되었"고,[19] 북한도 예외가 아니었다. 해방 이후 스탈린적 마르크스-레닌주의가 김일성 사상과 북한체제의 형성과정에 얼마나 큰 영향을 미쳤는가는 1953년 3월 스탈린의 사망을 접하여 김일성이 낭독한 발표문에 분명하게 나타나 있다.

> 쓰딸린은 서거하시였다. 진보적 인류의 위대한 수령의 열렬한 심장은 고동을 멈추었다. 이 비보는 번개처럼 조선의 전지역에 퍼지었으며 우뢰 같은 타격을 수백만의 인민의 심장에 주었다. … 위대한 레닌-쓰딸린당의 풍부한 경험을 창조적으로 적용하는 조선 로동당은 조국통일 민주주의 전선을 결성하고 자기의 기치 하에 조선 인민을 결속시켰다. … 조선 로동당은 쏘련의 경험과 레닌과 쓰딸린의 천재적 노작에 근거하여 인민 군대를 제때에 창건하였고 그를 최신 군사 기술로 무장시켰고 쏘련 무력의 선진경험을 참작하여 그를 훈련시켰고 그의 부대 내에서 쓰딸린적 정치교양을 실시하였다. … 조선 인민은 승리하지 않을 수 없다. 그것은 그의 선두에는 자기의 전체 활동에 있어서 인류의 천재들인 레닌과 쓰딸린의 학설을 기초로 한 선진적인 혁명적 제 당의 경험을 리용하는 레닌-쓰딸린형의 당 ─ 세련된 로동당이 서 있기 때문이다.[20]

해방 직후 김일성이 스탈린주의를 그대로 수용하고, 한국전쟁 이전까지 모든 분야에 소련 고문과 소련 태생의 한인이 깊숙이 개입함으로써 이 시기의 북한은 소련의 가맹공화국과 비슷한 처지에 놓여있었다.[21] 그러나 이 같은 상황은 한국전쟁에 중국군이 참여하여 북한에 주둔하고, 1953년 스탈린이 사망하면서 크게 변화하기 시작하였다. 소련의 북한에 대한 정치적 영향력이 약화되었고, 스탈린 사망 이후 들어선 소련의 지도부가 집단지도체제와 국제적 긴장완화의 방향으로 나아가자 김일성파는 스탈린주의적 노선을 고수하면서 소련 새 지도부의 탈스탈린주의 노선에 대해 비판적 입장을 취하게 된 것이다.

2) 주체사상 발전의 제1단계(1955-1973): 스탈린적 마르크스-레닌주의의 '실천 이데올로기'로서의 주체사상

1950년대 초반까지 소련에 의존적이었던 북한지도부가 자주성과 북한적 특수성을 강조하기 시작한 데에는 스탈린 사후 소련에서 진행된 탈스탈린정책[22]과 1956년 2월에 모스크바에서 열린 소련공산당 제20차 당대회에서 흐루시초프의 스탈린 비판[23] 그리고 1956년 8월 조선로동당 중앙위원회 전원회의에서의 권력투쟁에 중국과 소련이 개입한 사건 등이 주된 요인으로 작용하였다.

북한정치에서 '민족의 복권'과 '스탈린적 마르크스-레닌주의의 북한화'가 본격화되기 시작한 것은 1955년 12월 김일성의 "사상사업에서 교조주의와 형식주의를 퇴치하고 주체를 확립할 데 대하여"라는 연설이 있으면서부터이다. 이 연설에서 김일성은 강한 어조로 "우리는 어떤 다른 나라의 혁명도 아닌 바로 조선혁명을 하고 있는 것입니다. 그러므로 모든 사상사업을 반드시 조선혁명의 이익에 복종시켜야 합니다. 우리가 소련공산당의 역사를 연구하는 것이나 중국혁명의 역사를 연구하는 것

이나 맑스-레닌주의의 일반적 원리를 연구하는 것은 다 우리 혁명을 옳
게 수행하기 위해서 하는 것입니다"라고 지적하였다. 그리고 조선혁명을
하기 위해서는 '조선력사'와 '조선의 지리' 및 '조선인민의 풍속'을 잘
알아야 한다고 강조하였다.[24] 김일성의 이 연설에서의 '주체' 확립에 대
한 첫 언급이 북한에서 주체사상이 대두하게 되는 주된 배경이 되었다.

김일성의 이 연설이 나오게 된 배경은 첫째, 해방 이후 10년이 경과
한 시점에서 북한에서 당과 국가건설이 일정한 궤도에 오름에 따라 이
제는 소련의 모범을 무조건적으로 따르는 단계를 벗어나 소련과 북한간
의 자연적, 문화적 조건 등의 차이 등을 고려하여 소련 경험의 북한화를
모색하는 것이 북한지도부에게 중요한 과제로 인식되었다는 점이다. 둘
째, 스탈린의 사후에 들어선 소련지도부의 탈스탈린화 정책을 지지했던
소련파 인사들과 스탈린주의적 노선을 고수하려는 김일성파간에 갈등
이 발생하자 김일성이 자신의 스탈린주의 노선의 정당성을 강조할 필요
성을 느끼게 되었다는 점이다. "박영빈 동무는 소련에 갔다 와서 하는
말이 소련에서는 국제긴장상태를 완화하는 방향이니 우리도 미 제국주
의를 반대하는 구호를 집어치워야 하겠다고 하였습니다. 이러한 주장은
혁명적 창발성과는 아무런 공통성도 없으며 우리 인민의 혁명적 경각성
을 무디게 하는 것입니다"[25]라는 김일성의 지적과 소련파의 핵심인물
인 박창옥에 대한 그의 신랄한 비판은 김일성의 1955년 연설이 소련파
견제라는 강한 정치적 의도를 내포하고 있었음을 드러내는 것이다.

1956년 2월 모스크바에서 열린 소련공산당 제20차 당대회에서 흐루
시초프의 스탈린 비판은 소련에서의 스탈린 개인숭배를 모방하여 북한
에서 자신에 대한 개인숭배를 조장했던 김일성에게 커다란 충격을 안겨
주었다. 북한의 지도부 중 특히 김일성파 인사들에게 스탈린주의는 유
일한 정통적 마르크스-레닌주의로 간주되었고, 1945년 북한지역의 해방
이 스탈린의 소련에 의해 이루어졌으며, 김일성은 스탈린의 지지 덕분

에 최고지도자의 자리에 오를 수 있었으므로 그의 스탈린에 대한 존경
과 감사는 자연스러운 것이었다.

1956년 8월 당중앙위원회 전원회의에서 연안파와 소련파의 김일성
파에 대한 비판은 두 개의 상이한 노선대립이라는 성격을 강하게 띠고
있었다. 김일성파가 스탈린주의적 발전전략과 대외정책을 옹호하였다
면, 반(反)김일성파는 대체로 탈스탈린주의적 발전전략과 실용주의적 대
외정책을 옹호하였다.[26] 1956년 8월의 반김일성 운동 발생에 소련이 일
정한 역할을 하였고, 전원회의 이후 반김일성파 제거과정에 중국과 소
련의 지도부가 반김일성운동 가담 간부들을 보호하기 위해 개입하였다.
이 사건은 김일성파로 하여금 권력의 안정성을 보장하기 위해서는 이데
올로기뿐만 아니라 대외관계에서도 북한에 대한 강대국의 영향력을 감
소시킬 필요성을 느끼게 하였다. 이 전원회의 이후 체계적으로 진행된
반김일성파 세력의 숙청과 김일성파 인사들의 권력독점은 북한에서 스
탈린 시대 이식되어 뿌리를 내린 이데올로기와 체제가 거의 그대로 온
존되는 결과를 가져왔다.

북한은 1957년 1월 김일성이 강선제강소를 현지지도한 결과를 일반
화하여 천리마운동을 전개하기 시작하였다. 그 방식은 '혁명적 군중노
선'과 '당의 지도'를 결합하는 것이었다.[27] '군중노선'이라는 용어는 중
국공산당에서 먼저 사용한 말로, '당이 군중 속으로 들어가 군중과 고락
을 같이 하면서 군중을 사상적으로 교양하여 하나로 뭉치게 하고, 군중
의 힘에 의거하여 혁명과업을 이룩한다'는 의미를 가지는 것이다. 북한
에서 사회주의 건설의 총노선으로까지 그 중요성이 강조된 천리마운동
은 다른 사회주의국가들의 생산경쟁과 구별되었다. 그것은 생산이라는
하나의 목표를 가지고 경쟁하는 것이 아니라 생산자를 공산주의 사상으
로 교양하고 개조하여 생산에서 집단적 혁신을 이룩한다는 목표를 가지
고 있었다.[28]

북한에서 주체사상이라는 용어가 처음으로 쓰인 것은 1962년으로 추정된다. 1962년 12월 ≪로동신문≫은 무기명 논설을 통해 "주체에 대한 사상은 우리 당이 자기 행동에서 확고하게 견지하고 있는 근본 원칙"이라고 천명하면서, 자립적 민족경제건설노선을 사회주의건설에서 '우리당의 주체사상'을 반영한 가장 현명한 방침이라고 밝혔다.29) 1957년에 발간된 『대중 정치 용어 사전』에는 '주체'라는 용어조차 등장하지 않는다. 1964년에 발간된 『대중 정치 용어 사전』은 '주체'라는 용어에 대해 설명하고 있지만, '주체사상'이라는 용어는 포함하고 있지 않다. '주체사상'이라는 용어가 북한사전에 등장하기 시작한 것은 1970년에 발행된 『정치용어사전』에서부터인 것으로 추정된다.30)

결국 북한에서 주체사상이라는 용어가 본격적으로 사용되기 시작한 것은 1960년대 중후반부터라고 할 수 있다. 초기 주체사상의 핵심 요소가 체계적으로 제시된 것은 1965년 4월 인도네시아의 알리 아르함 사회과학원에서 한 김일성의 연설을 통해서였다. 김일성은 이 연설에서 "주체를 세운다는 것은 혁명과 건설의 모든 문제를 독자적으로, 자기나라의 실정에 맞게 그리고 주로 자체의 힘으로 풀어나가는 원칙을 견지한다는 것을 의미"한다고 지적하고, 이것은 '창조적인 입장'이며 '자주적인 입장'이라고 주장하였다. 김일성은 또한 이 연설에서 "사상에서의 주체, 정치에서의 자주, 경제에서의 자립, 국방에서의 자위 이것이 우리 당이 일관하게 견지하고 있는 입장이다"라고 밝힘으로써 조선로동당의 노선과 정부 정책의 형태로 초기 주체사상의 핵심 내용을 제시하였다.31)

이 때의 주체사상은 기본적으로 스탈린주의에 민족주의를 결합시킨 것으로서 '조선로동당의 사상'으로 간주되었다. 그 결과 주체사상은 "우리 당이 대내외 정책을 수립함에 있어서나 혁명과 건설을 령도하는 데서 시종일관 견지하고 있는 립장을 총괄적으로 표시하는 사상"으로 설명되었다. 그리고 주체사상의 '혁명적 진수'로는 '자주 자립의 사상'과 '창조적 정신'이 제시되었다. 즉 '자주 자립의 사상'이 "자기 나라의 혁명과 세계 혁명에 대해서 어떤 태도와 립장을 취해야 하는가, 또 혁명과 건설의 제 문제를 어떤 힘에 의거하여 해결하는 것이 옳은가"에 대해 대답을 준다면, '창조적 정신'은 "혁명과 건설의 임무를 수행함에 있어서 맑스-레닌주의의 일반적 원칙에 어떻게 대하는 것이 옳은 것인가" 하는 문제에 대답을 주는 것으로 설명되었다.[32]

그런데 북한에서는 1967년을 계기로 그 동안 크게 진전되었던 민족주의적 요소의 복권이 후퇴하고 수령의 개인독재를 절대화하는 스탈린주의적 요소가 급속도로 강화되는 경향을 보이기 시작하였다. 이 시기에 '갑산파'라 불리는 조국광복회 출신인사들에 대한 대대적 숙청이 단행되고 개인숭배가 전면화되었다. 그리고 '유일사상체계' 확립이 강조되고, 전통문화의 복권에 제동이 걸리는 등의 현상이 나타났다. 이 같은 현상의 배경은 1966년 초부터 북·중 갈등이 점증되자 당의 사상·문화 담당 간부들이 중국에서의 모택동사상에 대항하여 사회주의적 애국주의를 강조하는 과정에서 교양내용으로 민족의 문화유산을 내세우고 다양한 혁명전통과 역사적 인물들로부터 국가의 생존 및 발전을 위한 교훈을 얻으려 했는데, 이 같은 흐름이 기존의 김일성 유일항일혁명전통 수립과 배치되었다는 사실이다.

김일성은 1967년 3월 사회주의적 애국주의교양에서 많은 편향이 나타나고 있다면서 "조국해방전쟁 때 희생된 사람들 가운데는 리순신 장군보다 나은 사람들이 얼마든지 있습니다. 그러나 우리 일군들은 그런 사람들이 많은데도 리순신 장군만 자꾸 내세우고 있습니다"라고 비판하였다.[33] 역사적 사실을 전한다하더라도 반드시 계급적 관점에서 분석하고 판단하여야 한다는 것이다. 갑산파에 대한 숙청은 1967년 5월에 열린 당 중앙위원회 제4기 15차 전원회의에서 절정을 이루었는데, 김정일

이 숙청 작업에서 중요한 역할을 하였다는 점에 주목할 필요가 있다.[34]

조선로동당출판사에서 발간된 『조선로동당력사』(1991년판)는 1967년 5월의 전원회의가 "전당을 수령님의 혁명사상, 유일사상으로 일색화하는데서 결정적인 전환의 계기로 되었다"고 서술하고 있다. 『조선로동당력사』는 또한 김일성이 이 전원회의에서 한 결론과 그 후에 발표한 '고전적 로작들'에서 '당의 유일사상체계'를 세우는데서 나서는 원칙적 문제들에 대해 구체적으로 밝혔다고 지적하고 있다.[35]

이 시기 '당의 유일사상체계' 확립을 위한 투쟁은 스탈린식 수령 독재보다 더욱 극단적인 수령의 절대독재를 수립하고 이론적으로 정당화하는 방향으로 전개되었다. 스탈린주의는 프롤레타리아계급이 가장 선진적인 계급으로서 전 사회의 이익을 대표하고, 노동계급의 이익은 공산당이 대표하며, 공산당의 이익은 수령이 대표한다는 식으로 수령의 개인독재를 합리화했다고 할 수 있다. 그런데 북한은 이 같은 스탈린주의 논리에 "수령이 없이는 당이 있을 수 없으며 수령의 령도가 없이는 로동계급은 혁명투쟁에서 승리할 수 없"[36]고, "로동계급의 수령은 사회주의, 공산주의를 위한 로동계급의 혁명투쟁에서 결정적 역할을 논다"[37]는 수령결정론을 결합시킴으로써 수령독재를 더욱 절대화하였다.[38] 이후 이러한 수령결정론은 주체사상의 핵심적 요소로 자리 잡게 되었다.[39]

1967년 이후 북한에서 주체사상에 대한 설명과 관련하여 나타난 또 하나의 중요한 변화는 김일성이 주체사상을 창시하였다고 주장하기 시작함으로써 주체사상이 '김일성의 사상'과 동일시된 것이다.

1970년에 발행된 『정치용어사전』은 주체사상에 대해 "우리 당과 4천만 조선인민의 경애하는 수령 김일성동지께서 창시하신 혁명과 건설의 가장 정확한 맑스-레닌주의적 지도사상"이라고 설명하고 있다. 그리고 김일성이 "혁명투쟁의 첫시기부터 주체를 세우는 문제를 혁명승리를

위한 가장 중요한 문제로 제시하시였으며, 위대한 주체사상을 창시하시
고 그것을 조선혁명을 승리적으로 령도하시는 전행정에 빛나게 구현하
시였다"고 설명함으로써, 주체사상의 창시 시점을 항일무장투쟁 시기로
까지 소급하고 있다.[40) 1970년에 발행된 김일성의 저작『우리 혁명에서
의 주체에 대하여』도 항일무장투쟁 시기인 1936년 5월 5일 발표된 '조
국광복회 10대 강령'을 싣고 있어 이 같은 주장을 뒷받침하고자 하는
의도를 반영하고 있다.[41) 그런데 1972년 김일성의 환갑을 기념하여 발
간된『혁명의 위대한 수령 김일성동지의 주체사상』은 1937년 11월에
김일성이 "조선공산주의자들의 임무"라는 '로작'을 발표함으로써 주체
사상이 창시되었다고 설명하고 있다.[42) 따라서 1970년~1972년경에는
북한이 주체사상의 창시 시점을 1936년 또는 1937년으로 설정하고 있
었다고 볼 수 있다.

그러나 1973년에 발간된『영생불멸의 주체사상』은 김일성이 "주체
사상에 기초하여 1930년 여름 조선혁명에 관한 주체적이며 독창적인
위대한 로선과 방침들을 내놓으시였다"라고 주장함으로써 주체사상의
창시 시점을 '1930년 여름'으로까지 소급시키고 있다.[43) 그리고 김일성
이 작성한 '조국광복회 10대 강령'에 대해 "위대한 주체사상을 빛나게
구현한 것으로서 맑스-레닌주의리론을 독창적으로 발전시켜 로동계급
이 령도하는 민주주의혁명의 길을 가장 정확히 밝힌 불후의 고전적 문
헌"이라고 추켜세웠다. 1973년에 발행된『정치사전』도 주체사상의 창
시와 관련하여『영생불멸의 주체사상』과 동일한 주장을 제시함으로
써[44) 1930년 주체사상 창시론은 이때부터 북한의 공식적 입장으로 굳
어지게 되었다.[45)

김일성은 1955년부터 주체 확립을 강조하기 시작하였으나 처음부터
'주체사상'이라는 표현을 쓰지는 않았다. 그리고 1960년대 초반부터 주
체사상이라는 용어를 사용하면서도 그것이 마르크스-레닌주의를 조선

현실에 창조적으로 적용한 사상이라고 밝혔다. 따라서 1972년 헌법 제4
조는 "조선민주주의인민공화국이 맑스-레닌주의를 우리나라의 현실에
창조적으로 적용한 조선로동당의 주체사상을 자기 활동의 지도적 지침
으로 한다"46)고 규정하였다.

1973년까지만 해도 주체사상은 마르크스-레닌주의와 구별되는 새로
운 사상으로 간주되지 않았으며, "혁명과 건설의 위대한 맑스-레닌주의
적 지도사상,"47) "맑스-레닌주의의 근본원리에 전적으로 맞는 사상,"48)
"혁명과 건설을 성과적으로 수행하기 위한 가장 정확한 맑스-레닌주의
적 지도사상"49) 등으로 설명되었다.

따라서 1973년까지의 제1단계 주체사상은 보편타당성을 가진 것으
로 간주되는 스탈린적 마르크스-레닌주의를 북한의 구체적 현실에 적용
하는 과정에서 생겨난 '실천 이데올로기'의 위상을 가졌다고 볼 수 있
다. 북한이 마르크스-레닌주의를 북한의 현실에 맞게 적용하는 과정에
서 노선과 정책의 독자성을 강조한 것은 무엇보다도 김일성이 자신의
독재기반을 강화하고, 중 · 소 양 대국이 그들의 노선을 북한에게 강요
하는 것을 반대하기 위해 필요했기 때문이다.50)

3) 주체사상 발전의 제2단계(1974-1981): 주체사상의 '김일성주의'화

주체사상에 대해 마르크스-레닌주의를 북한의 현실에 창조적으로 적
용하는 과정에서 생겨난 '실천 이데올로기'로 간주하던 입장에 변화가
발생하게 된 계기는 주체사상이 황장엽의 '인간중심철학'과 결합하게
된 것이었다. 주체사상은 황장엽의 인간중심철학을 수용하면서부터 기
본적으로 스탈린주의에 민족주의를 결합시킨 형태를 넘어서서 나름대
로 독자적인 이론적 요소를 가지게 된다. 제2차 세계대전의 결과 소련의

영향 하에 생겨난 사회주의국가들 중 유일하게 북한만이 '주체'를 세우는 문제를 기본 출발점으로 하여 마르크스-레닌주의와 구별되는 독자적 '순수 이데올로기'를 만드는 방향으로까지 나아간 것이다.

주체사상을 '새로운 인본주의'에 기초하여 이론적으로 체계화하는 작업은 1960년대 말부터 진행되었으며, '인간중심의 철학적 원리'가 처음으로 등장한 것은 1972년 9월 일본의 마이니치신문 기자들의 질문에 대한 김일성의 답변 형식으로였다.51) 김일성은 답변에서 "주체사상이란 한마디로 말하여 혁명과 건설의 주인은 인민대중이며 혁명과 건설을 추동하는 힘도 인민대중에게 있다는 사상입니다. 다시 말하면 자기 운명의 주인은 자기 자신이며 자기 운명을 개척하는 힘도 자기 자신에게 있다는 사상입니다"라고 주체사상에 대해 정의를 내렸다. 그러나 김일성은 "이와 같은 사상은 결코 우리가 처음으로 발견한 것이 아닙니다. 맑스-레닌주의자라면 누구나 다 이렇게 생각하고 있습니다. 다만 나는 이와 같은 사상을 특별히 강조하였을 뿐입니다"라고 지적함으로써 주체사상이 기본적으로 마르크스-레닌주의와 다른 사상이 아니라는 입장을 취하였다.52) 이 때만 해도 김일성은 주체사상을 마르크스-레닌주의와 차별화하는데 대해 주저하였던 것이다.

김정일은 황장엽이 직접 쓰고 김일성 명의로 발표된 이 글을 적극 지지하였다. 그의 이 같은 태도에는 그의 삼촌 김영주와의 권력투쟁에서 유리한 위치를 차지하려는 정치적 의도가 크게 작용하였다. 김영주는 '정통' 마르크스주의의 입장에서 '인간중심의 철학적 원리'에 반대하는 입장에 있었다. 따라서 김정일은 김일성의 이름으로 발표된 글을 적극적으로 옹호함으로써 그가 김일성에게 더욱 충직하다는 것을 과시하고, 김영주가 낡은 사상에 집착하고 있다는 것을 보여주려 하였다.53)

김정일은 마르크스-레닌주의에 대한 주체사상의 독창성을 강조하고, 주체사상의 지위를 '순수 이데올로기'로 끌어올리는 데에 결정적인 역할을 하였다. 그는 1974년 2월 12일에 개최된 당 중앙위원회 제5기 8차 전원회의에서 김일성의 후계자로 결정되고 나서 며칠 후에 김일성의 사상을 '김일성주의'로 선포하였다. 이로써 김일성은 북한에서 마르크스주의나 레닌주의, 모택동주의처럼 공산주의운동사에서 몇 안 되는 하나의 사상조류를 형성한 '위대한 혁명가'로 추대되었다.[54]

김정일은 1974년 2월 19일 전국선전일군강습회에서 마르크스-레닌주의가 "어디까지나 100년 전, 50년 전의 자본주의와 제국주의를 분석한데 기초하여 내놓은 것만큼 오늘의 새로운 역사적 시대, 사회주의가 세계적 범위에서 승리하고 있는 우리 시대가 제기하는 모든 문제들에 해답을 줄 수 없는 것"이라고 비판하였다. 그리고 "우리 시대, 주체시대는 무엇보다도 인민대중이 역사상 처음으로 자기 운명의 주인으로, 세계를 지배하는 주인으로 등장한 역사의 새 시대"라고 규정하고, '김일성주의'는 주체시대의 새로운 요구를 반영하여 나온 새롭고 독창적인 위대한 혁명사상이라고 선언한 후 김일성주의를 "주체의 **사상, 리론, 방법**의 체계"(강조는 필자)로 정식화하였다.

"온 사회를 김일성주의화하기 위한 당사상사업의 당면한 몇 가지 과업에 대하여"라는 제목으로 후에 발표된 이 글에서 김정일은 또한 '온 사회를 김일성주의로 일색화'할 데 대한 강령을 제시하였다. 김정일에 따르면 "온 사회를 김일성주의화한다는 것은 모든 사회성원들을 다 수령님께 끝없이 충직한 참다운 김일성주의자로 만들며 김일성주의의 요구대로 사회를 철저히 개조하여 공산주의 사상적 요새와 물질적 요새를 점령하는 것"을 의미하였다.[55]

2월 19일 '노작'을 통해 김정일이 "인류사상사에서 처음으로 발견된 위대한 주체사상을 진수로 하고 그에 기초하여 혁명리론과 령도방법이 전일적으로 체계화된 여기에 김일성주의가 선행한 로동계급의 혁명리론과 구별되는 특징이 있다"고 주장함으로써 주체사상(또는 '주체의 사

상')은 김일성 사상의 '진수'이면서도 3대 구성 요소의 하나로 자리매김
되었다. 김일성주의가 주체사상과 혁명이론, 영도방법으로 구성된다는
주장을 뒷받침하기 위한 이론적인 작업은 1975년부터 구체화되기 시작
하였다.

그 해 사회과학출판사에서 출간된『주체사상에 기초한 사회혁명리론』,
『주체사상에 기초한 3대혁명리론』,『주체사상에 기초한 사회주의경제
리론』,『주체사상에 기초한 사회주의경제관리리론』,『주체사상에 기초
한 사회주의교육리론』,『주체사상에 기초한 세계혁명리론』,『주체사상
에 기초한 남조선혁명과 조국통일 리론』등이 바로 그것이다. 이후『주
체사상이 밝혀주는 혁명의 방법론』56)도 발간되어 '김일성주의'(김일성
사상)는 "주체사상과 그에 기초하여 전개된 혁명이론과 령도방법을 폭
넓게 담"57)게 되었다. 1975년부터 출간된 이들 문헌들의 두드러진 특징
은 김일성주의를 마르크스-레닌주의와 차별화하기 위해 마르크스와 레
닌 등에 대한 언급을 생략하고 김일성의 저작과 발언에 주로 의거해 혁
명과 건설의 방향을 제시한 것이었다.

김정일이 김일성주의를 1974년에 "주체의 사상, 리론, 방법의 체계"
로 정식화함으로써 김일성주의와 주체사상을 구분하였지만, 많은 사람
들은 주체사상과 김일성주의를 동일시하는 문제점이 발생하였다. 그러
자 김정일은 1976년 10월 "김일성주의의 독창성을 옳게 인식할 데 대하
여"라는 담화를 통해 "주체사상과 김일성주의는 내용에서 같은 것이 아
닙니다. 김일성주의는 주체사상과 그에 기초하여 전개된 혁명리론과 령
도방법을 폭넓게 담고 있습니다"라고 지적하였다.58) 그러나 북한에서
주체사상과 김일성 사상을 동일시하는 경향이 쉽게 해소되지 않자,
1980년대에 북한은 '주체의 사상'을 '협의의 주체사상'과, 김일성주의
를 '광의의 주체사상'과 동일한 의미로 사용하는 입장 변화를 보였다.
그리고 '온 사회의 김일성주의화'와 '온 사회의 주체사상화'도 동일시하

였다.

결국 '김일성주의'와 '넓은 의미의 주체사상'은 일치하는 것으로 볼수 있지만, 북한은 1970년대 중반에 '김일성주의'라는 용어를 사용하면서 김일성 사상 또는 주체사상을 마르크스-레닌주의와 차별화하는데 성공하였다. 1980년 10월에 개정된 당 규약은 주체사상과 관련된 부분에서 "조선로동당은 오직 위대한 수령 김일성 동지의 주체사상, 혁명사상에 의해 지도된다"59)라고 규정함으로써 주체사상과 마르크스-레닌주의 간의 관계에 대해 전혀 언급하지 않았다. 이는 북한지도부가 주체사상을 더 이상 마르크스-레닌주의의 '실천 이데올로기'로 간주하지 않는다는 것과 주체사상이 북한에서 마르크스-레닌주의를 대체하는 '순수 이데올로기'의 지위를 확고하게 차지하게 되었음을 나타내는 것이다.

1970년대 중반 북한에서 '온 사회의 김일성주의화'가 강조되면서 나타난 또 다른 중요한 변화는 '수령'의 권위가 보다 절대화된 것이다. 북한에서 수령을 절대화하게 되는 데에는 문화대혁명을 겪고 있는 중국에서 모택동에 대한 개인숭배가 극단적인 방향으로 전개되었다는 대외적 요인 및 김영주와 김정일이 김일성의 후계자로 지명 받기 위해 경쟁적으로 김일성에 대한 개인숭배를 강화해나갔다는 대내적 요인이 상승적으로 작용하였다. 김영주는 1967년'당의 유일사상체계' 확립을 위한 10대 원칙을 작성하여 수령의 권위를 절대화하였는데, 김정일이 1974년 김일성을 더욱 절대화하는 방향으로 10대 원칙을 개작하여 오늘날까지 북한인민의 수령과 그 후계자에 대한 '충실성'을 철저하게 통제하는 지침이 되고 있다.60)

김정일이 1974년 4월에 발표한 '당의 유일사상체계 확립의 10대 원칙'은 김일성의 권위를 '절대화'해야 하며, 김일성의 사상을 신념으로 삼고 그의 교시를 '신조화'하고, 김일성의 교시 집행에서 '무조건성의 원칙'을 철저히 지킬 것을 강조하는 등 김일성 개인의 절대 독재를 보장하는 내용으로 구성되어 있다. 특별히 흥미를 끄는 것은 "위대한 수령 김일성동지께서 개척하신 혁명위업을 대를 이어 끝까지 계승하며 완성하여나가야 한다"는 제10원칙이다. 이 마지막 원칙이 당중앙(김정일)의 '유일적 지도체제' 확립을 강조하면서 김정일의 후계체제 형성을 실질적으로 뒷받침하는 세부지침들을 포함하고 있다는데 주목할 필요가 있다.[61]

김정일이 '당중앙의 유일적 지도체제' 확립을 통해 먼저 북한체제의 핵인 당을 관리·장악하고, 당을 통하여 모든 국가기관과 군 그리고 사회단체를 장악함으로써 1974년부터 실질적으로 '김일성·김정일 공동정권'이 출범하게 되었다.[62] 김정일이 김일성과 함께 북한을 이끌어 가는 제2인자로서의 권력기반을 확고히 구축함에 따라 그가 통치 이데올로기의 분야에서도 자신의 권위를 강화하는 방향으로 관심을 돌리게 되는 것은 지극히 당연한 일이라 하겠다. 그리고 1980년대에 들어와 이같은 방향에서 '후계자' 김정일을 김일성과 함께 탁월한 사상가로 내세우는 작업들이 본격적으로 전개된다.

4) 주체사상 발전의 제3단계(1982-1994): 주체사상의 김일성-김정일주의화

1980년대 초까지만 해도 북한에서 주체사상은 '김일성의 사상' 또는 그 진수로 간주되었으나, 1982년을 계기로 해서 주체사상을 보는 이 같은 관점에 근본적인 변화가 발생한다. 그 주된 계기는 1982년 3월 31일 김일성 탄생 기념 70돌 기념 전국주체사상토론회에 김정일이 "주체사상에 대하여"라는 논문을 보낸 것이었다. 이 논문은 북한에서 "위대한 수령 김일성동지께서 창시하시고 발전시켜 오신 주체사상을 전면적으로 집대성하여 전일적으로 체계화하고 더욱 심화 발전시킨 불멸의 총서"이며, "로동계급의 탁월한 수령의 혁명사상을 대를 이어 고수하고 빛나게 발전 계승시켜나가는 숭고한 모범을 보여준 력사적 문헌"63)으로 선전되고 있다. 이 논문이 갖는 의의는 무엇보다도 이후 '주체사상'에 대한 체계화 작업이 '수령의 후계자'에 의해 진행되게 되고, 주체사상이 '김일성·김정일의 사상'과 동일시되는 방향으로 나아가게 되었다는 것이다. 다시 말해 주체사상은 '김일성·김정일 공동정권'의 통치 이데올로기 즉 '김일성-김정일주의화'한 것이다.64)

김정일의 논문이 갖는 의의는 또한 주체사상의 구성체계를 명백히 하였다는 것이다. 1991년에 발간된 『조선로동당력사』는 "지난 시기에는 철학적 세계관과 사회력사관뿐 아니라 그 구현을 위한 지도적 원칙까지 밝혀주는 혁명사상이란 없었"는데, 김정일이 "주체사상은 철학적 원리와 사회력사원리 그리고 그 구현을 위한 지도적 원칙을 주요구성부분으로 하는 전일적인 사상리론체계"라는 것을 밝혔다고 주장한다. 그리고 그 결과 주체사상이 "혁명과 건설의 과학적이며 혁명적인 지도사상으로서 반드시 갖추어야 할 구성부분들을 전면적으로, 완벽하게 담고 있는 위대한 혁명사상이라는 것이 뚜렷이 증시되었다"는 것이다.65) 다시 말해, 김정일이 1974년 김일성주의를 "주체의 사상, 이론, 방법의 체계"로 정식화한데 이어, 1982년에는 '협의의 주체 사상'이 철학적 원리, 사회역사원리, 지도적 원칙으로 구성된다고 밝혔다는 것이다.

김정일은 이후 주체사상 관련 논문들을 계속 발표하였는데, 그것들을 근거로 하여 수체사상이 '김일성-김정일수의화'하는 것을 체계적으로 뒷받침한 것이 1985년에 발간된 10권의 주체사상 총서이다. 이미 2절에서 지적한 바와 같이 주체사상 총서 1권은 주체사상을 '넓은 의미'와 '좁은 의미'로 구분하여 '김일성·김정일의 사상' 또는 그 진수와 동일시하였다. 한마디로 10권의 주체사상 총서는 주체사상의 '김일성-김정일주의화'를 상징적으로 보여주는 저작들이라고 할 수 있다. 이미 주체사상 총서에서 김정일의 저작 또는 담화에 대한 인용 회수가 김일성의 저작 또는 담화에 대한 인용 회수를 능가하는 경향을 보이고 있는 것은 김정일의 실제적 영향력이 김일성과 비견할 정도로 커진 현실을 반영하는 것이었다.

주체사상 총서는 더 나아가 수령의 후계자의 '절대적 지위'와 '결정적 역할'을 강조하고 있어 기존의 '수령결정론'에 '후계자결정론'을 추가하고 있다. 특히 총서 2권인『주체사상의 사회력사원리』는 "로동계급의 혁명위업, 수령의 혁명위업 계승에서 차지하는 **수령의 후계자의 절대적 지위**의 특징은 수령의 후계자가 수령의 사상과 위업을 완성하기 위한 사상, 리론, 전략전술을 제시하고, 그 실현에로 인민대중을 조직동원하는 최고뇌수, 최고의 령도자이며 당과 인민대중을 수령의 두리에 굳게 묶어세우는 단결의 중심이라는데 있다"(강조는 필자)고 지적하고 있다. 그리고 "**수령의 후계자의 결정적 역할**은 수령이 창시한 사상과 수령이 이룩한 혁명업적을 대를 이어 견결히 옹호고수하고 계승발전시키는데 있다"(강조는 필자)고 주장하고 있다.66) 수령의 후계자도 수령과 마찬가지로 '절대적 지위'를 누리고 '결정적 역할'을 하는 것을 주체사상이 보장하고 있으므로 주체사상은 명실 공히 수령과 수령의 후계자의 사상이 되었다고 할 수 있다.

이 같은 변화는 같은 해 발간된『철학사전』에서도 발견된다. 사회과학출판사에서 발행된『철학사전』은 '김일성동지혁명사상'이라는 용어를 설명하면서, "전당과 온 사회가 **수령의 후계자의 유일적 지도** 밑에 움직이며 수령의 후계자의 사상과 의도를 무조건 접수하고 관철하는 수령의 후계자의 유일적 영도를 보장"(강조는 필자)해야 한다고 강조하고 있다.67) '김일성동지혁명사상'에 대해 설명하면서 '수령의 후계자의 유일적 영도'에 대해 언급하고 있는 사전은 1985년판 철학사전이 최초의 것으로 보인다. 1985년판 철학사전은 또한 이전에 발행된 사전들과는 다르게 김정일의 저작을 적극적으로 인용하면서 주요 철학 용어들을 설명하고 있다.

1986년 7월 김정일은 "주체사상에서 제기되는 몇 가지 문제에 대하여"라는 저작을 발표하여 '사회정치적 생명체론'을 제시하게 된다. 김정일은 이 저작에서 혁명의 주체는 '수령, 당, 대중의 통일체'이며, 인민대중은 당의 영도 밑에 수령을 중심으로 하여 조직사상적으로 결속됨으로써 영생하는 자주적인 생명력을 가진 하나의 '사회정치적 생명체'를 이루게 된다고 주장하였다. 그리고 사회정치적 생명체에서 수령은 그의 '최고뇌수'이고 생명활동의 중심이며 당은 그의 중추를 이룬다고 지적하였다.[68] 사회정치적 생명체론은 수령의 권위를 더욱 절대화하는 방향에서 주체사상의 집단주의적 성격을 한층 더 강화하였고, "영생하는 자주적 생명력"과 같은 상징적 표현을 통해 주체사상을 종교적 세계관과 결합시킴으로써 결과적으로 수령의 절대독재를 한층 더 강화하는데 기여하였다.

1987년 10월에 김정일은 "주체의 혁명관을 튼튼히 세울 데 대하여"라는 저작을 통해 주체의 혁명관을 확고히 세우려면 혁명적 수령관, 조직관, 군중관, 도덕관을 다 같이 체득하여야 하며, 무엇보다도 '혁명적 수령관'을 세워야 한다고 주장한다. 김정일에 의하면 "수령과 전사 사이의 관계를 단순히 지휘하는 사람과 지휘 받는 사람의 관계로만 리해해서는 안"된다. 그것은 수령을 중심으로 하여 하나로 결합되지 않고서는 인민대중이 자주적인 사회정치적 집단으로서의 생명력을 가질 수 없기 때문이라는 것이다.[69] 『조선로동당력사』는 김정일의 이 저작이 "혁명의 주체에 대한 새로운 리해에 기초하여 주체의 혁명관에 대한 리론을 전면적으로 심화발전"시켰다고 주장하고 있다.[70] 이는 김정일이 스탈린주의적인 수령 절대독재를 정당화해주는 '혁명적 수령관'을 보다 구체화시키고 체계화하였음을 의미하는 것이다.

1992년 개정헌법 제3조는 "조선민주주의인민공화국은 사람중심의 세계관이며 인민대중의 자주성을 실현하기 위한 혁명사상인 주체사상을 자기 활동의 지도적 지침으로 삼는다"고 규정하였다.[71] 즉 1972년 헌법에 들어있었던 '맑스-레닌주의'에 대한 언급을 삭제하고, 1980년의 당 규약에는 포함되어 있지 않았던 '사람중심'의 철학적 원리를 새로운 헌법에 반영하였다. 이는 '순수 이데올로기'로 격상된 주체사상의 위상을 개정헌법에서도 명백히 한 것이다.

북한은 김일성·김정일의 통치 방식을 정당화하기 위해 이데올로기에 유교적 요소까지 동원하였다. 이는 특히 김정일의 지도력의 특징을 설명하는데 사용되는 개념인 '인덕정치仁德政治'라는 표현에서 잘 드러난다. '인덕정치'는 "인민에 대한 믿음과 사랑의 정치"로 설명된다. 이 용어가 공식적으로 처음 사용된 1993년 1월 28일자 ≪로동신문≫ 사설은 "문무충효를 겸비하신 친애하는 지도자 김정일 동지께서는 인민에 대한 숭고한 사랑을 지니시고 우리 인민을 위한 가장 훌륭한 인덕의 정치를 베푸시고 계신다"고 적고 있다. 이 사설은 또한 "력사적으로 나라는 인덕으로 다스려야 한다는 말이 전해 왔지만 착취사회는 결코 인덕에 의해 다스려지는 사회가 아니었다"고 하면서 "진정한 인덕의 정치는 인민이 나라의 주인으로 되고 있는 사회주의 사회에서 인민의 운명을 전적으로 책임지고 이끄는 당과 수령에 의해서만 실시될 수 있다"고 주장한다.[72] '인덕정치'에 대한 북한의 이 같은 설명은 사회주의체제에서는 전무후무한 왕조적 권력계승과 구소련과 동구에서의 사회주의체제의 몰락으로 정당성의 기반이 더욱 약화된 북한의 스탈린주의적 통치방식을 합리화하기 위해 유교적 위민사상爲民思想 또는 귀민사상貴民思想이 적극적으로 동원되었음을 의미하는 것이다.[73]

4. 김정일 시대 주체사상의 지속과 변화[74]

1) 위기의식의 심화와 '붉은기' 담론의 대두

1990년대 초에만 해도 조선로동당 지도부는 '우리식(북한식) 사회주의'의 우월성을 선전하는 것으로 동구 사회주의체제 붕괴와 서독에 의한 동독의 흡수통일 및 구소련 해체의 충격을 극복하려 하였다. 우리식 사회주의론은 탈냉전과 함께 북한의 대외환경이 급격히 악화되면서 냉전시대에 형성되고 체계화된 기존의 주체사상만으로는 변화된 환경에의 적절한 대응이 어려워짐에 따라 새롭게 제시된 주체사상의 보조담론, 통치담론이었다. 그런데 1990년대 중반에 이르러 거의 50년간 북한정치의 중심에 서 있었던 '위대한 수령'이 사망하고, 경제난이 극도로 악화되는 등 대내적 상황에 큰 변화가 발생함에 따라 조선로동당 지도부는 우리식 사회주의론으로 당면한 위기를 돌파하는데 한계를 느꼈던 것으로 보인다. 인민대중에게 자신감이 아닌 '버팀과 인내의 집단적 의지'를 강조해야 할 필요성이 절실히 제기된 것이다.[75]

바로 이 같은 상황 속에서 우리식 사회주의론과는 다른 새로운 주체사상의 하위 담론, 통치담론이 요구되었다. '붉은기' 담론은 이런 필요에 대응하여 등장하였다. 1995년 8월 28일자 ≪로동신문≫ 정론은 1994년 김일성 사망의 충격에 대해 "만일 눈물이 사람의 마음을 약하게 한다면 위대한 어버이를 잃고 그처럼 많은 눈물을 흘린 우리 인민은 영영 쓰러져 다시 일어나지 못했을 수도 있었을 것이다"라고 지적하였다. 동 정론은 또한 "수령의 서거는 혁명하는 당과 인민에게 있어서 가장 큰 시련이다. 세계정치사를 보아도 그렇고 국제공산주의운동 력사를 보아도 모든 변화와 우여곡절은 수령의 서거를 계기로 하여 생겨났으며 바로 그것으로 하여 강하던 것이 약해지기도 하고 한길을 가던 것이 두 길, 세 길로 갈라지기도 했으며 붉던 것이 희여지기도 했다"라고 주장하였다. 이 같은 상황에서 북한은 그 어떤 동요나 변화를 보이는 대신 '붉은 기발'을 더욱 휘날렸다고 한다.[76] 바로 이 ≪로동신문≫ 정론에서부터 북한은 '붉은기'의 상징성을 강조하기 시작하여 붉은 기와 관련된 다양한 담론체계를 만들어냈다.

북한에서 '붉은기'는 "로동계급의 혁명사상을 상징하는 기발"[77]로 이해되어왔다. 그리고 "붉은기는 공산주의자들의 가장 아름다운 리상과 희망의 표대이며 그 실현을 위하여 청춘도 생명도 서슴없이 바쳐 싸우는 굳은 신념의 상징이다"[78]라고 ≪로동신문≫이 지적하고 있듯이 '붉은기'와 공산주의 운동과는 불가분의 관계를 맺어 왔다. 그런데 김일성 사후 북한에서 '붉은기'는 특별한 의미를 부여받으며 강조되기 시작한다. 1995년 8월 28일자 ≪로동신문≫의 "붉은기를 높이 들자" 제하의 정론에 따르면, 김정일이 "우리 일군들에게 자신께서는 우리 당과 우리 인민의 운명에 대하여 생각하면서 비겁한 자들은 혁명의 기발을 버리고 가지만 우리는 혁명의 붉은기를 끝까지 지키리라고 결심하였다"고 엄숙히 말했다고 한다.[79] '붉은기'에 대한 김정일의 이 같은 언급은 후에 '붉은기사상' 담론이 대두하게 되는 주요 근거가 된다.

'붉은기' 담론은 곧 '붉은기철학'과 '붉은기사상'에 대한 담론으로 발전하게 된다. 그 배경에는 북한이 1990년대 중반에 직면하였던 심각한 경제위기가 중요한 역할을 하였다. 특히 1995년, 1996년 두 해에 걸쳐 발생한 홍수와 1997년의 가뭄으로 경제난이 극도로 악화되어 북한은 정권 수립 이후 최대의 식량난과 아사자의 발생에 직면하게 되었다. 3년 간의 자연재해로 북한에서 적게는 수십만에서 수백만으로 추산되는 인구가 아사하였고,[80] 인민들의 상당수가 식량을 구하기 위해 전국을 돌아다니거나 국경을 넘어 중국으로 탈북하는 사태가 발생하였다.[81]

1996년에 들어와서는 '붉은기정신'과 '붉은기철학' 그리고 '붉은기사상'이라는 용어가 대두하고 붉은기 담론은 새로운 단계로 발전한다. '붉은기'의 상징성 강조가 '붉은기사상'에 대한 언급으로까지 나아간 것이다. 1997년 신년공동사설은 붉은기사상을 "본질에 있어서 혁명의 령도자에 대한 절대적인 숭배심이며 령도자와 생사운명을 끝까지 같이하려는 수령결사옹위정신"[82]이라고 정의함으로써 주체사상과 마찬가지로 '혁명적 수령관'이 붉은기사상의 핵심을 이루고 있음을 시사하였다. 여기서 '수령결사옹위정신'은 북한체제가 심각한 대내외적 위기에 직면하게 된 현실을 반영하여 위기 극복을 위해 '혁명적 수령관'이 변용된 것이라고 할 수 있다. 이 같은 평가는 "붉은기사상은 수령중심사상이며 붉은기사상의 의미와 내용은 혁명적 수령관에 귀착한다"[83]는 북한의 주장에 의해 뒷받침된다.

붉은기사상에 대한 비교적 체계적인 설명은 『철학연구』 1997년 제1호에 실린 김덕유의 논문에서 발견된다. 이 논문은 먼저 "붉은기의 혁명적 의미와 내용이 체계화되고 승화되어 반영된 것이 붉은기사상"이라고 밝히고 있다. 그리고 주체사상과 붉은기사상 간의 관계에 대해 "붉은기사상에는 위대한 주체사상의 혁명적 원칙이 투철하게 구현"되어 있다고 주장하였다. 김덕유는 또한 붉은기사상이 김일성의 사상, 조선로동당의 혁명사상이라고 지적하면서도 "오늘 우리 당의 붉은기사상은 곧 위대한 령도자 김정일동지의 혁명사상"이며 "경애하는 김정일동지께서는 위대한 수령님의 붉은기사상을 오늘의 조성된 성세와 우리 혁명의 요구에 맞게 빛나게 계승발전시켜 나간다"[84]고 말하였다. 북한의 이 같은 설명은 국내 일부 언론들에 의해 '김정일 시대에 주체사상이 붉은기사상으로 대체되어 가고 있다'는 관측을 내놓게 하는 배경으로 작용하였다.[85] 그런데 이 같은 관측은 붉은기사상이 주체사상을 대체할만한 정연한 논리체계를 갖추지 못했기 때문에 매우 성급한 것이었다.

북한당국이 힘주어 강조하였던 김정일의 '붉은기사상'에 대한 언급이 갑자기 사라지게 되는 시점은 대략 1998년 4월경이다. 이 때 한국이 1997년 말 외환위기를 계기로 IMF의 관리체제하에 들어가고 심각한 경제위기에 직면함으로써 북한을 흡수 통일할 수 있는 능력을 상실하게 된 것이 이 같은 변화의 배경으로 작용하였을 것이다. 1998년에 출범한 남한의 신정부가 대북정책의 3원칙으로서 북한의 무력도발 불용과 함께 북한에 대한 흡수통일 배제 및 남북한간 화해와 협력 추진을 천명86)한 것도 북한에게 체제생존에 대한 안도감을 갖게 하였다. 그 결과 북한은 그전까지 가지고 있던 위기의식을 어느 정도 떨쳐버릴 수 있었고, 결과적으로 위기극복을 위한 통치담론이었던 '붉은기사상'을 중도 폐기한 것으로 판단된다.

'붉은기사상' 담론은 1998년 하반기에 미래에 대한 보다 낙관적인 담론인 '강성대국론'에 의해 대체되는 운명을 맞이하였다. 그러나 '붉은기'의 상징성은 1990년대 중반보다 상대적으로 덜 강조되고 있지만 여전히 언급되고 있다.87) 그것은 북한이 당면하고 있는 위기가 단기간 내에 해소될 성격의 것이 아니므로 위기극복을 위해 당과 군, 그리고 인민이 '사회주의에 대한 필승의 신념'을 가지고 수령을 결사옹위할 것을 강조하는 붉은기 담론의 유용성이 계속 존재하기 때문이다.

2) 위기의식의 극복과 강성대국론의 제시

김정일 시대 북한 생존전략의 윤곽을 제시하고 있는 강성대국론이 처음으로 등장한 것은 1998년 8월 22일자 ≪로동신문≫ 정론을 통해서이다. 동 정론은 '주체의 사회주의강성대국'에 대해 "착취와 억압, 가난과 무지, 침략과 략탈, 지배와 예속으로 얼룩진 지난 시대의 반동적, 반인류적 국가건설사에 종지부를 찍고 인민의 자주적 요구, 인류의 념원을 전면적으로 꽃피워주는 영원한 리상국"이라고 설명하고 있다. 그리고 '주체의 강성대국건설'이 "위대한 장군님께서 선대국가수반 앞에, 조국과 민족 앞에 다지신 애국충정맹약이며 조선을 이끌어 21세기를 찬란히 빛내이려는 담대한 설계도"라고 설명한다.

《로동신문》 정론은 '수령중심의 강성대국' 건설을 주장하면서 그 이유로 걸출한 수령, 위대한 애국자, 강철의 영장을 영원한 국가수반으로 모시는 것이 "사회주의 자주강국 건설의 생명이며 최고원리"이기 때문이라고 지적하였다. 주체사상에서 핵심을 이루고 있는 '혁명적 수령관'이 강성대국론에서도 가장 중요한 원리가 되고 있는 것이다.

강성대국 건설과 관련하여 동 정론은 '사상과 군대'를 틀어쥐면 근본을 틀어쥔 것으로 된다고 지적하고, "사상의 강국을 만드는 것부터 시작하여 군대를 혁명의 기둥으로 튼튼히 세우고, 그 위력으로 경제건설의 눈부신 비약을 일으키는 것이 우리 장군님의 주체적인 강성대국 건설방식이다"라고 설명하였다. 당의 '영도적 역할'과 군대의 '모델적 역할'을 강조하는 선군정치의 논리가 강성대국론과 밀접한 연관을 갖고 있는 것이다.

《로동신문》 정론은 또한 북한이 이미 '사상의 제일강국', '정치대국', '군사강국'이 되었다고 주장하였다. 그리고 "위대한 장군님께서 우리가 좋은 사회주의제도와 전투력 있는 당, 충실하고 근면한 인민을 가지고 있는 조건에서 경제문제를 풀지 못할 리유가 없다고 하신 것처럼 우리가 미구에 경제강국의 높이에 오르는 것은 확성석이나"라고 매우 희망적인, 그러나 대부분의 외부 연구자들에게 비현실적인 것으로 보이는 전망을 제시하였다.[88]

이 정론이 발표된 지 얼마 되지 않은 1998년 8월 31일 북한은 '인공지구위성'(광명성1호)이라고 주장하는 로켓을 발사하여 전 세계를 놀라게 하였다. 따라서 8월 22일 북한의 강성대국 건설 구상 천명은 인공위성 발사를 염두에 둔 것이었다고 할 수 있다. 비록 '인공지구위성'은 궤도에 안착하지 못했지만, 북한은 그 사실을 은폐한 채 광명성1호의 발사가 '강성대국건설의 첫 포성'이었다고 주장하였다. 북한은 광명성1호의 '성공적' 발사를 통해 세계 우주개발국 대열에 당당히 들어서게 되었다고 선전하면서 동년 9월 8일 김정일의 국방위원장 재취임을 축제 분위기에서 경축하였다.[89]

북한은 1998년 9월 9일 공화국 창건 50주년을 기념하는 ≪로동신문≫ 사설을 통해 강성대국 건설 방침을 다시 한 번 확인하였다. 이 때 나온 주장들은 동년 8월 22일 정론에서 제시된 내용들을 재확인하는 것이 대부분이었지만, 정권 수립과 관련하여 새롭게 강조된 것들도 있었다. 이 사설은 김정일의 사상과 정치를 높이 받들어나가는 것이 사회주의 강성대국을 건설하기 위한 '결정적 담보'라고 주장하면서, 북한의 "사회주의정권을 위대한 **김정일동지의 사상과 정치**를 빛나게 실현하는 강력한 무기로 더욱 강화발전"(강조는 필자)시켜나가야 한다고 지적하였다. 그리고 이를 위해 정권기관 안에 당의 결정과 지시를 무조건 집행하며 '당의 유일적 영도' 밑에 하나와 같이 움직이는 강한 혁명적 규율과 질서를 확립해야 한다고 강조하였다. 국방위원회를 비롯하여 정권기관에 대한 '당적 영도'의 원칙을 재확인하고 있는 것이다. 그리고 동 사설은 북한이 사상과 정치의 강국, 군사 강국으로 존엄을 떨치고 있으므로, "사회주의건설을 다그쳐 경제를 활성화하고 자립경제의 위력을 높이 발양시키면 우리 조국은 모든 면에서 강대한 나라로 뿌리를 내리게 된다"고 주장함으로써 경제강국 건설을 당면 과제로 제시하였다. 북한은 또한 이 사설에서 나라의 형편이 아무리 어렵고 '고난의 행군'을 열 백번한다고 해도 국방력을 강화하는 데서는 추호의 양보도 있어서는 안 된다는 것이 김정일의 '확고부동한 의지'라는 것을 강조함으로써 군사력 강화에 지속적인 노력을 기울일 것임을 밝혔다.[90]

1999년 신년공동사설은 강성대국 건설과 관련하여 또 다시 새로운 내용들을 추가한다. 이 사설은 북한을 사회주의 사상강국으로 더욱 빛내어나가야 한다고 강조하면서 북한의 사회주의 강성대국은 "위대한 **김정일동지의 사상으로 일색화**된 주체의 나라"(강조는 필자)라고 주장하였다. 사설은 또한 전체 북한인민이 '당의 사상의지'대로만 숨쉬고 싸워나가는 "위대한 **김정일사상**의 절대적인 숭배자, 견결한 옹호자, 철저한 관철자"(강조는 필자)가 되어야 한다고 강조하였다. 그리고 사회주의 군사강국의 위용을 더욱 힘 있게 과시하기 위해 전체인민들이 총대를 사랑하고 군사를 성실히 배우며 온 나라를 소왕청과 같은 난공불락의 요새로 만들 것과 허리띠를 졸라매며 국방공업의 위력을 더욱 공고화할 것을 요구하였다. 이어서 신년공동사설은 경제건설이 강성대국 건설의 가장 중요한 과업이라고 지적하였으며, 생산을 정상화하기 위해 분야별로 한 해 동안 수행해야 할 목표들을 제시하였다. 과학기술에 대해서는 강성대국 건설의 힘 있는 '추동력'이라고 평가하면서 특별한 의미를 부여하였다. 사설은 또한 모든 부문, 모든 단위에서 당 대열을 조직사상적으로 더욱 튼튼히 꾸리고 '당의 영도적 역할'을 백방으로 강화하며, 당 정치사업을 결정적으로 개선하여 사상의 위력으로 당면한 난관을 뚫고 나갈 것을 강조하였다.[91]

이처럼 1998년 8월 22일자 정론, 동년 9월 9일자 사설 그리고 1999년 신년공동사설을 통해 강성대국 건설의 기본 방향이 제시되었고, 1999년 1월 1일 김정일이 조선로동당 중앙위원회 책임일꾼들과 한 담화[92]를 통해 강성대국 건설의 방침을 구체적으로 천명함으로써 강성대국론은 김일성 사후 변화된 환경 속에서도 주체사상이 계속적으로 영향력을 발휘할 수 있게 하는 보조담론, 통치담론으로 자리 잡게 되었다. 강성대국 담론의 등장과 함께 김정일의 경제 분야에 대한 현지지도가 1998년부터 빈번해지기 시작하여 1999년도에는 보다 본격화되었다. 특히 1999년말부터 경제사업에서의 '실리 보장'을 특별히 강조하고 있다.[93] 강성대국 건설에 대한 북한의 구상은 2000년에『김정일강성대국건설전략』과『사회주의강성대국건설사상』[94]이라는 두 권의 책이 발간됨으로써 체계화된 형태로 제시되었다.[95]

3) 주체사상의 '김정일주의'화 경향

1995년에 북한에서 발간된『21세기 – 김정일시대』의 저자 리진규는 20세기에 대해 "김일성 대원수님의 령도 밑에 **김일성주의**를 구현하여 인류가 수천 년 동안 이룩할 수 없었던 세기적 변혁을 이룩한 영광스러운 **김일성시대**"(강조는 필자)라고 규정하고 있다. 그리고 21세기에 대해서는 "사회주의의 재건과 공고발전, 사회주의의 완전한 승리와 공산주의 건설, 민족자주위업의 완성과 온 세계의 자주화를 완전히 실현해야 할 력사적인 시기"로 간주한다. 리진규는 또한 "세계의 진보적 인민들은 **김일성주의**의 심화발전인 **김정일주의**를 지침으로 하여 김정일 원수님의 령도따라 나아가는 21세기를 김정일 시대라고 부르고"(강조는 필자) 있다고 주장한다.[96] 북한은 이처럼 특히 김일성 사망 직후부터 '김일성 시대'와 '김정일 시대', 그리고 20세기와 21세기를 구분하기 시작하였다.[97]

리진규는 또한 '김일성주의', '김정일주의', '김일성-김정일주의'라는 표현을 사용하면서 '김일성주의'와 '김정일주의'간의 연속성과 차별성을 지적하였다. 리진규의 주장을 인용하면 아래와 같다.

경애하는 수령 김일성 대원수님께서 영생불멸의 김일성주의를 창시하시고 우리 시대를 령도하시면서 현시대와 영원한 미래시대인 김일성시대가 펼쳐지게 되었고, 위대한 령도자 김정일 원수님께서 김일성주의를 새로운 높은 단계로 발전시켜 김일성-김정일주의를 지침으로 하여 시대를 령도하시면서부터 김일성시대 발전의 새 단계가 펼쳐지게 되었다. 그리하여 오늘 세계의 진보적 인민들은 김일성주의의 심화발전인 김정일주의를 지침으로 하여 김정일원수님의 령도따라 나아가는 21세기를 김정일시대라고 부르고 있는 것이다(강조는 필자).98)

여기서 유의할 점은 북한이 '김일성주의'와 '김정일주의' 같은 표현들을 당 이론가들의 이름으로 발행된 글을 통해서가 아니라 외부의 친북 인사들 이름으로 발행된 책을 통해 유포시키고 있다는 점이다. 『21세기 – 김정일시대』라는 책도 일본 내 친북 인사의 이름으로 발표된 것이다. 하지만 이 책에는 북한의 이론가가 아니면 도저히 쓸 수 없는 내용들이 많다. 그리고 북한의 공식 입장과 배치되는 내용을 가진 책은 북한에서 발간될 수 없기 때문에 실제로는 북한의 이론가가 쓴 책이라고 보아야 할 것이다. 북한은 남한의 송국현이라는 '학자' 이름으로 발간한 『세계의 김정일』이라는 책에서도 1993년 12월에 러시아의 주체사상 신봉자들이 주체사상연구센터를 발전적으로 개칭해 '김정일주의연구쎈터'를 내왔으며, 1995년 10월에 니카라과에서 전국적 규모의 연구조직인 '니까라과 김정일주의연구위원회'가 결성되었다고 주장하면서 '김정일주의'라는 표현을 사용하고 있다.99) 북한이 외부 인사의 이름으로 이러한 책을 발행하는 것은 한편으로는 외국에도 김정일의 숭배자가 있다는 것을 선전하기 위함이고, 다른 한편으로는 '김일성주의'와 '김정일주의'라는 표현의 공식적인 사용에 대한 다른 사회주의국가들 또는 외국 공산주의자들의 비판 가능성을 의식하였기 때문인 것으로 보인다.

그런데 북한에서 '김일성주의'라는 표현은 널리 사용되고 있어도 '김정일주의'라는 표현은 몇몇 서적에서 사용되고 있는 것을 제외하면 아직 널리 확산되어 있지 않다. 필자는 2003년 3월 하순 방북시에 주체사상탑 해설원과 북측 민화협 관계자들과의 대화를 통해 이를 확인할 수 있었다. 특히 북측 민화협의 안내원은 아직 '김정일주의'가 이론적으로

체계화되지 않았으며, '김일성-김정일주의'에 대해서만 이야기하고 있
다고 필자에게 설명해주었다. 비록 북한의 당 이론가들이 '김정일주의'
에 대해 공개적으로 언급하고 있지는 않지만, 이들은 김일성의 사상과
김정일의 사상 간에 연속성뿐만 아니라 차별성을 강조하고 있다. 따라
서 북한에서 김정일의 후계자가 결정되면 그 때 가서 '김정일주의'의
체계화 작업이 본격화될 것으로 전망된다.

   2001년에 조선로동당출판사가 발행한 한 김정일 평전은 "경애하는
김정일동지의 혁명사상은 위대한 김일성동지 혁명사상의 전면적인 계
승인 동시에 **김일성동지 혁명사상 발전의 높은 단계**"(강조는 필
자)[100]라고 주장하고 있는데, 이는 외부의 친북인사들이 '김일성-김정일
주의'에 대해 설명하는 방식과 유사한 것이다. '김일성-김정일주의'와
'김정일주의'가 기본적으로 동일한 것이라고 본다면, '김정일주의'라는
표현의 본격적 사용은 북한 지도부에게 정치적 결단의 문제, 특히 김정
일 후계자의 부상과 직접적으로 관련되어 있는 문제라고 할 수 있다.

   1985년에 발행된 10권의 '주체사상 총서'가 주체사상의 김일성-김정
일주의화를 상징적으로 보여주는 저작들이라면, 김일성 사후 1996년부
터 발행되고 있는 『위대한 령도자 김정일동지의 사상리론』 시리즈는 주
체사상의 '김정일주의화'를 보여주는 저작들로 보인다. 『위대한 령도자
김정일동지의 사상리론』은 경제학, 법학, 철학, 문예학, 언어학 등 여러
학문 분야별로 집필되어 이미 15권 이상 발간되어 있다.[101]

   주체사상이 어느 지도자의 사상과 동일시되고 있는가 하는 문제는
정치적으로 중요한 문제이다. 그리고 김일성의 사상과 김정일의 사상
간에 내용적으로 차이가 있다면 그것은 정책적으로 중요한 문제라고 할
수 있다. 유훈통치 기간 동안 김정일이 "나에게서 그 어떤 변화를 바라
지 말라"고 언급한데서 확인할 수 있는 것처럼, 1998년 이전까지만 해
도 김정일의 사상에서 김일성 사상과의 차이점을 발견하는 것은 어려운

일이었다. 그러나 1998년에 김정일이 국방위원회 위원장직에 재추대되는 시점을 전후로 해서 김일성 사상과 김정일 사상 간에 의미 있는 차이가 발생하기 시작했다.102)

1997년 12월 12일자 정론을 통해 본격적으로 등장하기 시작한 선군정치론先軍政治論,103) 1998년 8월 22일자 정론을 통해 처음으로 제시된 강성대국론, 1999년 1월 16일자 ≪로동신문≫ 사설 등에서 제시된 과학중시사상104) 등이 김정일 시대 주체사상이 김일성 시대와는 다른 내용을 갖게 하는 통치담론들이다. 이 같은 주체사상의 하위 담론들은 북한의 지도부가 주체사상을 근본적으로 수정하지 않고도 변화된 현실을 반영하여 당과 국가기구, 군대와 인민이 나아갈 방향을 제시하는 기능을 수행하고 있다. 물론 이 담론들은 주체사상의 기존 논리와 항상 조화를 이루는 것은 아니며 기존 논리를 부분적으로 수정하거나 새로운 형태로 제시하고 있다.

북한에서 주체사상이 대내외 환경의 변화에도 불구하고 계속적으로 영향력을 유지할 수 있는 요인을 정확히 파악하기 위해서는 주체사상과 '담론' 또는 '통치담론'(우리식사회주의론, 붉은기담론, 강성대국론, 선군정치론 등)간의 관계를 명확히 이해하는 것이 필수적이다. '담론'이란 사전적 의미로는 담화나 논의를 뜻한다. 일상생활에서 '정치담론'은 정치가의 공식적인 담화, 즉 연설이나 논설에서 나타나는 논의 또는 정치 영역에서 전개되는 특정 주제에 대한 논의를 지칭한다. 정치담론 또는 통치담론은 레토릭의 차원을 넘어서 특정 정지체제에 대한 권위를 부여하고 권력 및 자원의 분배 양식을 정당화하는데 있어서 핵심적인 매개 역할을 담당한다. 그리고 정치권력은 특정 담론을 생산하고 유지하며, 이를 통해 이데올로기적 지배를 확고히 한다. 이러한 맥락에서 통치담론은 이데올로기를 구체적으로 현존하게 하는 '매개체'이며 그 자체로 이데올로기적 속성을 지닌다. 국제질서 또는 국내정치의 변동에 따라서

새로운 가치와 의미, 규범을 창출해야 할 필요성이 대두되거나 새롭게
부상되는 이슈를 기존의 이데올로기 내에 흡수할 필요가 있을 때 정치
권력은 새로운 담론을 제시함으로써 그러한 목적을 달성하고자 한다.
이 때 필요할 경우 이데올로기적 동원이 이루어지게 되며 이 과정에서
기존의 이데올로기 체계가 재구성되는 것이다.105)

　　선군정치의 논리는 특히 주체사상의 전체계에서 '사회역사원리'를
부분적으로 수정하고 있다. 북한에서 1985년에 출간된『주체사상의 사
회역사원리』는 "수령이 노동자, 농민을 당의 두리에 굳게 묶어세워 **혁
명의 주력군**을 튼튼히 꾸리고, 혁명에 이해관계를 가지는 모든 계급과
계층을 조직적으로 결속하여 혁명의 보조역량을 꾸림으로써 강력한 주
체적 혁명역량을 마련하고 끊임없이 강화한다"(강조는 필자)고 지적하
고 있다.106) 사회역사원리(주체사관)에 따르면 노동자와 농민이 '혁명의
주력군'이 되는 것이다. 그런데 김정일 시대에 북한은 선군정치를 실시
하면서 군대를 '혁명의 주력군'으로 내세우고 있다. 이는 분명 김일성
사망 이전까지 노동자와 농민을 '혁명의 주력군'으로 보던 선로후군先勞
後軍의 관점에서 벗어난 것이다. 그런데 북한은 새로이 '혁명의 주력군'
으로 간주된 군대가 '혁명의 참모부'인 당과 '혁명의 최고영도자'인 수
령의 영도에 충실할 것을 요구하고 있다. 따라서 '지도와 대중의 결합'
을 강조하며 궁극적으로 인민대중에 대한 당과 수령의 영도를 정당화하
는 주체사관의 기존 논리체계를 근본적으로 수정하는 것은 아니라고 할
수 있다.107) '수령-당-인민대중'의 일심단결 대신에 '수령-당-군대-인민
대중'의 일심단결을 강조하는 것으로 부분적인 변화가 발생한 것이다.

　　북한은 또한 "≪고난의 행군≫, 강행군 시기 **인민군대 안에 당의
령군체계**가 더욱 확고히 수립되고 그를 본보기로 하여 **온 사회에 대
한 당의 령도체계** 확립에서 혁명적 전환이 일어나게"(강조는 필자) 되
었다고 주장하고 있다.108) 이는 선군정치로 인해 주체사상의 전체계 중

영도체계와 관련해서도 부분적인 수정이 이루어졌음을 시사하는 것이다. 1985년에 북한에서 발간된 『령도체계』에서는 수령의 유일적 영도체계와 관련하여 군대의 역할에 대한 특별한 언급이 없었다.109) 그런데 선군정치로 인해 군대의 '모델적 역할'이 강조됨에 따라 영도체계의 부분적 수정이 불가피해졌다고 해석할 수 있다.

2001년 부시 미 행정부의 출범 이후 북한의 안보에 대한 위기의식이 더욱 심화됨에 따라 북한은 선군정치에 더욱 집착하고 선군정치를 '만능의 보검'으로까지 내세우게 되었다. 이 같은 현상에 주목하여 우리 사회의 일각에서는 김정일 시대에 선군정치론이 주체사상을 대체할 가능성을 지적하였다.110) 그러나 선군정치 담론이 주체사상의 기존 이론체계에 부분적 수정을 가져온 것은 사실이지만, 철학적 원리, 사회역사원리, 지도적 원칙, 반제반봉건 민주주의혁명과 사회주의혁명이론, 사회주의 · 공산주의 건설이론, 인간개조이론, 사회주의 경제건설이론, 사회주의 문화건설이론, 영도체계, 영도예술 등으로 구성된 주체사상을 단기간 내에 대체한다는 것은 생각하기 어려운 일이다.

김정일 시대에 강성대국론이 주체사상을 대체하였다는 주장도 있는데, 이 또한 과장된 평가라고 할 수 있다. 서재진은 2002년에 발표한 한 논문에서 김일성 사후 북한 지도부가 주체사상을 퇴조시키고 있다고 주장하면서 주체사상이 동원되는 빈도가 급격히 줄어들고 대신 새로운 개념의 정치구호 및 이념체계가 형성되어 동원되고 있다고 지적하였다. 붉은기사상, 선군정치, 강성대국 등이 그 대안적인 것들이며, 득히 "강성대국은 이제 주체사상을 대체하는 새로운 통치이념으로 기능하고 있다"고 주장하였다. 서재진은 주체사상 '퇴조'의 배경으로 김일성이 사망하고 본격적인 김정일 시대가 도래함에 따라 김정일 시대를 상징하는 '새로운 정치구호'를 모색하게 되었을 것으로 보인다고 지적하였다.111) 그런데 이 같은 주장은 주체사상을 '정치구호'와 동일시함으로써 논의를 매우 부적절한 방향으로 이끌고 가는 문제점이 있다. 주체사상은 스탈린적 마르크스-레닌주의를 북한의 현실에 맞게 그리고 김일성·김정일의 개인 절대 독재에 적합하게 수정한 것으로 나름대로의 인간관과 세계관, 역사관, 혁명이론, 영도방법 등을 포함하고 있다. 따라서 주체사상을 단순한 정치구호와 동일시한다는 것은 상식 밖의 판단이라고 할 수 밖에 없다.

서재진은 강성대국론이 김정일 시대에 주체사상을 대체하였다고 주장하지만, 강성대국론에 대한 북한의 문헌을 자세히 들여다보면 오히려 주체사상의 순결성 고수를 강조하고 있다. 따라서 강성대국론은 주체사상과 모순 되는 것이 아니며, 김정일 시대 북한이 나아가야 할 방향에 대한 '청사진'으로서 오히려 변화된 상황 속에서도 주체사상이 영향력을 유지할 수 있게 하는 보조적 통치담론이라고 보아야 한다.

물론 사회주의 사상강국, 정치강국, 군사강국, 경제강국 건설의 방향을 제시하고 있는 강성대국 담론은 당과 국가 활동, 혁명과 건설의 원칙으로서 사상에서 주체, 정치에서 자주, 경제에서 자립, 국방에서 자위를 강조하고 있는 주체사상의 '지도적 원칙'을 탈냉전시대의 변화된 상황에 맞게 부분적으로 수정하고 있다. 강성대국론은 혁명과 건설에서 사상이 기본이며 사상이 모든 것을 결정한다는 주체의 사상론으로부터 출발하여 사상의 강국을 만드는 것을 과업으로 제시하고 있으며, 정치강국 건설을 위해 정치에서 자주의 원칙을 구현할 것과 전체인민의 일심단결, 수령·당·대중의 일심단결 등을 강조하고 있다. 그리고 군사강국 건설을 위해 군사 중시와 국방공업 발전, 전군의 간부화, 전군의 현대화, 전국의 요새화, 전민의 무장화 등을 과업으로 제시하고 있으며, 경제강국 건설을 위해 자립적이고 주체적인 민족경제, 현대화되고 과학화된 경제, 인민적인 경제 건설 등을 강조하고 있다.112) 이 같은 내용들은 기본적으로 북한이 1985년에 발간된 『주체사상의 지도적 원칙』에서 혁명투쟁과 사회주의, 공산주의 건설을 힘 있게 다그쳐나가기 위해 필요한 것으로 지적한 것이다.113) 그런데 북한은 1980년대 말 이후 사회주의권이 붕괴하고, 북한 경제도 파탄상태에 놓이게 되어 사회주의, 공산주의 건설의 이상이 더 이상 일반 인민들을 고무시키지 못하게 되자 대신 강성대국 건설이라는 새로운 목표를 제시하면서 인민들을 동원하고 있는 것이다.

이처럼 강성대국 담론은 『주체사상의 지도적 원칙』에서 제시되었던 내용들을 새로운 형태로 강조하면서도, 경제보다 군사를 더 중시하고 과거에는 중요하게 언급하지 않았던 '실리주의 원칙'을 경제강국 건설을 위해 전례 없이 강조하는 등 기존의 논리에 부분적 수정을 가하고 있다.114) 따라서 북한은 강성대국론이라는 통치담론 제시를 통해 혁명주의적 경향을 약화시키고, 군사주의적 경향과 실용주의적 경향을 더욱 강화시키는 방향으로 주체사상을 수정하고 있다고 평가할 수 있다. 비록 김정일 시대에 심각한 경제난으로 일반 인민들의 주체사상에 대한 신심은 현저하게 약화되었지만, 당과 국가의 정책 및 활동과 관련하여 주체사상은 여전히 중요한 영향력을 행사하고 있다.

5. 주체사상의 논리체계

1. 수령·후계자·주체사상 관계

북한에서 발행된 일부 문헌에서는 최근까지도 여전히 주체사상을 '김일성의 사상'으로만 설명하고 있다. 예를 들어 1992년에 발간된 『조선말대사전 2』는 "사람중심의 완성된 세계관, 가장 완성된 혁명리론과 전략 전술, 령도리론과 령도방법을 밝혀주는 위대한 혁명사상, 주체의 사상, 리론, 방법의 전일적 체계로서의 김일성동지혁명사상을 주체사상이라고 말한다. 위대한 김일성동지혁명사상의 진수로서의 주체사상은 주체의 철학적 세계관, 사회력사관, 혁명과 건설의 지도원칙으로 이루어져있다"115)고 설명하고 있다.

주체사상에 대한 이 같은 설명은 또한 '협의의 주체사상'('김일성동지혁명사상의 진수로서의 주체사상')이 주체사상의 '철학적 원리', '사회역사원리', '지도적 원칙'을 포괄하고,116) '광의의 주체사상'은 이에 더하여 반제반봉건민주주의혁명과 사회주의혁명이론, 사회주의·공산주의 건설이론, 인간개조이론, 사회주의 경제건설이론, 사회주의 문화건설이론, 영도체계, 영도예술117)까지 포괄한다는 해석을 나오게 하였다.118) 10권의 주체사상 총서를 기준으로 주체사상의 구성체계를 이처럼 설명하는 것은 1980년대 중반 이후의 주체사상을 이해하는데 있어서 나름의 유용성을 가진다. 그러나 때로는 주체사상이 이미 완결된 형태를 갖추고 더 이상 변화의 여지가 없는 것처럼 오해를 불러일으킬 소지도 있다. 김일성 사후 김정일이 선군정치를 하면서 '혁명의 주력군'에 대해 주체사상 총서에서의 언급과는 다른 설명을 하고 있어 주체사상이 '쇠퇴'하였다거나 '대체'되었다는 주장은 바로 주체사상을 '주체사상 총서'의 구성체계 및 내용과 동일시함으로써 생긴 오해라고 할 수 있다.

1985년에 발간된 '주체사상 총서'는 그때까지의 주체사상에 대한 논의를 집대성한 것이다. 따라서 북한의 대내외 환경이 바뀌고 주체사상에 대한 논의에서도 중요한 변화가 발생하면 주체사상의 구성체계나 내용도 수정될 수 있다. 이미 1970년대 중반에 주체사상에 기초한 여러 이론서들이 발간되었지만, 북한이 1980년대 중반에 새롭게 주체사상 총서를 발간한 것은 김정일이 1982년 이후 주체사상 관련 여러 논문과 담화를 발표한 것을 주체사상에 대한 논의에 반영하여 주체사상이 단순히 '수령' 김일성의 사상인 것을 넘어서서 수령과 '후계자의 사상임을 내세우기 위한 것이었다.

따라서 『주체사상의 철학적 원리』의 앞부분에서 설명하고 있는 것처럼, 주체사상이 김일성과 김정일의 사상 전반을 가리키는 것으로 이해한다면, 김정일 시대에 이전 시기와는 다른 논리가 나왔다고 해서 주체사상이 '쇠퇴'하였다거나 '대체'되었다고 성급하게 판단하는 우를 피할수 있을 것이다. 김일성이 주체사상을 '창시'하였고 후계자 김정일이 주체사상을 '전면적으로 심화발전'시키고 있다는 북한의 설명은 주체사상이 화석화化石化된 사상이 아니며, 시대 상황의 변화에 따라 그 내용이얼마든지 수정될 수 있음을 시사하고 있다.

북한 문헌 중에는 주체사상을 김일성의 사상(또는 '김일성주의')119)과 동일시하고 있는 것들이 많은데, 이는 '후계자' 김정일이 '수령' 김일성에 대한 충성심을 과시하기 위해 그렇게 허용한 결과로 해석해야 할것이다. 이들 문헌들은 비록 주체사상을 김일성의 사상과 동일시하더라도, 주체사상을 설명하기 위해 김정일의 논문 및 담화를 인용하거나, 김일성이 창시한 주체사상을 후계자 김정일이 더욱 '심화발전'시켰다고주장하고 있다.120) 따라서 현재의 주체사상을 '김일성의 사상'이나 '김일성주의'와 동일시하는 것보다 '김일성과 김정일의 사상' 또는 '김일성-김정일주의'와 동일시하는 것이 더 현실적일 것이다.

2) 인간중심철학, 계급주의 및 스탈린주의 간의 관계121)

김정일은 1982년에 발표한 논문 "주체사상에 대하여"에서, 주체사상은 "사람을 위주로 하여 철학의 근본문제를 제기하고 사람이 모든 것의 주인이며 모든 것을 결정한다는 철학적 원리"에 기초하고 있다고 지적하였다.122) 김정일은 또한 주체사상이 사람을 사회적 관계 속에서 보면

서 사회적 존재인 사람의 본질적 속성이 '자주성'과 '창조성', '의식성'
이라는 것을 독창적으로 해명함으로써 사람에 대한 완벽한 철학적 견해
를 확립하였다고 주장하였다. 그런데 여기서 유의해야 할 점은 주체사
상의 '철학적 원리'에서 말하고 있는 '사람'이라는 용어가 개인이 아닌
'인민대중'과 동일한 의미로 사용되고 있다는 것이다.123) 따라서 김정
일은 주체의 '사회역사원리'(또는 주체사관)에 대해 언급할 때 '철학적
원리'에서 말한 '사람'이 '인민대중'과 어떠한 관계에 있는지 설명할 필
요성을 느끼지 않은 채 곧바로 "인민대중은 사회력사의 주체이다"라고
선언한 것이다. 그리고 동일한 이유로 1991년에 발간된『조선로동당력
사』도 주체사관의 기초를 이루는 "인민대중이 사회력사의 주체"라는 원
리는 "사람이 모든 것의 주인이며 모든 것을 결정한다"는 주체사상의
철학적 원리를 사회역사에 적용한 것이라고 주장하고 있다.124)

　주체사상의 '철학적 원리'에서 사회적 존재인 사람의 본질적 속성으
로 들고 있는 자주성과 창조성, 의식성은 '사회역사원리'와 '지도적 원
칙'의 구성체계를 결정짓는 중요한 요소가 되고 있다. 철학적 원리의
'자주성'은 사회역사원리에 적용되어 "인류역사는 인민대중의 자주성을
위한 투쟁의 역사이다"라는 원리로, '창조성'은 "사회력사적 운동은 인
민대중의 창조적 운동이다"라는 원리로 그리고 '의식성'은 "혁명투쟁에
서 결정적 역할을 하는 것은 인민대중의 자주적인 사상의식이다"라는
원리로 나타나고 있다. 또한 철학적 원리의 '자주성'은 지도적 원칙에
적용되어 "자주적 립장을 견지하여야 한다"라는 원칙으로, '창조성'은
"창조적 방법을 구현하여야 한다"라는 원칙으로 그리고 '의식성'은 "사
상을 기본으로 틀어쥐어야 한다"는 원칙으로 나타나고 있다. 구체적으
로 살펴보면 사회역사원리의 하위 원리들 간에 그리고 지도적 원칙의
하위 원칙들 간에 부분적으로 중복되는 내용들이 발견되기는 하지만,
그 동안 주체사상과 관련하여 다루어진 주요 주제들을 일정한 틀 안에

서 정리하고 체계화하려했다는 점에서 김정일의 "주체사상에 대하여"
는 나름의 의의를 갖는 것이라고 평가할 수 있다.

<그림 2> 주체사상의 철학적 원리·사회역사원리·지도적 원칙 간의 관계

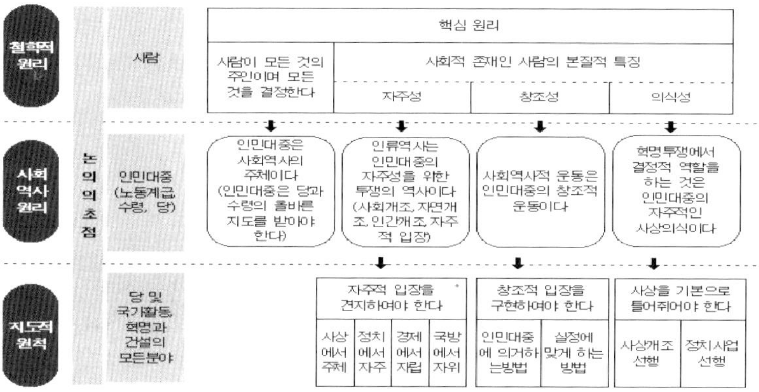

그런데 한편으로는 북한 외부의 세계에서 주체사상이 마르크스-레닌
주의로부터 '이탈'한 것이 아닌가 하는 의혹을 불러일으키고, 다른 한편
으로는 기존의 사회주의체제에 대해 실망하게 되었던 일부 좌파 성향
인사들의 커다란 관심을 끌었던 '주체사상의 철학적 원리'는 1960년대
말부터 황장엽에 의해 체계화된 것이었다. 북한 내부와 외부의 세계에
서 논쟁의 대상이 되었던 '주체사상의 철학적 원리'가 내포하고 있는
이념적 경향의 실체는 황장엽의 망명 후에 분명하게 밝혀지게 되었다.

황장엽은 1966년 10월에 자신이 쓴 소논문이 계급투쟁과 무산계급독
재를 약화시키는 수정주의적 글이라고 평가되어 심각한 당적 비판을 받
은 것을 계기로 마르크스의 계급투쟁 및 프롤레타리아독재 이론과 결별
하고 "인간과 인류에 충실한 인본주의자로 전환"하게 되었다고 회고록
에서 증언하였다. 황장엽은 "계급적 이익을 사회공동의 이익, 인류공동

의 이익 위에 내세우는 계급주의는 계급이기주의로 전락할 수밖에 없고, 계급이기주의는 지도자의 이기주의로 이어지게 마련이며, 그것은 다시 지도자에 대한 개인숭배와 개인독재로 집약될 수밖에 없다는 결론"을 내리게 된 것이다.[125] 황장엽이 사회적 운동의 주체를 인민대중으로 규정한 것은 "사회적 운동의 주체를 계급으로 보는 계급주의자들의 견해로부터 벗어나기 위해서"였다.[126] 따라서 주체사상의 철학적 원리는 기본적으로 마르크스-레닌주의의 계급적 관점 또는 입장을 부정하는 경향성을 가지고 있는 것이었다.

그러나 주체사상의 철학적 원리가 가지고 있는 이 같은 내재적 경향성은 곧 노동계급과 당의 영도를 강조하는 계급적 입장에 의해 부정 내지는 억압되었다. 이는 김정일이 사회역사원리에서 "로동계급의 령도밑에 온 사회가 선진적인 로동계급의 모양대로 완전히 개조될 때 력사의 주체인 인민대중의 지위는 비상히 강화될 것"이라고 지적하고 있으며, "로동계급을 비롯한 인민대중은 당과 수령의 올바른 영도를 받아야만 자연과 사회를 개조하는 심각하고 복잡한 혁명투쟁을 힘 있게 벌려 민족해방, 계급해방을 이룩하고 사회주의, 공산주의 사회를 성과적으로 건설할 수 있"다고 주장하고 있는 데서도 확인할 수 있다.[127]

김정일은 "주체사상에 대하여"에서 지도적 원칙 중 '자주적 입장'을 견지하기 위한 원칙으로 "사상에서 주체, 정치에서 자주, 경제에서 자립, 국방에서 자위"의 원칙을 제시하고 있다. 1960년대 주체사상의 핵심을 구성했던 요소들이 김정일의 1982년 논문에서는 지도적 원칙을 구성하는 한 하위 원칙의 내용을 구성하게 되었다. 이는 초기 주체사상에서 스탈린주의와 함께 중요한 구성요소였던 민족주의적 요소의 중요성이 상대적으로 줄어들었음을 보여준다. 다시 말해 북한의 이데올로기에서 민족주의적 요소보다 다른 요소들(예를 들어 혁명적 수령관, 주의주의 등)의 중요성이 상대적으로 더 커지게 된 것이다.

김정일은 지도적 원칙 중 '창조적 방법'을 구현하기 위한 원칙으로 "인민대중에 의거하는 방법"과 "실정에 맞게 하는 방법"을 제시하고 있다. 그는 인민대중의 창조력에 의거하여 혁명과 건설을 수행하기 위해서는 인민대중을 하나의 정치적 역량으로 묶어세우는 것이 필요하고 이를 위해 계급노선과 군중노선을 옳게 결합시켜야 한다고 주장하고 있다. 그런데 "계급적 원칙을 확고히 지키면서 군중노선을 옳게 관철"시켜야 한다는 김정일의 지적은 군중노선보다 계급노선이 우위에 있음을 보여준다. 김정일의 이 같은 지적을 통해 황장엽의 '인간중심철학'에 내재되어 있는 반계급적 관점이 주체사상의 다른 요소에 의미 있는 영향을 끼치지 못하고 있음을 확인할 수 있다. "실정에 맞게 하는 방법"과 관련하여 김정일이 강조하고 있는 것은 사대주의와 교조주의를 배격하고 혁명투쟁에서 주체적 요인, 정치사상적 요인에 보다 큰 의미를 부여해야 한다는 것이다. 주체사상이 객관적 조건보다 '주체적 요인'을 더욱 강조하고 있는 것은 주의주의主意主義적 경향을 가지고 있음을 드러내는 것이다.[128)]

김정일은 지도적 원칙 중 사상을 기본으로 틀어쥐고 나가기 위한 원칙으로 '사상개조선행'과 '정치사업선행'을 강조하고 있다. 김정일은 논문의 이 부분에서 "아무리 생산력이 높은 수준에 이르고 물질적 부가 풍부해진다 하여도 사회의 주인인 사람들이 공산주의적 인간으로 개조되지 않고서는 공산주의사회를 건설하였다고 말할 수 없습니다"[129)]라고 하여 문화대혁명기의 모택동수의 노선처럼 생산력 발전보다 인간개조를 더욱 중시하는 입장을 표명하고 있다.

김정일은 또한 '사상사업선행'과 관련하여 당원들과 근로자들이 '주체의 혁명관'을 지녀야 한다고 강조하고 있다. 주체의 혁명관이란 "인민대중을 중심에 놓고 혁명에 대하는 관점과 립장이며 인민대중을 위하여 견결히 싸워나가는 혁명정신"을 의미한다. 그런데 주체의 혁명관에서 핵을 이루는 것은 '당과 수령에 대한 충실성'이다. 김정일에 의하면 "사회주의, 공산주의 위업은 수령에 의하여 개척되며 당과 수령의 령도 밑에 수행"되고, "혁명운동은 오직 당과 수령의 령도를 받들어나가야만 승리"할 수 있다.[130]

결국 주체사상은 마르크스의 프롤레타리아독재를 당의 독재로 환치시켜버린 레닌주의와 당 독재를 수령 독재로 바꾸어버린 스탈린주의의 논리에 '인간중심철학'과 인민대중이 사회역사의 주체라는 '사회역사원리'를 종속시키고 있는 것이다. 여기서 스탈린주의와 주체사상 간의 차이가 있다면 그것은 수령 독재를 정당화하는데 있어서 전자가 프롤레타리아계급으로부터 출발하고 있다면, 후자는 '인민대중'으로부터 출발하고 있다는 것뿐이다. 주체사상의 철학적 원리와 사회역사원리에서의 '사람'과 '인민대중'에 대한 예찬은 결국 모든 국가기구와 사회단체가 당에 철저히 종속되어 있으며, 절차적 민주주의가 보장되어 있지 않은 사회주의 체제에서 명백한 한계를 가지는 것이다.

김정일은 '정치사업선행'과 관련해서는 인민대중을 사회주의건설에 동원하는데 있어서 '정치도덕적 자극'을 위주로 하면서 여기에 '물질적 자극'을 결합시켜야 한다고 주장하고 있다. '사회주의제도의 우월성'은 경제적 효율성과는 상관없이 인민대중에 대한 자본주의적 '억압착취'가 없다는 것만으로 정당화되는 것이다.

6. 맺음말

주체사상은 스탈린주의와 민족주의적 요소의 결합이라는 형태로부터 출발하여 모택동주의, 사람중심철학, 사회정치적 생명체론, 유교적 충효사상 등과 결합하여 외형적으로는 스탈린주의와 매우 다른 형태를 띠게 되었다. 그러나 본질적으로는 레닌식 당 독재를 수령 개인의 독재로 환치시켜버린 스탈린주의적 특성을 가지고 있다. 특히 김정일이 1974년 김일성의 후계자로 지명된 후 김일성에 대한 충성심을 과시하기 위해 주체사상을 더욱 더 수령 독재를 정당화하는 '수령중심사상'으로 변화시켜 왔으며, 김일성 사망 후에는 북한이 심각한 대내외적 위기에 직면하게 됨에 따라 '혁명적 수령관'의 변용된 형태인 '수령결사옹위정신'이 강조되고 있다.

그런데 주체사상이 스탈린주의적 논리를 핵심적 요소로 하고 있는 것은 분명하지만, 양자 간에는 또한 어느 정도 의미 있는 차이가 있다는 것을 간과하거나 무시해서는 안 될 것이다.

첫째, 스탈린주의는 수령 절대독재를 정당화하는 여러 메커니즘을 가지고 있었지만, 주체사상에서처럼 사회정치적 생명체론과 같은 담론의 생산을 통해 수령 독재를 이론적으로까지 정당화하지는 않았다. 이는 스탈린이 현실정치에 있어서는 절대 권력을 추구했지만, 당의 집단적 지도에 대한 레닌의 이론을 수정하는 데에는 주저했음을 나타내는 것이다. 북한에서도 주체사상의 위상을 마르크스-레닌주의보다 우월한 차원으로 격상시키는 데에 김일성은 주저하였으나, 김정일이 그 작업을 주도적으로 진행하였다. 김정일의 이 같은 행위에는 김일성을 절대화함으로써 그에 대한 자신의 충성심을 과시하고, 후계자로서의 그의 지위도 동시에 강화하려는 정치적 의도가 깔려 있었다.[131] 김정일의 이 같은 의도와 그의 주도적 노력으로 주체사상은 스탈린주의보다 더욱 극단적으로 수령의 절대독재를 강화하고 합리화하는 방향으로 발전되어 왔다.

둘째, 주체사상은 사람중심의 철학적 원리와 인민대중중심의 사회역사원리를 주체사상의 전면에 내세움으로써 외형적으로 마르크스-레닌주의 이론체계와 차별화하는데 어느 정도 성공하였다. 그러나 앞에서 살펴본 바와 같이 주체사상의 철학적 원리와 사회역사원리는 실제에 있

어서 주체사상의 본질적 요소가 아니라 장식적 요소에 불과하고, 프롤
레타리아독재론과 당독재론, 더 나아가 수령절대독재론에 대해 종속적
인 관계에 놓여 있다.

주체사상은 '실천 이데올로기'에서 '순수 이데올로기'로 북한 내부에
서 그 위상이 강화되어 왔는데, 김정일이 그 과정에서 주도적인 역할을
하였다. 주체사상은 '순수 이데올로기'화하면서 초기에는 김일성주의
(김일성의 통치 이데올로기)에서 김일성-김정일주의(김일성-김정일 공
동정권의 통치 이데올로기)로 변화되는 과정을 거쳐, 김일성 사후 현재
는 김정일주의(김정일 정권의 통치 이데올로기)화 되어가는 경향을 보
이고 있다. 김일성 사후 ≪로동신문≫ 기자들의 김일성 저작 또는 발언
에 대한 인용이 서서히 김정일 저작 또는 발언에 대한 인용으로 대체되
어 간 사실은 이 같은 변화를 반영하는 것이다.

김일성 사후 주체사상이 폐기되었다고 주장하는 연구자들도 있지만,
북한은 1998년의 개정헌법에서도 1992년 헌법에서와 같이 "조선민주주
의인민공화국은 사람중심의 세계관이며 인민대중의 자주성을 실현하기
위한 혁명사상인 주체사상을 자기 활동의 지도적 지침으로 삼는다"는
규정을 그대로 존치시켰다. 그리고 개정헌법의 '서문'에 "김일성 동지께
서는 영생불멸의 주체사상을 창시하시고, 그 기치 밑에 항일혁명투쟁을
조직 령도하시어 영광스러운 혁명전통을 마련하시고, 조국광복의 력사
적 위업을 이룩하시었으며, 정치, 경제, 문화, 군사 분야에서 자주독립국
가 건설의 튼튼한 토대를 닦은 데 기초하여 조선민주주의인민공화국을
창건하시었다"라고 명기함으로써 1930년대 주체사상 창시론을 헌법에
까지 반영하였다.[132] 1998년의 개정헌법을 통하여 주체사상은 김정일
시대에도 여전히 '영생불멸'의 통치 이데올로기임이 재확인된 것이다.

1991년에 발간된 『조선로동당력사』는 "조선혁명의 확고한 지도사상
이며 우리 시대의 위대한 혁명적 기치인 주체사상은 혁명실천의 요구로

부터 출발하여 그리고 혁명투쟁 경험의 일반화에 기초하여 끊임없이 심화발전되는 창조적인 혁명철학"이라고 지적하고 있다.133) 이는 1980년 대에 주체사상이 김정일에 의해 나름대로의 이론적 체계를 갖춘 것은 사실이지만, 대내외적 상황변화에 따라 새로운 요소를 추가하면서 변화 해갈 수 있음을 시사하는 것이다.134) 그러나 김정일 정권이 존속하는 한 기본적으로 '수령중심사상'으로서의 주체사상의 성격은 크게 변화하 지 않을 것으로 전망된다.

※ 이 논문은 1999년 이후 필자의 주체사상 관련 연구 성과들을 토대로 정성장, "주체사상의 기원과 형성 및 발전 과정," 『한국정치외교사논총』 제21집 2호 (한국정치외교사학회, 2000), 315~344쪽을 대폭 수정 · 보완한 것이다.

주 註

1) 송영대 전 통일원 차관은 1997년에 발표한 한 논문에서 북한정권의 최대의 무기라고 할 수 있는 주체사상이 "그 뿌리로부터 흔들리고 있다"고 주장하였다. 그리고 황장엽을 '주체사상의 대부'라고 실제와 동떨어진 과대평가를 하면서 그의 "망명은 김정일 정권을 그 근저에서부터 뒤흔드는 효과를 가져올 수 있다"고 예측하였다. 송영대는 이어서 "북한 사회주의체제는 외부지원이 없는 한 향후 5년을 전후하여 급격한 변혁을 맞을 것"으로 전망하면서, "북한붕괴는 이제 시간과 방식의 문제일 뿐 불가피할 것으로 보이며, 주변국과 우리의 대응에 따라 속도와 방향이 좌우될 것"이라고 주장하였다. 송영대, "북한의 내구력 -정밀분석," 『북한, 언제까지 버틸 수 있나』 (서울: 서울신문사, 1997), 130-140쪽 참조.

2) 송영대, "북한의 내구력 - 정밀분석," 130쪽 참조.

3) 물론 다른 방식으로 주체사상의 '쇠퇴'에 대해 언급하고 있는 연구자들도 있다. 안찬일 박사는 이미 1970년대 초반에 주체사상이 통치 이데올로기로서의 기능을 상실하기 시작했고, 혁명적 수령론이 북한 정치체제를 작동하는 통치 이데올로기로 정착되었다고 주장한다. 안찬일,『주체사상의 종언』(서울: 을유문화사, 1997), 141~143쪽. 그리고 신일철 고려대학교 명예교수는 "이제는 주체사상도 쇠퇴하여 군사모험주의의 선군주의가 되었다. 북한 통치에서 이데올로기가 종언된 지 이미 오래고 끝판에 가서는 총대 '철학만'이 존재할 뿐이다"라고 주장하고 있다. 신일철, 『북한 주체사상의 형성과 쇠퇴』(서울: 생각의나무, 2004), 13-14쪽.

4) 정성장, "주체사상 연구의 쟁점," 현대북한연구회 편, 『현대 북한연구의 쟁점 1』(서울: 한울: 2005), 43~44쪽 참조.

5) 『조선말대사전 1』(평양: 사회과학출판사, 1992), 1630쪽.

6) 정치학대사전편찬위원회 편, 『21세기 정치학대사전 (하)』(서울: 아카데미아리서치, 2002), 1797~1798쪽.

7) 최성욱,『우리 당의 주체 사상과 사회주의적 애국주의』(평양: 조선로동당출판사, 1966) 참조.

8) 김정일, "당사상사업을 더욱 개선강화할데 대하여 (전국당선전일군회의에서 한 결론, 1981년 3월 8일)," 『주체혁명위업의 완성을 위하여 4』(평양: 조선로동당출판사, 1987), 252쪽.

9) 리성준,『주체사상의 철학적원리』(평양: 사회과학출판사, 1985), 5쪽.

10) 『조선말대사전 2』(평양: 사회과학출판사, 1992), 296쪽.

11) Franz Schurman, *Ideology and Organization in Communist China* (Berkeley: Univ.

of California Press, 1973).

12) 레닌주의와 스탈린주의 간의 관계에 대해서는 정성장, "스탈린체제와 김일성 체제의 비교연구: 지도이념과 권력체계를 중심으로," 『국제정치논총』 제337집 2호 (1998), 54쪽 참조.

13) 리진규, 『21세기 – 김정일시대』 (평양: 평양출판사, 1995), 64쪽.

14) 리진규, 『21세기 – 김정일시대』, 64쪽.

15) 림춘추, 『항일 무장투쟁시기를 회상하여』 (평양: 조선로동당출판사, 1960), 1-4 쪽 ; 조선민주주의인민공화국 과학원 력사연구소, 『조선통사 (하)』 (평양: 과학 원출판사, 1958), 306쪽.

16) 김일성이 항일무장투쟁시기 스탈린의 저작을 가지고 학습하였고 또한 다른 공 산주의자들을 학습시켰다는 것은 "우리는 어려운 항일무장투쟁시기에도 ≪레 닌주의기본에 대하여≫, ≪레닌주의의 제문제≫와 같은 다른 나라 책들을 번 역하여 가지고 사람들을 교양하였습니다"라는 그의 지적에서 분명하게 드러난 다. ≪레닌주의기본에 대하여≫와 ≪레닌주의의 제문제≫는 스탈린의 대표적 저작들이다. 김일성, "교원들을 혁명화하며 학생교양 사업을 강화할데 대하여 (과학교육부문일군협의회에서 한 연설, 1967년 1월 27일)," 『김일성 저작집 21』, (평양: 조선로동당출판사, 1983), 92쪽.

17) 이종석, 『새로 쓴 현대북한의 이해』 (서울: 역사비평사, 2000), 402 ~ 406쪽.

18) 김갑철, 『북한공산주의 이론과 실제』 (서울: 문우사, 1985), 85 ~ 89쪽.

19) 황장엽, 『나는 역사의 진리를 보았다』 (서울: 한울, 1999), 370쪽.

20) 김일성, "쓰딸린은 자기의 자유와 독립을 고수하는 인민들의 투쟁의 고무자 (1953년 3월 10일)," 『김일성 선집 제4권』 (평양: 조선로동당출판사, 1953), 471 ~ 485쪽.

21) 황장엽, 경남대학교 북한대학원 초청 특강에서의 증언(1999년 4월 17일).

22) Michel Lesage, Le système politique de l'URSS (Paris: P.U.F., 1987), pp.147-149.

23) Branko Lazitch, Le Rapport Khrouchtchev et son histoire (Paris: Editions du Seuil, 1976) 참조.

24) 김일성, "사상사업에서 교조주의와 형식주의를 퇴치하고 주체를 확립할데 대 하여 (당선전선동일군들 앞에서 한 연설, 1955년 12월 28일," 『우리 혁명에서 의 주체에 대하여』 (평양: 조선로동당출판사, 1970), 30쪽.

25) 김일성, "사상사업에서 교조주의와 형식주의를 퇴치하고 주체를 확립할데 대 하여," 37쪽.

26) 당시 김일성파는 중공업 위주의 발전전략과 혁명주의적 대외정책을 옹호하고 있었던 반면, 반김일성 세력들은 대체로 소비재 생산을 희생하는 중공업 위주 의 발전전략 수정과 대외적 긴장완화를 주장하였다.

27) 정대화, "전후 복구건설과 사회주의제도의 확립," 강만길 외 11인 편, 『한국사 21: 북한의 정치와 사회 (1)』 (서울: 한길사, 1994), 206쪽.

28) 황장엽, 『나는 역사의 진리를 보았다』, 134~135쪽.

29) 이종석, 『새로 쓴 현대북한의 이해』, 158~159쪽.

30) 『대중 정치 용어 사전』 (평양: 조선로동당출판사, 1957); 『대중 정치 용어 사전』 (평양: 조선 로동당 출판사, 1964) ; 조선민주주의인민공화국 사회과학원, 『정치용어사전』 (평양: 사회과학출판사, 1970) 참조.

31) 김일성, "조선민주주의인민공화국에서의 사회주의건설과 남조선혁명에 대하여 (발췌) (인도네시아 ≪알리 아르함≫ 사회과학원에서 한 강의, 1965년 4월 14일)," 『우리 혁명에서의 주체에 대하여』, 343~345쪽.

32) 최성욱, 『우리 당의 주체 사상과 사회주의적 애국주의』, 2~10쪽.

33) 김일성, "당사업을 개선하며 당대표자회 결정을 관철할데 대하여 (도, 시, 군 및 공장당 책임비서협의회에서 한 연설, 1967년 3월 17~24일)." 『김일성 저작집 21』 (평양: 조선로동당출판사, 1983), 176쪽.

34) 이종석, 『새로 쓴 현대북한의 이해』, 497~499쪽 ; Cheong Seong Chang, Idéologie et système en Corée du Nord: De KIM Il-Sông à KIM Chông-Il (Paris: L'Harmattan, 1997), pp. 138-146.

35) 조선로동당 중앙위원회 당력사연구소, 『조선로동당력사』 (평양: 조선로동당출판사, 1991), 431-432쪽.

36) 조선민주주의인민공화국 사회과학원, 『정치용어사전』 (1970), 196쪽 참조.

37) 『정치사전』 (평양: 사회과학출판사, 1973), 268쪽.

38) 황장엽, 경남대학교 북한대학원 초청 특강에서의 증언(1999년 4월 17일).

39) 1964년에 발행된 『대중 정치 용어 사전』에서는 '수령'이라는 용어에 대한 설명조차 발견할 수 없다.

40) 조선민주주의인민공화국 사회과학원, 『정치용어사전』 (1970), 553쪽

41) 김일성, "조국광복회 10대강령 (1936년 5월 5일)," 『우리 혁명에서의 주체에 대하여』, 1~2쪽.

42) 『혁명의 위대한 수령 김일성 동지의 주체사상』 (1972), 35쪽.

43) 『영생불멸의 주체사상』 (평양: 출판사 미상, 1973), 90쪽.

44) 『정치사전』 (1973), 1055쪽.

45) 1973년에 발행된 두 문헌에서는 김일성이 1930년 6월 카륜회의에서 '주체사상에 기초하여' 주체적인 혁명노선과 방침을 제시하였다고 지적하고 있는데 비해, 1982년에 김정일이 발표한 논문 "주체사상에 대하여"는 김일성이 동 회의에서 "주체사상의 원리를 천명하시고 조선혁명의 주체적인 로선을 밝"혔다고 주장하고 있어 약간의 입장 차이가 발견된다. 김정일은 보다 적극적이고 직접

적인 방식으로 1930년 창시론을 기정사실화하고 있는 것이다. 김정일, "주체사상에 대하여 (위대한 수령 김일성동지 탄생 70돐기념 전국주체사상토론회에 보낸 론문, 1982년 3월 31일)," 『주체혁명위업의 완성을 위하여 4』 (평양: 조선로동당출판사, 1987), 369쪽 참조.

46) 김일성, "조선민주주의인민공화국 사회주의헌법 (1972년 12월 27일)," 『김일성 저작집 27』 (평양: 조선로동당출판사, 1984), 625쪽.

47) 『혁명의 위대한 수령 김일성 동지의 주체사상』(1972), 3쪽.

48) 위의 책, 15쪽.

49) 『영생불멸의 주체사상』(1973), 90쪽.

50) 황장3엽, 『나는 역사의 진리를 보았다』, 370~371쪽.

51) 위3의 책, 375쪽.

52) 김일성, "우리 당의 주체사상과 공화국 정부의 대내외정책의 몇가지 문제에 대하여," 『김일성 저작선집 6』 (평양: 조선로동당출판사, 1974), 268~269쪽.

53) 황장엽, 『나는 역사의 진리를 보았다』, 167~169쪽.

54) 정창현, 『곁에서 본 김정일』 (서울: 토지, 1999), 134쪽.

55) 김정일, "온 사회를 김일성주의화하기 위한 당사상사업의 당면한 몇 가지 과업에 대하여,(전국당선전일군강습회에서 한 결론, 1974년 2월 19일)," 『주체혁명위업의 완성을 위하여 3 (1974-1977)』 (평양: 조선로동당출판사, 1987), 3~9쪽;고유환, "김정일의 주체사상과 사회주의론," 『북한의 사상과 정치 - 김정일의 사상과 정책전망 - 』(서울: 동국대학교 안보연구소, 1994), 11~17쪽 참조.

56) 허정환·손영규, 『주체사상이 밝혀주는 혁명의 방법론』 (평양: 과학,백과사전출판사, 1977).

57) 김정일, 『김일성주의의 독창성을 옳게 인식할데 대하여 (당리론선전일군들과 한 담화, 1976년 10월 2일)』 (평양: 조선로동당출판사, 1984), 475~476쪽.

58) 김정일, 『김일성주의의 독창성을 옳게 인식할데 대하여』, 9쪽.

59) "조선로동당 규약 (1980.10.13)," 강신창, 『북한학원론』 (서울: 을유문화사, 1998), 433쪽.

60) 황장엽, 『나는 역사의 진리를 보았다』, 155~173쪽; 정창현, 『곁에서 본 김정일』, 133~137쪽.

61) 김정일, "전당과 온 사회에 유일사상체계를 더욱 튼튼히 세우자 (중앙 당 및 국가, 경제기관, 근로단체, 인민무력, 사회안전, 과학, 교육, 문화예술, 출판보도 부문일군들앞에서 한 연설, 1974년 4월 14일)," 『주체혁명위업의 완성을 위하여 3』 (평양: 조선로동당출판사, 1987), 101~118쪽 참조.

62) 황장엽 전 조선로동당 비서는 "지난 74년부터는 김정일이 실권을 잡았기 때문에 김정일을 통하지 않고서는 김일성에게 한건의 보고도 못 올라갔고, 한건의

지시도 내려오지 못했다"며, "74∼85년은 김일성 · 김정일 공동정권이었고, 이후 94년까지는 김정일의 권한이 한층 강화된 '김정일-김일성 공동정권'이었다고 할 수 있다"고 주장하였다. ≪중앙일보≫ 1999년 9월 14일, 1면.

63) 조선로동당 중앙위원회 당력사연구소, 『조선로동당력사』, 543쪽.

64) 친북 성향의 미주 평화통일연구소장 한호석은 1998년 6월에 발표한 "황장엽류의 주체철학 해석에 대한 북(조선) 내부의 비판"이라는 글을 통해 "김일성주의가 김정일 총비서에 의하여 정립된 사상이론이라는 북(조선)의 주장을 인정한다면, 맑스와 엥겔스에 의해서 창시된 사상이론이 레닌에 의해서 '더욱 발전되고 풍부하게' 전개됨으로써 맑스-레닌주의(Marxism-Leninism)라는 개념이 정립되었듯이, 오늘 북(조선)의 현실에서 김일성주의는 김일성-김정일주의(Kimilsungism-Kimjongilism)라는 새로운 개념으로 정립되어야 하지 않을까"라는 문제 제기를 한 바 있다. http://www.onekorea.org/research/t22.html (검색일: 2002.12.11) 참조.

65) 조선로동당 중앙위원회 당력사연구소, 『조선로동당력사』, 539쪽.

66) 박일범, 『주체사상의 사회력사원리』(평양: 사회과학출판사, 1985), 221쪽.

67) 『철학사전』(평양: 사회과학출판사, 1985), 114쪽.

68) 김정일, 『주체사상 교양에서 제기되는 몇가지 문제에 대하여 (조선로동당 중앙위원회 책임일군들과 한 담화, 1986년 7월 15일)』(평양: 조선로동당출판사, 1987), 18∼19쪽,

69) 김정일, "주체의 혁명관을 튼튼히 세울 데 대하여 (조선로동당 중앙위원회 책임일군들과 한 담화, 1987년 10월 10일)," 『친애하는 지도자 김정일동지의 문헌집』(평양: 조선로동당출판사, 1992), 199∼200쪽.

70) 조선로동당 중앙위원회 당력사연구소, 『조선로동당력사』, 545쪽.

71) 김일성, "조선민주주의인민공화국 사회주의헌법 (조선민주주의인민공화국 최고인민회의 제5기 제1차 회의에서 채택 1972년 12월 27일, 제9기 제3차 회의에서 수정 1992년 4월 9일)," 『김일성저작선집 10』(평양: 조선로동당출판사, 1994), 475쪽.

72) 이찬행, 『인간 김정일 '수령' 김정일』(서울: 열린세상, 1994), 136쪽에서 재인용.

73) 정성장, "김일성체제의 이념적 · 문화적 기원과 성격," 『고황정치학회보』제1권(1997), 128∼130쪽.

74) 정성장, "대내 전략," 정성장 · 백학순, 『김정일 정권의 생존전략』, 세종정책총서 2003-6 (성남: 세종연구소, 2003), 13∼31쪽.

75) 김근식, "북한 발전전략의 형성과 변화에 관한 연구: 1950년대와 1990년대를 중심으로" (서울대 정치학과 박사학위 논문, 1999), 230쪽 참조.

76) 리종태 · 동태관, "붉은기를 높이 들자," ≪로동신문≫ 1995년 8월 28일 정론.

77) 사회과학원 언어학연구소 편, 『조선문화어사전』(평양: 사회과학출판사, 1973), 458쪽.

78) 리종태·동태관, "붉은기를 높이 들자."

79) 위의 글 참조.

80) 황장엽, 『어둠의 편이 된 햇볕은 어둠을 밝힐 수 없다』(서울: 월간조선사, 2001), 106～107쪽 참조.

81) 식량난이 매우 심각했던 1996년 12월에 김정일은 군대에조차 식량을 제대로 공급하지 못하고 있으며, 만약 북한에 "군량미가 없다는 것을 알면 미제국주의자들이 당장 쳐들어올 것"이라고 지적하였다. 김정일, "우리는 지금 식량 때문에 무정부 상태가 되고 있다－1996년 12월 김일성 종합대학 창립 50돌 기념 김정일의 연설문－," 『월간조선』 1997년 4월호, 308～311쪽.

82) ≪로동신문≫ 1997년 1월 1일.

83) 김덕유, "붉은기사상으로 온 사회를 일색화하는 것은 사회주의 강행군을 다그치기 위한 중요한 담보," 『철학연구』 1997년 제1호, (평양: 과학백과사전종합출판사, 1997), 18쪽.

84) 위의 글, 15쪽.

85) ≪중앙일보≫ 1997년 2월 14일; ≪세계일보≫ 1997년 2월 15일 참조.

86) 김대중, "국난극복과 재도약의 새시대를 엽시다 (제15대 대통령 취임사, 1998. 2. 25)," 『김대중대통령연설문집 제1권』(서울: 대통령비서실, 1999), 65쪽.

87) "위대한 선군기치 따라 공화국의 존엄과 위력을 높이 떨치자(≪로동신문≫, ≪조선인민군≫, ≪청년전위≫ 공동사설)," ≪로동신문≫ 2003년 1월 1일 참조.

88) 최칠남·동태관·전성호, "강성대국," ≪로동신문≫ 1999년 8월 22일 정론 참조.

89) 김재호, 『김정일강성대국 건설전략』(평양: 평양출판사, 2000), 158～159쪽.

90) "위대한 당의 령도따라 사회주의강성대국을 건설해나가자," ≪로동신문≫ 1998년 9월 9일 사설.

91) "올해를 강성대국건설의 위대한 전환의 해로 빛내이자 (≪로동신문≫, 신문 ≪소선인민군≫, ≪정년전위≫ 공동사설)," ≪로동신문≫ 1999년 1월 1일.

92) 김정일, "올해를 강성대국건설의 위대한 전환의 해로 빛내이자 (조선로동당 중앙위원회 책임일군들과 한 담화, 주체88(1999)년 1월 1일)," 『김정일선집 14』(평양: 조선로동당출판사, 2000), 452～464쪽.

93) "김정일의 북한 … 지금 변화 중 <2>," ≪중앙일보≫ 2000년 4월 25일.

94) 철학연구소, 『사회주의강성대국건설사상』(평양: 사회과학출판사, 2000), 21～60쪽.

95) 북한의 강성대국 건설 구상 중 정치적 안정성을 유지하고 경제를 재건하기 위

한 전략에 대해서는 정성장, "대내 전략," 31∼53쪽 참조.

96) 리진규, 『21세기 - 김정일시대』, 1∼5쪽.

97) 북한에서는 21세기를 '김정일세기'라고도 부르고 있다. 『주체혁명위업의 위대한 령도자 김정일 동지 1: 위대한 사상리론가』 (평양: 조선로동당출판사, 2001), 366∼372쪽.

98) 리진규, 『21세기─김정일시대』, 4∼5쪽.

99) 『세계의 김정일』 (평양: 평양출판사, 2001), 36쪽.

100) 『주체혁명위업의 위대한 령도자 김정일 동지 1: 위대한 사상리론가』, 353쪽.

101) 필자가 대략 확인해본 것만 해도 『위대한 령도자 김정일동지의 사상리론』 시리즈로 경제학 4권, 문예학 5권, 법학 3권, 언어학 1권, 철학 2권이 출간되었다.

102) 1998년 신년공동사설에서 온 사회를 '붉은기사상'으로 일색화해야 한다고 했던 주장이 1999년 신년공동사설에 '김정일동지의 사상'으로 일색화해야 한다고 바뀐 것과 1999년 신년공동사설에서 '김정일 사상'에 대해 특별히 강조하고 있는 것은 흥미 있는 사실이다.

103) 최용덕·김정웅, "우리는 백배로 강해졌다," ≪로동신문≫ 1997년 12월 12일 정론.

104) "과학중시사상을 구현하여 강성대국의 앞길을 열어나가자," ≪로동신문≫ 1999년 1월 16일 사설; "과학중시사상을 틀어 쥐고 강성대국을 건설하자 (≪로동신문≫, ≪근로자≫ 공동론설)," ≪로동신문≫ 2000년 7월 4일.

105) 김경희, "김정일 시대 주체사상의 지속과 변화" (이대 북한학 협동과정 석사학위논문, 2003), 11∼15쪽 참조.

106) 박일범, 『주체사상의 사회력사원리』, 216쪽.

107) 정성장, "김정일의 '선군정치': 논리와 정책적 함의," 『현대북한연구』 제4권 2호 (서울: 경남대학교 북한대학원/한울, 2001), 81∼114쪽 참조.

108) 김병진, "당의 령도체계확립에서 전환을 가져 온 위대한 선군령도," ≪로동신문≫ 2003년 5월 7일.

109) 김민·한봉서, 『령도체계』 (평양: 사회과학출판사, 1985) 참조.

110) ≪중앙일보≫ 2003년 4월 4일; "지배이념 바뀌는 북한 사회," ≪연합뉴스≫ 2003년 4월 8일.

111) 서재진, "김정일시대 통치이념의 변화: 주체사상에서 강성대국론으로," 『북한체제의 현주소』, 학술회의 총서 02-02 (서울: 통일연구원, 2002), 15쪽.

112) 철학연구소, 『사회주의강성대국 건설사상』, 21∼60쪽.

113) 김창원, 『주체사상의 지도적 원칙』 (평양: 사회과학출판사, 1985) 참조.

114) 김재호, 『김정일강성대국 건설전략』 참조.

115) 『조선말대사전 2』(1992), 296쪽.
116) 리성준, 『주체사상의 철학적원리』; 박일범, 『주체사상의 사회력사원리』; 김창원, 『주체사상의 지도적 원칙』 참조.
117) 김창하, 『반제반봉건민주주의혁명과 사회주의혁명 리론』(평양: 사회과학출판사, 1985); 김양선·최철웅, 『사회주의, 공산주의 건설리론』(평양: 사회과학출판사, 1985); 강운빈, 『인간개조리론』(평양: 사회과학출판사, 1985); 박영근, 『사회주의경제건설리론』(평양: 사회과학출판사, 1985); 박승덕, 『사회주의 문화건설리론』(평양: 사회과학출판사, 1985); 김민·한봉서, 『령도체계』; 손영규, 『령도예술』(평양: 사회과학출판사, 1985) 참조.
118) 이종석, 『새로 쓴 현대북한의 이해』, 128~139쪽.
119) 1980년대 초까지만 해도 북한에서는 '광의의 주체사상'을 '김일성주의'라고 불렀으나, 이후 서서히 '김일성주의'라는 용어가 '김일성동지혁명사상'이라는 표현으로 대체되는 경향을 보이고 있다.
120) 『철학사전』(평양: 사회과학출판사, 1985), 107, 497쪽 ; 『조선말대사전 2』, 296쪽.
121) 정성장, "주체사상의 이론적 체계와 성격," 『북한연구학회보』 제3권 제2호(북한연구학회, 1999), 251~273쪽 참조.
122) 김정일, "주체사상에 대하여," 370~371쪽.
123) 이 문제를 이해하기 위해서는 북한이 개인주의를 배격하고 집단주의를 강조하는 사회라는 사실을 염두에 둘 필요가 있다.
124) 조선로동당 중앙위원회 당력사연구소 (1991), 542쪽.
125) 황장엽, 『나는 역사의 진리를 보았다』, 156쪽.
126) 위의 책, 376쪽.
127) 김정일, "주체사상에 대하여," 377~378쪽.
128) 북한과 매우 긴밀한 관계를 유지하고 있는 프랑스의 마르크스주의자 로베르 샤르뱅도 주체사상을 '매우 강렬한 주의주의'(volontarisme très poussé)로 특징짓고 있다. Robert Charvin (avec la collaboration de Monique Fragnol-Simon), La République populaire démocratique de Corée (Paris: L.G.D.J., 1984), pp.33-34 참조.
129) 김정일, "주체사상에 대하여," 413쪽.
130) 위의 논문, 377~415쪽.
131) 황장엽, 『나는 역사의 진리를 보았다』, 173~184쪽.
132) ≪로동신문≫ 1998년 9월 6일.
133) 조선로동당 중앙위원회 당력사연구소, 『조선로동당력사』, 538쪽.
134) 주체사상과 개혁·개방 간의 관계에 대해서는 정성장, "주체사상과 북한의

개혁·개방,"『동북아연구』제6권 (마산: 경남대학교 극동문제연구소, 2001), 125~157쪽 참조.

〈참고문헌〉

1. 북한문헌

『대중 정치 용어 사전』 (평양: 조선 로동당 출판사, 1964).

『대중 정치 용어 사전』 (평양: 조선로동당출판사, 1957).

『세계의 김정일』 (평양: 평양출판사, 2001).

『영생불멸의 주체사상』 (평양: 출판사 미상, 1973).

『정치사전』 (평양: 사회과학출판사, 1973).

『조선말대사전 1』(평양: 사회과학출판사, 1992).

『조선말대사전 2』(평양: 사회과학출판사, 1992).

『주체혁명위업의 위대한 령도자 김정일 동지 1: 위대한 사상리론가』 (평양: 조선로동당출판사, 2001).

『철학사전』 (평양: 사회과학출판사, 1985).

『혁명의 위대한 수령 김일성 동지의 주체사상』(1972).

강운빈, 『인간개조리론』 (평양: 사회과학출판사, 1985).

"과학중시사상을 구현하여 강성대국의 앞길을 열어나가자," ≪로동신문≫ 1999년 1월 16일 사설; "과학중시사상을 틀어 쥐고 강성대국을 건설하자 (≪로동신문≫, ≪근로자≫ 공동론설)," ≪로동신문≫ 2000년 7월 4일.

김덕유, "붉은기사상으로 온 사회를 일색화하는 것은 사회주의 강행군을 다그치기 위한 중요한 담보," 『철학연구』 1997년 제1호.

김민·한봉서,『령도체계』 (평양: 사회과학출판사, 1985).

김병진, "당의 령도체계확립에서 전환을 가져 온 위대한 선군령도," ≪로동신문≫ 2003년 5월 7일.

김양선·최철웅, 『사회주의, 공산주의 건설리론』 (평양: 사회과학출판사, 1985).

김일성, "교원들을 혁명화하며 학생교양 사업을 강화할데 대하여 (과학교육부문일군협의회에서 한 연설, 1967년 1월 2/일)," 『김일성 저작집 21』, (평양: 조선로동당출판사, 1983).

김일성, "당사업을 개선하며 당대표자회 결정을 관철할데 대하여 (도, 시, 군 및 공장당 책임비서협의회에서 한 연설, 1967년 3월 17~24일)." 『김일성 저작집 21』 (평양: 조선로동당출판사, 1983).

김일성, "사상사업에서 교조주의와 형식주의를 퇴치하고 주체를 확립할데 대하여 (당선전선동일군들 앞에서 한 연설, 1955년 12월 28일," 『우리 혁명에서의 주체에 대하여』 (평양: 조선로동당출판사, 1970).

김일성, "쓰딸린은 자기의 자유와 독립을 고수하는 인민들의 투쟁의 고무자 (1953년 3월 10일)," 『김일성 선집 제4권』 (평양: 조선로동당출판사, 1953).

김일성, "우리 당의 주체사상과 공화국 정부의 대내외정책의 몇가지 문제에 대하여," 『김일성 저작선집 6』 (평양: 조선로동당출판사, 1974).

김일성, "조국광복회 10대강령 (1936년 5월 5일)," 『우리 혁명에서의 주체에 대하여』 (평양: 조선로동당출판사, 1970).

김일성, "조선민주주의인민공화국 사회주의헌법 (1972년 12월 27일)," 『김일성 저작집 27』 (평양: 조선로동당출판사, 1984).

김일성, "조선민주주의인민공화국 사회주의헌법 (조선민주주의인민공화국 최고인민회의 제5기 제1차 회의에서 채택 1972년 12월 27일, 제9기 제3차 회의에서 수정 1992년 4월 9일)," 『김일성저작선집 10』 (평양: 조선로동당출판사, 1994).

김일성, "조선민주주의인민공화국에서의 사회주의건설과 남조선혁명에 대하여 (발췌) (인도네시아 ≪알리 아르함≫ 사회과학원에서 한 강의, 1965년 4월 14일)," 『우리 혁명에서의 주체에 대하여』 (평양: 조선로동당출판사, 1970).

김재호, 『김정일강성대국 건설전략』 (평양: 평양출판사, 2000).

김정일, 『김일성주의의 독창성을 옳게 인식할데 대하여 (당리론선전일군들과 한 담화, 1976년 10월 2일)』 (평양: 조선로동당출판사, 1984).

김정일, 『주체사상 교양에서 제기되는 몇가지 문제에 대하여 (조선로동당 중앙위원회 책임일군들과 한 담화, 1986년 7월 15일)』 (평양: 조선로동당출판사, 1987).

김정일, "당사상사업을 더욱 개선강화할데 대하여 (전국당선전일군회의에서 한 결론, 1981년 3월 8일)," 『주체혁명위업의 완성을 위하여 4』 (평양: 조선로동당출판사, 1987).

김정일, "온 사회를 김일성주의화하기 위한 당사상사업의 당면한 몇 가지 과업에 대하여, (전국당선전일군강습회에서 한 결론, 1974년 2월 19일)," 『주체혁명위업의 완성을 위하여 3 (1974-1977)』 (평양: 조선로동당출판사, 1987).

김정일, "올해를 강성대국건설의 위대한 전환의 해로 빛내이자 (조선로동당 중앙위원회 책임일군들과 한 담화, 주체88(1999)년 1월 1일)," 『김정일선집 14』 (평양: 조선로동당출판사, 2000).

김정일, "우리는 지금 식량 때문에 무정부 상태가 되고 있다 - 1996년 12월 김일성종합대학 창립 50돌 기념 김정일의 연설문 - ," 『월간조선』 1997년 4월호.

김정일, "전당과 온 사회에 유일사상체계를 더욱 튼튼히 세우자 (중앙 당 및 국가, 경제기관, 근로단체, 인민무력, 사회안전, 과학, 교육, 문화예술, 출판보도부문일군들앞에서 한 연설, 1974년 4월 14일)," 『주체혁명위업의 완성을 위하여 3』 (평양: 조선로동당출판사, 1987).

김정일, "주체사상에 대하여 (위대한 수령 김일성동지 탄생 70돐기념 전국주체사상 토론회에 보낸 론문, 1982년 3월 31일)," 『주체혁명위업의 완성을 위하여 4』 (평양: 조선로동당출판사, 1987).

김정일, "주체의 혁명관을 튼튼히 세울 데 대하여 (조선로동당 중앙위원회 책임일 군들과 한 담화, 1987년 10월 10일)," 『친애하는 지도자 김정일동지의 문 헌집』 (평양: 조선로동당출판사, 1992).

김창원, 『주체사상의 지도적 원칙』 (평양: 사회과학출판사, 1985).

김창하, 『반제반봉건민주주의혁명과 사회주의혁명 리론』 (평양: 사회과학출판사, 1985).

리성준, 『주체사상의 철학적원리』 (평양: 사회과학출판사, 1985).

리종태·동태관, "붉은기를 높이 들자," ≪로동신문≫ 1995년 8월 28일 정론.

리진규, 『21세기 — 김정일시대』 (평양: 평양출판사, 1995).

림춘추, 『항일 무장투쟁시기를 회상하여』 (평양: 조선로동당출판사, 1960).

박승덕, 『사회주의 문화건설리론』 (평양: 사회과학출판사, 1985).

박영근, 『사회주의경제건설리론』 (평양: 사회과학출판사, 1985).

박일범, 『주체사상의 사회력사원리』 (평양: 사회과학출판사, 1985).

사회과학원 언어학연구소 편, 『조선문화어사전』 (평양: 사회과학출판사, 1973).

손영규, 『령도예술』 (평양: 사회과학출판사, 1985).

"올해를 강성대국건설의 위대한 전환의 해로 빛내이자 (≪로동신문≫, 신문 ≪조 선인민군≫, ≪청년전위≫ 공동사설)," ≪로동신문≫ 1999년 1월 1일.

"위대한 당의 령도따라 사회주의강성대국을 건설해나가자," ≪로동신문≫ 1998년 9월 9일.

"위대한 선군기치 따라 공화국의 존엄과 위력을 높이 떨치자(≪로동신문≫, ≪조 선인민군≫, ≪청년전위≫ 공동사설)," ≪로동신문≫ 2003년 1월 1일.

조선로동당 중앙위원회 당력사연구소, 『조선로동당력사』 (평양: 조선로동당출판사, 1991).

조선민주주의인민공화국 과학원 력사연구소, 『조선통사 (하)』 (평양: 과학원출판사, 1958)

조선민주주의인민공화국 사회과학원, 『정치용어사전』 (평양: 사회과학출판사, 1970).

철학연구소, 『사회주의강성대국건설사상』 (평양: 사회과학출판사, 2000).

최성욱, 『우리 당의 주체 사상과 사회주의적 애국주의』 (평양: 조선로동당출판사, 1966).

최용덕·김정웅, "우리는 백배로 강해졌다," ≪로동신문≫ 1997년 12월 12일.

최칠남·동태관·전성호, "강성대국," ≪로동신문≫ 1999년 8월 22일.

허정환·손영규, 『주체사상이 밝혀주는 혁명의 방법론』 (평양: 과학, 백과사전출판사, 1977).

≪로동신문≫ 1997년 1월 1일.

2. 남한문헌

고유환, "김정일의 주체사상과 사회주의론," 『북한의 사상과 정치 – 김정일의 사상
　　과 정책전망 – 』(서울: 동국대학교 안보연구소, 1994).

김갑철, 『북한공산주의 이론과 실제』(서울: 문우사, 1985).

김경희, "김정일 시대 주체사상의 지속과 변화" (이대 북한학 협동과정 석사학위논
　　문, 2003).

김근식, "북한 발전전략의 형성과 변화에 관한 연구: 1950년대와 1990년대를 중심
　　으로" (서울대 정치학과 박사학위 논문, 1999).

김대중, "국난극복과 재도약의 새시대를 엽시다 (제15대 대통령 취임사, 1998. 2.
　　25)," 『김대중대통령연설문집 제1권』(서울: 대통령비서실, 1999).

서재진, "김정일시대 통치이념의 변화: 주체사상에서 강성대국론으로," 『북한체제
　　의 현주소』, 학술회의 총서 02-02 (서울: 통일연구원, 2002).

송영대, "북한의 내구력 – 정밀분석," 『북한, 언제까지 버틸 수 있나』(서울: 서울신
　　문사, 1997).

신일철, 『북한 주체사상의 형성과 쇠퇴』(서울: 생각의나무, 2004).

안찬일, 『주체사상의 종언』(서울: 을유문화사, 1997).

이종석, 『새로 쓴 현대북한의 이해』(서울: 역사비평사, 2000).

이찬행, 『인간 김정일 '수령' 김정일』(서울: 열린세상, 1994).

정대화, "전후 복구건설과 사회주의제도의 확립," 강만길 외 11인 편, 『한국사 21:
　　북한의 정치와 사회 (1)』(서울: 한길사, 1994).

정성장, "주체사상 연구의 쟁점," 현대북한연구회 편, 『현대 북한연구의 쟁점 1』
　　(서울: 한울: 2005).

정성장, "스탈린체제와 김일성체제의 비교연구: 지도이념과 권력체계를 중심으로,"
　　『국제정치논총』 제37집 2호(1998).

정성장, "김일성체제의 이념적·문화적 기원과 성격," 『고황정치학회보』 제1권
　　(1997).

정성장, "주체사상의 이론적 체계와 성격," 『북한연구학회보』 제3권 제2호 (북한연
　　구학회, 1999).

정성장, "대내 전략," 정성장·백학순, 『김정일 정권의 생존전략』, 세종정책총서
　　2003-6 (성남: 세종연구소, 2003).

정성장, "김정일의 '선군정치': 논리와 정책적 함의," 『현대북한연구』 제4권 2호
　　(2001).

정성장, "주체사상과 북한의 개혁 · 개방,"『동북아연구』제6권 (마산: 경남대학교
　　극동문제연구소, 2001).
정창현, 『곁에서 본 김정일』 (서울: 토지, 1999).
정치학대사전편찬위원회 편, 『21세기 정치학대사전 (하)』 (서울: 아카데미아리서
　　치, 2002).
"조선로동당 규약 (1980. 10. 13.)," 강신창,『북한학원론』(서울: 을유문화사, 1998).
황장엽, 『나는 역사의 진리를 보았다』 (서울: 한울, 1999).
황장엽, 『어둠의 편이 된 햇볕은 어둠을 밝힐 수 없다』 (서울: 월간조선사, 2001).
≪중앙일보≫ 1999년 9월 14일, 1면.
"김정일의 북한 … 지금 변화 중 <2>," ≪중앙일보≫ 2000년 4월 25일.
≪중앙일보≫ 1997년 2월 14일.
≪중앙일보≫ 2003년 4월 4일.
"지배이념 바뀌는 북한 사회," ≪연합뉴스≫ 2003년 4월 8일.
≪세계일보≫ 1997년 2월 15일.

3. 외국문헌

Cheong Seong Chang, *Idéologie et système en Corée du Nord: De KIM Il-Sông à KIM
　　Chông-Il* (Paris: L'Harmattan, 1997).
Franz Schurman, *Ideology and Organization in Communist China* (Berkeley: Univ. of
　　California Press, 1973).
Michel Lesage, *Le système politique de l'URSS* (Paris: P.U.F., 1987).
Branko Lazitch, *Le Rapport Khrouchtchev et son histoire* (Paris: Editions du Seuil, 1976).
Robert Charvin (avec la collaboration de Monique Fragnol-Simon), *La République
　　populaire démocratique de Corée* (Paris: L.G.D.J., 1984).

북한 지도부의 민족·민족주의 담론: 특징과 의미

김 창 근

1. 서 론

2000년 6월 남북정상회담 이후 한반도 평화구축의 당사자로서 남북한의 보다 부각된 역할은 '민족공조'와 '우리민족끼리'로 압축되어 표현되고 있다. 우리 사회에서 '민족공조'는 한반도 평화·번영과 통일 추진의 필요조건으로서 중시되고 있으며, 북한에서 '우리민족끼리'는 남북관계 개선과 조국통일을 위한 대명제이자 6·15 공동선언 이행의 기본정신으로서 강조되고 있다.

이러한 논의에서 유의할 것은 '민족' 개념이 남북한 공조를 담아내기 위한 그릇이자 동일한 내용물처럼 간주되는 경향이 짙다는 점이다. 남북한의 민족 개념에는 단일 인종으로서의 민족에 대한 정체성이 살아있지만, '민족공조'나 '우리민족끼리'라는 이름으로 일반화하기에는 너

무 달라 있다. 남북교류·협력이 진전될수록 민족 문제를 둘러싼 남북
한의 인식적 이질감은 더욱 확연해질 것이다. 지금은 북한의 민족·민
족주의 개념이 지닌 특징과 의미에 대한 분명한 인식이 필요한 때이다.

　민족·민족주의 문제는 통일논의에 있어 가장 현실적인 문제의 하나
이다. 그것은 대부분의 국민들이 통일의 당위성을 '민족'에서 찾고 있는
데서 보듯이,[1] 민족·민족주의 문제가 통일논의의 출발이라고 해도 지
나치지 않기 때문이다. 북한의 민족·민족주의 개념에 대한 인식은 통
일논의의 선차적이며 현실적인 과제라고 할 수 있다.

　이 논문은 북한 지도부의 민족·민족주의 담론을 분석하고자 한다.
이를 위해 이 글은 민족과 민족주의의 개념과 내용, 민족과 계급문제,
민족주의와 사회주의의 연관성, 민족주의와 프롤레타리아 국제주의 및
애국주의의 관계 등의 4가지 측면에 대한 이론적 논의를 바탕으로 김일
성과 김정일의 관련 담론의 내용을 분석하고자 한다. 이러한 논의는 북
한 지도부의 민족·민족주의 담론을 종합적으로 평가하고 남북화해·
협력을 위한 통합적이고 현실적인 민족·민족주의 개념을 설정하는데
유용할 것이다.

2. 이론적 논의

1) 민족과 민족주의

　일반적으로 민족(nation)이란 혈연과 지연, 그리고 지리적 공동체 형
성을 계기로 나타난 운명공동체로서 역사적 과정을 통해 자발적으로 만
들어진 가장 넓은 의미의 사회적 단위를 뜻한다. 자연히 민족주의
(nationalism)는 민족을 사회공동체적 생활의 기본 단위로 설정된다. 그

러나 그것이 민족에 의한 민족주의의 자연적 발생을 의미하지는 않는다. 둘의 발생사적 성격은 다르며 선후관계 역시 일정치 않다. 서구에서의 민족 · 민족주의 형성에는 근대국민국가 건설과 자본주의 산업화가 바탕이 되었다. 근대국가 건설과정에서 독자적인 국가를 형성하려는 공동체의 정치적 욕구와 행위로 인해 민족이 형성되었고 민족주의가 발아되었다. 근대국가는 민족을 만들어 냈고 민족과 민족주의는 더욱 발전된 민족국가를 이루어 냈다.

민족주의가 근대적 정치이념으로 등장하게 된 것은 시민혁명에 의해서였으며, 시민혁명의 전형이 된 1789년의 프랑스혁명은 그 역사적인 계기가 되었다. 프랑스혁명은 봉건적 계급을 상실해 가고 있던 특권계급, 부와 교육을 통해 부상하고 있던 부르주아지, 농노제를 벗어나고 있던 농민층, 그리고 도시의 인민대중 등의 세력이 기존 봉건적·절대적 질서에 대항하고 '주권재민'을 천명하기 위해 정치적으로 제휴한 산물이었다. 프랑스혁명을 통해 제휴세력들은 하나의 민족으로 거듭나게 되었고, 이들의 이질적인 열망과 의도는 민족주의라는 근대적 정치이념으로 결집되었던 것이다. 프랑스혁명 이후 민족은 전제주의와 특권을 부정하고 국민주권과 자치를 의미하는 상징처럼 간주되었고, 민족주의는 나폴레옹시대를 거치면서 민주주의 · 민중주의 원리를 내포하게 되었다. 이후 민족주의는 민족이라고 자각하는 사람들이 자기 민족의 통일과 독립, 자유와 발전을 추진시키려는 사상이나 운동으로 발전하게 되었다. 민족은 근대라는 사회·역사를 지나면서 결집된 실체이며, 민족주의는 민족운동이 표방하는 정치적 신조로서 '만들어진 지배이데올로기'[2]의 성격을 띠게 된 것이다.

민족주의가 어떠한 이데올로기와도 쉽게 결합될 수 있는 유연성을 지닌 '2차적 이데올로기'[3]의 성격을 분명히 하게 된 것은 이후의 역사성과 관련이 있다. 자본주의 발달에 따른 계급과의 관계, 제국주의와 사회주의의 등장, 3세계의 대두, 자본주의의 세계체계화 추세 등의 역사적 경험에 따라 민족·민족주의는 정반대의 내용을 갖는 이념이 되기도 했으며 이념이 실천되는 조건에 의해 민족주의의 성격이 규정되기도 했다. 최근 민족·민족주의는 탈민족화·탈민족주의화라는 환경변화에 직면하여 그 이념적 기능과 역할이 쇠퇴과정에 접어든 것으로 평가되기도 한다.4) 국제적으로는 세계화 추세 속에 자본주의가 초국가적인 성격을 띠면서 생산 및 시장관계의 국제화, 경제단위의 블록화, 다국적 기업 및 국제경제기구의 역할 증대 등이 가속화되고 있다. 국내적으로는 환경, 평화, 여성, 반핵, 반문화 등 각 부문에서 성장하고 있는 시민사회가 국제적 연대를 확대하면서 국가영역의 비중을 위협하고 있다.

그러나 여전히 민족은 계급과 지역 의식을 극복하고 공동 번영을 위한 최선의 기초 단위이며, 민족국가는 정치·경제적인 행위의 주체로서 역할할 것이다. 그것은 민족국가에게 민족주의는 계속하여 강력한 정치 통합력을 제공하는 근간이자, 국민들의 사고와 실천의 이데올로기로서 중요하기 때문이다. 오히려 민족·민족주의는 세계화 속에 퇴조하기 보다는 프랑스혁명과 나폴레옹시대를 지나면서 제기된 민주주의·민중주의 원리와 결합하여 세계화와 상호보완·경쟁하는 관계로 자리매김해야 할 과제를 안고 있다고 할 수 있다. EU, NAFTA, 동북·동남아 등에서의 지역공동체는 탈국가·탈민족주의의 징후라기 보다는 여전히 민족국가가 지역통합의 실질적인 단위이자 당사자로서 역할하고 있음을 보여주는 것이다.

민족·민족주의 인식과 관련하여 지적할 것은 스미스(Anthony D. Smith)가 민족주의 형성의 기준으로 제시한 전근대사회의 종속적 유대나 집단적 의식5)이 민족주의의 원초적 재질로서 민족주의 태동의 조건과 기반이 되었다는 점이다. 이러한 요소들은 민족국가 건설과정에서 적극 활용된 것에 불과하며, 민족주의 태동에 있어 그보다 중요했던 역사적 사실은 정치 · 경제적 형식의 국민적 통합이었다.[6] 따라서 선先민족 혹은 민족성을 근거로 특정 전근대사회에서 민족주의가 이미 존재했었다는 주장은 민족주의 인식의 비약에 해당한다. 민족 문제 인식에서 보다 중요한 것은 언제, 왜, 그렇게 민족주의와 결합되었는지 하는 점이다.

2) 민족과 계급문제

마르크스 · 레닌주의는 대체로 역사와 정치 · 사회현상을 계급의 관점에서 해석하면서 실천의 문제를 논했다. 민족문제는 계급에 비해 부차적인 의미를 지녔으며 계급투쟁에 종속되었다. 마르크스 · 엥겔스는 민족을 근대 부르조아가 국가권력을 장악하고 사회를 자본주의적으로 생산양식화시키면서 나타난 사회역사 발전의 산물로 인식했다. 따라서 자본주의의 성립으로 형성된 민족의 운명은 자본주의의 운명과 동일시되었다. 그들은 민족 상호간의 착취를 규정하고 있는 자본주의적인 소유관계의 제거없이는 민족간의 결속은 불가능하며, '본성상 특별한 민족적 이해와 편견'을 가지고 있지 않은 프롤레타리아만이 민족적 차이와 적대감을 제거할 수 있다고 보았다.[7] 그러나 그들은 자본주의가 발전하지 못한 동구 소수민족의 식민지 해방운동에 대해서는 부정적이었으며, 사회의 경제적 토대변혁에 어느 정도 공헌해 왔는가에 따라 민족을 역사민족과 무역사민족으로 구분했다.[8] 이는 유럽의 사회주의 혁명에 기여하는가의 여부에 따라 민족 문제를 파악하는 도구주의적 관점을 드러낸 것이다.[9]

레닌은 러시아 사회주의혁명을 성공시킨 현실주의자이며 실천가로서 민족 문제가 지닌 전략적 가치에 주목했다. 그는 사회주의가 '계급적 억압없이' 행동함으로써 민족간의 융합을 가져다 줄 것이며, 모든 나라에서의 사회주의가 승리하게 되면 민족간의 갈등이나 불신은 국가소멸과 함께 없어질 것이고 필연적으로 민족의 통합에 도달할 수 있다고 보았다.[10] 레닌이 주목한 민족문제의 전략적 가치는 민족자결권 획득을 위해 프롤레타리아 국제주의를 중심으로 민족간 노동자들이 단결·연대해야 한다는 주장에서 잘 나타난다.[11] 그것은 그가 주장하는 민족자결권의 본질이 민족의 진정한 자결에 있지 않고 '승리한 사회주의'를 위한 종속개념으로 간주되었기 때문이다.

민족문제가 사회주의와의 연관성 속에서 이론적으로 체계화된 것은 스탈린에 의해서였다. 그는 제국주의 열강에 맞서면서 소련사회주의를 완성해야 하는 대내외의 필요에 의해 슬라브민족주의에 호소하고 중앙집권적 사회주의정책을 폈으며 프롤레타리아를 견지하기 보다는 역설적으로 '대大러시아민족주의'를 고양시켰다. 그의 일국사회주의론은 이를 정당화하는 논리가 되었다. 이로 인해 그는 부르조아 민족주의를 배격하면서도 민족국가나 국가주의를 통해 계급문제 해결을 모색했다는 비판을 받기도 했다.[12] 그러나 그는 결과적으로 민족주의를 통해 소련이라는 국가를 강화시키는 기틀을 마련하게 되었다.

스탈린은 "민족이란 공통의 문화에 나타나는 심리적 성격 및 언어, 지역, 경제적 생활의 공통성에 기초하여 이루어진 역사적으로 형성된 사람들의 안정된 공동체"라고 정의했으며, 민족을 자본주의의 산물로 인식했다.[13] 그는 언어, 영토, 경제생활, 공통의 문화 중에서 어느 하나라도 결여하면 민족이 아니라고 엄격히 규정했다. 이로 인해 소연방내 소수민족의 독자성과 자치성은 제한될 수밖에 없었다. 그는 자본주의 발전과정에서 형성된 민족을 '부르조아민족'이라 부르고, 이는 자본주의 사회가 멸망하고 사회주의 사회가 도래하면 소멸된다고 보았다. 그는 부르조아민족의 운명이 자본주의의 운명과 일치한다고 해서 민족 그 자체가 소멸하는 것은 아니라고 보았으며, 부르조아민족 이외에 사회주의민족이 존재한다고 보았다. 사회주의민족은 바로 새로운 소비에트민족이며, 자본주의가 청산된 후 낡은 부르조아민족들을 사회주의 정신으로 개조하기 위해 발생·발전된 것이라고 했다.[14]

종합적으로 마르크스·레닌주의는 민족문제를 도구적 관점에서 파악하고 계급성을 앞세웠지만 그들이 추구하는 계급의 범주가 민족의 범주를 넘어서지 못했다. 사회주의는 부르조아 민족주의를 배격하고 프롤레타리아 국제주의를 지향하면서도 국가주의를 통해 계급문제 해결을 모색했다. 프롤레타리아 국제주의는 내용에서 일국사회주의국가와 다름이 없었고 국가소멸론은 커녕 오히려 국가가 강화되었으며, 프롤레타리아계급의 정치적 참여는 정치적 동원으로 변질되고 말았다. 1980년대 말 이후 소련과 동구 사회주의권이 해체되면서 소수민족이 제기하고 있는 인종주의나 분리주의도 계급이 민족을 넘지 못함을 보여주는 것이다.

3) 민족주의와 사회주의

민족주의와 사회주의는 근본적으로 긴장관계를 내포한다. 특히 사회주의가 추구하는 프롤레타리아 국제주의는 민족주의와 양립할 수밖에 없다. 만국의 노동자에게 단결을 호소했던 마르크스와 엥겔스의『공산당선언』에서 단호하게 나타나듯이, 프롤레타리아 혁명의 성공을 위해 노동자계급의 국제적 단합이 필수적일 수밖에 없다는 이들의 신념은 논리적으로 민족주의를 배격하게 되는 것이다.

그러나 민족주의는 사회주의의 실천과정에서 결코 포기할 수 없는 제휴대상이 되었다. 마르크스주의의 정통파로 알려진 카우츠키는 민족의 결정요소를 언어와 물질적 조건과 토대에서 찾음으로써 민족감정이나 민족적 유대의식이 계급연대 못지않게 강력하다는 사실을 인정했다.[15] 레닌은 식민지 종속국에서의 프롤레타리아 혁명운동은 저항적 민족주의운동에 어떻게 잘 편승하느냐에 달려있다고 현실적으로 보았

다.16) 스탈린은 부르조아 민족주의를 배격하면서도 민족국가나 국가주
의를 통해 계급문제 해결을 모색했다. 이들에게서 나타나는 공통점은 사
회주의적 내용을 담는 그릇으로서 민족주의적 형식을 취했다는 점이다.

제2차 세계대전 이후 민족주의와 사회주의의 결합은 제3세계와 제국
주의를 경험한 국가에서 더욱 강하게 나타났다. 제3세계에서의 사회주
의는 필히 민족주의와 결합되어, 급진적 민족주의의 동력으로 나타났으
며, 중국, 베트남, 쿠바, 북한 등과 같이 제국주의의 억압과 착취를 경험
한 지역에서는 사회주의가 민족주의의 정향을 취하면서 반제국주의 투
쟁과 사회주의 건설로 나타났다.17) 이들 국가에서는 특히 저항적 민족
주의가 사회주의와 실천적으로 융합되면서 정치·경제에서의 자주·자
립, 자본주의세계체제와의 단절 등이 시대적 과제로 추구되었다. 이에
따라 역사적으로 중요한 민족과 그렇지 않은 무역사민족으로 구분했던
마르크스의 주장과 달리 제2차 세계대전 이후 사회주의혁명의 진원지는
오히려 이들 국가로 옮아가는 경향이 나타났다. 중요한 것은 현실정치
에서 민족주의와 사회주의가 '사회주의의 민족주의적 발전'이라는 경향
으로 나타났다는 점이다.

4) 프롤레타리아 국제주의와 애국주의

프롤레타리아 국제주의와 애국주의는 논리적으로 모순관계이면서도
독특하게 연관되어 있다. 우선 외형적으로 보면 『공산당선언』에서 나타
나듯이 프롤레타리아 국제주의는 노동자계급의 단결을 위한 무조국성
과 국제주의를 사회주의적 원리의 하나로 간주한다. 자연히 국제주의
속에 '애국'은 논리적으로 상충된다. 프롤레타리아 애국주의는 바로 프
롤레타리아 국제주의와 민족주의 사이의 모순을 해소하기 위해 제시되
었다. 프롤레타리아 국제주의는 노동자계급의 애국애족적 경향성을 프

롤레타리아 애국주의로 포장한 것이다.

카우츠키의 논리를 예로 들면,[18] 노동자계급도 자본가와 마찬가지로 민족의 통일과 독립에 민족적인 관심을 가지고 있다. 오히려 프롤레타리아는 민족의 독립과 통일을 부르주아지와는 반대로 혁명적 수단을 통해 달성하고자 하기에 더욱 '민족적'이다. 그러나 프롤레타리아는 부르주아지처럼 민족적 분리와 민족적 이기주의의 충족을 추구하지 않으며, 자본의 지배로부터 해방되기 위해 본질상 처음부터 국제적 연대를 지향한다. 결국 국제적 연대는 모든 민족의 평화적인 세계경제적 협력을 통해 최고의 노동생산성을 추구하려는 프롤레타리아의 노력을 통해서만 가능하며, 따라서 국제적 단합은 프롤레타리아 애국주의의 한 구성요소가 된다는 것이다. 또한 자본가 역시 노동생산성 향상을 추구하지만, 그것은 모든 민족의 자본가들로 하여금 세계 시장에서의 치열한 국제적 경쟁을 위해 상호 적대적인 애국주의에 호소하도록 만든다. 따라서 자본주의적 애국주의의 본질은 조국이 외국에서 자기 나라 자본가의 이윤을 보호하기 위해 민중의 생명과 재산을 걸어야 한다는 점에서 조국에 대한 착취를 의미한다. 반면 프롤레타리아 애국주의는 모든 민족들의 문화적 번영과 복지의 증진을 목표로 국제간의 평화적 연대를 추구한다. 이러한 의미에서 카우츠키는 프롤레타리아 애국주의의 본질은 '무민족성'이 아니며 '민족들의 자유와 평등'에 있다고 주장한다.

이렇게 보듯이 프롤레타리아 애국주의는 민족과 조국에 대한 노동자계급의 현실적인 의식과 감정을 프롤레타리아 국제주의의 논리 속에 실합시킨 것이다. 민족주의와 애국주의의 이같은 결합은 자유주의에 기초한 민족주의에서도 유사하게 나타난다. 자유주의에 기초한 민족주의 역시 정치적으로 민주주의와 인도주의적 가치를 중시하면서도 민족 국가의 토대로서 애국주의와 민족의식을 강조하면서 성장했다.

3. 북한 지도부의
민족·민족주의 담론의 특징과 의미

1) 민족과 민족주의

김정일에 의하면 민족은 나라와 함께 가장 포괄적인 사회적 집단으로서 사회역사적으로 형성된 사람들의 공고한 결합체이며 운명의 공동체이다.[19] 그는 민족을 이루는 기본징표로 핏줄, 언어, 지역의 공통성을 들며, 핏줄과 언어의 공통성을 민족을 특징짓는 가장 중요한 징표로 간주한다. 그는 자본주의 발생과 결부시켜 민족의 형성과 소멸을 논한 마르크스·레닌주의의 견해가 북한 실정에 맞지 않다고 전제하고 핏줄, 언어, 지역의 공통성과 유구한 역사와 문화를 근거로 조선민족을 설명한다.[20] 자연히 해외동포들은 '한 핏줄과 고유한 언어, 조선의 미풍양속과 조선사람의 넋'을 간직한 조선민족이 된다.

1960년대까지 스탈린식 개념을 따르던 북한의 민족 개념은 1970년대부터 변화의 모습을 보이기 시작했다.[21] 1970년에 발간된 『철학사전』의 경우, 민족은 "언어, 지역, 경제생활, 문화와 심리 등에서 공통성을 가진 역사적으로 형성된 사람들의 공고한 집단"이었다.[22] 그러나 1973년에 발간된 『정치사전』에서는 북한의 민족 개념에 '혈통'이 구성요소로서 추가되었다. 민족의 구성요소는 언어, 지역, 경제생활, 혈통과 문화, 심리 등에서의 공통성으로 규정되었으며, 언어의 공통성은 민족을 특징짓는 가장 중요한 표징의 하나로 차별화되었다.[23] 이어 1985년에 발간된 『철학사전』에서는 스탈린식 개념에서 핵심적인 의미를 지니는 '경제생활의 공통성'이 삭제되고 대신 '핏줄'이 강조되었다. 그리하여 북한의 민족 개념은 "피줄과 언어, 영토와 문화의 공통성에 기초하여 역사적으로 형성된 생활단위이며 사람들의 공고한 집단"으로 규정되기에 이르렀고, 언어의 공통성이 가장 중요한 징표로 간주되었다.24) 경제생활의 공통성을 삭제하고 혈연의 공통성을 내세운 이러한 변화는 마르크스주의적인 민족 관점의 전통과는 완전히 다른 것이었다. 이와 관련된 북한의 설명에 의하면,25) 경제적 관계를 위주로 한 마르크스주의 철학의 방법론은 비정상적인 민족 형성의 길을 걸어온 유럽의 역사적 노정을 일반화한 것에 지나지 않으며, 반면 북한은 자주적인 민족의식에 기반하여 하나의 민족임을 자각하고 단결하는 특수성을 지닌 민족이라고 한다.

혈연, 언어, 지역 등의 문화적이고 정신적 요소를 앞세우고 있는 북한의 민족 인식은 오토 바우어(Otto Bauer)를 비롯한 오스트리아－마르크스주의들의 견해와 유사한 것으로 남북한간 통합적 민족 개념 설정을 위해 일차적인 시사점을 준다. 이들은 복합 민족국가인 오스트로－헝가리제국 내의 상이한 민족들의 민족적·문화적 전통을 존중하자는 입장에서 민족의 비영토적·문화적 자치를 주장했다. 이들에 의하면 자본주의가 붕괴하더라도 민족문화는 존속될 수 있으며, 사회주의운동은 민족문화에 반대되는 것이 아니다.26) 이러한 측면에서 남북한은 하나의 민족국가 건설을 위한 과정에서 혈연, 언어, 지역 등의 문화공동체적 의식과 정서를 확대해 나갈 수 있는 접합점을 찾아볼 수 있을 것이다.

북한의 민족 개념이 변화하게 된데는 자주성을 강조하는 주체사상의 대두, 그리고 1980년대 '하나의 민족, 하나의 국가, 두 개의 사상, 두 개의 제도'를 표방하는 '고려민주연방공화국' 통일방안을 논리적·실천적으로 뒷받침하기 위한 의도가 깔려 있다. 이는 서로를 갈라놓을 수 있는 경제적 토대를 민족 형성의 공통성으로 하기 보다는 언어와 혈통 등의 전통적인 기준을 내세워 두 개의 민족을 하나로 포괄하기 위한 '자주성'의 명분이자 고민을 반영한 것이다. 이러한 의미는 김정일의 민족 담론에서도 지속되어 나타나고 있다. 김정일이 의미하는 민족의 개념은 자주성을 추구해 나가는 사회생활 및 혁명과 건설의 기본 단위가 되며, 민족주의는 이러한 의미의 민족을 기본 단위로 하여 설정된다.

　김정일의 민족주의 담론에서 핵심은 자주성·주체성·민족성의 고수이다. 특히 자주성은 민족의 존재와 번영을 담보하는 민족의 생명으로 간주된다.[27] 자연히 민족의 발전과정은 민족의 고유한 생활과 역사를 창조해 나가면서 평등과 자원성의 원칙에서 민족들 사이의 협조와 연계를 확대발전시켜 나가는 과정이 된다. 그에 의하면 "주체성을 견지한다는것은 자기 나라, 자기 민족의 운명과 인민대중의 운명을 인민대중자신이 주인이 되어 자주적으로, 창조적으로 개척해 나간다는것"이고 "민족성을 살린다는것은 자기 민족의 고유하고 우수한 특성을 보존발전시키고 그것을 사회생활의 모든 분야에 구현"해 나가는 것이다.[28]

　이러한 맥락에서 '우리 식대로 살자'는 슬로건은 민족자주성의 이념을 구현한 민족의 생존과 투쟁방식을 명시한 것으로 간주되며, 민족자주정신이나 민족문화전통은 사회주의건설의 중요한 밑천으로 거론된다. 따라서 자주성을 옹호하는 것은 애국애족이 되지만 자주성을 외세에 맡기는 것은 매국배족으로 간주되고, 이의 청산이 역사적 과제로 제기된다.[29] 자연히 남한의 민족 문제는 '반미민족해방혁명'을 통해서 해결될 수 있으며, 미군철수와 미국의 식민지적 지배의 해결이 최대 과제로 부각되는 것이다.

　자주성은 민족간 관계발전의 기초로 간주된다. 김정일은 모든 민족이 자주성을 지키고 자주성을 서로 존중할 때 공정한 국제관계를 발전시킬 수 있으며 자주적이고 평화적이며 친선적인 새 세계를 건설할 수 있다고 본다.[30] 그에게 '온 세계의 자주화'는 침략과 전쟁, 지배와 예속이 없고 모든 나라와 민족들이 자유롭고 평등하고 평화롭게 사는 세계를 뜻한다. 그는 이를 위해 제국주의, 지배주의를 반대하고 온 세계의 자주화위업을 실현하기 위한 쁠럭불가담운동의 역할을 높이고 반제자주를 지향하는 모든 반제자주력량의 단결과 협조를 강화해야 한다고 강조한다.

자주성의 논리는 통일원칙과 연결되어 민족대단결로 표현되었다. 김정일은 조국통일의 본질이 민족의 자주성 회복과 민족적 화합·단합의 실현에 있다고 강조하며, 조국통일은 계급적 성격의 문제가 아니라 전국적 범위에서 민족적 자주권을 확립하기 위한 민족적 성격의 문제라고 주장한다.31) 이러한 맥락에서 그는 하나의 조선과 민족대단결을 강조하고 있는 것이다. 물론 민족대단결이 북한에서 공식적으로 거론된 것은 1972년이다. 당시 김일성은 7·4남북공동성명에서 조국통일 3대원칙으로 자주 및 평화와 함께 민족대단결의 원칙을 밝혔으며, 1980년 10월 개최된 제6차 조선로동당 대회에서 '고려민주연방공화국 창립방안'을 제시하면서 통일의 3대원칙으로서 자주, 평화, 민족대단결을 재확인했었다.

주목할 것은 민족대단결의 논리가 1990년대 들어서 당시의 대내외 정세를 반영하여 민족·민족주의 정서에 호소되었다는 점이다. 사회주의권의 대변혁을 목격한 북한은 1991년 신년벽두부터 '먹고 먹히우는' 방식의 통일을 지향하고 남북한의 사상과 제도의 차이를 인정한 바탕 위에서 연방제적 통일을 모색해야 한다고 강조하고 나섰다.32) 이어 김일성은 1991년 8월 1일 "우리민족의 대단결을 이룩하자"라는 담화에서 "조국통일위업을 실현하는데서 첫째도 둘째도 셋째도 중요한것은 우리민족의 대단결을 이룩하는 것"이라고 거듭 강조했다.33) 이후 민족대단결의 논리는 김일성의 '전민족대단결 10대강령'을 통해 제세화되어 나타났다. 전민족대단결의 목표는 "자주적이고 평화적이며 중립적인 통일국가를 창립"하는데 있으며, 구체적인 내용은 "북과 남은 현존하는 두 제도, 두 정부를 그대로 두고 각 당, 각 파, 각계각층의 모든 민족성원들을 대표할수 있는 범민족통일국가를 창립"하는 것이라고 밝히고 있다.34) 외형과 달리 본질에서는 수세적 공존에 치중하고 있는 모습이 나타났던 것이다.

김정일은 민족의 통일문제와 관련하여 김일성의 관점을 그대로 계승하고 있다. 그는 7·4남북공동성명에서의 자주, 평화통일, 민족대단결의 3대원칙과 조국통일을 위한 전민족대단결 10대강령, 그리고 고려연방제 통일방안을 조국통일 3대헌장 혹은 3대기둥으로 규정했으며, 1998년 4월 남북연석회의 50주년 기념 중앙연구토론회에 보낸 서한 "온민족이 대단결하여 조국의 자주적 평화통일을 이룩하자"에서 민족대단결 5대방침을 제시했다. 이 방침은 김정일이 통일과 관련하여 처음 밝힌 원칙으로 주목받았지만, 그것은 과거 김일성이 언급했던 것을 재정리한 것에 불과했다.

김정일은 민족대단결 사상이야말로 "민족의 자주성을 옹호하고 실현하기 위하여 사상과 리념, 정견과 신앙의 차이, 재산의 유무와 사회적지위에 관계없이 모든 계급, 계층이 민족공동의 요구와 리익을 첫자리에 놓고 하나로 굳게 단합할데 대한 사상"이라고 강조했다. 그가 제시한 5대원칙은 민족자주의 원칙에 기초, 애국애족의 기치와 조국통일의 기치밑에 단결, 서로 다른 사상과 제도의 존재를 인정하는 기초 위에서 남북관계 개선, 외세의 지배와 간섭에 반대하고 외세와 결탁한 민족반역자들 및 반통일세력을 반대하여 투쟁, 남북 및 해외의 온 민족이 서로 왕래·접촉·대화하여 연대연합 강화 등이다.[35]

김정일이 민족대단결에서 우선 강조하고자 하는 것은 '자주적인 민족통일이 곧 조국통일이며 그것이 바로 애국애족'이라는 점이다. 그는 민족의 자주성 실현을 조국통일의 관건으로 연결짓고 이를 애국주의에 호소하고 있는 것이다. 그러나 민족과 국가의 운명에 수령을 결부시키고 있는 것은 수령체제 유지와 사상투쟁의 편향성을 고스란히 드러내주며, 민족의 자주성을 수령 영도의 지속성으로 귀결시키는 것이 되고만다. 따라서 그의 자주성 담론은 그의 주장과 달리 남북한 통일에 '반민족적'인 것이 되고 만다. 또한 김정일의 민족대단결에서 나타나는 특징은 수세적 환경변화 속에서 통일과 관련하여 민족주의 정서를 표면화·활성화시킴으로써 북한의 지배이데올로기와 대남공세의 축을 민족 중심으로 변화하여 설정하고 있다는 점이다. 김정일은 외세배격을 통한 자주권 확립의 문제를 민족통일 혹은 조국통일의 문제와 동일한 것으로 간주하고 있으며 사회주의 애국심을 민족주의로 포장하여 통일의 도구적 논리로 전개시키고 있는 것이다. 이러한 점에서 '자주적 민족통일' 논리는 '조선민족=우리식 사회주의=김정일 수령체제'의 등식화를 통해 민족 · 국가 · 체제차원에서의 대내적 통합과 대외적 공존을 추구하는 이념으로서 지속적으로 강조될 것이다. 자주성 담론은 대외관계에서 체제공존과 연방제 추진 및 남북교류 · 협력의 논리로 보다 적극 활용될 것이다.

2) 민족과 계급문제

김정일은 민족과 계급은 모두 사회적 집단이지만 민족은 계급보다 포괄적인 사회적 집단이며, 따라서 민족이 있고서야 계급이 있을 수 있으며 민족의 이익이 보장되어야 계급의 이익도 보장될 수 있다고 본다. 그에게 민족은 영원하지만 계급은 영원하지 않다. 다시 말해 계급은 민족의 한 구성부분이고 개인의 생명은 민족의 생명 속에 있는 것이다. 따라서 나라와 민족의 운명과 뗄 수 없이 결합되어 있는 인민대중은 "사회적인간"으로서 "계급과 계층의 성원인 동시에 민족의 성원이며 계급성과 함께 민족성을 가"지게 된다. 자연히 민족의 자주성과 계급해방문제, 그리고 개인의 자주성은 불가분의 관계가 형성된다.[36]

마르크스 · 레닌주의 민족관에서 민족은 정치 · 계급발전의 한 부분으로 간주되었으나, 김정일에게 민족은 '전체'이며 계급은 민족의 하위개념 혹은 '부분'이다. 그러나 그가 인식하는 민족은 여전히 사회주의에 의한 부르주아민족 개조의 논지를 담고 있다는 점에서 스탈린이 제기한 사회주의민족과 유사한 맥락이 있다. 김정일에게 "사회주의는 계급적 위업인 동시에 민족의 발전과 번영을 위한 위업"이 된다.[37] 따라서 자본주의사회에서는 계급적 착취와 민족적 불평등으로 인해 사회적 재부가 사회의 이익과 민족공동의 발전에 제대로 쓰일 수 없고 민족적 단합을 이룰 수 없기 때문에 부르주아정신을 개조하기 위한 사회주의의 역할이 민족발전을 위해 중요하게 간주되는 것이다.

이러한 인식은 외부의 국제자본주의 적대세력에 대항하고 내부의 통합을 추구하려는 '저항적 민족주의' 경향에 가깝다. 그러나 외부로부터의 자주성 확보라는 명분이 개인의 자주성 실현을 철저히 억누르고 있으며, 민족·민족주의 담론의 변화가 수령제 및 주체사상의 대두·발전과 궤도를 함께 그리고 있다는 점에서 북한의 민족주의를 저항적 민족주의라고 평가할 수는 없다.

3) 민족주의와 사회주의

북한에서 민족주의와 사회주의의 관계를 볼 때, 1986년 7월 김정일이 제창한 '조선민족제일주의'는 북한의 민족주의 정향이 전면화되는 계기가 되었다. 이후 1991년 5월 김정일의 '우리식 사회주의' 주장을 거쳐 북한은 민족주의의 용어를 복원시키기에 이르렀다. 정권 초기 김일성은 부르조아계급이 자신의 이익을 민족이라는 구실로 정당화한다며 민족주의를 부정적으로 인식했다. 그에게 민족주의는 부르조아사상이었으며, 인민들간의 친선관계를 파괴할 뿐만 아니라 자기 나라 자체의 민족적 이익과 근로대중의 계급적 이익에도 배치되는 것이었다. 그는 민족주의가 민족이기주의에 빠지기 때문에 사회주의권 단결을 해친다고 보았다.[38] 그러나 1960년대 내부 정치적으로 주체가 대두되고 중소분쟁의 틈바구니에서 자주가 거론되면서 북한은 대외적으로 민족주의적 경향을 강하게 드러내기 시작했고, 동시에 내용에서는 민족주의가 사회주의에 내면화되기 시작했다.

김일성이 민족주의라는 표현을 전면화하지는 않았지만, 제국주의적 억압과 착취를 경험한 역사를 놓고 볼 때 김일성이 사회주의 건설과 반제국주의 투쟁에서 민족적 정서를 활용하는 것은 자연스러운 것이다. 정치권력이나 사회정서적 측면에서 볼 때 민족해방과정에서 농축된 민족적 결속력이 대외적으로 제국주의나 자본주의에 대항하고 내부적으로 단합과 동원을 이루어내는 동력이 되는 것은 당연했다. 1970년과 1985년 발간된 『철학사전』을 통해서도 이러한 점은 어느 정도 유추해 볼 수 있다.

1970년 발간된 『철학사전』에 민족주의는 "계급적 이익을 전민족적 이익으로 가장하여 내세우는 자본가계급의 사상"으로 규정되었다. 이는 외형적으로 전통적인 마르크스주의적 입장을 따른 것이었다. 그러나 사전은 '어떤 조건하에' 노동자계급이 반제국주의적 민족주의와 결합될 수 있다는 점을 동시에 명시했다. 『철학사전』은 자본주의사회에서의 민족주의를 대국배타주의적 민족주의와 지배받는 나라 자본가계급의 민족주의라는 두 유형으로 구분하고, 후자의 민족주의는 "제국주의 침략세력을 반대하고 민족적 독립을 이룩하기 위한 투쟁과 결합될 때 일정하게 진보적 역할"을 맡는 것으로 평가했다.[39] 여기서 노동자계급이 반제국주의적 민족주의와 결합할 수 있는 조건은 '민족적 독립을 이룩하기 위한 투쟁과 결합될 때'인 것이다. 다시 말해 민족적 동기에 의해 사회주의가 민족주의와 융합될 수 있다는 의미였다.

1985년에 발간된 『철학사전』에도 이러한 점은 잘 명시되어 있다. 사전은 민족주의가 "노동계급을 비롯한 광범한 근로대중이 자기의 진정한 계급적리익과 민족적리익을 자각할 수 없게 한다"며 민족주의적 경향에 반대했다. 그러나 "피압박민족부르죠아지의 반제적측면이 인민대중의 반제민족해방투쟁과 결합될 때 그것은 일정하게 진보적 역할을 놀게 된다"며 노동계급과 근로대중이 자각해야 할 민족적 이익 및 그와 결부된 역할이 있음을 동시에 나타냈다. 그러나 그 경우에도 "민족주의자들의 계급적 제한성과 동요성을 고려"해야 한다고 못박았다.[40] 결국 북한은 대외적으로는 민족주의를 전면화하지는 않았지만, 내실에서는 민족주의를 사회주의 속에 내면화해 왔던 것이다. 그러나 '민족주의자들의 계급적 제한성과 동요성을 고려'할 것을 분명히 하고 있다는 점에서 당시까지의 민족주의는 계급편향적 민족주의를 유지한 것이라고 특징지울 수 있다. 계급편향적인 민족주의를 유지하는 한편, 북한이 그동안 민족주의와 사회주의의 긴장관계를 논리적으로 해소해 왔던 개념은 '사회주의적 애국주의'였다. 북한은 민족주의라는 직접적인 표현보다는 사회주의에서의 민족주의적 담론인 사회주의적 애국주의라는 말을 일반화하여 사용했던 것이다.

조선민족제일주의와 우리식 사회주의를 거쳐 1991년 8월 김일성은 "부르죠아민족주의는 진정으로 민족의 이익을 옹호하는 참다운 민족주의와는 대치되는 사상"이라면서 "자기민족을 위하여 유익한 일을 하는 사람"이 "참다운 민족주의자"가 될 수 있으며, "우리 나라에 있어서 진정한 민족주의는 곧 애국주의"라고 표명했다. 아울러 그러한 의미에서 김일성은 자신이 "공산주의자인 동시에 민족주의자이고 국제주의자"라고 단언했다.[41] 이로써 그동안 사회주의 속에 내면화되어 오던 민족주의는 "참다운 민족주의"라는 용어로 발아되어 북한식의 민족주의 개념으로 등장하게 된 것이다.

북한 민족주의의 복원에 직접적인 계기가 된 김정일의 조선민족제일주의는 "조선민족의 위대성에 대한 긍지와 자부심, 조선민족의 위대성을 더욱 빛내여나가려는 높은 자각과 의지로 발현되는 숭고한 사상감

정"이라고 설명된다.42) 그에 의하면 조선민족이 제일인 근거는 "위대한
수령, 위대한 당의 령도가 있고 위대한 주체사상이 있으며 가장 우월한
사회주의제도가 있기 때문"이며, 또한 "예로부터 한피줄을 잇고 하나의
언어와 문화를 가지고 한강토에서 살아온 단일민족이며 반만년의 유구
한 력사와 우수한 문화와 전통을 가지고있는 슬기로운 민족"이기 때문
이다.43) 민족의 우수성에 관한 김정일의 설명은 후에 "수령을 모신 김
일성민족"이라는 표현으로 압축되고,44) 북한에서 이는 김정일의 민족관
에서 '핵을 이루는 사상'이라고 강조된다.45) 이렇게 볼 때 조선민족제일
주의의 본질적 특징은 혈연적 유대 중심의 민족적 동기를 강조한 것이
었다.

　김정일은 당시 조선민족제일주의를 내세우는 목적을 "단순히 우리
민족에 대한 긍지와 자부심을 가지도록 하자는데만 있는 것이 아니라
자체의 힘으로 사회주의건설을 더 잘하여 민족의 존엄과 영예를 더욱
높이 떨치도록 하자는데 있"다고 밝혔다.46) 이러한 내용은 당시의 상황
과 연관지어 부연되어야 한다. 당시 북한은 경제위기가 심화되고 사회
주의권 몰락이 진행되는 환경변화 속에 여타 사회주의국가와의 차별화
가 필요했으며, 조선민족제일주의는 그 논리적 전략이었다. 이는 사회주
의권의 지각변동이 현실화된 상황에서 1991년 5월 김정일이 밝힌 '인민
대중중심의 우리식사회주의는 필승불패'라는 기치와 연관지어 보면 보
다 분명해진다. 김정일은 당시 사회주의권의 대변혁을 사회주의가 전진
도상에서 겪는 "일시적인 우여곡절"로 설명하고 사회수의의 길은 "그
어떤 힘으로도 막을수 없는 력사발전의 법칙"이며 "사회주의의 필승불
패의 위력의 원천은 인민대중의 지지와 신뢰"에 있다고 역설했다.47) 김
정일은 같은 연설에서 '우리식' 사회주의의 차별성을 여전히 수령과 당,
주체사상과 민족적 긍지에 호소했다. 이렇게 혈연적 유대 중심의 민족
적 동기의 강조는 1990년대 초 단군릉 발굴을 중심으로 한 민족문화

유산 복원과 발전으로 정책화되어 나타났다.

결국 김정일은 위기적 환경변화 앞에서 혈연적 유대에 기초한 민족적 동기를 적극적으로 전면화하는 이념적 변신을 추구한 것이다. 이로써 김정일의 민족주의는 전통적인 사회주의이론과 완전 결별하고 계급적 관점도 퇴조하며 혈연적 유대 중심의 '제한적'인 민족주의 담론이 자리하게 되었다. 여기서 제한적이라는 것은 김정일의 민족주의가 북한인민 중심의 사회주의민족이라는 의미이다. 김정일이 주장하는 조선민족의 규정은 수령과 당, 그리고 주체사상과 사회주의제도에 기반한 '주체형의 사회주의'로 확장되고 있다는 점에서 그의 민족 담론은 일단 북한인민에 국한될 수밖에 없다.

2002년 북한의 신년『공동사설』에서 제시된 '4대제일주의'는 조선민족제일주의와 맥락을 같이 한다.『공동사설』에서 4대제일주의는 "우리 수령, 우리 사상, 우리 군대, 우리 제도제일주의를 철저히 구현"하여 "김일성민족의 존엄을 빛내기 위한 투쟁"이라고 표현되었으며, "21세기 강성대국 건설의 영원한 구호"라고 소개되었다.[48] 조선민족제일주의와 비교하여 당시 조선민족의 우월성의 근거로 제시되었던 4요소 중에서 당이 군사로 바뀐 것 외에는 크게 다르지 않으며 당이 군사로 바뀐 것은 선군정치에 기인한 것이다. 뒤이은『로동신문』사설에서 "우리사상 제일주의는 김정일사상 제일주의로" 강조되고[49] 있는 것을 보면, 4대제일주의는 조선민족제일주의에서의 민족주의적 정서를 재삼 강조하여 '조선민족=우리식 사회주의=김정일식 사회주의'라는 등식화를 확인하고 있는 것이다.

이러한 점에서 김정일의 민족주의는 사회주의라는 외형에 민족주의 내용을 결합한 사회주의적 민족주의의 특징에 해당한다고 할 수 있다. 김정일은 대내외적인 환경변화 속에서 민족 개념을 체제유지 논리와 직접적으로 결합시켜 통치이념화하여 정치·이념적 기제로 활용하고 있는 것이다. 이는 김일성의 경우 보다 진일보한 차이점이라고 할 수 있다.

유념할 것은 사회주의적 민족주의의 토대가 여전히 수령과 주체사상에 두어져 있다는 점이다. 김정일은 민족과 민족주의를 혁명과 건설의 이념적 도구로서 지속적으로 활용할 것이며, 민족성과 민족의식은 우리식 사회주의라는 문화가치를 유지시켜주는 동력으로 강조될 것이다. 따라서 북한의 민족주의는 개인과 집단의 이질적인 정치적 열망을 녹여낸 용광로가 아닌 김정일의 필요를 담아낸 것에 불과하다. 이렇게 볼 때, 6·15 공동선언 이후 북한에서 제기하고 있는 '우리민족끼리'는 사회주의적 민족주의에 기반한 정치언술로서, '조선민족=우리식 사회주의=김정일식 사회주의'라는 의미가 전제되어 있는 것이다.

4) 프롤레타리아 국제주의와 애국주의

프롤레타리아 애국주의가 사회주의의 본질적 경향인 국제주의 속에 노동자계급의 애국애족적 정서를 현실적으로 담아냈듯이, 북한도 사회주의적 애국주의를 통해 민족주의적 지향을 사회주의의 계급적 관점 속에 녹여냈다. 북한은 정권 초기 사회주의혁명을 추진하는데 있어서 조국이나 애국심 등을 바탕으로 한 민족의 범주를 상대적으로 강조할 수밖에 없었다. 해방 이후 김일성은 일제시대를 "식민지반봉건사회"로 규정하고 해방 이후 "반제반봉건민주주의혁명"을 수행하기 위해 각계각층의 "애국적민주력량"이 중요하며, "전민족적리익을 중심"에 두고 "오직 나라를 사랑하고 민족을 사랑하는 온 겨레"가 "하나로 굳게 뭉쳐 건국사업에 떨쳐나설" 것을 강조했다.[50] 이어 김일성은 "공산주의자들이야말로 나라와 민족을 열렬히 사랑하는 참다운 애국자"라며 민족애와 애국심은 불가결한 것으로 설명했다.[51] 이같은 인식은 스탈린이 그랬던 것처럼 현실적으로 당시 북한에서 일국 사회주의혁명이 더 급선무였기 때문으로 해석해 볼 수 있으며, 그러한 의미에서 당시 김일성에게 프롤레타리아 국제주의와 민족주의적 노선은 '보완적인 공생관계'[52]였다.

그러나 사회주의적 개조가 본격화되고 김일성의 권력이 강화되면서 계급투쟁이나 계급교양의 문제가 보다 전면에 세워지게 되었다. 전쟁 이전 사실상 민족공산주의를 표방하던 김일성이 과거의 민족주의 언술을 그대로 사용하는 것은 정치적으로 부담이었을 것이다. 이는 김일성이 한국전쟁을 치열한 계급투쟁의 표현이었다고 규정하고, 계급투쟁의 환경 속에 향후 사회주의 건설을 추진해 나갈 것이라고 밝힌 대목에서 이미 드러나기도 했다.[53] 이러한 맥락에서 직접적으로 민족주의를 거론하지 않으면서 사회주의 건설의 이념적 기반으로 삼은 표현이 바로 사회주의적 애국주의였다. 이에 따라 김일성은 "자기 조국에 대한 애국적 복무는 곧 프로레타리아국제주의와 일치"한다며 사회주의적 애국주의가 프롤레타리아 국제주의와 공존할 수 있음을 역설했다.[54] 따라서 사회주의적 애국주의는 민족주의적 정서를 담고 있으면서 노동자 · 농민의 계급주의적 세계관을 분명히 지향하게 된다. 북한은 공식적으로 사회주의적 애국주의를 "사회주의, 공산주의를 지향하는 로동계급과 근로인민의 애국주의이며, 그것은 계급의식과 민족적자주의식을 결합시키고 자기 계급과 제도에 대한 사랑을 자기 민족과 조국에 대한 사랑과 결합"시키는 것이라고 정의했다.[55] 이러한 설명으로 보면, 사회주의적 애국주의는 이념적으로 지향하고 있는 '계급성'을 근거로 본격화되는 계급투쟁과 계급교양의 문제를 반영한 민족주의적 담론으로서 일반화되어 사용될 수 있었던 것이다.

이후 주체사상이 김일성주의화되면서 나타난 혁명적 수령관, 후계자론, 사회정치적 생명체론 등을 통해 사회주의적 애국주의는 더욱 다면적인 논리적 영역을 갖게 되었다. 수령에 대한 충성심을 기본으로 하는 혁명적 수령관, 그리고 수령에 대한 충성과 그 후계자에 대한 충성을 동일한 것으로 간주하는 후계자론을 근거로 사회주의적 애국주의는 조국과 수령, 민족과 수령을 동일시하는 언술체계로 확장되었다. 1985년 발간된 『철학사전』의 경우, "사회주의적 애국주의는 수령의 권위와 위신을 백방으로 강화하며 수령이 내놓은 모든 로선과 정책을 견결히 옹호하고 그것을 관철하기 위하여 적극 투쟁하는데서 나타난다"고 설명되고 있다.56) 수령·당·대중의 유기적 통일체를 의미하는 사회정치적 생명체론은 사회주의적 애국주의의 논리를 공고히했다. 김정일은 수령을 사회정치적 생명체의 최고 뇌수이자 생명의 중심으로 간주하며, 개인은 당조직을 통하여 사회정치적 생명체론의 중심인 수령과 조직사상적으로 결합되어 당과 운명을 같이하게 될 때 영생하는 사회정치적 생명을 지니게 된다고 설명했다.57) 이러한 사회정치적 생명체론을 바탕으로 사회주의적 애국주의는 '수령=조국=민족'의 의미를 함축하게 되었다.

이러한 등식화에 나타나는 김정일의 인식은 주체사상에서 그동안 강조해 왔던 역사의 주체로서의 인간, 자주성을 생명으로 간주해야 한다는 민족, 그리고 사회정치적 생명체의 최고 뇌수로서의 수령과 그의 영도 사이에 나타나는 논리적 괴리를 심화시키는 것이다. 그것은 결국 민족의 생명이 자주성에 있다기 보다는 '민족의 생명이 곧 수령 김정일의 영도'라는 등식만 남게 되기 때문이다. 따라서 자주성이 강조되고 있는 현실적 이유는 김정일 사회주의의 공고화를 위한 수단이 될 가능성이 크게 된다.

1990년내 이후 소선민쪽세일쭈의와 우리식 사회주의를 통해 혈연석 유대에 기초한 민족적 정서가 부각되고 계급적 의미가 퇴색되면서 동시에 사회주의적 애국주의는 과거에 비해 상대적으로 자주 언급되지 않는 것으로 보인다. 반면 기존의 애국애족이라는 표현이 자주 거론된다. 가령, 김정일은 "애국애족을 공산주의와 민족주의의 공통된 요구와 지향"이라고 간주하고 민족적 단합을 위해 민족주의가 지닌 진보적 측면을 무시하거나 배척해서는 안된다고 한다.58) 신흥부르조아지들이 민족주의기치를 들고 민족운동의 선두에 섰다고 해서 민족주의가 처음부터 자본가계급의 사상이었다고 볼 수 없다는 것이다. 그는 전민족의 단결과 조국통일의 기초를 잃지 않고 민족이익을 이념적으로 옹호하기 위해 김일성이 언급한 바 있는 '참다운 민족주의'를 부활시켜야 된다고 주장한다. 따라서 그는 공산주의와 대립되는 것은 민족주의가 아니며, 오히려 민족이기주의, 민족배타주의, 부르죠아민족주의, 인종론, 지정학, 사대주의, 교조주의, 민족허무주의, 일체화, 국제화, 세계화 등과 같은 '사이비민족주의'를 경계해야 한다고 강조한다.59) 이러한 맥락에서 보면 붉은기사상, 강성대국, 선군정치 등은 수령 중심, 국가 중심의 사회주의적 애국주의 내지는 애국애족에 호소하여 궁극적으로 김정일식의 사회주의를 지켜가려는 이념적 정향을 포함하고 있는 것이다.

4. 결 론

김정일이 설명하는 민족의 개념은 자주성을 추구해 나가는 사회생활 및 혁명과 건실의 기본단위가 되며, 민족주의는 이러한 의미의 민족을 기본단위로 하여 설정된다. 민족주의 담론에서 핵심은 자주성·주체성·민족성의 고수이며, 특히 자주성은 민족의 생명으로 간주되어 '자주적인 민족통일'이 곧 '조국통일이자 애국하는 길'로 강조된다. 그러나 자주적인 민족통일은 '민족=국가=수령'의 운명을 동일시하고 있으며, 수령과 북한인민을 중심으로 하는 사회주의민족을 추구하고 있다는 점에서 수령체제 유지와 사상투쟁의 편향성을 드러낸 '반민족적' 성격을 나타낸다. 또한 김정일에게 민족은 '전체'이며 계급은 민족의 하위개념 혹은 '부분'으로 간주되지만, 그가 규정하는 조선민족이 수령과 당, 그

리고 주체사상과 사회주의제도에 기반한 '주체형의 사회주의'로 확장되고
있다는 점에서 그의 민족 담론은 일단 북한인민에 국한될 수밖에 없다.

북한 지도부의 민족 · 민족주의 담론에는 사회주의라는 외형에 민족
주의 내용을 결합한 '사회주의적 민족주의'가 통치이념화되어 있다. 여
기에는 수세적인 대내외 환경변화 속에서 민족 · 민족주의 개념이 체제
유지 논리와 이념적으로 결합되어 있다. 유념할 것은 사회주의적 민족
주의의 토대가 여전히 수령과 주체사상에 기반해 있다는 점에서, 김정
일의 민족주의는 개인과 집단의 이질적인 정치적 열망을 녹여낸 용광로
가 아닌 수령과 정권의 필요를 담아낸 것에 불과하다. 따라서 6·15 공동
선언 이후 북한에서 제기하고 있는 '우리민족끼리'는 사회주의적 민족
주의에 기반한 정치언술로서, '조선민족=우리식 사회주의=김정일식
사회주의'라는 의미가 전제되어 있는 것이다. 이는 결국 민족의 생명이
자주성에 있다기 보다는 '민족의 생명이 곧 수령 김정일의 영도'라는
등식만 남게 하며, 따라서 자주성이 강조되고 있는 현실적 이유는 김정
일 사회주의의 공고화를 위한 수단으로 전락할 가능성이 크게 된다.

북한의 위기가 대두될수록 사회주의적 민족주의의 경향은 강화될 것이
며, 자주적 민족통일 논리는 '조선민족=우리식 사회주의=김정일 수
령체제'의 등식화를 통해 민족 · 국가 · 체제차원에서의 대내적 통합과
대외적 공존을 추구하는 이념으로서 강조될 것이다. 북한 지도부의 민
족 · 민족주의 담론은 대외관계에서 체제공존과 연방제 추진 및 남북교
류 · 협력의 논리로 보나 석극적으로 활용될 것이며, 남묵화해 · 협력이
진행될수록 자주성 담론에 기초한 민족의 범주나 정통성 문제가 통일문
제의 쟁점으로 부상할 것이다. 우리는 남북화해 · 협력을 위한 통합적
민족·민족주의 담론으로서 문화공동체적 의식과 정서를 지속적으로 확
대해 나가는 한편, 한민족의 평화와 공동번영을 매개로 운명공동체적인
연대의식을 우선 형성해 나가는 평화번영 및 경제공동체적인 민족주의

에 대한 논의를 보다 활성화해야 할 것이다. 궁극적으로 남북통합의 민족주의는 프랑스혁명과 나폴레옹시대를 거치면서 민족주의의 기본 이상으로서 내포되었던 민주주의·민중주의 원리를 포괄하는 '자유민주주의적 민족주의'에 입각해야 할 것이다.

※ 이 글은 북한연구학회,『北韓硏究學會報』제7권 제2호 (2003.12)에 게재되었던 논문을 수정·보완한 것이다.

주註

1) 통일연구원의 1994년 여론조사에는 통일이 필요한 이유가 민족의 재결합 (59.0%), 전쟁발생 방지(14.6%), 선진국 진입(14.2%), 이산가족 고통해소 (11.0%), 북한 주민생활 향상(1.2%) 등으로 나타나 있다. 民族統一硏究院, 『1994 年度 統一問題 國民輿論調査 結果』(서울: 民族統一硏究院, 1994.12), 87 쪽. 통일연구원의 1995년, 1998년, 1999년 여론조사에서는 이 항목이 제외 되었지만, 2005년 여론조사에는 "통일이 반드시 달성해야 할 민족적 과업이 라는 주장"에 대한 의견을 묻는 질문에 83.9%가 찬성한다고 응답했다. 통일 연구원, 『2005년도 통일문제 국민여론조사』(서울: 통일연구원, 2005), 95~ 96쪽.
2) 최장집, 『한국민주주의의 조건과 전망』(서울: 나남출판, 1998), 178~179쪽.
3) Robert Eccleshall, ed., *Political Ideologies* (London: Routledge, 1994), p. 30.
4) Eric J. Hobsbawm, *Nations and Nationalism since 1780: Programme, Myth, Reality* (Cambridge: Cambridge University Press, 1990), pp. 182~183.
5) Anthony D. Smith, *Theories of Nationalism*, 2nd ed. (New York: Holmes & Meier, 1983) ; Anthony D. Smith, *The Ethnic Origins of Nations* (Oxford: lackwell, 1986) 참조.
6) 全相仁, 『北韓 民族主義 硏究』(서울: 民族統一硏究院, 1994), 13~23쪽.
7) 박호성, 『사회주의와 민족문제』(서울: 까치, 1989), 30~31쪽.
8) 박호성, "마르크스주의와 민족주의," 역사문제연구소, 『역사비평』제1집 (1988), 258~259쪽.
9) 앤터니 D. 스미드, "민족주의와 고전사회학 이론," 임지현 엮음, 『민족문제와 마르크스주의자들』(서울: 한겨레, 1986), 32~33쪽.
10) 레닌, "사회주의혁명과 민족자결권," Karl Mark 외, 편집부 편역, 『마르크스-레 닌주의 민족이론: 민족해방이론의 주체적 정립을 위하여』(서울: 나라사랑, 1989), 203쪽; 레닌, "민족자결에 관한 토론 총괄," 위의 책, 218~220쪽; 레닌, "마르크스주의의 희화화와 제국주의적 경제주의," 위의 책, 300~307쪽.
11) 레닌, "사회주의혁명과 민족자결권," 위의 책, 200쪽, 204쪽.
12) 존 카우츠키, "공산주의의 민족주의화," 차기벽 편, 『민족주의』(서울: 종로서 적, 1989), 252~285쪽.
13) 스딸린, "마르크스주의와 민족문제," Karl Mark 외, 편집부 편역, 『마르크스-레 닌주의 민족이론: 민족해방이론의 주체적 정립을 위하여』, 320쪽, 324쪽.
14) 스딸린, "민족문제와 레닌주의," 위의 책, 371~373쪽.
15) 박호성, 『남북한 민족주의 비교연구: '한반도 민족주의'를 위하여』(서울: 당대,

1997), 95~102쪽.

16) 박용수, "마르크스주의와 민족문제," 『민족이론』(서울: 문학과 지성사, 1985), 60쪽.

17) 박호성, 『남북한 민족주의 비교연구』, 118~122쪽.

18) 박호성, 위의 책, 130~133쪽 참조.

19) 김정일, "인민대중중심의 우리 식 사회주의는 필승불패이다(1991년 5월 5일)," 『김정일선집 11』(평양: 조선로동당출판사, 1997), 47쪽.

20) 조성박, 『김정일민족관』(평양: 평양출판사, 1999), 17~18쪽, 21쪽, 23쪽.

21) 이종석, "주체사상과 민족주의: 그 연관성에 관한 연구," 『統一問題硏究』第6 卷 1號 (1994 여름), 72~75쪽.

22) 국가안전기획부, 『북한의「민족주의」선전자료집』(1995.12), 25쪽.

23) 사회과학출판사, 『정치사전』(평양: 사회과학출판사, 1973), 423쪽.

24) 사회과학원 철학연구소, 『철학사전』(평양: 사회과학출판사, 1985), 246~247쪽.

25) 위의 책.

26) 로날도 뭉크 저, 이원태 옮김, 『사회주의 혁명과 민족주의』(서울: 민·글, 1993), 76~82쪽.

27) 김정일, "다부작예술영화 ≪민족과 운명≫의 창작성과에 토대하여 문학예술건 설에서 새로운 전환을 일으키자(1992년 5월 23일)," 『김정일선집 13』(평양: 조선로동당출판사, 1998), 63쪽.

28) 김정일, "혁명과 건설에서 주체성과 민족성을 고수할데 대하여(1997년 6월 19 일)," 『김정일선집 14』(평양: 조선로동당출판사, 2000), 307쪽, 312~317쪽.

29) 김정일, "다부작예술영화 ≪민족과 운명≫의 창작성과에 토대하여 문학예술건 설에서 새로운 전환을 일으키자," 『김정일선집 13』, 72쪽.

30) 김정일, "조선로동당은 위대한 수령 김일성동지의 당이다(1995년 10월 2일)," 『김정일선집 14』, 102쪽; 김정일, "주체사상교양에서 제기되는 몇가지 문제에 대하여(1986년 7월 15일)," 『김정일선집 8』(평양: 조선로동당출판사, 1998), 443~444쪽.

31) 조성박, 『김정일민족관』, 272~279쪽.

32) ≪로동신문≫, 1991년 1월 1일자, 신년사; 김일성, "조국통일을 위한 전민족대 단결 10대강령(1993년 4월 6일)," 『김일성저작집 44』(평양: 조선로동당출판 사, 1996), 161~164쪽.

33) 김일성, "우리 민족의 대단결을 이룩하자(1991년 8월 1일)," 『김일성저작집 43』 (평양: 조선로동당출판사, 1996), 430쪽.

34) 김일성, "조국통일을 위한 전민족대단결 10대강령," 위의 책, 161~162쪽.

35) 김정일, "온 민족이 대단결하여 조국의 자주적평화통일을 이룩하자(1998년 4

월 18일),"『김정일선집 14』, 413쪽, 419∼427쪽.

36) 김정일, "혁명과 건설에서 주체성과 민족성을 고수할데 대하여,"『김정일선집 14』, 308쪽.

37) 위의 글, 310∼311쪽.

38) 김일성, "사회주의진영의 통일과 국제공산주의운동의 새로운 단계(1957년 12월 5일),"『김일성저작집 11』(평양: 조선로동당출판사, 1985), 410쪽.

39) 국가안전기획부, 『북한의 「민족주의」 선전자료집』, 31∼33쪽.

40) 사회과학원 철학연구소, 『철학사전』, 253쪽.

41) 김일성, "우리민족의 대단결을 이룩하자," 431∼432쪽.

42) 김정일, "조선민족제일주의정신을 높이 발양시키자(1989년 12월 28일),"『김정일선집 9』(평양: 조선로동당출판사, 1997), 444쪽.

43) 위의 글, 447∼449쪽.

44) 위의 글, 446∼448쪽; 김정일, "위대한 수령님을 영원히 높이 모시고 수령님의 위업을 끝까지 완성하자(1994년 10월 16일),"『김정일선집 13』, 428쪽.

45) 조성박, 『김정일민족관』, 197쪽.

46) 김정일, "조선민족제일주의정신을 높이 발양시키자," 452쪽.

47) 김정일, "인민대중중심의 우리 식 사회주의는 필승불패이다," 40쪽.

48) ≪로동신문≫ 2002년 1월 1일자. 로동신문·조선인민군·청년전위 공동사설 "위대한 수령님 탄생 90돐을 맞는 올해를 강성대국 건설의 새로운 비약의 해로 빛내이자."

49) ≪로동신문≫ 2002년 4월 29일자.

50) 김일성, "새조선 건설과 공산주의자들과의 당면과업(1945.9.20),"『김일성저작집 1』(평양: 조선로동당출판사, 1979), 269∼279쪽 ; 김일성, "진보적민주주의에 대하여(1945.10.3)," 위의 책, 280∼303쪽.

51) 김일성, "민족운동가들과 한 담화(1945.11.5)," 위의 책, 388∼393쪽.

52) 全相仁, 『北韓 民族主義 硏究』, 47쪽.

53) 김일성, "사회주의혁명의 현단계에 있어서 당 및 국가사업의 몇가지 문제들에 대하여(조선로동당 중앙위원회 전원회의에서 한 결론, 1955년 4월 4일),"『김일성저작집 9』(평양: 조선로동당출판사, 1980), 284∼315쪽.

54) 김일성, "공산주의교양에 대하여(1958.11.20),"『김일성저작집 12』(평양: 조선로동당출판사, 1981), 580∼606쪽.

55) 사회과학출판사, 『정치사전』, 600∼603쪽.

56) 사회과학원 철학연구소, 『철학사전』, 351쪽.

57) 김정일, "주체사상교양에서 제기되는 몇가지 문제에 대하여(1986년 7월 15일),"『김정일선집 8』(평양: 조선로동당출판사, 1998), 448∼449쪽.

58) 김정일, "혁명과 건설에서 주체성과 민족성을 고수할데 대하여," 316쪽.
59) 위의 글, 316쪽, 331쪽 .

<참고문헌>

1.북한문헌

김일성, "공산주의교양에 대하여(1958.11.20),"『김일성저작집 12』(평양: 조선로동당출판사, 1981).

김일성, "민족운동가들과 한 담화(1945.11.5),"『김일성저작집 1』(평양: 조선로동당출판사, 1979).

김일성, "사회주의진영의 통일과 국제공산주의운동의 새로운 단계(1957년 12월 5일),"『김일성저작집 11』(평양: 조선로동당출판사, 1985).

김일성, "사회주의혁명의 현단계에 있어서 당 및 국가사업의 몇가지 문제들에 대하여(조선로동당 중앙위원회 전원회의에서 한 결론, 1955년 4월 4일),"『김일성저작집 9』(평양: 조선로동당출판사, 1980).

김일성, "새조선 건설과 공산주의자들과의 당면과업(1945.9.20),"『김일성저작집 1』(평양: 조선로동당출판사, 1979).

김일성, "우리 민족의 대단결을 이룩하자(1991년 8월 1일),"『김일성저작집 43』(평양: 조선로동당출판사, 1996).

김일성, "조국통일을 위한 전민족대단결 10대강령(1993년 4월 6일),"『김일성저작집 44』(평양: 조선로동당출판사, 1996.

김일성, "진보적민주주의에 대하여(1945.10.3),"『김일성저작집 1』(평양: 조선로동당출판사, 1979).

김정일, "다부작예술영화 ≪민족과 운명≫의 창작성과에 토대하여 문학예술건설에서 새로운 전환을 일으키자(1992년 5월 23일),"『김정일선집 13』(평양: 조선로동당출판사, 1998).

김정일, "온 민족이 대단결하여 조국의 자주적평화통일을 이룩하자(1998년 4월 18일),"『김정일선집 14』(평양: 조선로동당출판사, 2000).

김정일, "위대한 수령님을 영원히 높이 모시고 수령님의 위업을 끝까지 완성하자(1994년 10월 16일),"『김정일선집 13』(평양: 조선로동당출판사, 1998).

김정일, "인민대중중심의 우리 식 사회주의는 필승불패이다(1991년 5월 5일),"『김정일선집 11』(평양: 조선로동당출판사, 1997).

김정일, "조선로동당은 위대한 수령 김일성동지의 당이다(1995년 10월 2일),"『김정일선집 14』(평양: 조선로동당출판사, 2000).

김정일, "조선민족제일주의정신을 높이 발양시키자(1989년 12월 28일),"『김정일선집 9』(평양: 조선로동당출판사, 1997).

김정일, "주체사상교양에서 제기되는 몇가지 문제에 대하여(1986년 7월 15일),"『김정일선집 8』(평양: 조선로동당출판사, 1998).

김정일, "혁명과 건설에서 주체성과 민족성을 고수할데 대하여(1997년 6월 19일)." 『김정일선집 14』(평양: 조선로동당출판사, 2000).

사회과학원 철학연구소, 『철학사전』(평양: 사회과학출판사, 1985).

사회과학출판사, 『정치사전』(평양: 사회과학출판사, 1973).

조성박, 『김정일민족관』(평양: 평양출판사, 1999).

≪로동신문≫ 1991년 1월 1일자. 신년사.

≪로동신문≫ 2002년 1월 1일자. 로동신문 · 조선인민군 · 청년전위 공동사설 "위대한 수령님 탄생 90돐을 맞는 올해를 강성대국 건설의 새로운 비약의 해로 빛내이자."

≪로동신문≫ 2002년 4월 29일자.

2. 남한문헌

국가안전기획부, 『북한의 「민족주의」 선전자료집』(1995.12).

로날도 뭉크 저, 이원태 옮김, 『사회주의 혁명과 민족주의』(서울: 민·글, 1993).

레닌, "마르크스주의의 회화화와 제국주의적 경제주의," Karl Mark 외, 편집부 편역, 『마르크스－레닌주의 민족이론: 민족해방이론의 주체적 정립을 위하여』(서울: 나라사랑, 1989).

레닌, "민족자결에 관한 토론 총괄," Karl Mark 외, 편집부 편역, 『마르크스－레닌주의 민족이론: 민족해방이론의 주체적 정립을 위하여』(서울: 나라사랑, 1989).

레닌, "사회주의혁명과 민족자결권," Karl Mark 외, 편집부 편역, 『마르크스-레닌주의 민족이론: 민족해방이론의 주체적 정립을 위하여』(서울: 나라사랑, 1989).

民族統一研究院, 『1994年度 統一問題 國民輿論調査 結果』(서울: 民族統一研究院, 1994).

박용수, "마르크스주의와 민족문제," 『민족이론』(서울: 문학과 지성사, 1985).

박호성, 『남북한 민족주의 비교연구: '한반도 민족주의'를 위하여』(서울: 당대, 1997).

박호성, "마르크스주의와 민족주의," 역사문제연구소, 『역사비평』 제1집 (1988).

박호성, 『사회주의와 민족문제』(서울: 까치, 1989).

스딸린, "마르크스주의와 민족문제," Karl Mark 외, 편집부 편역, 『마르크스-레닌주의 민족이론: 민족해방이론의 주체적 정립을 위하여』(서울: 나라사랑, 1989).

스딸린, "민족문제와 레닌주의," Karl Mark 외, 편집부 편역, 『마르크스-레닌주의

민족이론: 민족해방이론의 주체적 정립을 위하여』(서울: 나라사랑, 1989).

이종석, "주체사상과 민족주의: 그 연관성에 관한 연구,"『統一問題硏究』第6卷 1號 (1994 여름).

앤터니 D. 스미드, "민족주의와 고전사회학 이론," 임지현 엮음,『민족문제와 마르크스주의자들』(서울: 한겨레, 1986).

全相仁,『北韓 民族主義 硏究』(서울: 民族統一硏究院, 1994).

존 카우츠키, "공산주의의 민족주의화," 차기벽 편,『민족주의』(서울: 종로서적, 1989).

최장집,『한국민주주의의 조건과 전망』(서울: 나남출판, 1998).

톰 네언, "민족주의의 양면성," 백낙청 엮음,『민족주의란 무엇인가』(서울: 창작과비평사, 1981).

통일연구원,『2005년도 통일문제 국민여론조사』(서울: 통일연구원, 2005).

3. 외국문헌

Eccleshall, Robert, ed., *Political Ideologies* (London: Routledge, 1994).

Hobsbawm, Eric J., *Nation and Nationalism since 1780: Programme, Myth, Reality* (Cambridge: Cambridge University Press, 1990).

Smith, Anthony D., *The Ethnic Origins of Nations* (Oxford: lackwell, 1986).

Smith, Anthony D., *Theories of Nationalism*, 2nd ed. (New York: Holmes & Meier, 1983).

'선군사상'의 통치이데올로기 성격에 관한 연구

이 기 동

1. 서 론

본 논문은 김일성 주석이 사망하고 김정일 국방위원장의 실질적 1인 통치가 실시되어 온 지난 10년간의 북한 통치이데올로기 변화를 조망하는 데 목적이 있다. 북한과 같은 전체주의국가에서 통치이데올로기의 체제유지적 기능은 대단히 중요한 위치를 차지한다. 그러므로 북한체제의 변화를 연구하는 데 있어서 통치이데올로기를 연구주제로 삼는 것은 적절하다. 전체주의국가들에서 통치이데올로기는 사회정치적으로 규정된 개념에 맞춰 현실을 재구성함으로써 인민들에게 체제정당성을 부여하는 역할을 하고 이를 통해서 대중들을 혁명과 건설에로 동원하는 기능을 수행한다.[1] 그런데 이러한 기능들이 인민들 속에서 원활하게 작동되기 위해서는 국가가 인민들의 생활과 복리를 보장해 주어야 하는 이른바 사회계약이 제대로 이행되어야 한다. 그러나 동유럽 사회주의국가들의 붕괴를 통해 목격한 바와 같이, 국가가 사회계약을 지키지 않을 경우 인민들은 통치이데올로기를 반대하거나 내면적으로 수용하는 것을 거부하게 된다. 실제로 1980년대 말 동유럽 사회주의국가들의 통치이데올로기는 인민들로부터 심각한 도전을 받고 있었다. 그럼에도 불구하고, 정작 전체주의론자들을 중심으로 하는 사회과학자들은 이러한 변화된 현상들을 발견하지 못했을 뿐만 아니라, 오히려 동유럽 사회주의 체제가 제대로 작동하고 있다는 현실과 상반된 평가를 내리고 있었다. 그로부터 얼마 후 이들 국가들은 도미노게임을 보듯이 무너져 내렸다. 두 가지 대실패, 즉 동유럽 사회주의의 실패이자 사회과학의 대실패였던 것이다.

동유럽 사회주의국가들의 실패에 대한 원인분석은 차치하더라도 전체주의 접근방식의 실패원인은 의외로 간단하다. 전체주의론자들이 두 가지 측면에서 오류를 범했던 것이다. 첫째, 전체주의론자들은 통치이데올로기에 대한 일반 인민들의 이중적 태도를 간파하지 못하였던 것이다. 훗날 체코의 초대 대통령직에 오른 바클라프 하벨이 지적한 '현수막의 이중성'[2]을 정확하게 파악해 내지 못했던 것이다. 둘째, 전체주의론자들은 동유럽 사회주의국가들 내부에서 진행되어 온 미시적인 수준의 탈사회주의적 변화에 민감하지 못하였다. 이 역시 통치이데올로기의 힘이 어떻게 작동되고 있는지를 심도있게 파악하지 못했기 때문이다. 예컨대 현실 사회주의국가와 공산당은 수많은 실업자들이 거리를 헤매고 있는 상황에서 조차도 '완전고용의 사회주의 낙원'을 외칠 수밖에 없는 한계를 갖고 있었던 것이다. 그러므로 사회주의체제 변화의 본질에 접근하기 위해서는 무엇보다도 그 체제를 실질적으로 지배하고 있는 이데올로기의 외피를 벗겨내는 작업이 중요하다.

본 논문은 통치이데올로기로서 선군사상의 성격에 초점을 맞추고자 한다. 김정일 정권은 지난 10년 동안 다양한 이데올로기 또는 담론들을 양산하였다. 이른바 붉은기사상, 사회주의강성대국건설사상, 과학기술 중시사상, 선군사상과 같은 것들이다. 본 논문은 이 중 선군사상이 주체 사상을 변용한 것인지 아니면 대체한 것인지, 그 성격에 관해 주체사상 과의 관계 분석을 통해 규명하고자 하는 것이다. 여기서 변용적 성격의 이데올로기와 대체적 성격의 이데올로기를 정의하기에 앞서 순수이데 올로기와 실천이데올로기에 대해 간략히 짚고 넘어갈 필요가 있다. 슈 만(Franz Shurmann)은 사회주의 정치체제의 이데올로기를 순수이데올 로기와 실천이데올로기로 구분하여 중국공산당의 이데올로기를 분석하 면서 순수이데올로기는 추상적 세계관을 제시하는 맑스레닌주의이며 실천이데올로기는 실천의 원칙과 방법을 제공해 주는 모택동사상이라 고 주장하였다.[3] 이는 맑스레닌주의의 진리가 중국의 혁명과 건설의 실 천경험을 통해 실천이데올로기로서 모택동사상을 만들어낸 것이라고 본 것이다.[4] 이러한 슈만의 주장을 북한에 적용하면, 북한의 주체사상 은 적어도 1967년 이전까지는 '사상에서의 주체', '정치에서의 자주', '경제에서의 자립', '국방에서의 자위'라는 4대 지도적 원칙에 입각한 맑 스레닌주의의 하위사상에 위치하였다. 다시 말해서 이 당시 주체사상은 맑스레닌주의를 순수이데올로기로 하는 실천이데올로기의 경향이 강했 다. 그러나 1967년 「5.25 교시」를 계기로 주체사상은 유일지배체제 구축 을 위한 통치담론적 성격을 강하게 내재하면서 변질되기 시작하였다. 그 결과 북한은 현재의 주체사상을 맑스레닌주의를 대체한 보편적 사상이 라고 주장하였다.[5]

주체사상은 1970년대 초반부터 김정일의 주도하에 기존의 주체사상 에 인간중심철학을 결합시키면서 사상체계적 면모를 갖추어 나가기 시 작하였고 1980년대 들어서면서 맑스레닌주의를 밀어내고 순수이데올로 기로서의 위상을 차지하게 되었다고 해도 과언이 아니다. 1980년 6차당대회를 계기로 노동당 규약에서 맑스레닌주의가 완전 삭제되고 1982년 김정일의 논문 「주체사상에 대하여」가 발표되면서 주체사상은 철학적 원리, 사회역사적 원리, 지도적 원칙으로 체계화되었다. 여기까지를 '좁은 의미의 주체사상'(이하 협의의 주체사상)이라고 부른다. 그리고 1985년에 들어서면서 협의의 주체사상에 혁명이론과 영도방법이 가미되면서 주체사상은 '넓은 의미의 주체사상'(이하 광의의 주체사상)으로 외연과 내포가 확대·심화되었으며, 이때부터 주체사상은 김일성주의와 동일시되었다.[6] 이러한 과정을 거치면서 주체사상은 순수이데올로기와 실천이데올로기의 기능을 모두 갖게 되는 데, 협의의 주체사상은 순수이데올로기로서의, 광의의 주체사상은 실천이데올로기로서의 기능을 수행하게 된다. 특히, 실천이데올로기로서의 주체사상은 1986년 7월 김정일의 "주체사상 교양에서 제기되는 몇가지 문제에 대하여"라는 논문에서 '사회정치적 생명체론'[7]이 발표되면서 수령유일지배체제를 논리적으로 정당화하는 데 기여함으로써 실천이데올로기로서의 기능이 절정에 달하였다.

이상의 논의를 기초로 하여 이데올로기의 변용적 성격과 대체적 성격을 정의하면 다음과 같다. 우선 이데올로기의 변용적 성격은 기존의 순수이데올로기와 실천이데올로기에서 본질적 요소의 변화를 수반하지 않고 이를 현실의 요구에 맞도록 형식을 바꾸어 만들어진 것을 의미한다. 이 경우 이데올로기의 상징으로는 주로 인민들에게 익숙한 언어를 사용하는 경향이 있다.[8] 대체적 성격은 기존 실천이데올로기의 본질적 요소가 당면한 상황에 맞도록 변화된 것을 말한다. 이 때 대체이데올로기의 상징은 새로운 언어로 만들어지기 쉽다.

본 논문은 선군사상이 대체적 성격, 엄밀히 말해 대체화 과정에 있는 성격의 실천이데올로기이며, 북한의 통치이데올로기는 변용적 성격에서 대체적 성격으로 변화 중이라는 가설을 제시한다. 본 논문은 북한체

제의 변화를 연구함에 있어서 이데올로기적 변화 방향성을 예측하는 데
도움을 줄 것으로 기대된다.

2. 연구를 위한 전제

1) 기존 연구 분석

북한의 통치이데올로기와 관련있는 연구결과물들은 대개 통치담론
차원에서 다루어지고 있다. 이 연구들 중 많은 것들은 이데올로기와 담
론을 명확하게 구별하여 사용하지 않고 있다. 미루어 짐작하건데 아마
도 북한체제에 끼치는 주체사상의 영향력이 워낙 지대하다 보니 웬만한
사상체계들은 담론으로 취급되어 온 것이 아닌가하는 생각이 든다. 그
럼에도 불구하고 통치담론은 이데올로기를 구체적으로 현존하게 하는
매개체이며 그 자체로 이데올로기적 속성을 지닌다는 주장[9]과 정치담
론은 권력이 기본적으로 함축하고 있는 것을 철저히 숨기면서, 동의나
요청에 의해 합리적 방식으로 권력을 정당화한다는 측면에서 이데올로
기적 성격을 갖는다는 주장들[10]이 있다. 본 논문은 이를 근거로 담론을
이데올로기의 하위개념으로 인정함으로써 담론과 이데올로기의 내용상
의 차이를 두지 않는 기존의 연구들과 동일한 입장을 취하고자 한다.

김정일 시대의 통치이데올로기에 관한 내부분의 연구들은 북한의 통
치이데올로기 변화를 당면한 상황에 대한 대응의 산물로 인식하는 데
일치하고 있다. 곽승지는 "김정일시대의 이데올로기들이 시대상황의 변
화과정에서 그 상황을 극복하기 위해 제시된 통치논리와 함께 순차적으
로 체계화되었다"고 주장한다.[11] 배성인도 마찬가지로 김정일정권은 다
양한 "지배담론들을 양산하여 체제위기를 극복하려고 하였다"고 강조

하였고,[12) 김근식 역시 "북한은 심화된 대내외적 위기상황에서 대중을 사회주의에로 결집시키고 체제정당화를 이루어 내기 위해 주체사상에 토대한 하위담론들을 제시하였다"라는 입장을 갖고 있다.[13) 정우곤도 "북한은 정치적 여건과 주변환경의 변화에 따라 주체사상의 하위담론을 수시로 발전시켜 왔으며 1990년대에 들어서는 이런 현상이 두드러지게 나타난다"라고 주장한다.[14)

또한 김일성 사후 붉은기사상을 비롯한 새로 등장한 이데올로기들의 성격 규정과 관련하여 연구자들 간에 약간의 입장 차이를 보이고는 있으나 변용적 성격을 가진 이데올로기라는 시각이 우세하다.[15) 이들 주장의 핵심은 협의의 주체사상이 순수이데올로기로 격상되고 그 파생담론들이 실천이데올로기의 기능을 수행한다는 것이다. 그러나 이들 간에도 주체사상의 위상과 관련하여 약간의 차이를 보이고 있다. 배성인은 많은 담론들이 등장한다는 것은 주체사상의 지배이데올로기적 통제력이 쇠퇴하고 있음을 반영하는 것이라고 주장한다. 반면, 정우곤은 주체사상이 체제수호와 방어논리로 전체 구성원들에게 여전히 설득력있게 받아들여지고 있다는 견해를 보이고 있으며, 김근식은 주체사상이 순수이데올로기로 격상되었다고 주장한다. 곽승지는 김정일시대의 이데올로기는 주체사상의 변용담론으로 보기 보다는 주체사상을 구현하기 위한 실천이데올로기로 인식하는 것이 타당할 것이라고 강조함으로써 붉은기사상을 대체적 성격의 이데올로기로 규정하는 경향이 있다.

본 논문은 지금까지 살펴 본 기존의 논의에 기초하여 다음과 같은 두 가지 전제 하에 설명을 전개하고자 한다.

첫째, 김정일정권은 당면한 대내외적 위기상황을 타개하기 위한 방편으로써 다양한 통치이데올로기들을 제시하였다는 기존 연구들의 공통된 견해에 동의한다. 북한은 1980년대 후반부터 90년대 초반 사이에 발생한 동유럽 사회주의권의 붕괴, 소련의 해체, 그리고 서독의 대 동독

흡수통일을 경험하면서 그 여파를 차단하기 위해서 '우리식 사회주의'라는 이데올로기를 적극적으로 내세웠다. 그러다가 1994년의 김일성 사망, 1995~1997년에 걸친 연속적인 자연재해로 인한 급격한 곡물생산량 감소 등으로 대표되는 이른바 '고난의 행군'을 성공리에 극복하기 위해 인내와 신념과 의리를 강조하는 붉은기사상을 적극적으로 제창하였다. 북한은 1997년을 기점으로 김정일이 노동당 총비서직에 공식 취임하고 이어서 고난의 행군을 성공적으로 마쳤음을 선언하면서 1998년부터는 사회주의 '강행군'을 시작할 것을 독려하였다. 북한 당국은 3년간의 혹독한 고난의 행군을 겪은 북한주민들에게 미래에 대한 희망과 비전을 제시하기 위하여 1998년 8월에 '사회주의 강성대국건설사상'(이하 강성대국론)을 제시한다. 그리고 얼마 후인 9월 5일 헌법개정을 통해 국가체계를 재정비하고 김정일 위원장이 국방위원장직에 재추대되었다. 이는 1999년부터 시작되는 '구보행군'을 위한 준비작업으로 볼 수 있다. 북한은 강성대국론을 제기하면서 동시에 선군정치를 본격적으로 내세우는 데 이는 선군시대를 위한 사전 준비작업으로 이해할 수 있다. 2000년 남북정상회담의 성과로 만들어진 한반도의 화해와 협력의 무드는 2001년 미국의 부시행정부 출범 이후 대북강경정책 추진에 따라 북핵문제의 위기가 고조되면서 북한은 선군정치와 군중시사상을 더욱 강조하였다. 그러면서 2003년 북한은 선군사상을 제시하고 2004년부터는 이를 일색화 할 것을 적극 독려하고 있다.

둘째, 협의의 주체사상—주체사상의 철학적 원리, 사회역사원리, 시도적 원칙—은 이미 순수이데올로기로 격상되었고, 혁명이론과 영도방법을 주로 하는 광의의 주체사상이 실천이데올로기로 자리 잡았다는 기존 논의들의 주장에 따르고자 한다. 그래야만 오늘날 북한의 각종 문헌과 매체들에서 흘러 나오고 있는 주체사상은 협의의 주체사상, 즉 순수이데올로기로서의 주체사상이라는 점을 이해할 수 있으며, 우리가 이

논문에서 취급하고자 하는 광의의 주체사상, 즉 실천이데올로기로서의
주체사상과 구별짓게 된다.

2) 이데올로기 성격변화 측정을 위한 지표들

선군사상이 주체사상을 변용한 이데올로기인지 아니면 주체사상을
대체하는 이데올로기인지를 규명하기 위해서는 무엇보다 주체사상과의
관계를 따져 보는 작업이 필수적이다. 이러한 관계 분석의 기준은 첫째,
붉은기사상과 선군사상이 주체사상처럼 이론적 체계를 갖추었는지의
여부이다. 이론적 체계를 갖추었다면 대체적 성격이 강하고 그렇지 않
다면 변용적 성격이 강하다고 할 수 있다. 그리고 이론적 체계를 갖추었
다는 것은 이데올로기의 주요 구성요소인 미래상 제시, 현실 설명능력,
현실과 미래의 연결체계에 관한 이론적 기초를 갖고 있는지의 여부를
말한다. 둘째, 전국적 차원에서의 이데올로기 일색화운동 전개 여부와
지도적 지침으로 인정받았는지의 여부이다. 북한과 같이 사상을 가장
중시하는 국가에서 특정 사상을 교양사업을 통해서 전체 인민들에게 주
입시키는 일색화운동을 전개하였는지의 여부는 이데올로기의 성격을
결정하는 데 매우 중요한 기준으로 삼을 수 있다. 그런데 일색화운동을
전개하였더라도 그 이데올로기가 공식적으로 당의 지도적 지침으로 인
정되었느냐의 여부도 중요한 잣대이다. 북한에서 지도적 지침의 위상은
북한 스스로 지도적 지침을 "당, 국가 및 그 밖의 일정한 조직과 인민들
의 모든 활동과 사업에서 반드시 의거하여야 할 지도적이며 강력적인
지침"이라고 정의하고 있는데서 잘 알 수 있다.[16] 이러한 위상에 걸맞
게 북한에서 지금까지 지도적 지침으로 인정된 것은 맑스레닌주의와 주
체사상 둘 뿐이다. 북한의 역사발전에서 두 사상의 위상을 감안한다면
지도적 지침의 위상에 대해서는 더 이상 논의할 필요가 없을 것으로 보

인다. 셋째, 광의의 주체사상의 내용 중에서 어떤 본질적 요소의 변화가 수반되었는지의 여부이다. 본 논문에서는 본질적 요소 중의 하나로 혁명의 주력군과 혁명의 주체를 중심으로 변화 여부를 살펴보기로 한다.

2. 선군사상의 통치이데올로기적 성격 변화

1) 선군사상의 주요 내용

선군사상은 고난의 행군과 강행군의 기간을 거치면서 선군정치의 효과가 확실히 입증된 마당에 차제에 이를 하나의 사상체계로 발전시켜서 김정일사상의 핵심사상으로 키우려는 의도에서 나온 것으로 보인다. 그러므로 선군사상은 앞에서 설명한 선군정치의 모든 내용을 포함한다. 북한은 선군사상이 "오늘의 시대적 조건과 혁명발전의 합법칙적 요구를 반영"해서 나왔다고 주장하면서 시기적 조건으로는 핵문제를 둘러싼 미국과의 '반미대결전'이 고조되고 있는 상황을 거론하는 데 아프가니스탄과 이라크전쟁에서의 미국 승리를 상당한 부담으로 받아들이는 것 같다.[17] 그리고 지난 수 년간 선군정치를 통해 다방면에 걸쳐 예상외의 성과를 거양하였는 바, 차제에 이를 통치이데올로기화하여 전체 사회에 혁명적 군인정신을 확산시킬 필요성에 의해서 선군정치가 선군사상으로 발전하였다. 다행히도 지난 수 년간 선군정치를 통해 '선군'이라는 용어가 주민들에게 매우 익숙한 용어로 사용되어 왔기 때문에 별도의 언어적 규범화 작업이 필요하지 않다는 점도 선군사상화에 유리한 환경을 제공하였다고 할 수 있다. 선군사상이라는 용어가 처음 등장한 시기는 정확하지는 않지만 2002년 말에 등장한 것으로 보인다. 선군사상은 2002년 신년공동사설에 나타나지 않았고 간헐적으로 언급[18]되다가

2003년 신년사에서 본격적으로 등장하였다.

공화국창건 55돐을 빛나게 장식하기 위한 올해의 투쟁은 정치, 경제, 문화의 모든 분야에서 주체의 선군사상과 로선을 전면적으로 구현하기 위한 보람찬 투쟁이다. 주체사상에 기초한 우리 당의 선군사상은 사회주의위업수행의 확고한 지도적 지침이며 공화국의 륭성번영을 위한 백전백승의 기치이다 …중략… 공화국의 위력을 강화하기 위하여서는 선군사상에 기초한 당과 군대와 인민의 일심단결을 철통같이 다져 나가야 한다. 위대한 령도자의 두리에 뭉친 일심단결은 혁명의 천하지대본이며 강성대국건설의 결정적담보이다. 모든 당원들과 근로자들은 선군사상과 로선을 삶과 투쟁의 좌우명으로, 절대불변의 진리로 간직하여야 한다. 우리 혁명대오를 그 어떤 환경속에서도 변하지 않는 순결한 선군혁명동지의 대오로, 백두의 혁명전통과 정신을 꿋꿋이 이어 나가는 전투적이며 혁명적인 보루로 튼튼히 다져야 한다.[19]

2004년 신년 공동사설은 선군사상과 주체사상화 강령선포 30주년이 되는 해를 결부시킴으로써 사상적으로 어떤 변화 가능성을 예고하였다.

오늘 우리 혁명은 위대한 선군사상을 지침으로 하여 강성대국건설을 전면적으로 다그쳐나가는 격동적인 시대에 들어섰다.이 보람찬 투쟁의 길에서 올해에 온 사회의 주체사상화강령선포 30돐을 맞이하게 되는것은 참으로 뜻깊은 일이다.[20]

예상하였듯이, 얼마 되지 않아 북한은 '선군사상 일색화'를 주창하기 시작하였다. 선군사상 일색화란 용어가 제일 먼저 등장한 것은 2004년 1월 19일자 로동신문 사설에서이다.[21] 그러다가 1월 24일 로동신문 사설에서 선군사상 일색화의 당위성이 제기되었다.

총대의 위력으로 혁명과 건설을 전진시키고 세기를 주름잡는 창조와 변혁을 이룩하며 온 사회가 인민군대의 모습으로 일색화되여나가는것이 선군시대 우리 조국의 참모습이다. 군인품성은 우리 시대 인간들이 지녀야 할 혁명가적품성의 최고정화이다. 군인품성에는 혁명가들의 제일생명인 당과 수령에 대한 충실성이 가장 숭고한 높이에서 체현되여있으며 강성대국건설자로서의 투쟁정신과 창조적기질, 담력과 배짱이 맥박치고있으며 21세기 인간들이 지녀야 할 고상하고 문명한 문화적소양과 아름다운 정서가 집대성되여있다. 백두산빨찌산의 아들이신 위대한 김정일동지의 슬하에서 배우고 가꾸어온 우리 인민군군인들의 품성이야말로 가장 혁명적이고 고상한것이다. 인민군대의 군인품성을 적극 따라배우는데 선군시대 인간완성의 지름길이 있다.[22]

북한이 선군사상을 전체 사회에 일색화하려는 것은 선군사상의 핵심을 이루고 있는 혁명의 수뇌부 결사옹위정신을 전체 사회에 확산시킴으로써 전체 인민들을 체제보위를 위한 전사로 만들고 동시에 선군사상이 등장하는데 결정적 성공요인으로 작용한 혁명적 군인정신을 전체 사회에 보급함으로써 모든 사업을 군대식 사업방식으로 추진하여 경제회생의 추동력으로 삼고자 한 것이다.

로동신문 편집국논설 "선군사상을 우리 시대 혁명의 지도적 지침으로 튼튼히 틀어쥐고나아가자"에서 제기된 선군사상의 이론적 체계를 소개하고자 한다. 먼저 선군사상은 '사상리론적 총화', '근본리념', '혁명의 영원한 생명선'과 같은 주체사상을 제외하고는 과거의 그 어떤 사상이나 담론도 받지 못한 찬사를 받고 있다.

선군사상은 지난 40성상 천재적예지로 시대의 앞길을 밝히시고 원숙하고 세련된 영도로 우리 당과 군대와 인민을 빛나는 승리와 영광의 한길로 이끌어오신 경애하는 김정일동지의 위대한 혁명활동의 사상리론적 총화이다. 선군사상은 우리 당의 모든 로선과 정책의 초석을 이루며 그 독창성과 혁명성, 불패의 전투성과 생활력을 담보하는 근본이념이다. 우리 당과 군대와 인민은 위대한 김정일동지의 주체의 선군사상을 우리 혁명의 영원한 생명선으로 틀어쥐고 주체혁명위업을 끝까지 완성해 나갈 것이다.

선군사상에 나타난 시대관의 핵심 개념은 자주성이고 이를 실현하기 위해서는 군사를 중시해야 한다는 것이다. 오늘날은 세계 인민들의 자주성에 대한 지향이 증대하고 있는 데 반해, 지배주의와 제국주의세력은 힘의 논리와 이념적 책동을 통해 내부와해전략을 추구하고 인민들의 자주적 지향을 억압하려 하고 있으므로 이들 세력에 반대하는 투쟁을 벌여야 하며 이를 위해서는 혁명의 총대, 즉 군사를 중시해야 한다는 것이다. 그리고 선군은 사상과 신념의 총대를 혁명의 주력으로 하는 혁명전략이며 사회의 가장 혁명적이고 전투적이며 위력한 집단인 혁명군대를 축으로 하여 주체적 역량을 강화하는 혁명전략이라는 것이다.

선군사상은 현 시기 나라와 민족의 자주권을 영예롭게 수호하고 자연과 사회, 인간을 인민대중의 자주적지향과 요구대로 개조하기 위한 위대한 사상이고 전략이며 방법이다. 이것으로 하여 선군사상은 시대와 혁명, 사회주의와 인민대중의 진로를 밝혀주는 가장 올바른 시대사상으로 되는 것이다

선군사상에 나타난 역사관은 '선군령장'이 지도하는 승리의 역사이고 동시에 '혁명의 승리는 총대동지들을 주력으로 하는 선군통일체의 승리'이며, '선군통일체는 선군령장을 결사옹위하는 길에서 총대동지들을 주력으로 굳게 뭉친 강철의 결정체' 라는 것이다. 즉, 선군사상은 선군령장을 결사옹위하는 총대동지들의 승리의 역사가 집대성된 사상이라는 것이다.

오늘 우리의 일심단결은 백두의 령장을 받드는 선군의 한길에서 총대동지들을 주력으로 하나의 선군혁명통일체로 더욱 굳건히 다져졌으며 그 위력으로 세계사적인 승리를 이룩하고 있다. 이 위대한 단결과 승리를 관통하고 있는 것이 우리 당의 선군사상이다.

선군사상의 핵심 정신은 혁명적 군인정신 또는 백두산총대정신이고, 이 정신은 수령결사옹위정신, 결사관철의 정신, 영웅적 희생정신을 기본 으로 하며, 이 정신은 혁명승리의 강력한 추동력이라는 것이다.

　　오늘 위대한 당의 령도밑에 우리 인민군대에서 창조되고 높이 발휘 되고있는 혁명적군인정신은 백두산총대정신의 계승이다. 수령결사옹 위정신, 결사관철의 정신, 영웅적희생적인을 기본으로 하는 혁명적군 인정신은 당과 수령, 조국과 인민을 위하여 모든 것을 다 바쳐 싸우는 사생결단의 투쟁정신이며 그 어떤 대적도 물리치고 그 어떤 난관과 시 련도 과감히 뚫고나가는 필승불패의 혁명정신이다. 위대한 선군시대 를 상징하고 대표하는 혁명적군인정신이 있었기에 우리 군대와 인민 은 강계정신을 창조하고 성강의 봉화, 라남의 봉화를 세차게 지펴올릴 수 있었다. 이 위대한 정신이 전인민적인 사상감정으로 전환되는 과정 에 나온 것이 우리 당의 선군정치이다.

선군사상은 군사선행에 입각한 강성대국건설의 합법칙적 과정을 분 명하게 제시하고 있으며, 사회주의 위업수행을 위한 과학적 방도를 확 실히 밝히고 있는 혁명과 건설의 새로운 지도적 지침이라는 것이다.

　　선군사상은 무적의 군력에 의거하는 강성대국의 징표,그 건설의 합 법칙적과정을 뚜렷이 밝히고 있다. 불패의 군력에 의거하여야 세계 여 러 지역에서 제국주의의 무분별한 군사적압력과 침략책동이 악랄하게 감행되는 오늘의 엄혹한 환경에서도 나라와 민족의 자주권을 굳건히 수호하고 강성번영하는 나라에서 자주적인 삶을 누리려는 인민들의 세기적념원을 빛나게 실현할수 있다는것을 과학적으로 밝혀주는 여기 에 선군사상의 불패의 위력이 있다. 선군사상이 혁명과 건설의 지도적 지침으로 되는것은 다음으로 그것이 사회주의위업수행의 과학적인 방 도를 뚜렷이 밝혀주고 있으며 사회주의원칙을 끝까지 고수할수 있게 하는데 있다. 군력을 강화하여 나라의 존엄과 자주권을 영예롭게 지켜 내면서 당,군민의 혼연일체를 실현하여 우리 식 사회주의계급전지를 튼튼히 다지며 사회의 모든 성원들이 혁명군대의 숭고한 혁명정신과 투쟁기풍,고상한 문화와 정서를 본받아 강성대국을 성과적으로 건설

할수 있게 하는 여기에 선군사상의 위력이 있는것이다.23)

끝으로 논설은 '선군사상으로 튼튼히 무장하고 철저히 구현할 것'을 강조하면서 당원들과 근로자들에게 선군사상에 대한 사상교양을 강화하고, '군사중시로선을 계속 철저히 관철해 나가야 한다'면서 사상관점도 투쟁기풍도 생활방식도 혁명군대식으로 전환시킬 것을 강조하고 있다. 또한 '선군시대의 요구에 맞게 강력한 국가경제력을 다져야한다' 면서 '선 국방공업, 후 인민경제' 노선을 재확인하면서도 '사회주의원칙을 고수하고 실리를 보장하는 방향에서 사회주의경제관리를 개선하며 최신 과학기술의 요구에 맞게 인민경제의 현대화, 과학화, 정보화수준을 더욱 높여나가야 할 것'을 주장하고 있다. 그리고 '사회생활의 모든 분야에서 선군시대의 혁명적문화가 차넘치게 하여야 한다' 면서 인민군대의 고상한 군인품성을 따라 배울 것을 독려하고 있다.

2) 주체사상과의 관계

2장에서 제시한 통치이데올로기의 성격변화 측정을 위한 3가지 지표를 통해 위에서 살펴 본 선군사상을 측정하면, 선군사상은 주체사상의 대체적 이데올로기 성격을 충족시키고 있는 것으로 평가해도 무리가 없다.

우선 북한당국은 공식적으로 선군사상을 당의 지도적 지침으로 분명하게 인정하고 있다. 다만, 선군사상을 혁명과 건설의 지도적 지침으로 내세운 이후에도 북한의 각종 방송매체들이나 문헌들을 보면, 여전히 선군사상은 '주체사상에서 출발,' '주체사상에 기초하여', '주체사상에 뿌리를 둔' 이라는 수식어들이 자주 발견된다. 얼핏 보면, 선군사상을 주체사상으로부터 변용되었거나 주체사상의 하위개념으로 인정하기 쉬운 표현들이다. 그런데 여기에서 이 논문의 전제로 규정한 바와 같이 주체사상을 협의의 주체사상 즉, 순수이데올로기로 본다면, 위의 수식어들이 선군사상과 동시대에 등장하고 있고 선군사상이 주체사상에 뿌리를 두고 있다는 북한의 주장은 전혀 문제가 되지 않는다. 북한이 사회주의체제를 고수하는 한 순수이데올로기로서의 주체사상은 포기할 수 없는 것이기 때문이다. 북한도 주체사상을 지도사상으로 지칭하면서 "선군사상은 주체사상의 원리와 요구를 전면적으로 구현하고 있는 우리 시대 혁명과 건설의 지도적 지침"이라고 부르는 것을 보면[24], 지도사상으로서의 주체사상과 지도적 지침으로서의 선군사상을 차별화하면서도 지도적 지침은 지도사상에 의거하고 있음을 강조하고 있다.

다음으로 북한당국은 선군사상 일색화운동을 전국적으로 전개할 것을 독려하고 있다. 이를 위해 당 조직을 최대한으로 가동할 뿐 아니라, 3대혁명소조를 부활한 것으로 알려지고 있는 것은 분명하지는 않지만, 1970년대에 주체사상 일색화운동에서 그랬듯이, 선군사상 일색화운동에서도 이들을 폭넓게 활용하려는 의지가 엿보이는 대목이다.

마지막으로 선군사상이 주체사상과 유사한 구성체계를 갖고 체계화과정 중에 있거나 체계화가 완료되었음을 시사하고 있다.

> "경애하는 장군님께서는 어버이수령님께서 창시하시고 일관하게 구현해오신 선군사상과 로선을 계승하고 시대의 발전과 변화된 정세의 요구에 맞게 심화발전시켜 하나의 완성된 사상이론으로 정립체계화하심으로써 로동계급의 혁명사상발전에 특기할 불멸의 공적을 쌓아올리시였다"

북한은 선군사상이 총대철학, 선군정치이론, 그리고 선군정치방식을 기본내용으로 구성되어 있으며, 총대철학은 "총대로 인민대중과 나라와 민족의 자주성을 옹호·실현하는 자주의 철학"이고, 선군혁명이론은 "인민대중을 중심에 두고 인민군대가 혁명의 주력군으로서의 역할에 집

중한 혁명이론"이며, 선군정치방식은 "혁명과 건설에서 군사를 확고히
앞세우고 인민군대를 주력군으로 하여 사회주의의 주체를 백방으로 강
화하며 그 역할을 높혀 나가는 정치방식"이라고 주장한다.25)

여기에서 특기할만한 점은 북한당국이 선군사상을 주창하면서부터
혁명의 주력군을 인민대중에서 인민군대로 변화시키고, 혁명의 주체도
수령을 뇌수로 하면서 당과 대중이 결합한 단결체에서 혁명의 수뇌부를
중심으로 당, 군대, 대중이 결합한 '선군단결체'로 변화시켰다는 점이다.

북한은 선군사상이 "력사상 처음으로 강력한 총대에 의거하여 인민
대중의 자주위업을 완성하며 혁명군대를 혁명의 기둥, 주력군으로 내세
우고 전반적 사회주의건설을 밀고나가는 독창적인 길을 밝혔다"고 주장
한다. 이는 선군사상에서 혁명의 주력군이 인민대중에서 인민군대로 대
체되었다는 점에서 주체사상의 사회역사원리의 변화와 관련하여 중요
한 의미를 갖는다. 그런데 북한은 혁명과 건설에서 인민들의 자주적 권
리를 옹호할 수 있는 집단은 인민군대이고 그러므로 인민군대를 강화하
는 것은 인민대중의 자주성을 위한 것이므로 결국 선군의 원리는 인민
대중을 위한 것이라고 주장함으로써 주력군의 변화는 주체사상의 기본
원리를 벗어나지 않았다고 주장한다.26) 국내 북한전문가 중에서도 새로
'혁명의 주력군'이 된 군대는 '혁명의 참모부'인 당과 '혁명의 최고영도
자'인 수령의 영도에 절대적으로 충실할 것을 요구하고 있으므로 '지도
와 대중의 결합'을 강조하며 궁극적으로 인민대중에 대한 당과 수령의
영도를 정당화하는 주체사관의 기존 논리체계를 근본적으로 수정하는
것은 아니라고 해석하는 시각이 있다.27)

이상과 같이 북한이 주력군의 변화를 주체사상의 본질적 요소의 변
화로 인정하지 않는 것은 만약 이를 인정한다면 주체사상과 선군사상
간에 중대한 이론적 모순이 발생하기 때문이다. 구체적으로 말하자면,
근로인민대중을 혁명의 주력군으로 인정하지 않는다는 것은 사회주의

를 부정하는 결과를 초래하며 그렇게 되면 '사회주의 강성대국'을 국가
목표로 표방한 북한이 선군사상을 통치이데올로기로 설정하는 논리상
의 문제가 발생하기 때문이다. 그래서 북한은 고육지책의 일환으로 인
민대중의 자주성 실현이라는 점을 부각시킴으로서 누구에 의한 혁명과
건설(주력군)보다는 누구를 위한 혁명과 건설(주체)의 논리를 전개하고
있는 것이다. 어쨌든 '혁명의 주력군'의 변화는 북한이 사회주의를 포기
하지 않는 한 사회주의의 중요한 원칙이자 주체사상의 본질적 요소에서
의 변화로 보는 것이 타당하다.

　이와 관련하여 최근 북한은 "선행리론에서는 사회적생산의 기본담당
자인 로동계급을 혁명의 주력군으로 보고 전세계로동계급이 단결할 데
대한 구호를 제기하였다. 우리 혁명에서는 위대한 수령님의 영도밑에
그 개척기부터 혁명군대가 주력군이 되어 왔다. 우리 혁명의 고귀한 재
부인 위대한 단결의 전통도 무장대오에 의하여 마련되었으며 혁명과 건
설에서 나서는 모든 문제들이 혁명군대의 핵심적인 역할에 의하여 해결
되어 왔다"라면서 인민군대가 사회주의 건설 초기부터 혁명의 주력군이
었다는 주장을 함으로써 주력군의 변화로 인한 부작용을 사전에 차단하
려 하고 있다.28) 그리고 북한은 "오늘 사회적집단들의 지위와 역할(사회
계급관계)에서 일어난 중요한 변화는 혁명군대가 혁명의 주력군, 핵심
력량으로 되고있는 것"이라고 함으로써 혁명의 주력군의 변화를 사회계
급관계의 변화로 해석하는 경향을 보이고 있다.29)

　끝으로 혁명의 주체가 기존의 수령·당·대중의 단결체에서 선군시
대에 들어와 '선군단결체'로 변화한 것은 매우 유의미한 것이다. 북한은
선군사상 등장 이전에는 군대를 인민대중의 구성요소로 보았으나 선군
사상 등장 이후 군대를 인민대중으로부터 분리시켰을 뿐만 아니라, 대
중의 앞에 위치시켰다. 이는 설사 선군단결체의 궁극적 목적이 수령결
사옹위 또는 '혁명의 수뇌부결사옹위'라는 점에서는 공통적이기는 하지

만 군대의 위상과 역할과 관련해서는 괄목할만한 변화임을 의미하는 것이다. 그리고 북한은 선군사상이 등장하기 이전에는 일심단결을 군대와 인민의 대등한 관계를 의미하는 군민일치의 관계로 보았으나, 선군사상이 등장한 이후부터 일심단결이 군민일치가 아니라 선군단결로 대체되면서 군대를 중시하고 선행한다는 원칙 하에서 군대와 인민의 관계에서 군대를 더 중시하는 차별적 관계로 변화시켰다.

3. 결론: 후계구도에 주는 시사점

지금까지의 논의를 통해 북한의 통치이데올로기인 주체사상은 선군사상에 의해 대체화되는 경향을 보이고 있다는 결론을 내릴 수 있다. 선군사상은 이미 그 일색화작업이 전국적으로 진행 중이며 혁명과 건설의 지도적 지침으로 격상되었다. 그리고 이론적 체계화 작업은 주체사상이 협의의 주체사상에서 광의의 주체사상으로 시간을 두고 심화·발전되었듯이 앞으로 그 전철을 밟는 작업이 본격화될 것으로 예상된다. 이러한 새로운 통치이데올로기의 심화·발전과정은 후계자구도와의 연관성을 갖고 진행될 것으로 보인다.

북한은 현재 이른바 '선군전통'이라는 것을 내세워 선군사상이 김정일의 당대에 나온 것이 아니라 김일성 당시부터 어어져 내려 온 역사적 전통을 가진 사상이라는 점을 강조하고 있다. 이러한 주장은 '선군정치는 김정일의 독특한 정치방식'이라거나 선군사상은 '김정일의 혁명사상의 핵심'이라는 기존의 주장과 배치되는 것이라는 점에서 눈여겨 볼 필요가 있다. 북한이 선군사상의 역사성과 전통성을 강조하는 이유는 주체사상과 선군사상 간의 사상이론적 간격을 전통을 끌어들임으로써 메우려는 것으로 해석할 수 있다. 그래야만 김정일은 수령과 어버이에 대한 충실하고 효성스러운 지도자가 되며, 인민들에게 영도자에 대한 충성과 효성을 요구할 수 있는 근거로 삼을 수 있는 것이다.

> 우리 당의 혁명전통을 고수하는 투쟁은 중요하게 선군전통을 계승하는 사업을 통하여 실현되게 된다. 선군전통을 빛나게 계승발전시켜 나가야만 대를 이어 강력한 혁명대오를 꾸려나갈수 있고 미제국주의자들의 악랄한 반사회주의책동을 짓부시고 우리의 사상, 우리의 제도, 우리의 위업을 굳건히 고수하여나갈수 있다. 선군전통을 꿋꿋이 이어나가는 것은 우리 혁명의 주체확립의 력사를 계승해나가기 위한 더없이 중대한 사업이다[30]

선군전통은 비단 과거의 전통 뿐만 아니라 '대를 이어'라는 표현을 통해 미래의 계승문제까지도 언급하고 있다. 올들어 김정일 후계문제가 국제사회의 관심사로 부상해오고 있다. 최근 김정일의 셋째 처인 고영희의 사망은 후계구도의 향방과 관련한 관심을 더욱 증폭시키는 계기가 되었다. 후계구도와 관련한 논의는 이 논문의 기본 취지에 맞지 않으므로 구체적인 논의를 생략하는 대신 선군사상과 후계자의 역할에 대해 간단히 설명하고자 한다. 김정일은 74년 2월 당전원회의에서 비공식 후계자로 지명된 직후 온 사회의 주체사회화를 주창함으로써 통치이데올로기인 주체사상에 대한 해석권을 독점하기 위한 시동을 걸었다. 주체사상에 대한 해석권을 독점한다는 것은 곧 사상의 순수성과 충실성을 강조하는 사회주의국가 특히, 북한과 같은 국가에서는 최고지도자나 그의 후계자의 반열에 있지 않고서는 불가능한 일이다. 김정일은 이후 주체사상에 대한 체계화사업을 진행하여 결국 80년대 초중반에 주체사상의 사상체계를 완결하는 공을 세움으로써 명실공히 수령유일지배체제와 그 후계구도를 공고히 하는데 성공을 하게 된다.

포스트 김정일 후계구도에서도 이러한 경향은 답습될 것으로 예상할 수 있다. 왜냐하면 진정한 후계자는 수령의 사상에 충실해야 한다는 북한 스스로가 규정한 후계자의 품성이며 사상을 틀어쥐는 것이 권력을 장악하는데 있어서 무엇보다도 중요하기 때문이다. 김정일이 당사업을 최초로 선전선동부에서 하게 된 것도 바로 이러한 배경에서 연유한 것이라고 할 수 있다. 북한체제의 특성상, 누구든지 후계자가 되려면 또는 되었다면 영도자의 사상, 즉 선군사상을 이론적으로 심화·발전시키는 역할이 불가피하다는 것이다. 이러한 맥락에서 보면 선군사상은 상당기간 동안 좁은 의미의 주체사상과 함께 공존할 것으로 예상할 수 있다.

주註

1) Charlmers Johnson, "Comparing Communist Nations," in Charlmers Johnson ed., *Change in Communist Systems* (Stanford: Stanford University Press, 1970), p. 15.

2) 어느 과일과게 앞에 써붙인 '만국의 노동자여 단결하라'라는 공산당선언의 마지막 문구는 과일과게 주인의 입장에 보면 국제공산주의 운동에 대한 지지입장을 보임으로써 보다 안전하게 장사를 하기 위한 수단으로 내건 것이지 실제로 만국의 노동자의 단결여부는 큰 관심사가 아님에도 불구하고 외부의 관찰자들은 이러한 행위를 체제안정의 중요한 기준으로 삼을 수 있다.

3) 양자는 이데올로기의 핵심 구성요소인 관념과 행동의 연결관계가 직・간접적이냐의 여부에 따라 구별된다. 정치지도자들이 특정 정책과 같은 하나의 관념을 제시함으로써 추종자들이 그것을 행동에 옮기도록 하는 관념과 실천의 관계가 일대일의 직접적 연결관계일 경우는 실천이데올로기이며, 지도자들이 추종자들의 직접적 행동 착수보다는 사고의 형성에 주안점을 두는 관념을 제시함으로써 관념과 행동의 관계가 간접적일 경우를 순수이데올로기라고 한다. 다시 말해, 순수이데올로기는 개인에게 일관되고 의식적인 세계관을 제시하는 사고체계라고 한다면, 실천이데올로기는 개인에게 행동의 합리적 도구를 제공하는 사고체계로 규정된다. Franz Shurmann, *Ideology and Organization in Communist China* (Berkeley, L.A.: University of California Press, 1968), pp. 18~24.

4) 김근식, "1990년대 북한의 체제정당화 담론 : '우리식 사회주의'와 '붉은기철학'을 중심으로," 통일연구원, 『통일정책연구』 제8권 2호(1999), 38쪽.

5) 이종석, 『현대북한의 이해』(서울 : 역사비평사, 2000), 129쪽.

6) 넓은 의미의 주체사상은 1985년에 전 10권으로 발행된 『위대한 주체사상 총서』를 통해 체계적으로 집대성되었다.

7) 사회정치적 생명체론이란 역사의 주체인 인민대중이 혁명의 자주적인 주체로 되기 위해서는 당과 수령의 영도 밑에 하나의 사상, 하나의 조직으로 결속되어야 한다는 것으로 수령, 당, 대중의 통일체가 바로 혁명의 주체이며 인민대중은 당의 영도밑에 수령을 중심으로 하여 조직사상적으로 결속되어야 영생하는 자주적인 생명을 지닌 하나의 사회정치적 생명체를 이루게 된다는 내용이다.

8) 북한의 경우 전통적으로 익숙한 언어는 사회주의와 민족주의이다. 북한지도부는 사회주의와 민족주의적 담론들을 활용하여 체제의 정당화 과정을 용이하게 하고자 하였다. 그리고 이 때 사회주의와 민족주의적 언설들은 레닌이 정립한 "형식은 민족적, 내용은 사회주의적'이라는 민족문제의 해결의 대명제를 통해 이념적 갈등을 해결하고 있다. 북한 지도부는 '민족적 형식의 사회주의적 내

용'의 개념을 통해 서로 대립되는 개념인 사회주의와 민족주의를 결합시킬 수 있었으며 이를 통해 북한체제 정당화과정에서 사회주의와 민족주의적 언설들을 때로는 동시적으로, 때로는 선택적으로 활용할 수 있는 길을 열어 놓았다. 전미영, "북한 지배담론의 형성과 전개에 관한 연구,"『한국정치학회보』35집 1호 (2001), 236쪽.

9) 정성장 · 백학순,『김정일정권의 생존전략』(성남: 세종연구소, 2003), 27쪽.

10) 배성인, "김정일 정권의 위기극복을 위한 정치담론과 담론의 정치,"『통일정책연구』제12권 2호 (2003), 190쪽.

11) 곽승지, "김정일시대의 북한이데올로기: 현상과 인식,"『통일정책연구』제9권 2호(2000), 116쪽.

12) 배성인, "김정일 정권의 위기극복을 위한 정치담론과 담론의 정치," 187쪽.

13) 김근식, "1990년대 북한의 체제정당화 담론 : '우리식 사회주의'와 '붉은기철학'을 중심으로," 41쪽.

14) 정우곤, "주체사상의 변용 담론과 그 원인,"『북한연구학회보』제5권 제1호 (2001), 7쪽.

15) 배성인, 정우곤, 김근식의 주장이 여기에 속한다.

16) 사회과학원 언어연구소,『조선말대사전(하)』(서울 : 동광출판사, 1992 재출판).

17) ≪로동신문≫ 사설, "위대한 수령 김일성동지는 선군혁명의 붉은기와 함께 영생불멸할 것이다," 2004년 7월 8일. "지난 세기 마지막년대에 이르러 우리 혁명은 새로운 환경과 정세에 직면하게 되었다. 우리 군대와 인민은 사회주의체계가 붕괴되고 세계의 정치구도와 력량관계가 변화된 류례없이 엄혹한 환경속에서 <유일초대국>으로 자처하는 미제와 정면으로 맞서 치렬한 대결전을 벌리지 않으면 안되였다."

18) ≪로동신문≫ 사설, "민족적 자존심은 우리의 생명이다," 2002년 12월 9일. "선군이자 최고의 자주이고 민족의 존엄이다. 모든 인민군장병들과 당원들과 근로자들은 우리 당의 독창적인 선군사상을 신념화하고 그 요구대로 살며 투쟁해 나가야 한다."

19) ≪로동신문≫ 신년 공동사설, "위대한 선군기치따라 공화국의 존엄과 위력을 높이 떨치자," 2003년 1월 1일.

20) ≪로동신문≫ 신년 공동사설, "당의 령도밑에 강성대국건설의 모든 전선에서 혁명적공세를 벌려 올해를 자랑찬 승리의 해로 빛내이자" 2004년 1월 1일.

21) ≪로동신문≫ 사설, "선군의 기치높이 정치사상전선을 철벽으로 다져나가자," 2004년 2월 19일.

22) ≪로동신문≫ 사설, "인민군대의 고상한 군인품성을 적극 따라배우자," 2004년 2월 24일.

23) ≪민주조선≫ 론설, "선군사상은 우리 혁명과 건설의 위대한 지침," 2003년 11월 30일.

24) ≪로동신문≫ 편집국 론설, "위대한 김일성동지의 혁명사상의 기치를 높이 들고 주체위업을 끝까지 완성하자," 2004년 7월 7일.

25) 『선군사상에 관한 전국토론회』 2004년 12월 21일.

26) 최성학, "선군의 원리는 주체사상을 바탕으로 하고 있는 원리," 『철학연구』 2002년 1호, 12쪽.

27) 정성장, "북한의 통치이념," 『북한연구학회 2003 춘계학술회의 발표집』(서울: 북한연구학회, 2003), 21쪽.

28) ≪로동신문≫ 론설, "일심단결의 기치높이 백승을 떨친 영광스러운 40년," 2004년 6월 14일.

29) ≪로동신문≫ "현시대 사회계급관계에 대한 독창적인 사상리론," 2004년 8월 13일.

30) ≪로동신문≫ 론설, "위대한 선군전통을 빛나게 계승해나가는 것은 우리 군대와 인민의 크나큰 긍지," 2004년 8월 27일.

〈참고문헌〉

1. 북한문헌

"선군사상에 관한 전국토론회" 2004년 12월 21일.

최성학, "선군의 원리는 주체사상을 바탕으로 하고 있는 원리,"『철학연구』2002년 1호. (2002).

≪로동신문≫ 사설, 2004년 7월 8일. "위대한 수령 김일성동지는 선군혁명의 붉은 기와 함께 영생불멸할 것이다".

≪로동신문≫ 사설, 2002년 12월 9일. "민족적 자존심은 우리의 생명이다".

≪로동신문≫ 신년 공동사설, 2003년 1월 1일. "위대한 선군기치따라 공화국의 존 엄과 위력을 높이 떨치자".

≪로동신문≫ 신년 공동사설, 2004년 1월 1일. "당의 령도밑에 강성대국건설의 모 든 전선에서 혁명적공세를 벌려 올해를 자랑찬 승리의 해로 빛내이자".

≪로동신문≫ 사설, 2004년 2월 19일. "선군의 기치높이 정치사상전선을 철벽으로 다져나가자".

≪로동신문≫ 사설, 2004년 2월 24일. "인민군대의 고상한 군인품성을 적극 따라 배우자".

≪로동신문≫ 편집국 론설, 2004년 7월 7일.. "위대한 김일성동지의 혁명사상의 기치를 높이 들고 주체위업을 끝까지 완성하자".

≪로동신문≫ 론설, 2004년 6월 14일. "일심단결의 기치높이 백승을 떨친 영광스 러운 40년".

≪로동신문≫ 2004년 8월 13일. "현시대 사회계급관계에 대한 독창적인 사상리론".

≪로동신문≫ 론설, 2004년 8월 27일. "위대한 선군전통을 빛나게 계승해나가는 것은 우리 군대와 인민의 크나큰 긍지".

≪민주조선≫ 론설, 2003년 11월 30일. "선군사상은 우리 혁명과 건설의 위대한 지침".

2. 남한문헌

김근식, "1990년대 북한의 체제정당화 담론 : '우리식 사회주의'와 '붉은기철학'을 중심으로," 통일연구원, 『통일정책연구』제8권 2호 (1999).

이종석, 『현대북한의 이해』 (서울: 역사비평사, 2000).

전미영 "북한 지배담론의 형성과 전개에 관한 연구," 한국정치학회, 『한국정치학회 보』 35집 1호 (2001).

정성장 · 백학순, 『김정일정권의 생존전략』(성남: 세종연구소, 2003).

배성인, "김정일 정권의 위기극복을 위한 정치담론과 담론의 정치," 통일연구원, 『통일정책연구』 제12권 2호 (2003).

곽승지, "김정일시대의 북한이데올로기: 현상과 인식," 통일연구원, 『통일정책연구』 제9권 2호 (2000).

정우곤, "주체사상의 변용 담론과 그 원인," 북한연구학회, 『북한연구학회보』 제5권 제1호 (2001).

사회과학원 언어연구소, 『조선말대사전(하)』(서울: 동광출판사, 1992).

정성장, "북한의 통치이념," 『북한연구학회 2003 춘계학술회의 발표집』(서울: 북한연구학회, 2003).

3. 외국문헌

Charlmers Johnson, "Comparing Communist Nations," in Charlmers Johnson ed., *Change in Communist Systems* (Stanford: Stanford University Press, 1970).

Franz Shurmann, *Ideology and Organization in Communist China* (Berkeley, L.A.: University of California Press, 1968).

조선노동당의 위상·기능·조직

정 우 곤

1. 서 론

북한의 정치체제는 조선노동당이 국가·사회 모든 부문을 통제·지도하는 '일당지배체제'라고 할 수 있다. 조선노동당은 북한을 통치하는 핵심조직이며, 개인의 일상생활은 물론 내면적 사고영역까지 유일사상으로 통제한다. 북한 사회주의체제의 발전과정 및 정치사는 곧 조선노동당의 역사라고 할 만큼 북한에서의 당의 위상과 권한은 막강하다. 북한의 조선노동당은 1945년 10월 '조선공산당 북조선 분국'을 모체로 김일성의 주도에 의해 창설되었으며,[1] 김일성·김정일 유일체제의 구축과정에서 나름대로의 독특한 성격과 위상 및 역할을 갖게 되었다.[2]

조선노동당은 북한 권력의 핵심이며, 모든 권력은 당에서부터 나온다는 말과 같이 북한의 최고 권력기관이다. 따라서 당의 위상은 입법·사법·행정부 위에 군림하면서 국가의 주요 정책을 결정하여 하부기관에 전달·감독한다. 조선노동당은 자유민주주의 국가의 정당과는 달리 '당이 곧 국가'라는 성격을 갖는다. 따라서 북한은 당우위의 원칙에 의하여 모든 국가권력이 당에 집중되어 있는 당-국가체제의 특성을 갖는다. 국가의 모든 부문에 대한 당의 지도를 강화하는 것이 사회주의 체제를 유지·발전시키는 토대라고 강조한다.

북한은 조선노동당을 근로대중의 모든 조직들 가운데서 가장 높은 형태의 혁명조직이라고 규정하면서 정권기관이나 기타 정치조직으로서의 각종 사회단체들을 강화·발전시켜 나아가기 위해 당의 영도가 필연적이라고 하고 있는 등 당-국가체제의 성격을 갖고 있다. 북한의 권력구조 하에서는 모든 국가권력이 당에 집중되어 있으며, 정권기관은 당에 의해 결정된 정책을 집행하는 기구에 불과하다.[3]

조선노동당은 북한체제 전반을 조직하고 운영하는 최고의 권력기관으로서 사회주의 혁명과 건설을 영도하는 정당이다. 또한 수령의 영도 아래 그의 전위대로서 사회단체를 지도·통제해왔다. 북한의 모든 국가기구와 사회조직, 개인은 당의 정책과 지도 아래 움직이고 있다. 따라서 북한체제 전반의 역사와 그 밖의 모든 영역은 조선노동당의 그것과 항상 궤를 같이 해왔다고 할 수 있다. 따라서 북한의 조선노동당에 대한 이해는 북한체제의 정치, 경제, 사회, 문화 등 모든 부문을 이해하는데 있어 우선적으로 해결해야 할 과제이다. 북한은 외형적으로는 국가를 대외적으로 대표하는 최고인민회의 상임위원장과 대내적으로 정부를 대표하는 내각 총리, 그리고 국방사업 전반을 관장하는 국방위원회 위원장의 3인에게 국가권한이 배분되고 있으나, 실질적 권한은 당과 국방위원회를 장악한 김정일에게 집중된다. 이러한 문제의식 속에서 조선노동당의 위상과 성격 및 조직과 기능을 살펴보고자 한다.

2. 조선노동당의 성격과 위상

사회주의 국가의 보편적 특성은 국가의 권력이 당에 집중되어 당 주도의 국가체계로 운영된다는 것이다. 북한의 경우에도 다른 사회주의국가와 마찬가지로 조선노동당은 최고의 위상과 권한을 지닌 국가권력의 원천으로 타 국가기관이나 단체 및 군보다 상위에 존재한다. 그리고 모든 국가정책들은 당의 지도와 통제 하에서 추진되어 나간다.[4] 따라서 북한에는 헌법보다 상위의 명문 규범으로 '조선로동당 규약'이 있다. 북한의 조선노동당 규약에는 당의 위상과 성격을 다음과 같이 규정하고 있다. 조선노동당의 위상과 성격을 살펴보자.

첫째, 당 규약에는 노동계급이 정당을 만들고 독재정치를 하는 프롤레타리아 독재체제이며, 노동당은 '프롤레타리아독재체제에서 지도적 및 향도적 력량'이라고 명시되어 있다. 여기서 알 수 있는 것처럼 북한은 노동당이 국가위에 군림하는 전형적인 당-국가체제(the party-state system)이다. 조선노동당은 모든 국가기구와 사회단체를 망라한 북한사회 전체를 이끌어가는 "향도적 령도체"이다. 이러한 당의 지위와 역할은 국가기관이나 다른 어떤 정치조직도 대신할 수 없다는 것을 말한다. 그리고 정권기관과 근로단체 뿐만 아니라 로동계급의 당을 제외한 다른 정당들은 사회주의 사회의 향도적 력량이 될 수 없다.

이와 같이 당의 위상은 다른 국가기관이나 사회단체보다 상위에 있으며, 당은 이를지도 · 통제하며 이끈다. 이러한 당의 독점적 지위는 헌법에서도 명백히 규정하고 있다. 1998년 개정된 사회주의헌법 제11에서 "조선민주주의인민공화국은 조선노동당의 령도 밑에 모든 활동을 진행한다"고 명시하면서 국가에 대한 당의 영도를 명확하게 규정하고 있다. 당과 국가의 관계가 영도하고 영도 받는 관계라는 것은 당의 결정이나 결의가 국가의 헌법상 정책결정보다 우선 한다는 원칙을 강조하고 있다.

조선노동당은 북한의 권력기구와 사회단체, 군대 등을 지도·통제하고 있다. 조선노동당은 전체 근로대중 조직체 중에서 최고 형태의 혁명조직으로 규정되기 때문에 직업동맹, 농업근로자동맹, 청년동맹, 여성동맹 등을 외곽단체로 두고 있다. 조선노동당은 권력의 핵심적 물적 기반인 인민군대도 자신의 혁명적 무장력으로 두고 있으며, 군에 대한 당의 통제를 실현하기 위해 조선인민군대내의 각급 단위에 당 조직을 구성한다고 명시하고 있다. 이와 같이 독점적 당 지위 규정은 조선노동당이 북한권력의 산실임을 명백히 하고 있으며, 여타 국가기관보다 우위에 있는 권력구조임을 확인시킨다.

둘째, 조선노동당은 사회주의 혁명과 건설을 추진하는 '계급정당'이다. 북한에서 당이란 "일정한 계급 이익을 수호하며 그의 요구와 지향을 실현하기 위해 투쟁하는 계급의 선봉대"로 규정하고 있다.[5] 그리고 당 규약에서도 당은 '로동계급과 전체 근로대중의 선봉적·조직적 부대'이고 '전체 근로대중 조직체 중에서 가장 높은 형태의 혁명조직'이다. 당의 당면 목적을 "공화국 북반부에서 사회주의의 완전한 승리를 이룩하며, 전국적 범위에서 민족해방과 인민주주의 혁명과업을 완수하는데 있으며, 최종적으로는 온 사회의 주체사상화와 공산주의 사회를 건설하는데 있다"고 규정되어 있다. 이로써 조선노동당은 계급정당의 성격을 갖는 동시에 전 한반도 공산화를 지향하는 혁명추진의 당적 위상을 내포하고 있다. 이를 달성하기 위해 노동당은 국가권력 기구의 지도적 핵심을 이루고 있다.

셋째, 북한에서 당은 국가를 영도하는 위치에 있지만 동시에 당은 김일성 주체사상, 혁명사상에 의해 지도된다. 조선노동당은 주체사상을 지도사상으로 삼고 있으며 기본노선으로 '유일사상체계확립'을 강조하고 있다. 당의 '유일사상체계확립'을 위해서는 무엇보다도 수령의 유일적 영도를 철저히 실현하는 것이 중요하다고 하여 유일지배체제를 제도화하고 있다. 북한 사회에서의 수령은 '전당의 조직적 의사의 체현자'이며 '당의 최고 령도자'로 사회정치적 생명체의 생명활동을 통일적으로 조직하고 지휘하는 영도의 유일 중심'이라고 하여, 그 절대적 지위와 역할을 부여하고 있다. 수령은 인민대중을 의식화 · 조직화하여 하나로 통합 · 단결하는 정치적 역량을 발휘하며 인민대중의 혁명투쟁을 승리로 이끌어가는 영도의 중심에 위치하게 된다. 이와 같이 수령의 영도력을 과도하게 부여함으로써 당의 자율성은 상대적으로 제약될 수밖에 없다. 노동자계급을 대변하는 프롤레타리아 계급정당의 다수독재의 원칙이 수령의 일인독재로 대체되고 있다.6)

조선노동당 규약에는 당을 "김일성 동지께서 창건하시고 령도하시는 새형의 맑스레닌주의 당"이며, "주체사상 체계에 기초하여 수령의 두리에 철통같이 통일단결된 불패의 전투적 당"이며, "불멸의 주체사상을 확고부동한 지도사상으로 삼고 수령님의 혁명사상을 옹호 관철하기 위하여 투쟁하는 위대한 수령 김일성 동지의 당"으로 규정하고 있다. 이와 같이 수령의 유일적 영도체계에서 당은 수령의 영도를 실현하기 위한 기구이고, 수령의 영도는 당의 영도 아래 국가기관을 통해 구현된다. 또한 유일영도체계에서 국가는 당과 대중을 연결하는 인전대(引專帶: transmission belt)의 역할을 수행한다. 사회단체 역시 당과 대중을 연결하는 인전대, 당의 외곽단체로서 각개 각층 인민대중을 조직화 · 의식화해 당과 수령의 주위에 결속시키는 기능을 갖는다.

김정일 체제의 출범과 함께 이루어진 1998년의 헌법개정은 김일성 시대의 독점적인 일인권력체계를 상징하던 국가주석직을 폐지하고, 국방위원장과 최고인민회의 상임위원장 및 내각총리에게 국가권한을 배분하고 있다.7) 당이 국가정책 결정기능을 총괄적으로 관리하는 상황에서 입법부 기능의 최고인민회의, 행정부 기능의 국방위원회와 내각, 사법부 기능의 검찰과 재판기관 등으로 구분된다. 이러한 권한 구분에도 불구하고 조선노동당의 일당독재로 특성화되는 북한에서 민주주의 정치의 운용 원칙인 권력분립이나 견제와 균형은 의미를 갖기 어렵다. 조선노동당은 북한 국가권력의 원천이며, 권력분립은 형식상 제도로서 다른 권력기관들은 당의 권력에 의해 영향을 받고, 당에서 결정된 정책들을 수행하는 보조적 기구에 불과하다.

3. 조선노동당의 조직체계와 기능

1) 노동당의 조직원칙

조선노동당의 의사결정구조와 집행체계는 '민주주의 중앙집권제(democratic centralism)'의 원칙에 입각하고 있다. 이에 따라 당의 조직과 운영 및 활동체계가 통제된다. 민주주의 중앙집권제란 레닌이 사회주의적 통치구조의 기본원리로 고안한 개념이다. 그렇다면 민주주의 중앙집권제란 무엇인가? 여기서 민주주의는 당의 지도기관이 선거에 의해 구성된다는 것을 의미한다. 그리고 중앙집권제는 모든 권력이 궁극적으로 최고 권력기관에 집중되어 모든 당 조직은 당 중앙위원회에 복종해야 하는 원칙을 의미한다.

조선로동당 규약 '당의 조직원리와 조직구조' 제11조에서 '당은 민주주의 중앙집권제 원칙에 의하여 조직 한다'라고 규정하고 있다.

1) 각급 당조직의 지도기관은 민주주의적으로 선거하고, 선출된 당지도기관은 선거한 당조직에 대해 자기의 사업에 관하여 정기적으로 총화·보고한다.
2) 당원은 당조직에 복종하며 소수는 다수에 복종하며 하급 당조직은

상급 당조직에 복종하며 모든 당조직은 당중앙위원회에 절대 복종한다.

3) 모든 당조직은 당의 로선과 정책을 무조건 옹호 관철하며 하급 당조직은 상급 당조직의 결정을 의무적으로 집행해야 한다. 상급 당조직은 하급 당조직의 사업을 계통적으로 지도 검열하며 하급 당조직은 상급 당조직에게 자기의 사업에 대하여 정기적으로 보고한다.

이상과 같이 첫 번째 항목에서는 '민주주의'를 강조하고 있으나, 두 번째, 세 번째 항목에서는 '중앙지배의 원칙'을 강조하고 있다. 다시 말하면 하부조직 대표가 상급조직을 구성해 나가는 상향식 간접 민주와 결정된 사항에 대한 집행에서의 일사불란한 획일성을 의미하고 있다. 이러한 조선로동당의 민주주의 중앙집권제는 본질상 소수의 대표집단 내에서의 선출과 정책결정에서 민주주의이고, 소수에 의해서 결정된 의사가 당내 뿐만 아니라 모든 국가기구 및 사회 전체에서 일사불란하게 집행되는 것을 의미한다. 이는 사회주의 국가의 정치체제가 일반적으로 당-국가체제인 것에 기인한다. 당-국가체제란 당의 역할이 여타 정치기구, 즉 정부나 군대 그리고 근로단체 등의 역할에 우선하고 있다는 것을 의미하며, 사회주의 체제의 프롤레타리아 독재는 다름 아닌 당의 독재를 의미하기 때문이다.

조선로동당 규약상의 조직원칙에 나타난 특징은 당의 조직적 단결과 지도의 집중은 강조되고 있는 데 비해서 당내 민주주의를 실현할 수 있는 민주적 절차에 대해서는 선거에 의한 지도기관 구성과 '집단적 지도'라는 추상적 규정 외에 구체적인 언급은 눈에 띄지 않는다.[8] 따라서 민주주의 중앙집권제는 본질에 있어서 중앙집권제를 선행시키는 조건에서의 민주주의라고 할 수 있다. 즉 '하의상달'을 의미하는 민주주의 원칙은 묵살되고, '상의하달'의 중앙집권제 원칙만 강조되는 것이다.

이러한 조선로동당의 조직원칙을 중국 공산당의 조직원칙과 비교해 보면 상명하복의 일방적 강조라는 특징이 더욱 분명하게 드러난다. 중

국 공산당이 문화대혁명 이후 1982년 제12차 전국대표 대회에서 개정
한 당규약을 살펴보면, 중국 공산당은 당내 민주주의를 전제로 한 지도
의 집중을 규정하였다. 중국 공산당의 조직원칙에는 조선로동당의 조직
원칙과 유사한 내용과 함께 하의상달 및 상하급 기관의 정보상통·상호
지원·감독, 개인숭배금지 등 당내 민주주의 실현을 위한 조항을 명문
화되어 있다. 다시 말하면, 조선로동당의 조직원칙은 분명히 일방적으로
조직의 단결과 지도의 집중에 치우쳐 있다고 할 수 있다.9) 중국 공산당
의 조직원칙과 조선노동당의 조직원칙을 비교해보면 <표 1>과 같다.

<표 1> 조선로동당과 중국 공산당의 당규약상의 조직원칙 비교

		규 정 내 용	
		조선로동당	중국공산당
지도기관 조직방식		선거(11조 1항)	① 선거(10조 2항) ② 구체적인 선거방식(11조)
조직관계	다수·소수관계	소수복종 원칙 (11조 2항)	① 소수복종의 원칙(10조 1항) ② 소수의견 존중을 위한 장치(16조)
	상·하급 조직관계	상급당조직에 대한 하급당조직의 복종 (11조 2항)	① 상급당조직에 대한 하급 당조직의 복종(10조 1항) ② 하의살달 및 상하급기관 간의 정보상통, 상호지원, 상호감독(10조 4항) ③ 하급기관 관련 중요 문제 결정시 상하급기관의 협의 의무화(14조) ④ 상급조직의 결정에 대한 하급조직의 수정 요구권(15조)
		모든 당조직의 중앙위원회에의 절대복종(11조 2항)	① 모든 당조직의 전국대표회와 중앙위원회에의 복종(10조 1항) ② 각급 당조직의 당중앙에 대한 건의권(15조)
		모든 당조직의 당의 노선과 정책에 대한 무조건적 옹호관철(11조 3항)	규정 없음

정책결정 및 지도방식	집단적 토론 및 집단적 지도(11조 3항)	집체적 토론 및 집체지도 (10조 5항)
개인숭배 및 영도자 감독 문제	규정 없음	① 어떠한 형식의 개인숭배도 금지(10조 6항) ② 영도자활동에 대한 당과 인민의 감독보증(10조 6항) ③ 개인독재 불허(16조)

출처: 이종석, 『김정일시대의 당과 국가기구』(성남: 세종연구소, 2000), 34쪽 재인용.

결국 조선노동당의 조직구성 원칙으로서의 '민주주의 중앙집권제'는 "당 안에서 사상과 령도의 유일성은 중앙집권적인 규율에 의해서 보장된다"10)는 것을 의미하며 "당 중앙의 지시에 따라 모든 당원들이 한사람 같이 움직이는 중앙집권적인 사업체계와 질서가 될 때 사상과 령도의 유일성이 확고히 보장될 수 있다"11)고 강조한다. 따라서 민주주의 중앙집권제는 수령의 유일적 영도를 보장해주는 중요한 수단이다.

2) 노동당의 조직체계와 역할

조선노동당 규약에는 당의 중앙조직으로 당의 최고기관은 당대회이며, 당대회와 당대회 사이의 모든 당사업은 당중앙위원회가 관장한다. 그리고 당중앙위원회 전원회의와 전원회의 사이에는 정치국 및 상무위원회가 당사업을 조직·지도한다고 규정하고 있다.12)

조선로동당의 중앙조직으로는 <그림 1>에서 보는 바와 같이 당대회, 당중앙위원회, 당중앙군사위원회, 당중앙검사위원회가 있다. 당중앙위원회는 다시 당중앙위원회 전원회의, 당중앙위원회 정치국과 정치국 상무위원회, 당중앙위원회 비서국, 당중앙위원회 검열위원회로 구성되어 있다.13)

<그림 1> 조선노동당 조직체계

당 대 회

*1차 '46.8 4차 '61.9
2차 '48.3 5차 '70.11
3차 '56.4 6차 '80.10

당 대 표 자 회

*1차 '58.3
2차 '66.10

당중앙검사위원회
위원장

당 중 앙 위 원 회

정 치 국
상무위원 위원 후보위원
김정일 박성철 김철만
김영주 최태복
김영남 양형섭
계응태 홍성남
전병호 최영림
한성림 홍석형

비 서 국
총비서: 김정일
비 서
계응태(공안) 김중린(근로단체)
한성룡(경제) 김기남
정하철(선전) 최태복
전병호(군수)
김국태(간부)

검열위원회
위 원 장 : 박용석
부위원장: 조진욱
위   원 : 김창환
       정관률
       리용모
       한석관

군사위원회
위원장 : 김정일
위   원 : 11명
리을설   박기서
조명록   김명국
김영춘   백학림
리용철   김익현
김두남   김일철
리하일

* 전문부서

시 · 도 당위원회

조직지도부	통일전선 사업부	과학교육부 리광호	당역사 연구소 김기남	평 양 시	황해남도 김락희
선전선동부 정하철	대외연락부 강관주	근로단체부	문서정리실 채희정	나 선 시 김현주	황해북도 로배권
간 부 부 김국태	3 5 호 실	재정경리부 리봉수	신 소 실	평안남도 리태남	함경남도 홍성남
국 제 부	작 전 부 오극렬	3 8 호 실 림상종	총 무 부	평안북도 김평해	함경북도 홍석형
군 사 부 리하일	군수공업부 전병호	3 9 호 실 김동운		자 강 도 박도춘	강 원 도
민방위부 장성우				양 강 도 김경호	

출처: 통일부, 『북한권력기구도』(2006).

조선노동당 규약은 제21조에서 각급 당 조직의 최고지도기관으로 중앙조직인 당대회를, 제23조에서 당대회 사이의 모든 당사업을 조직 지도하는 기관으로 당중앙위원회를, 제25조에서 당중앙위원회 정치국과 정치국 상무위원회가 당중앙위원회 전원회의와 전원회의 사이에 당중앙위원회 명의로 당의 모든 사업을 조직 지도하는 것으로 규정하고 있다.

조선노동당 규약 제12조는 "각급 당조직은 지역 또는 생산 및 노동단위에 따라 조직한다"고 규정하고 있다. 이를 반영하듯 당 규약 제13조에서 '각급 당위원회', '각 해당 단위'라는 용어를 사용하고 있다. 그러나 당 규약 제14조에서는 각급 당 조직의 최고지도기관을 '당대회'로 규정하고 있으며, 당 대회가 없을 때는 '당중앙위원회'가 최고지도기관이 된다고 규정하고 있다. 다시 말하면 북한의 조선로동당은 지역과 생산 및 노동 단위를 모두 총괄하는 최고지도기관으로 당 대회와 당중앙위원회를 두고 있는 것이다. 따라서 첫째, 중앙당 조직체계, 둘째, 지방당 조직체계, 셋째, 생산단위의 당 조직체계, 넷째, 군대내 당 조직체계, 다섯째, 당의 외곽단체 등으로 구분하여 설명한다.

(1) 중앙당 조직체계

조선노동당의 공식적 최고의사결정기구는 당대회이다. 당대회가 당노선과 정책 및 전략전술에 관한 기본문제를 결정하도로 규정하고 있다. 당규약 제21조에 의하면 당대회는 5년에 1회 당중앙위원회가 소집하는 것으로 되어 있으며, 당대회 소집기일과 의정을 3개월 전에 당중앙위원회가 공고하도록 되어 있다.14) 그렇지만 당중앙위원회는 필요에 따라 당대회를 규정된 기간보다 빨리 또는 늦게 소집할 수 있으며, 당규약 제30조에 의해 당 대표자회를 개최할 수도 있다.15) 당규약 제22조에 규정된 당대회의 기능은 "첫째, 당중앙위원회 및 당중앙검사위원회의 사업 총화, 둘째, 당강령과 규약의 채택 또는 수정보완, 셋째, 당노선과

정책 및 전략전술에 관한 기본문제 결정, 넷째, 당중앙위원회 및 당중앙
검사위원회 선거" 등 4가지이다. 당규약에 따르면 당대회는 조선노동당
최고지도기관이지만, 이는 형식적인 것에 불과하다. 왜냐하면 지금까지
당대회는 총 6차례만 개최되었으며, 1980년 제6차 당대회 이후 25년이
넘게 지나도록 당대회가 열리지 않고 있기 때문이다. 또한 제4차 당대회
부터 당대회에서 실질적으로 진행되었던 안건의 대부분은 당중앙위원
회의 중요한 정책노선이나 결정사항을 선포 또는 추인해 주는 것이었기
때문이다.

<표 2> 당대회별 주요 결정사항

	기　간	주　요　결　정　사　항
제1차 당대회	1946.8.28~30 (3일)	• 북조선공산당과 신민당 합당 문제 • 북조선로동당 강령 및 규약 채택
제2차 당대회	1948.3.27~30 (4일)	• 북조선로동당 규약 개정
제3차 당대회	1956.4.23~29 (7일)	• 평화통일선언 채택 • 조선로동당 규약 개정
제4차 당대회	1961.9.11~18 (8일)	• 경제발전7개년계획 채택 • 평화통일선언 채택 • 조선로동당 규약 개정
제5차 당대회	1970.11.2~13 (12일)	• 경제발전6개년계획 채택 • 조선로동당 규약 개정
제6차 당대회	1980.10.10~14 (5일)	• 김정일의 공식 등장 • 사회주의 건설 10대 전망 목표 제시 • 고려민주연방공화국 창립 방안 제시 • 조선로동당 규약 개정

출처 : 통일부, 『2004 북한개요』, 50쪽 재구성.

　조선노동당 규약 제23조에서는 당중앙위원회를 당대회 개최기간을
제외한 평상시의 당 최고지도기관의 역할을 수행하는 기관으로 규정하
고 있다.16) 그리고 당규약 제24조에 의하면 당중앙위원회는 당중앙위원

회 전원회의를 6개월에 1회 이상 소집하는 것을 원칙으로 하며, 당중앙
위원회 전원회의에서는 해당시기에 당이 직면한 문제 등을 토의·결정
한다. 그러나 1993년 12월 제6기 21차 전원회의를 마지막으로 그 이후
현재까지 당중앙위원회 전원회의는 한 번도 열지 않고 있는 것으로 관
측되고 있다. 또한 당중앙위원회 전원회의에서는 당 총비서, 정치국과
정치국 상무위원회, 비서를 선거하고, 당중앙위원회의 비서국과 군사위
원회를 조직한다. 여기에 더해서 당중앙위원회는 당중앙위원회 검열위
원회를 선출하는 기능을 수행한다.

<그림 2> 조선노동당 중앙위원회 조직체계도

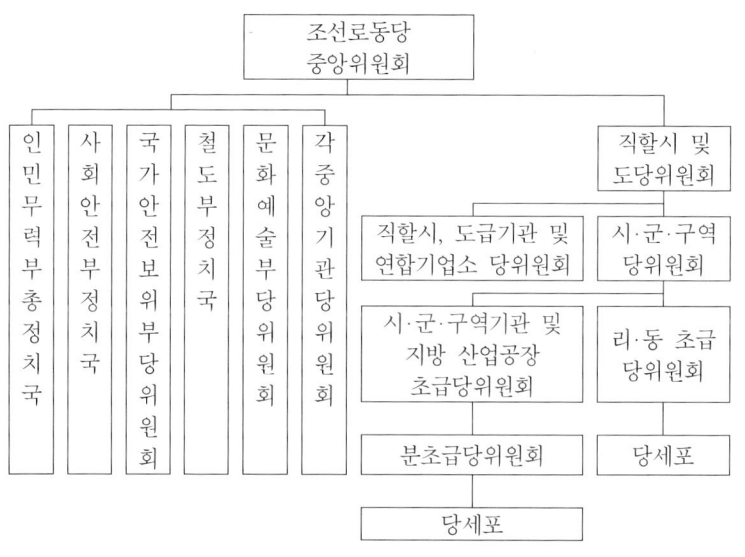

출처: 현성일, "북한사회에 대한 노동당의 통제체계," 『북한조사연구』 1권 1호 (1997), 5쪽.

당규약 제25조에 의하면 당중앙위원회 정치국 및 상무위원회는 전원
회의가 개최되지 않는 기간에 당중앙위원회 명의로 당의 모든 사업을

조직·지도하며, 제26조에 의해 당중앙위원회 비서국은 모든 당 사업을
일상적으로 지도·집행하는 실무부서의 최고기관이다. 당규약 제27조
에 의해 당중앙위원회 군사위원회는 당의 군사정책 대행방법을 토의·
결정하며, 인민군을 포함한 전무장력 강화와 군수산업 발전에 관한 사
업을 조직·지도하며, 군대를 지휘한다. 당규약 제28조에 의해 당중앙
위원회 검열위원회는 반당·반혁명적 종파행위 및 기타 당의 유일사상
에 어긋나는 행위를 하거나 당의 노선과 정책 및 규약을 준수하지 않아
당규율을 위반한 당원에게 책임을 추궁하며, 당규율 문제와 관련된
도(직할시) 당위원회의 제의 및 당원의 신소를 심의·해결한다. 또한 당
규약 제29조에는 당의 재정경리 사업을 당중앙검사위원회가 해결하는
것으로 되어 있다.

　당중앙위원회 전원회의와 전원회의 사이에 모든 당 사업을 결정하고
지도하는 당의 핵심적인 최고 정책결정기관으로 정치국이 존재한다. 당
규약에 규정된 중앙당의 각 기관들의 역할과 기능에 따라서 당은 정치
국과 정치국 상무위원회에서 지도지침을 만든다.[17] 정치국은 1946년 8
월 북조선로동당 창립대회 직후 개최된 당중앙위원회 제1차 전원회의에
서 정치위원회로 처음 조직된 후 1956년 제3차 당대회 때 폐지되었다
가, 1961년 제4기 4차 당대회에서 부활되었고, 1980년 10월 제6차 당대
회에서 정치국으로 개칭되었다. 역대 정치국의 정위원과 후보위원의 숫
자는 15~19명 내외였으나, 제6차 당대회에 들어와 정치국은 19명의 정
위원과 15명의 후보위원 등 34명으로 구성되었다. 제6차 당대회에서 정
치국안에 상무위원회가 설치되었는데, 상무위원회 설치 당시에는 김일
성 주석과 김정일을 포함해 5명으로 구성되었으나, 현재는 김정일 1인
만 남아 있다.[18] 그리고 김정일 정권 이후 정치국은 정상적인 작동이
되고 있지 않으며, 정치국을 대신하여 비서국이 조선로동당의 중심에서
기능하고 있는 것으로 추정된다.

비서국은 간부 인사 및 당면과제 등 당내문제를 정기적으로 토의·결정하고 그 집행을 조직·지도하며 산하에 20개의 각 전문부서를 일상적으로 지휘·감독하는 당의 중추기관이다. 비서국은 정치국의 기능이 상대적으로 약화되면서 정치국을 대신해 사실상 조선노동당을 움직이는 당내 최고의 핵심 권력기관 구실을 하고 있다. 그러나 비서국 역시도 김정일 시대에 들어와서부터 예전만큼 활발한 활동을 보이지 못하고 있다.

비서국은 1966년 10월 제4기 14차 당중앙위원회 전원회의 결정에 따라 종전의 중앙위원장 및 부위원장제를 폐지하고, 당의 최고 실권자인 총비서와 비서로 구성되는 비서국으로 개편되었다. 현재 비서국은 총비서인 김정일 위원장, 공안담당 비서 계응태, 경제담당 비서 한성룡, 선전담당 비서 정하철, 군수담당 비서 전병호, 간부담당 비서 김국태, 근로단체담당 비서, 김중린, 김기남, 최태복 등 9명으로 구성되어 있다. 이상과 같이 당내 전문가 집단으로 구성되어 있는 비서국은 분야별로 각 담당비서의 책임 아래 국가기관들의 행정을 통제하고 있으며, 이 과정에서 내각과 밀접하게 연결되어 있다.

비서국 내의 전문부서 중에서도 최고 실무기구로서 조직지도부와 선전선동부가 매우 중요한 역할을 맡고 있다. 일반적으로 조직지도부는 북한의 여러 정치기관 중 가장 강력한 기관으로 알려져 있다. 조직지도부의 힘은 세 가지 사실에서 연유한다고 볼 수 있다. 첫째, 다른 전문부서들이 특정분야에 대하여 정책지도권을 행사하는 것과는 달리, 조직지도부는 전당을 대상으로 권한을 행사한다. 둘째, 다른 전문부서가 해당분야에 대한 전문성을 기초로 주로 정책지도에 편중해 있다고 하면, 조직지도부는 당생활지도, 검열, 간부사업, 당원등록, 신소처리, 사법공안부문에 대한 지도통제 등 사실상 전체 당기관 및 전체 주민에 대한 장악과 통제를 기본업무로 하고 있는 일종의 핵심적 정치경찰기구이기 때문

이다. 셋째, 조직지도부에 김정일의 신뢰와 힘이 실려있다는 것이다. 현
실적으로 조직지도부는 정치기획, 인사문제 처리 등 대부분의 핵심 정
치적 비서기능을 수행하고 있다.

원칙적으로 조직지도부가 각 부처나 기구를 통제하는 것은 당생활
측면일 뿐, 해당 부문의 정책에 대해서는 간섭할 수 없도록 되어 있
다.19) 그러나 현실적으로 조직지도부의 업무는 단순히 정치경찰 업무에
그치지 않고, 그러한 업무가 함축하는 정치적 압력을 통해 해당 기관의
업무 독려 기능을 하도록 고안되어 있다. 이와 같은 조직지도부는 김정
일의 직접 관장을 받으며, 인원은 약 300명에 달하고, 본부당위원회, 당
생활지도과, 검열과, 간부과, 당원등록과, 신소처리과, 10호실, 행정과,
종합과 등으로 구성되어 있는 것으로 알려져 있다.

<표 3> 조직지도부의 주요 기구와 업무

부　　서	내　　　　　　　용
본부당위원회	중앙당 18개 전문부서 지도·감독
당생활지도과	주요기관 기업소 당위원회 활동 및 간부, 당원 주민들의 당생활 지도 통제, 동향파악
검　열　과	당조직 및 전 국가기관에 중요 사건 발생시 사고원인 조사와 김정일 지시사항 이행여부 등 당생활에 대한 검열 실시
간　부　과	중앙당 등 각급 당의 주요 간부 양성, 선발 및 배치
당원등록과	당원등록(입당/출당), 이동 및 당원증 발급 등 조직 관리
1 0 호 실	김성애, 김평일 등 소위 '곁가지'들과 추종세력 동향 감시
행　정　과	사법공안 기관 지도 통제
종　합　과	조직지도부에 사업 총괄 및 행정업무 처리

출처 : 정보사령부, 『북한조직편람』(2004), 19쪽.

특히 당생활지도과는 조직지도부 내에서도 핵심조직으로 10~15개
의 과로 구성되어 있고, 담당 부부장만 15명에 달한다. 당생활지도과는
북한의 정치, 경제, 군사, 사회·문화, 사법·검찰 등 각 부문별로 여러
개의 과로 구성되어 있으며, 각급 각종 당위원회에 대한 당생활지도과

라는 명목으로 중앙과 지방, 각 부문 모든 기관의 동향을 파악하고 통제한다. 또한 당생활지도과는 도당, 내각 산하 부서, 인민무력부, 인민보안성, 국가안전보위부, 특급기업소 등에 담당 지도원을 상주 파견하여 해당 조직의 당위원회 활동 및 간부요원들의 당생활을 감시하는 것으로 알려져 있다.[20]

선전선동부는 조직지도부와 함께 '당내부 사업'을 담당하는 핵심부서이다. 선전선동부는 학습제강, 선전제강 등을 작성하며, 선전선동업무를 매개로 하여 중앙과 지방의 각급 각종 당위원회의 활동에 간섭한다. 아울러 선전선동부는 영화 · 예술 · 음악 등 모든 문화 활동, 신문 · 출판 · 방송을 관장하고, 김일성 사적 및 대남 · 대외 선전을 지도한다. 주요 부서와 업무는 아래 표와 같다.[21]

<표 4> 선전선동부의 주요 기구와 업무

부 서	내 용
종 합 과	선전선동부의 업무를 종합 · 기획 · 처리
중앙기관 지도과	내각과 최고인민회의 상임위원회를 포함, 중앙단위 각급 기관의 선전활동을 기획 · 지도 · 감독
지방당지도과	지방당위원회 및 지방기관의 선전활동을 지도
사적물보존과	김일성 · 김정일 개인숭배 관련 사적을 보존 · 관리
교 양 과	당정책 선전 학습자료 작성
영 화 과	기록영화 예술영화 제작
예 술 과	가극단 등 예술부문 지도
대외선전과	대외선전활동을 기획하고 각종 국제행사를 지휘
신 문 과	각종 신문 검토 및 사전 검열
출판지도과	노동신문 등 대외출판물에 대한 김부자의 교시 반영
사적지도과	김일성 · 김정일의 개인숭배 관련 사적 건설 지도
기 타	만수대창작사, 조선혁명박물관, 왕재산경음악단, 칠보산전자악단

출처 : 정보사령부, 『북한조직편람』(2004), 22쪽.

조직지도부와 선전선동부를 제외한 나머지 부서 중에서 간부부는 국가 및 정부기관의 부부장(차관급)과 국장급 등 비서국 비준 대상의 인사

를 담당한다. 기타 국제문제를 다루는 국제부, 당의 군사관련 전문부서
인 군사부, 민방위 업무를 담당하는 민방위부, 대남문제를 다루는 통일
전선부, 대외연락부, 대외정보조사부에서 개칭된 35호실, 대남공작 부
서인 작전부, 제1경제위원회를 관장하는 군수공업부, 과학교육부, 근로
단체부는 해당 전담 분야의 정책 사무를 맡아 본다. 이 밖에 재정경리부,
외화벌이 전문부서인 38호실과 39호실 등은 '당경제'를 담당한다.

　이상에서 살펴본 바와 같이 비서국과 비서국 산하의 전문부서의 구
성에서 몇 가지 특징을 찾을 수 있다. 첫째, 전문부서의 가장 두드러진
사업은 조직·사상·간부사업이며, 이는 조선노동당의 여러 임무 중 각
급 각종 기관과 기구에의 침투·통제·직접 관리 조직으로서의 성격이
가장 두드러진다는 것을 보여준다. 특히 조직지도부 및 선전선동부와
같이 당내부 사업을 관장하는 부서의 권한이 당정책 지도를 담당하는
여타 전문부서에 비해서 현저히 크다는 것이 나타난다. 특히 조직지도
부는 김일성에 의해 '당의 심장부서'라고 지칭되었을 만큼, 그 권한과
권력에서 다른 기타 부서들을 압도하고 있다. 다시 말해, 전문부서들 중
에서 조직지도부에 여타 분야의 수평적 권력이 집중하고 있는 것이다.
다른 공산주의 국가의 관련 서술에서는 이와 같이 '당내부 사업' 전담부
서의 역할과 비중이 현저한 경우가 발견되지 않는다. 둘째, 1995년 이후
북한의 전문부서 편제를 보면, 행정분야별 담당 전문부서의 숫자와 비
중이 현저히 낮다. 이 중 경제와 직접 관련된 부서의 숫자가 1985년 27
개 중 9개, 1991년 27개 중 8개, 1994년 22개 중 7개, 1995년 18개 중
4개, 2003년 22개 중 3개로 줄어들던 추세를 보이던 것이, 급기야 2006
년 현재 재정경리부 1개의 경제 관련 부서만이 존재하고 있다. 셋째,
통일전선부, 대외연락부, 35호실, 작전부 등 대남·대외 정보공작 부분
이 매우 중요한 비중을 차지하고 있다. 넷째, 재정경리부, 38호실, 39호
실 등 '당경제'를 담당하는 방대한 기구가 소속되어 있다.[22]

　조선노동당 규약 제28조에 의하면 "당중앙위원회 검열위원회는 반당 · 반혁명적 종파행위 및 기타 당의 유일사상에 어긋나는 행위를 하거나 당의 로선과 정책 및 규약을 준수하지 않아 당규율을 위반한 당원에게 책임을 추궁하며 당규율 문제와 관련된 도(직할시) 당위원회의 제의 및 당원의 신소를 심의 해결"하는 역할을 수행한다. 이는 검열위원회가 당조직의 최고지도기관인 중앙위원회의 권능을 강화하기 위해 당 중앙위 지도 하에서 사업하는 것을 의미한다.

　조선노동당 규약 제27조에는 "당중앙위원회 군사위원회는 당군사정,책 대행방법을 토의 결정하며, 인민군을 포함한 전무장력 강화와 군수산업 발전에 관한 사업을 조직 · 지도하며, 우리나라(북한)의 군대를 지휘한다"고 규정되어 있다. 군사위원회는 1970년 11월 제5차 당대회 결정에 따라 설치되었으며, 1984년부터 중앙군사위원회로 불리워지면서 군사부문의 최고 지도기관으로 부상했으나, 1998년 9월 헌법 개정에 따른 국방위원회의 위상 격상에 따라 상대적으로 위상이 격하된 상태이다.

　중앙군사위원회의 실질적 역할은 인민군의 각급 부대에 설치된 당조직 전체를 지도 지휘하는 것이며, 이는 곧 중앙군사위원회가 군사부문의 최고 당 정책결정기구라는 것을 의미한다. 과거 중앙군사위원회는 국방위원회에 회부되는 모든 사안을 사전에 토의 결정하였으나, 국방위원회의 강화에 따라 그 동안 중앙군사위원회가 가지고 있던 권한 중에서 당내각의 경제 부문과 군수산업 분야를 관장하는 제2경제 부문과의 조정권한이 국방위원회로 이관된 것으로 추정된다.[23] 그러나 당의 군사정책을 협의하여 결정하는 당내 회의체로서의 기능은 여전히 수행하고 있는 것으로 관측되며, 국방위원회의 구성이 군지휘권을 행사하는 것에 초점이 맞춰져 있지 않은 것으로 보아서 북한군에 대한 지휘권은 여전히 중앙군사위원회가 행사하고 있는 것으로 보인다.[24]

(2) 지방당 조직체계

조선로동당 규약 제13조에는 "각급 당위원회는 각 해당 단위의 최고 지도관"으로 규정되어 있으며, 제14조 1항에는 "도(직할시), 시(구역)·군당의 최고지도기관은 해당 당대표회이며, 당대표회가 없을 때는 당대 표회가 선출한 해당 당위원회가 최고지도기관이 된다. 초급당조직의 최고지도기관은 당총회(당대표회)이며, 당총회(당대표회)가 없을 때는 당 총회(당대표회)가 선거한 해당 당위원회가 최고지도기관이 된다"고 규정되어 있다. 이어서 2항에서는 "도(직할시), 시(구역)·군당 조직의 당대표회 대표자의 선출비율은 당중앙위원회가 작성한 규정에 따라 해당 당위원회가 결정한다. … 도(직할시), 시(구역)·군당위원회 위원, 후보위원 및 준후보위원수와 초급당위원회의 위원수는 당중앙위원회가 규정한 기준에 근거하여 해당 당대표회 또는 총회에서 결정한다. … 도(직할시), 시(구역)·군당위원회의 준후보위원은 생산로동에 직접 참가하는 핵심당원중에서 선출된다"고 규정하고 있다.

또한 조선노동당 규약 제15조에서는 "도(직할시), 시(구역)·군당위원회 위원, 후보위원, 준후보위원 제명 또는 보선은 해당 당위원회 전원회의에서 실시"되는 것으로 규정하고 있으며, "결원이 생겼을 경우에는 그 수만큼 당위원회 보조위원 가운데서 보선"하는 것으로 규정되어 있다. 그렇지만, "만약 필요시는 당위원회 결원을 위원회의 후보위원이 아닌 다른 당원으로 보선"될 수도 있으며, "상급 당위원회는 결원된 하급 당위원회의 책임비서(비서) 또는 비서(부비서)를 임명"할 수 있는 것으로 규정되어 있다.

그리고 조선로동당 규약 제18조에서는 "도(직할시), 시(구역)·군당위원회 및 그들과 동등한 기능을 수행하는 당위원회의 조직과 해산은 당중앙위원회의 비준을 받아야 하며, 초급당위원회 및 분초급 당위원회의 조직과 해산은 도(직할시)당위원회가 비준하고 소수 당원을 가진 초

급당위원회 또는 부문당위원회 및 당세포의 조직과 해산은 시(구역) ·
군당위원회가 비준"하는 것으로 되어 있다. 그리고 "도(직할시), 시(구
역) · 군당위원회는 당조직의 조직과 해산에 대하여 당중앙위원회에 보
고"하도록 규정되어 있다.

　조선노동당 규약 제4장에는 도(직할시)의 당조직에 대한 내용을 제31
조부터 제35조까지 규정하고 있다. 주요 내용을 살펴보면, 당규약 제31
조에 의해서 "도(직할시) 당대표회는 3년에 1회 도(직할시) 당위원회가
소집"하고, 도(직할시) 당대표회의 기능으로 "① 도(직할시) 당위원회와
도(직할시) 당검사위원회의 사업 총화, ② 도(직할시) 당위원회 및 도(직
할시) 당검사위원회의 선출, ③ 당대회에 파견할 대표자 선출"을 당규약
제32조에서 규정하고 있다.

　도(직할시) 당위원회의 기능은 당규약 제33조에 규정되어 있는데,
"① 당원들과 근로대중 속에서 유일사상체계 확립 사업을 조직 지도하
는 것, ② 간부대열을 튼튼히 꾸리고 후비대를 육성하며, 당역량을 합리
적으로 배치하고, 당생활을 조직 지도하며, 하급 당조직을 강화하고 그
들의 활동을 감독하는 것, ③ 근로대중의 조직을 강화하고 그들이 자기
기본과업을 성공적으로 완수할 수 있도록 지도 조정하며, 행정 및 경제
사업을 적절히 지도하여 혁명과업 수행을 보장하는 것, ④ 노농적위대
를 강화하고 그 전투력 향상을 지도하며, 군사동원사업을 보장하는 것,
⑤ 도(직할시) 당위원회의 재정을 관리하며 소관사업에 관해 당중앙위
원회에 정기적으로 보고하는 것"이다.

　당규약 제34조에서는 도(직할시)당 전원회의에 대한 규정이 제시되
어 있다. 세부 내용을 살펴보면, "도(직할시) 당위원회는 도(직할시)당
전원회의를 4개월에 1회 이상 소집"하며, "도(직할시)당 전원회의는 ①
당의 노선과 정책의 대행방법을 토의 결정하며, ② 도(직할시) 당위원회
의 책임비서 및 비서를 선거하여 비서처를 조직하고, ③ 도(직할시) 당

위원회의 군사위원회와 검열위원회를 선거"하는 기능을 하도록 규정하고 있다. 이와 함께 도(직할시) 당위원회 집행위원회와 도(직할시) 비서, 도(직할시) 당위원회 군사위원회의 기능을 규정하고 있다. 그리고 당규약 제35조에서는 도(직할시) 당위원회 검열위원회의 기능을 규정하고 있다.

조선노동당 규약 제5장에서는 시(구역)·군의 당조직에 대한 규정을 제36조부터 제40조까지에서 정하고 있다. 제36조에서는 시(구역)·군 당대표회에 대한 내용을, 제37조에서는 시(구역)·군 당대표회의 기능을, 제38조에서는 시(구역)·군 당위원회의 기능을, 제39조에서는 시(구역)·군 당위원회 전원회의와 집행위원회, 비서처, 군사위원회에 대한 내용을, 제40조에서는 시(구역)·군 당위원회 검열위원회에 대한 내용을 규정하고 있다.

당규약 제6장에서는 당의 기층조직인 당세포에 대해 제41조부터 제45조까지에서 규정하고 있다. 제41조에서는 당세포의 개념에 대한 내용을, 제42조에서는 당의 기층조직인 당세포에 대한 조직 방법을, 제43조에서는 당세포 총회(대표회)에 대한 내용을, 제44조에서는 당세포의 집행기관 선거와 조직에 대한 내용을, 제45조에서는 당기층조직인 당세포의 기능에 대한 내용을 상세하게 규정하고 있다.

이상에서 살펴본 바와 같이 조선노동당 규약 제4장, 제5장, 제6장에서는 조선노동당의 지방당의 조직체계를 규정하고 있다. 종합하면, 도, 시·군 등 지방당의 조직구조와 권한은 중앙당의 축소판으로 중앙당과 유사한 형태로 운영되는 것을 알 수 있다. 다시 말하면, 지방당은 각 지방행정 단위에서 최고의 권력과 최종적 책임을 지닌 조직체로서 정치, 경제, 문화를 비롯한 도안의 전반 사업을 장악해야 한다.[25]

도당위원회의 기능을 분석해보면 다음과 같이 정리할 수 있다. 첫째, 도당은 도내 인사권을 장악한다. 도당은 도당 과장 이하, 인민위원회 부장급 이하, 군당 부장급 이하, 군인민위원장급 이하에 인사권을 행사한다. 나아가 중앙당이 인사권을 행사하는 간부에 대하여 우선적으로 선발권을 가지고 있으며, 평정서를 작성하는 일이나 신원확인을 해주는 일 등을 통해 영향력을 행사할 수 있다. 둘째, 도 인민위원회는 행정부문을 담당하고 있지만, 도당의 지시에 복종해야 한다. 도당이 도인민위원회를 통제하는 제도로서는 인민위원회 각급 당조직에 대한 통제, 인사권 장악, 당생활 검열, 당정책지도 등이 있다. 또한 현실적으로 도당위원장이 중앙당 부장급인데 대하여, 도인민위원장은 내각 부상급으로 그 직급 상에서도 상당한 차이가 있다. 셋째, 도당은 또한 도내의 기업에 대한 인사권 행사 및 생산지휘권 행사를 통해 공업 관리에서 부문별 성에 비해 더 많은 영향력을 행사한다. 넷째, 도 김일성사회주의청년동맹의 경우 도당의 지시를 먼저 받고 그 다음으로 중앙 청년동맹의 지시를 고려한다. 또한 도당은 조직부를 통해 사법, 경찰, 공안 부문을 장악하고 있다.

이와 같이 도당위원회는 당사업을 잘하면, 행정경제사업도 잘되기 때문에 당사업은 행정경제사업의 성과에 의해 평가받아야 한다는 원칙이 일반적으로 지배했다. 나아가 도당위원회는 경제사업을 지도하는 부서들도 가지고 있고, 공장당위원회를 비롯한 당조직들도 쥐고 있으며, 중공업을 장악할 능력도 있고, 경공업 · 지방공업을 장악할 능력도 있기 때문에 자기 도 안에서 벌어지는 일에 대해서는 도의 주인인 도당위원회가 책임을 져야 했다. 그러나 지방당기구가 정책지도(행정대행)를 할 것인가 아니면 당 내부사업에 힘을 쏟아야 하는가에 대한 김정일의 지침은 시기마다 변해왔다. 그런데 1990년대 들어오면서 당내부 사업에 관심을 쏟을 것이 강조되기 시작했다.[26]

도당의 핵심인물은 도당책임비서와 조직비서이다. 도당책임비서는 중앙당 부장급에 해당하나, 그 이상으로 매우 영향력 있는 직책이다. 명

목상으로 도당위원회를 비롯한 각급 지방당 당위원회는 집체적 지도를
행하도록 되어 있는 데, 실상에서는 각급 당위원회의 책임비서가 이른
바 '독판'을 치는 것이 일반적이었다.[27] 도당 조직비서는 중앙당 과장급
으로 중앙당 부장급인 책임비서와는 2~3급 차이가 나지만, 지역전체에
서 제2인자로서 책임비서 못지않게 막강한 힘을 발휘한다. 조직비서의
역할 중에는 도당초급당위원회 비서로서 도당 책임비서를 비롯한 도당
구성원의 당생활에 대해 책임을 지는 것도 있다.[28]

　도당위원회의 주요 기구는 비서처와 전문부서로 구성되어 있다. 비서
처에는 책임비서, 조직비서, 근로단체비서, 경제비서가 있다. 전문부서
로는 조직부, 선전부, 근로단체부, 공업부, 농업부, 교육부, 경리부, 민방
위부, 청년 및 3대혁명소조부가 있다. 또한 도당위원회 산하에는 시(구
역)·군 당위원회와 특급 및 1급기업소 연합당위원회, 그리고 그 아래
동·리당, 2, 3, 4급 기업소 당위원회가 존재한다.

　도당위원회와 동등한 기능을 수행하는 것으로는 인민무력부, 국가안
전보위부, 인민보안성, 철도부, 문화예술부 등 독자적인 당계선을 가지
고 있으며, 규모가 크고 중요성이 인정되는 기관들의 당위원회가 있다.
이들 당위원회의 지위와 역할은 도당위원회와 동급이거나 더 높고, 당
위원회의 정치국장들은 도당위원회 책임비서와 동급 내지 더 높은 대우
를 받는 것으로 알려져 있다.

　도당 내에도 초급당위원회가 있으며, 도당 초급당 비서는 부부장급이
맡고 있다. 도당은 1년 중 연말에 한번씩 중앙당의 정기 지도를 받는다.
여기서는 당생활과 계획달성 등에 대한 검열이 이루어지며, 잘못된 일
이 있으며 그 자리에서 직위가 떨어진다고 한다. 도당 산하의 인민위원
회(행정경제위원회)는 내각(정무원) 편제로 되어 있으며, 대외봉사국, 노
동국, 도시국, 상업국 등이 있다. 행정경제위원회에도 초급당위원장이
있는데, 그는 행정경제위원장 보다 낮은 국장급이며, 도당 도급 지도과

의 지도를 받는다. 공업국 등 국에는 부문당위원회가 있고, 그 위원장은 국장보다 한 급 낮은 부국장급이다. 역시 도당 도급 지도과의 지도를 받는다.

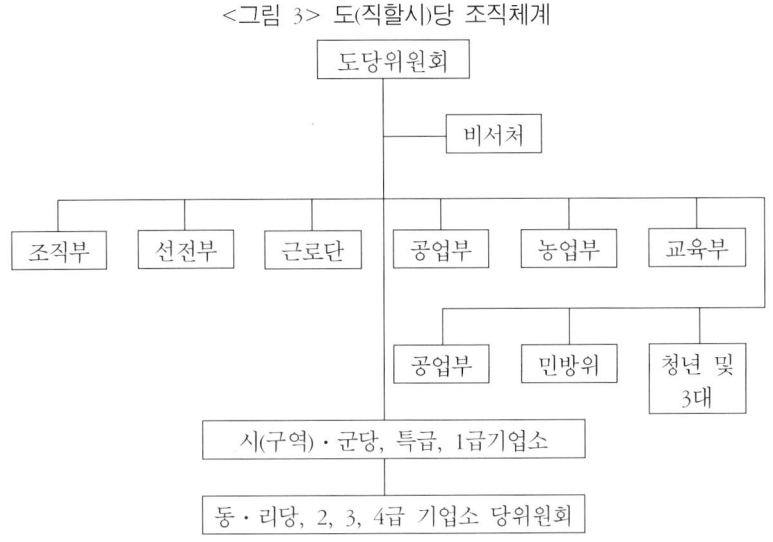

<그림 3> 도(직할시)당 조직체계

출처: 정보사령부, 『북한조직편람』(2004), 62쪽.

비서처를 구성하는 각 비서의 업무 영역은 다음과 같다. 도당위원장이 겸임하는 책임비서는 비서처 소속 각 비서에 대해 지도 감독하는 한편, 도업무를 총괄한다. 조직비서는 당 내부기관을 지도하고 간부사업 및 도당 소속 하급당을 지도 감독한다. 선전비서는 도당의 사상교양사업을 지도 감독한다. 근로단체비서는 청년동맹, 직업동맹, 농업근로자동맹 등 단체 및 교육업무를 지도 감독한다. 경제비서는 도당 산하의 공장 · 기업소, 농장 등을 지도 감독한다. 또한 조직부는 도당 조직 중에서 가장 규모가 크며, 강력한 권한을 행사하는 기관이다. 그 임무는 중앙당 조직지도부의 지도를 받아 도당, 도인민위원회, 도무력기관(경무부, 군사동원부) 등 도내 전 소속 기관 당원에 대한 당생활 지도 및 간부사업을 한다.

시(구역)·군당은 도당의 축소판이지만, 도당과는 격이 다르다. 도당은 지도당이고 군당은집행당이기 때문이다. 대규모 특급, 1급기업소, 김일성종합대학, 적십자종합병원 등은 군당위원회와 동일한 기능을 수행하며, 따라서 도당위원회에 속해 있다. 군당은 군내의 모든 사업 전반을 장악하고 통제해야 한다. 군당은 리·동 초급당위원회 및 그와 동격인 2급 이하의 중소규모 공장·기업소, 병원 등의 초급당위원회를 관장한다. 군당은 산하의 공장지배인, 당비서, 작업반장 등에 대한 임면권을 행사하거나 영향을 미치며, 생산지휘권을 행사한다. 군당의 주요 기구를 보면, 책임비서가 있으며, 그 아래에 조직비서, 선전비서, 근로단체비서가 있다. 특이한 점은 도당에서는 전문부서를 도당위원회 책임비서가 관리하지만 군당에서는 근로단체비서 아래 근로단체부, 교육부, 행저부, 적위대부, 총무부, 공업부, 농업부, 경리과 등 여타 부서를 망라하여 관리하고 있다는 것이다.

한편 군당 이하의 당조직을 기층조직이라고 한다. 지역단위로 볼 때 군당위원회 아래에는 리·동 초급당위원회가 있으며, 그에 상응하는 행정경제기관은 리 농촌경리위원회와 동사무소이다. 군단위 이상에서는 행정기관과 당위원회가 별도의 건물을 가지고 있으나, 동사무소와 농촌경리위원회에서는 행정조직과 당조직이 함께 근무한다. 리·동 초급당위원회에는 군단위 이상과는 달리 비서처나 전문부서는 없으며, 비서와 2~3명의 부비서가 있고, 그 밑에 2~5명의 부원들이 있다. 부비서들은 각기 조직, 선전, 근로단체 등을 책임지고 있으며, 그밖에 건설, 생산 등을 담당하는 부원들이 있다. 리·동 초급당위원회 아래 6~10명의 당세포로 이루어진 부락당이 존재할 수도 있다.

<그림 4> 시(구역)·군당 조직체계

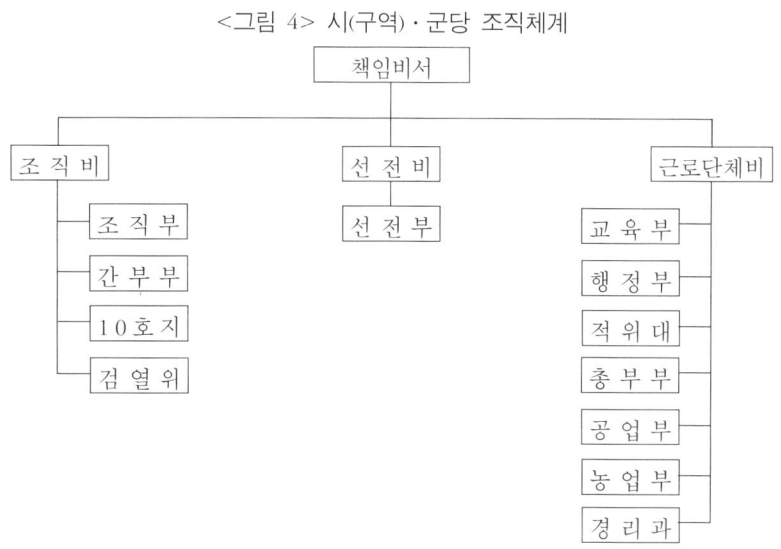

출처: 정보사령부,『북한조직편람』(2004), 66쪽.

당의 최하 기층조직은 당세포이다. 당세포는 당원 5명에서 30명까지의 단위에 조직한다. 당세포는 초급당의 승인을 받아 보통 5~20명으로 구성되는데, 통상 6~7명 단위로 세포를 이룬다. 세포비서와 부비서에 의해 인솔된다. 당원이 31명 이상이 있는 단위에는 초급당 조직을 둔다. 이 초급을 책임지는 사람이 초급당비서로 대개 100명 정도의 당원을 책임지고 있다. 리·동 초급당위원회 및 그와 동격인 2급 이하의 중소규모 공장·기업소, 대학, 병원 등이 이에 해당하며 도당위원회 간부사업 대상이다.

초급당조직과 당세포 사이에 당원 31명 이상이 있는 생산단위나 기타 생활단위에는 부문(마을 또는 부락) 당조직을 둘 수 있다. 부문당위원회에는 10개의 세포가 망라되며, 자체 당위원회 간부사업 대상이다. 초급당조직과 부문당조직 사이에 있는 생산단위나 기타 활동단위에 분초급당위원회를 조직할 수 있다. 초급당이 모여서 시(구역)·군당위원회를 이루고, 1·2급 대형 기업소에는 공장당위원회를 구성하는데, 이는 당원수가 300명 이상이며, 당중앙위원회 1과 간부사업 대상이다.[29]

(3) 생산 및 노동단위의 당 조직체계

조선로동당 규약 제12조는 "각급 당조직은 지역 또는 생산 및 로동단 위에 따라 조직한다"고 규정하고 있다. 여기에서는 생산 및 로동단위를 기준으로 하는 당 조직 체계에 대하여 살펴보도록 하겠다. 특급 및 1급 기업소 당위원회는 군당급에 해당하며, 2급 이하의 중소규모 공장·기 업소, 대학, 병원 등의 당위원회가 기층당조직인 초급당위원회에 해당한 다. 특급 및 1급 기업소의 경우 당조직 위계를 보면, 세포 → 분초급당 위원회 → 초급당위원회 → (군당급) 연합당위원회 (→ 도당) 순으로 되 어 있다.

초급당위원회는 공장·기업소의 최고 기관으로 그 수장은 초급당비 서이다. 초급당위원회는 일반적으로 규모에 따라 구성위원의 수가 5~13 명에 달한다. 초급당위원회의 구성을 보면, 위원장은 초급당비서이며, 지배인, 기사장, 직맹위원장, 사로청위원장, 여맹위원장, 그리고 그밖에 성분이 좋고 여러 해 동안 검증되어 파악된 일반주민 핵심군중도 1~2 명 정도 포함된다. 초급당위원회는 시급한 문제의 처리를 위해서 3~5 명으로 구성되는 집행위원회를 둘 수 있다. 집행위원회는 초급당 비서, 부비서, 지배인 기사장, 그 밖에 사로청위원장, 직맹위원장 등이 포함될 수 있다. 초급당위원회는 월 2회 이상, 집행위원회는 3회 이상의 회의를 개최한다.

공장 초급당위원회는 매우 포괄적 권한을 가지고 있으며, 공장 경영 관련 모든 중요한 문제를 토의 결정한다. 주로 서류에 의한 토의를 거친 다. 첫째, 초급당위원회는 매월 해당 기업소 전투계획(생산계획)을 작성 하고 확대회의에서 비준한다. 초급당위원회에서 비준한 계획은 다음 달생산계획으로 넘어간다. 초급당위원회는 또한 행정경제사업과 관련된 모든 예산안, 생산준비, 생산조직, 생산물 처리 등에 대한 결정을 내린다. 행정경제일군은 이 결정을 집행한다. 둘째, 초급당위원회는 생산직의 직장장, 작업반장, 작업조장 및 분조장을 선발 배치한다. 이와 같은 간부사업과 관련 초급당위원회는 해임 및 임명 비준안을 거수투표를 통해 3분의 2이상 찬성인 경우 가결한다.

셋째, 초급당위원회는 해당 단위 내 사로청, 직맹, 여맹 등의 근로단체 조직을 직접 지도한다. 지도 방법에는 분공을 주고 분공 총화, 해당 근로단체의 조직책임자를 통해 당적인 통제와 지도, 회의에 참가하여 회의지도, 문건에 대한 검토와 비준, 근로단체 위원장들을 통한 당생활 총화지도 등이 있다. 넷째, 초급당위원회는 지배인과 참모장을 통해서 행정경제사업에 대한 당적 지도를 수행한다. 지배인은 매일 일과를 당 비서에게 보고해야 하며, 중요한 행정사무에 대해서 수시로 당비서에게 보고하고, 당비서의 의견을 존중해서 처리하여야 한다.

다섯째, 초급당위원회는 입당과 당조직규율 등의 문제를 주관한다. 입당이 확정되면 초급당에서 1년 정도 지도를 한다. 그리고 군입대도 초급당위원회에서 추천해야 가능하다. 여섯째, 초급당위원회 책임비서 는 군중동향과 관련한 좋은 점, 나쁜 점을 기록한 군중동향자료를 작성 하여, 구역당 통보과 → 시도당 → 중앙당 통보과 등으로 올려 보내야 한다.

공장 초급당위원회의 운영은 '집체적 영도 원칙'에 따라야 하지만, 당비서 주관과 독단으로 운영하며 지배인은 이에 큰 이의를 제기하지 않 는다. 원칙상 초급당비서와 지배인은 동급이지만, 지배인과 당비서와의 관계에서 거의 90%가 당비서쪽이 강하다. 이 때문에 당비서에 의한 행 정대행이 일반화되어 있는 한편, 당비서와 지배인간의 갈등이 매우 심하 다. 모든 단계에서 행정간부와 당간부가 양립하고 있기 때문에 당비서와 지배인간의 갈등은 대체로 모든 단계에서 동일하게 반복되고 있지만, 하급 단위로 내려갈수록, 다시 말해 부문 당비서를 거쳐, 당세포 비서로 내려갈수록, 당쪽보다는 행정쪽의 권한이 강화된다고 볼 수 있다.

초급당의 규모가 작을 경우, 초급당 아래 곧바로 당세포가 존재하지만, 규모가 큰 경우, 중간에 부문당위원회가 존재한다. 부문당위원회는 6~10개의 당세포로 구성된다. 부문당위원회는 6명 정도의 위원으로 구성되는데, 부문당비서, 직장장, 부직장장, 세포비서, 평당원, 사로청위원장, 직맹위원장 등으로 구성된다. 부문당위원장은 수평으로 동급인 직장장보다 서열이 높으며, 당에서 지시한 분공계획서를 작성하고, 강의, 정치교육 및 그에 관한 계획을 세운다. 부문당위원회는 월초에 이달 계획을 통과시키는데, 그 계획이라는 것이 위에서 아래로 지시된 공문이기 때문에 반대표가 있을 수 없고, 모두 찬성으로 통과된다. 다만 직장의 현실에 맞게 수정될 수는 있다.

부문당위원회는 3개월마다 당생활 총화를 진행한다. 여기서는 당원들의 성과를 분석하고 앞으로 이에 대한 방법과 대책을 찾는다. 그리고 당에서 준 혁명과업 수행, 사회주의 경제건설 수행 결과와 그 여부를 총화한다. 부문당 비서는 평정서 작성, 주민등록, 간부사업에도 관련되어 있다. 평정서는 사람을 쓰거나 강직하는 등의 처리를 할 때, 즉 인사와 관련하여 작성하게 된다. 평정서의 주요 내용은 첫째, 당의 10대 원칙을 잘 지키는가, 둘째, 이에 따라 당 조직 생활을 잘 하는가, 셋째, 혁명과업(경제과업) 수행을 잘 수행하는가, 즉, 월 계획, 주 계획을 잘 수행하는가, 무단결근, 작업시간에 잠을 자는 등의 게으름은 피우지 않는가 등이다. 현실적으로 당을 위해 충성을 다하는가(당생활)를 중심 내용으로 한다. 부문당비서가 좋게 혹은 좋지 않게 쓰라는 지침을 내리면 이에 따라 부비서가 평정서를 작성한다.

기업소의 가장 말단 당조직은 당세포이다. 당세포는 당원 3명 이상이

모여서 구성할 수 있다. 당세포는 작업반 단위에서 구성되며, 세포비서
는 작업반장과 동급이라고 할 수 있지만, 당의 유일적 지도체계이므로
실질적 지위는 더 높다. 또한 세포비서는 작업반장의 당생활을 검열하
는 등 작업반장에 대한 평가에 영향을 줄 수 있다. 그러나 그 지위의
차는 상급 단위에서보다 작다. 일과 시간 작업반에서는 작업반장이 세
포비서에게 지시를 한다. 작업반장은 사업을 조직하며, 작업을 총화하
고, 그에 기초하여 사업을 진행한다.

　세포비서는 작업반에서 노동을 함께 하는 한편, 나머지 시간에 강연
회 자료를 작성하고, 동원, 학습을 조직한다. 세포비서는 입당과 관련해
서 영향을 행사한다. 주당생활총화를 하고, 월계획, 주간계획을 세우고,
핵심당원 및 당원과의 사업을 한다. 세포내, 근로단체, 직맹, 사로청 등
과 군중사업을 한다. 세포비서는 또한 군중동향자료를 초급당에 제출하
는데, 긍정적 또는 부정적 동향을 보고한다. 당세포는 매주 1회씩 조직
생활총화를 거행한다. 당생활총화 형식은 세포비서가 회의를 선언하고,
모든 세포원은 5분 정도의 총화를 해야 한다. 이후 당원들 속에서 나타
난 잘못된 부분을 세포대표가 비판하고, 초급당비서가 참석했을 경우
초급당비서가 한 차례 비판하는 등의 순서로 진행된다. 이 경우 모든
권한은 초급당비서에게 있으며, 인사지도, 당적지도 등을 초급당비서가
담당한다. 그리고 기업소에는 정규 당조직의 당생활 통제 이외에도, 사
회안전부, 국가보위부 요원들이 상주해있으며, 그들이 운영하는 밀정체
계가 존재하기도 한다.[30)]

(4) 군내 당조직

　조선로동당 규약 제7장은 조선인민군대내 당조직에 대한 규정이며,
이는 제46조부터 제50조까지로 이루어져 있다. 제46조에서는 조선인민
군을 "항일무장투쟁의 영광스러운 혁명전통을 계승한 조선로동당의 혁

명적 무장력"으로 규정하고 있다. 제47조에서는 "조선인민군대내의 각급 단위에 당조직을 구성하며, 조선인민군의 전체 당조직을 망라하는 조선인민군 당위원회를 조직"한다고 규정되어 있다. 그리고 "조선인민군 당위원회는 도(직할시) 당위원회와 같은 기능을 수행"하며, "조선인민군 당위원회는 조선로동당 중앙위원회에 직속하며, 그 지도밑에 사업하고, 자기사업에 대하여 당중앙위원회에 정기적으로 보고"하도록 되어 있다. 당규약 제48조에서는 조선인민군대내 각급 당조직의 기능을 규정하고 있으며, 제49조에서는 "조선인민군대내 각급 당조직들은 조선로동당의 규약과 당중앙위원회가 비준한 지시와 규정에 따라 조직되고 사업을 수행한다"고 규정되어 있다. 그리고 제50조에서는 "조선인민군대내 각급 당조직들은 지방 당조직들과 긴밀한 연계를 가져야 한다"고 규정하고 있다.

조선인민군대내에 각급 당조직이 구성되어 있다는 것은 실질적으로 당이 군에 대해 통제기능을 행사하는 것을 의미한다. 인민군대내 중앙에는 조선인민군당위원회가 있고, 대대급 이상에 당위원회, 중·소대 단위에는 당세포 및 당분조가 각각 조직되어 있다. 또한 당위원회와 별도로 군내에 정치기관을 조직해 놓기도 하는데, 인민무력부 산하에 인민군 총정치국, 대대급 이상 부대에는 정치부가 있다. 이와 같은 정치기관들은 각기 사단과 연대 단위에 정치위원, 대대와 중·소대 단위에는 정치지도원을 파견하여 작전·훈련 등 모든 군사업무와 군대내 정치사업을 조정·감독하고 있으며, 아울러 모든 명령서에 정치위원의 서명이 있어야 효력이 발생하도록 하는 부서제도를 실시하고 있다. 즉 정치위원은 해당 부대에 파견된 당의 대표로서 부대를 정치적으로, 당적으로 책임진다.

또한 군내에 당비서(공안·사법담당)의 지도를 받는 정치보위국이 조직되어 있어 반탐(반간첩) 활동을 책임지고 있다.[31] 이처럼 북한에서는 여러 통로를 통해 군에 대한 당의 통제를 강화하였다. 북한의 중앙군사기구는 당부문의 당중앙군사위원회, 그리고 군통수부인 최고사령부, 국가기관 부문의 국방위원회 등 3가지로 나누어져 있다. 이 중 최고군사기구인 당중앙군사위원회는 1980년 제6차 당대회 당규약에서는 당중앙위원회 전원회의에서 조직하는 '당중앙위원회 군사위원회'로 당중앙위원회의 하부 조직이었다. 중국에서도 당중앙위원회는 당중앙군사위원회를 선출하고 그것을 통해서 인민해방군의 당조직과 활동을 통제하게 되어 있으며, 당중앙군사위원회는 그 정치공작기관인 인민해방군 총정치부를 통해서 군에 있어서의 당의 정치활동을 관리한다.

그런데 1980년대 초반 당중앙위원회 군사위원회가 '당중앙군사위원회'로 개정되었다. 따라서 명칭상으로는 당중앙위원회에서 조직되는 것이 아니라 당대회에서 조직되어야 하는 당중앙위원회, 당중앙검사위원회와 같은 위치에 서게 된 것이다. 이에 대한 근거로 1997년 10월 8일 당중앙위원회와 당중앙군사위원회가 공동으로 '전당의 의사'에 따라 김정일을 '당 총비서'로 추대하였다. 그리고 1998년 9월 김정일을 국방위원장에 추대하는 김영남의 발언에서도 당중앙위원회와 당중앙군사위원회의 제의를 받아 최고인민회의에 보고한다는 내용에서 수 있다. 그러나 1980년 이후 당대회가 열리지 않고 있으며, 입수할 수 있는 당규약이 아직까지는 제6차 당대회에서 개정된 것이라 그 권한과 역할에 있어 변동이 있는지를 확인할 수 없다.

김정일 시대에 들어와 선군정치를 강조하고 있기 때문에 북한의 당군관계 변화에 대한 논란이 있었다. 다시 말하면, 김정일 시대에 들어 군이 강화된 반면 당은 상대적으로 그 정치적 기능이 약화되었으며, 당과 군의 위치까지 뒤바뀌었다는 것이다. 그러나 이러한 주장은 억지스러운 측면이 존재한다. 선군정치에 의해 당의 정치적 기능이 상대적으로 약화된 것이 사실로 관측되고 있기는 하지만, 당 기능의 상대적 약화

가 당의 영도 포기를 의미하는 것은 아니기 때문이다. 북한이 당의 영도
를 포기한다는 것은 곧 북한식 사회주의의 포기를 의미한다. 그리고 북
한은 인민군대를 혁명의 주력군으로 내세운 선군정치에서도 인민군대
가 혁명의 주력군으로서의 지위와 역할을 하기 위해서는 당의 영도를
받아야 한다는 사실을 빼놓지 않는다. 다시 말하면, 선군정치는 군대가
당의 위업에 끝없이 충실해야 하는 것을 그 전제로 하고 있는 것이다.
따라서 당과 군대가 서열상 누가 선차냐 할 때 당이 앞자리에 놓이며
'군당'이 아니라 여전히 '당군'으로 당과 군의 관계가 정립된다. 이러한
점은 현실에서도 잘 나타난다. 인민군대 내에는 당중앙위원회의 지시를
받는 각급 당조직과 군당위원회 그리고 당중앙군사위원회의 지도를 받
는 조선인민군 총정치국 등 당조직들이 조직되어 있어 이들이 군을 통
제하고 있다.

(5) 당의 외곽단체

조선노동당은 여타 사회단체 및 조직에 대해서도 지도와 통제를 행
사한다. 조선노동당 규약 제9장 "당과 로동대중의 조직" 이하 제56·57·
58조는 노동대중의 조직, 즉 조선로동당의 외곽단체들에 대한 내용을
규정하고 있다. 제56조에 의하면 "근로대중의 조직들은 … 근로대중의
정치조직이며 … 당의 외곽조직"으로서, "당과 대중을 연결하는 인전대
이며, 당의 충실한 보조자"로 규정되어 있다. 특히 "사회주의로동청년동
맹은 우리의 혁명과업을 직접 계승하는 청년들의 혁명적 조직이며, 당
의 전투적 후비대"로 규정되어 있다. 그리고 제57조와 제58조에는 근로
대중 조직의 기능과 역할이 규정되어 있다. 아래 <표 5>는 북한의 근
로대중 조직의 현황을 나타낸 것이다.

<표 5> 근로대중 조직 현황

단 체	창 립 일	맹 원 수
조선직업총동맹	1945.11.30	약 160만
조선농업근로자동맹	1946. 1.31	약 130만
김일성사회주의청년동맹	1946. 1.17	약 500만*
조선민주녀성동맹	1945.11.18	약 20만

* 《로동신문》 1995년 10월 10일
출처: 방완주, 『조선개관』 (평양: 백과사전출판사, 1988), 106~107쪽.

그 밖에도 정당으로는 이른바 조선로동당의 우당으로 1945년 11월 3일 창립된 '조선사회민주당'과 1946년 2월에 창립된 '천도교청우당'이 있다. 또한 조국통일민주주의전선, 재북평화통일촉진협의회, 조국평화통일위원회 등과 같은 통일 단체를 비롯하여 민족화해협의회, 세계인민들과의 연대성 조선위원회 등이 있다. 종교단체로는 조선그리스도교연맹, 조선불교도연맹, 조선천도교회 중앙지도위원회, 조선카톨릭교협회 등이 존재하는데 이 종교단체는 조국통일민주주의전선의 산하에 있다. 그러나 이들은 실제적인 조직을 갖추지 못하고 대남 비난성명 발표시나 통일문제 등과 관련한 정당·사회단체 연석회의 개최 제의시 나타나는 이름뿐인 조직이다. 다시 말하면, 북한에 존재하는 모든 정당·사회단체들은 대부분 북한의 통일노선 선전과 대남·대미 선전·선동활동을 수행하는 노동당의 전위조직들이다.

북한 헌법 67조에 따르면 "국가는 민주주의적 정당·사회단체의 자유로운 활동조건을 보장한다"고 규정하고 있다. 하지만 실제로는 북한의 정치 및 사회단체들중 다수가 실체 없는 명목상의 단체이거나 조선노동당의 직접적 지도와 통제아래 있다.

<표 6> 북한의 정당·사회단체

정당· 대남	조선천도교청우당 위원장 류미영	조선사회민주당 위원장 김영대	조국통일민주주의 전선(조국전선) 위원장 박성철 등	조국평화통일위원 회(조평통) 위원장	반제민족주의전선 (반민전) 위원장
	조국통일범민족연 합(범민련) 북측본부 의 장 김정호	조국통일범민족청년 학생연합북측본부 의 장 김인호	민족화해협의회 회 장 김영대	단군민족통일협의회 회원장 류미영	남조선의 비전향 장기수구원대책 조선위원회 위원장 문재철
	남조선의 국가보안 법 철폐를 위한 대 책위원회 위원장 문재철	조선평화옹호전국 민족위원회 위원장 문재철	재북평화통일촉진 협의회 서기국장 강태무		
대외 단체	조선아시아·태평 양평화위원회 위원장	조선대외문화연락 위원회 위원장대리 문재철	세계인민들과의 연대성조선위원회 위원장 문재철	조선외교협회 회장	조선아시아·아프 리카 단결위원회 위원장 림순길
	일제의 조선강점 피해조사위원회 위원장 리몽호	조선일본군위안부 및 강제연행피해자 보상대책위원회 위원장 홍선옥	조선반핵평화위원회 위원장	조선인강제연행 피해자유가족협회 회 장 김용걸	아시아여성들과 연대하는 조선여성협회 회 장 리청희
	조선유네스코 민족위원회 위원장 최수헌	조선유엔식량 및 농업기구민족위원회 위원장 최수헌	조선유엔개발계획 민족조정위원회 위원장 리태균	유엔아동기금 민족조정위원회 위원장 최수헌	일본의 과거청산을 요구하는 국제연대 협의회 조선위원회 위원장 홍선옥
사회 단체	김일성사회주의 청년동맹(청년동맹) 1비서 김경호	조선직업총동맹 (직총) 위원장 렴순길	조선농업근로자 연맹(농근맹) 위원장 강창욱	조선민주여성동맹 (여맹) 위원장 박순희	조선적십자회 위원장 장재언
	조선기자동맹 중앙위원회 위원장 김성국	조선자연보호연맹 중앙위원회 위원장 장일선	조선민주법률가 협회 위원장 허명규	조선중앙변호사 협회 위원장 리동석	조선학생위원회 위원장 엄정철
경제 단체	대외경제협력추진 위원회 위원장 백현봉	조선국제무역 촉진위원회 위원장 김영재			
종교 단체	조선카톨릭교협회 위원장 장재언	조선그리스도교 연맹 위원장 강영섭	조선불교도연맹 위원장	조선천도교회 중앙지도위원회 위원장 류미영	조선종교인협의회 회 장 장재언
학술 체육 단체	조선사회과학자 협회 위원장 양형섭	조선문학예술총동맹 (문예총) 중앙위원회 위원장 김정호	조선과학기술총연맹 중앙위원회 위원장 변영립	조선건축가동맹 중앙위원회 위원장 배달준	국제문제연구소 소 장 김상록
	조선역사협회 회 장 허종호	조선김일성화· 김정일화위원회 위원장 강능수	조선올림픽위원회 위원장 문재덕	조선태권도위원회 위원장 황봉영	

출처: 통일부, 『북한권력기구도』(2006).

4. 결 론

북한의 정치체제는 노선노동당이 유일당이기 때문에 전체주의적 일당독재체제에 해당한다. 비록 '조선사회민주당'과 '천도교청우당'과 같은 우당들이 있기는 하지만 이들은 실제적인 당조직을 갖추고 있지 못하며, 사실상 유일당인 노동당의 하부구조의 기능과 역할을 수행하고 있다는 것을 알 수 있다.

북한에서 국가의 모든 정책과 노선이 노동당에서 출발하기 때문에 3백여만명의 당원을 가진 조선노동당은 통치구조의 핵을 이룬다. 북한에서 노동당은 전체 인민의 향도적 력량을 갖춘 사상적 지도자이며 국가 사회의 모든 분야를 지도 · 통제하며 인민정권은 오로지 당의 노선과 정책을 집행하는 도구에 불과하다. 이러한 노동당의 위상과 역할은 헌법에 보장되어 있다. 국가 및 정권기관들은 당의 유일적 영도 밑에 모든 활동을 진행하기 때문에 외형상 삼권분립체제인 것으로 보이지만 실질적으로는 조선노동당의 일당독재에 지나지 않는다.

조선노동당은 헌법상 최고 주권기관으로 규정되어 있는 최고인민회의를 비롯해서 내각과 사법기관 미 인민군대를 지도 · 통제 · 감독할 뿐만 아니라 모든 주민들의 사생활 영역까지도 통제하는 지도적 기구이다. 그리고 노선과 정책의 수립 및 결정자이면서 그 수행의 감독자이며, 대중운동의 조직자로서 광범위한 기능과 역할을 담당하는 초월적 위상을 지니고 있다. 그럼에도 불구하고 당의 본질은 '수령의 혁명사상을 실현하기 위한 노동계급의 정치조직'으로 규정되고 있다. 즉 김일성 · 김정일의 혁명사상과 지도방침을 실현하기 위한 조직이 조선노동당이라는 것이다. 북한은 노동당 일당독재체제이면서도 그 상위에 수령이라는 절대 권력자의 존재를 설정하고 수령의 영도를 특별히 강조하고 있다. 따라서 북한은 권력구조상 다른 사회주의국가들과는 달리 수령중심의 유일체제의 특성을 갖는다.

하지만 북한의 경제난·식량난에서 비롯된 총체적 위기가 장기화되면서 노동당의 위상과 기능에 변화가 발생하고 있다. 당이 체제위기에 적절히 대응하지 못해 주민들의 당에 대한 불신이 증가하고 있고, 충성심 및 복종심이 약해지고 있다. 노동당은 직업동맹, 농업근로자 동맹, 김일성 사회주의청년동맹, 여성동맹 등 4개의 근로단체를 당의 외곽조직으로 포괄시켜이들 조직을 통해 주민들을 사상교양하고 통제한다. 그러나 이 근로단체들을 통한 사상교양, 정치학습, 생활총화 등이 이완되고 있다.

김정일 시대에 이르러 노동당의 일당독재 현상은 상당부분 퇴색하고 있는 것으로 평가된다. 이것은 당대회, 당중앙위원회, 정치국 등 당의 의사결정기구가 제대로 작동하지 않고, 대신 군대가 당의 역할을 상당부분 수행하는 현상이 나타나고 있는 점을 중시한 결과이다. 하지만인민군대가 당의 역할을 대신 수행하는 예외적인 현상은 식량난 및 경제난으로 인한 일시적인 현상으로 보인다. 북한의 경제재건 속도에 따라 가변적이지만, 당-국가 체제의 권력구조 하에서 조선노동당은 유일당의 위상과 기능·역할은 유지되고 있는 것으로 평가된다.

주註

1) 북한은 '조선공산당'이 1925년에 창건되었다고 주장하면서도 조선공산당 '서부 5도 책임자 및 열성자대회'가 개최된 1945년 10월 10일을 조선노동당 창건일로 공식화하여 1949년부터 '사회주의 명절'로 기념되고 있다. 통일부,『북한개요 2004』(서울: 통일부, 2004), 43쪽.
2) 이 밖에 북한체제는 다른 사회주의 체제와 구별되는 독특한 성격도 갖고 있다. 주체사상에 기반을 둔 수령제 권력구조, 권력의 부자세습, 선군정치, 폐쇄적 자립경제 등은 다른 사회주의국가와 일반화할 수 없는 '북한적 현상' 이다. 최완규, "북한 국가성격의 이론과 쟁점: 비교사회주의적 관점," 최완규 엮음,『북한의 국가성격 변용에 관한 연구』(서울: 한울출판사, 2001), 12~13쪽.
3) 북한의 권력구조상 당의 국가기관들에 대한 통제와 사찰은 통상 당관료가 행정관료 등을 겸직하는 겸직장치와 더불어 정부기관의 각 부서에 상응하는 당내기구 설치를 통해서 이루어진다.
4) 1990년대 중반이후부터 강성대국건설과 선군혁명령도가 강조되면서 당의 권한과 영도가 상대적으로 축소되고 군㫜의 역할이 강화되는 현상도 일부 감지되고 있는 것으로 알려지고 있다. 즉 당의 지도하에 군사선행의 원칙을 실현시켜 나가는 것을 의미한다. 이른바 선군정치를 중시하는 당-국가 체제의 성격을 보여주고 있다. 김철우,『김정일 장군의 선군정치』(평양: 평양출판사, 2001) 참조.
5)『정치사전』(평양: 사회과학출판사, 1973), 784쪽.
6) 통일부,『북한의 이해 2006』(서울: 통일부, 2006), 38-39쪽.
7) 1998년 헌법에는 국가와 정부의 대표권을 분리하여 공식적 국가역할의 수반은 최고인민회의 상임위원장에게 맡기고, 정부를 대표하는 권한은 내각총리에게 맡기는 한편, 국방위원장은 국방사업 전반을 관장하도록 하는 형식상의 기능분립이 이루어지고 있다.
8) 이종석,『새론쓴 현대북한의 이해』(서울: 역사비평사, 2000), 272쪽.
9) 이종석, 위의 책, 272~274쪽.
10) 김정일, "중앙기관 당조직들의 역할을 더욱 높일데 대하여,"『김정일 선집 8』(평양: 조선로동당출판사, 1998), 81쪽.
11) 김정일, 위의 글, 83~89쪽 참조; 김정일, "당사업을 더욱 강화하여 사회주의건설을 힘있게 다그치자,"『김정일 선집 11』(평양: 조선로동당출판사, 1997) 참조; 김정일, "당의 령도체계를 철저히 세울데 대하여,"『김정일 선집6』(평양: 조선로동당출판사, 1995) 참조.
12)『조선로동당 규약』(1980년 10월 13일).
13) 박형중 외,『김정일 시대 북한의 정치체제: 통치이데올로기, 권력엘리트, 권력

구조의 지속성과 변화』(서울: 통일연구원, 2004), 158~159쪽.

14) 1980년 10월 개최된 제6차 당대회 이후 현재까지 7차 당대회를 개최하지 않고
있다.

15) 참고로 당 대표자회는 지금까지 1958년 3월과 1966년 10월 두 차례만 열렸다.

16) 당중앙위원회는 당대회에서 선출된 정위원·후보위원·준위원으로 구성되며,
표결권은 정위원만 갖되 발언권은 후보위원과 준위원에게도 준다. 당중앙위원
회 정위원은 145명이었으나, 이들 중 수십 명이 사망하거나 직책이 변동돼 정
위원 구성에도 많은 변화가 있을 것으로 보이지만 전원회의 개최 등이 공개되
지 않아 구체적인 사항은 확인할 수 없는 상태다.

17) 이종석,『새로쓴 현대북한의 이해』, 260쪽.

18) 1980년 제6차 당대회 당시 정치국 상무위원은 김일성, 김정일, 김일 오진우,
이종옥 등 5명으로 구성되었으나, 현재는 김일성, 김일, 오진우 사망, 이종옥은
탈락되어 김정일이 유일하다.

19) 이종석, 앞의 책, 265쪽

20) 정보사령부,『북한조직편람』(2004), 20쪽.

21) 박형중 외, 앞의 책, 164~168쪽 참조.

22) 박형중 외, 앞의 책, 161~162쪽.

23) 이종석, 앞의 책, 262쪽.

24) 이대근, "조선인민군의 정치적 역할과 한계,"『현대북한연구』제4권 2호
(2001), 141~143쪽 참조.

25) 박형중 외, 앞의 책, 170쪽.

26) 김정일은 1991년까지도, "지금과 같이 도당위원회가 경제사업에 말려들고 여
기에 당중앙위원회 조직지도부와 선전부까지 말려들게 하면 도당위원회는 물
론, 혁명의 초고참모부인 당중앙위원회까지 자기 역할을 원만히 수행할 수 없
게 되며, 나중에는 우리 당이 경제주의 당으로 굴러 떨어질 수 있다"고 비판했
다. 김정일, "당사업을 더욱 강화하며 사회주의 건설을 힘있게 다그치자(조선
로동당 중앙위원회, 정무원 책임일군들 앞에서 한 연설, 1991년 1월 5일),"『김
정일선집 11』(평양: 조선로동당출판사, 1997).

27) 박형중, "당과 각급 당조직의 지위와 역할,"『김정일 연구(Ⅱ): 분야별 사상과
정책』(서울: 통일연구원, 2002), 75쪽.

28) 최진욱,『현대북한행정론』(서울: 인간사랑, 2002), 125쪽.

29) 박형중 외, 앞의 책, 170~190쪽 참조.

30) 박형중 외, 앞의 책, 194~201쪽 참조.

31) 유영구, "북한의 정치-군사관계의 변천과 군내의 정치조직운영에 관한 연구,"
『전략연구』제4권 3호 (1997), 106쪽.

⟨참고문헌⟩

1. 북한문헌

김정일, "중앙기관 당조직들의 역할을 더욱 높일데 대하여,"『김정일선집 8』(평양: 조선로동당출판사, 1998).

김정일, "당사업을 더욱 강화하여 사회주의 건설을 힘있게 다그치자,"『김정일선집 6』(평양: 조선로동당출판사, 1995).

김정일, "당의 령도체계를 철저히 세울데 대하여,"『김정일선집8』(평양: 조선로동 당출판사, 1998).

김철우, 『김정일장군의 선군정치』(평양: 평양출판사, 2000).

리상걸, 『주체의 당건설리론의 전면적 발전』(평양: 사회과학출판사, 1984).

사회과학출판사, 『정치사전』(평양: 사회과학출판사, 1973).

사회과학출판사, 『령도체계』(평양: 사회과학출판사, 1985)

조선로동당출판사, 『조선로동당력사』(평양: 조선로동당출판사, 1991).

2. 남한문헌

국토통일원, 『조선노동당대회자료집 Ⅳ』(서울: 국토통일원, 1988).

박형중 외, 『김정일 시대 북한의 정치체제』(서울: 통일연구원, 2004).

유영구, "북한의 정치-군사관계의 변천과 군내의 정치조직 운영에 관한 연구,"『전략연구』제4권 3호 (1997).

이대근, "조선인민군의 정치적 역할과 한계,"『현대북한연구』제4권 2호 (2001).

이종석, 『새로쓴 현대 북한의 이해』(서울: 역사비평사, 2000).

이종석 · 백학순 공저, 『김정일시대의 당과 국가기구』(성남: 세종연구소, 2001).

최진욱, 『현대북한행정론』(서울: 인간사랑, 2002).

최완규 편, 『북한의 국가성격 변용에 관한 연구』(서울: 한울, 2001).

통일부, 『북한개요 2004』(서울: 통일부, 2004).

통일부, 『북한의 이해 2006』(서울: 통일부, 2006).

통일부, 『북한권력기구도』(서울: 통일부, 2006).

통일연구원, 『김정일연구 Ⅱ』(서울: 민족통일연구원, 2002).

현승일, "북한사회에 대한 노동당의 통제체계,"『북한조사연구』제1권 1호(1997).

북한 국가기관

최 진 욱

1. 국가기관의 조직원리

사회주의에 있어서 헌법상 국가기구의 조직원리는 민주적 중앙집권제에 근거한다. 인민주권론에 기초를 둔 민주적 중앙집권제는 국민주권의 원리에 기초한 대의제·권력분립의 원리와 대립하고 있다. 국민주권의 원리에 있어서 주권의 주체는 추상적인 전체국민을 의미하고 이런 이유로 자유위임을 본질로 하는 대의제가 채택되고 있으나, 인민주권의 원리에 있어서 주권의 주체는 현실적이며 구체적인 개개인의 집단, 즉 유권적 시민의 총체이므로 개개인으로서의 국민이 직접 주권을 행사하는 직접민주제를 그 이상으로 한다.[1]

인민주권의 원리에 의하면 경험적인 국민의사와 잠재적인 국민의사가 항상 일치한다고 가정하고, 일반의사는 공동이익을 추구하는 데 있어서 국민의 이익이 일치함으로써 사회의 성립을 가능하게 하는 국민의

사로서 이는 모든 사람에게 타당하며 오류가 있을 수 없다.2) 이런 이유
로 국민의 일반의사는 대표될 수 없으며 전체국민이 헌법제정에서부터
법률제정에 이르기까지 직접 담당하여야 한다고 주장한다. 즉 주권의
주체와 주권의 행사자가 일치하는 인민주권의 원리에 있어서 대표는 그
를 선출한 주권자의 지시와 통제에 따르는 기속위임을 그 본질로 한
다.3)

자유민주주의에서는 개인의 자유를 보호하기 위하여 국가권력의 분
립이 필수적이지만, 사회주의에서는 민주적 중앙집권제의 원리에 의하
여 대표기관에 권력이 집중된다. 사회주의의 통치이론에 의하면 자유민
주주의의 대의제에서 대의기관이 국민으로부터 독립하여 기속받지 않
고 주권을 행사하는 것은 국민의 이름을 빌려 부르조아 지배를 관철하
는 것에 지나지 않으며, 삼권분립은 "반동자본가 계급의 이익을 옹호하
고 인민의 주권을 제약하기 위한 장치"에 불과하다.4)

민주적 중앙집권제의 원리에 의하면 주권은 양도할 수 없는 것으로
대표기관은 인민의 의지와 이익의 구체적 실현기관으로서 인민의 의지
에 충실히 복종할 뿐이다. 즉 사회주의에서 중앙의 대표기관은 모든 국
가기관의 존립의 근원이 되고 모든 국가기관은 대표기관에 책임을 지
며, 최고국가권력기관으로서 다른 국가기관보다 우위에 서게 된다. 따라
서 법원에 의한 위헌입법심사제도나 행정부에 의한 대표기관의 해산과
같은 규정은 사회주의체제에서 생각할 수 없는 제도이며, 행정부는 최
고권력기관의 집행기관에 불과할 뿐이다.

민주적 중앙집권제는 모든 국가기관이 대표기관에 종속되는 것뿐만
아니라, 지방은 중앙에 복종한다는 것을 의미한다. 사회주의에서는 지방
분권주의를 배격하고 국가의 통일성, 안정성, 사회주의계획경제의 수행
을 보장하기 위하여 중앙이 강력한 지도력을 행사한다.5) 민주적 중앙집
권제의 원리 이외에도 강력한 국가의 필요성을 강조하는 사회주의 국가

에서 프로레타리아 권력의 제한은 사회주의 건설을 위한 국가 최고의 목적에 위배되며, 오히려 수단의 강화를 위하여 권력의 분립보다는 통일이 강조된다.

2. 국가기관의 기능

현재 북한의 국가기구는 1998년 9월 5일 개최된 최고인민회의 10기 1차회의에서 개정된 헌법에 근거를 두고 구성되었다. 개정헌법의 특징은 주석제와 중앙인민위원회가 폐지되고, 그 권한의 대부분이 최고인민회의 상임위원회로 이관되었다는 것이다. 또한 국방위원회의 위상과 권한이 강화되고, 정무원은 위상이 강화된 내각으로 대체되었다.

1) 최고인민회의

최고인민회의는 헌법상 국가의 최고주권기관으로서 행정부·사법부 등 모든 국가기관을 조직하는 권한을 갖고 있고 국가기관들은 최고인민회의에 대하여 책임을 지게 되어 있다. 즉 최고인민회의는 국방위원회 위원장, 최고인민회의 상임위원회 위원장, 내각 총리, 중앙재판소 소장을 선거 또는 소환하는 권한을 갖고 있다. 이밖에 최고인민회의는 헌법 수정, 국가의 대내외 정책의 기본원칙 수립, 국가의 인민경제발전계획과 그 실행정형에 대한 심의·승인, 국가예산과 그 집행정형에 대한 심의·승인, 조약 비준 등의 권한을 갖고 있다.

북한의 최고인민회의가 흔히 우리의 국회와 비교되기도 하지만 실제의 역할에서는 많은 차이가 있다. 헌법에 보장된 광범위한 권한과는 달리 실제로 최고인민회의는 당의 결정을 추인하는 형식적 거수기에 불과

하다. 현행 헌법하에서 최고인민회의의 임기는 5년이며, 현 11기 최고인
민회의는 2003년 8월 3일 선거에 의해서 구성되었다. 최고인민회의는
1년에 한 차례 정도 열리며 한번에 2~3일을 넘기지 않기 때문에 여기
서 실질적인 심의가 이루어지기를 기대하기란 불가능한 일이다. 또한
최고인민회의 산하에 법제위원회와 예산위원회와 같은 부문별 위원회
를 두고 있으나, 실질적인 국정 심의기관으로서 기능하지 못하고 있다.
　최고인민회의 대의원은 당, 사회단체, 내각, 군 등에서 직책을 겸임하
고 있으며, 이들은 대의원의 직책보다는 자신들의 원래 직책을 수행하
는 것이 주임무로 되어 있다. 대의원은 하나의 선거구에서 한명씩 선출
하도록 되어 있다. 선거구수는 1992년 선거법에서 행정구역과 인구수를
고려하여 선거때마다 조직하도록 개정되었으나 과거와 같이 인구 3만명
당 한 개의 선거구가 조직되고 있다. 11기 최고인민회의 선거에서는 지
난 9기(1990년) 및 10기(1998년)와 같이 모두 687개의 선거구에서 687
명이 선출되었다.

2) 최고인민회의 상임위원회

　최고인민회의 상임위원회는 최고인민회의의 휴회중 최고주권기관이
며, 상임위원장은 국가를 대표한다. 최고인민회의 상임위원회는 최고인
민회의와 임기가 같으며, 위원장, 부위원장, 서기장, 위원들로 구성된다.
최고인민회의 상임위원회는 과거 국가주석과 중앙인민위원회의 권한을
합친 권한을 보유하고 있다. 헌법 111조는 "최고인민회의 상임위원회
위원장은 국가를 대표하며 다른 나라 사신의 신임장·소환장을 접수한
다"고 규정하고 있다. 따라서 김정일 국방위원장이 북한의 최고 권력자
라는 것은 틀림없는 사실이나, 헌법상 북한을 대표하는 사람은 김정일
국방위원장이 아니라 최고인민회의 상임위원회 위원장이 되는 것이다.

3) 국방위원회

국방위원회는 1972년 사회주의헌법에서 신설되었다. 그러나 당시에는 주석이 "전반적 무력의 최고사령관, 국방위원회 위원장으로 되며 국가의 무력을 지휘통솔"하도록 되어 있었기 때문에 국방위원회가 권력구조상 특별한 의미를 갖지 못하였다. 그러나 1992년 헌법에서 국방위원회가 국가주석과 분리되고, 1993년 김정일 국방위원장이 취임하면서 그 의미가 달라졌다. 즉 김일성 주석 사망 이전 이미 김정일 위원장은 최고군사지도기관인 국방위원회의 위원장으로서 일체의 무력을 지휘통솔하는 권한을 갖게 되었다.

한편 1998년 수정헌법하에서는 국방위원회의 위상이 더욱 강화되었다. 헌법 100조는 "국방위원회는 국가주권의 최고군사지도기관이며 전반적 국방관리기관이다"고 규정하고 있으며, 102조는 "국방위원장은 일체 무력을 지휘통솔하며 국방사업 전반을 지도한다"고 밝히고 있다. 김영남 최고인민회의 상임위원장은 김정일 국방위원장 추대연설에서 "나라의 정치·군사·경제역량의 총체를 통솔지휘하여 사회주의조국의 국가체제와 인민의 운명을 수호하며 나라의 방위력과 전반적 국력을 강화발전시키는 사업을 조직령도하는 국가의 최고직책"으로 국방위원장을 성격규정함으로써 '실질적 최고권력자'임을 인정하였다. 인민무력부와 국가안전보위부는 국방위원회에 소속되어 있다.

4) 내   각

북한헌법(117조)에 의하면, 내각은 최고주권의 행정적 집행기관이며 전반적 국가관리기관이다. 내각은 1972년 사회주의헌법에서 정무원으로 바뀌었다가 1998년 헌법개정시 다시 부활하였다. 내각과 정무원이 실제적인 기능에서는 별차이가 없으나 헌법상 위상에서는 큰 차이가 있다. 정무원은 단순히 최고주권의 행정적 집행기관이나, 내각은 행정적 집행기관일 뿐만 아니라 전반적 국가관리기관이다. 즉 정무원은 자기사업에 대하여 최고인민회의, 주석, 중앙인민위원회에 대해 책임을 지고 있었으나, 내각은 최고인민회의에만 형식적인 책임을 지도록 되어 있다. 또한 내각의 총리는 정부를 대표하는 권한을 갖게 되어 있다. 현재 내각은 총리 밑에 2명의 부총리, 2위원회, 28성, 1원, 1은행, 2국으로 구성·운영된다.

현재 내각 부처는 외무성, 인민보안성, 국가계획위원회, 전기석탄공업성, 채취공업성, 금속공업성, 기계공업성, 건설건자재공업성, 철도성, 류해운성, 농업성, 화학공업성, 전자공업성, 경공업성, 무역성, 상업성, 임업성, 수산성, 도시경영성, 국토환경보호성, 국가건설감독성, 수매양정성, 교육성, 체신성, 문화성, 재정성, 로동성, 보건성, 체육지도위원회, 국가검열성, 과학원, 중앙은행, 중앙통계국, 사무국 등이다.

- 외무성: 외국과의 조약 및 협정체결, 재외공관 운영 등 모든 외교업무를 수행.
- 인민보안성: 일반치안을 담당하는 기관이나, 실제로 주요임무는 반혁명 행위의 감시와 적발, 처벌 등의 업무 수행.
- 국가계획위원회: 모든 경제계획을 종합작성하며 이를 내각에서 승인받아 각부서로 통보. 작성된 계획안에 대한 해당 각부의 구체적 실행계획을 검토하며 인민경제계획 전반에 걸친 예비적 결산.
- 전기석탄공업성: 각급 공장의 전력공급을 원활케 하고, 발전시설 확충과 발전량 제고를 위해 발전·송배전 사업체계를 담당.
- 건설건자재공업성: 건설분야에 소요되는 모든 자재의 생산 및 관리 사업을 수행.

▫ 철도성: 철도에 관련한 계획작성, 실행, 기술지도, 자재 및 설비의 보강, 대책수립, 연구기관 운영 등을 담당.

▫ 류해운성: 육운 및 해운분야에 대한 계획작성, 실행, 기술지도, 자재 및 설비의 보강, 대책수립, 연구기관 운영 등을 담당.

▫ 농업성: 농업관련 업무를 총괄하며, 도 농총관리위원회, 군 협동농 장경영위원회에 직접 명령하달.

▫ 채취공업성: 건설과 공장 등에 필요한 지하자원의 개발·공급 업무 를 담당.

▫ 금속공업성 :금속공업관련 계획작성, 실행, 기술지도, 대책수립 및 공장·기업소 관리, 생산 등을 담당.

▫ 기계공업성: 기계공업관련 계획작성, 실행, 기술지도, 대책수립 및 공장·기업소 관리, 생산 등을 담당.

▫ 화학공업성: 화학공업관련 계획작성, 실행, 기술지도, 대책수립 및 공장·기업소 관리, 생산 등을 담당.

▫ 전자공업성: 전자공업관련 계획작성, 실행, 기술지도, 대책수립 및 공장·기업소 관리, 생산 등을 담당.

▫ 경공업성: 방직, 의류, 식료, 담배, 신발 등 주민생활과 직결되는 소 비재 공업을 일괄적으로 관리

▫ 무역성: 외국과의 통상이나 교역, 무역상담, 시장조사 및 개척, 외국 투자유도, 기술도입 등의 임무를 전담.

▫ 상업성: 공장·기업소 등의 물품의 생산·거래·유통 등의 업무를 담당.

▫ 임업성: 임업관련 계획작성, 실행, 기술지도, 대책수립, 연구기관 운 영 등을 담당.

▫ 수산성: 어업 및 어구漁具와 수산협동조합 관련 계획작성, 실행, 기 술지도, 대책수립, 연구기관 운영 등을 담당.

▫ 도시경영성: 주택, 상하수도, 교통 등 도시관련 계획작성, 실행, 연구기관 운영 등을 담당.

▫ 국토환경보호성: 환경관련 계획작성, 실행, 기술지도, 대책수립.

▫ 국가건설감독성: 국토, 산업, 도시, 농촌 등 건설관계분야를 일괄적으로 통합, 관할.

▫ 수매양정성: 양곡의 수매·분배 등에 대한 계획작성, 실행 등의 업무를 담당.

▫ 교육성: 유치원부터 대학까지의 일반교육 뿐만 아니라 공장대학 등을 담당하며, 교육관련 기자재 공급, 인쇄, 도서를 책임.

▫ 체신성: 체신분야에 대한 계획작성, 실행, 기술지도, 자재 및 설비의 보강, 대책수립, 연구기관운영 등을 담당.

▫ 문화성: 북한체제의 우월성과 김일성·김정일의 우상화 정책을 위한 대주민 정치사상교양사업 담당.

▫ 재정성: 예산편성, 예산하달, 예산집행을 담당.

▫ 로동성: 노동력의 파악, 보충, 배치와 임금, 노동조건, 시간 등 노동법령에 관계되는 업무를 관장.

▫ 보건성: 보건정책, 의료, 제약, 위생, 방역 등의 업무를 담당.

▫ 체육지도위원회: 체육관련 계획작성, 실행, 기술지도, 대책수립, 연구기관 운영 등을 담당.

▫ 국가검열성: 정부부처 업무에 대한 내각차원의 지도·감독 업무를 담당.

▫ 과학원: 과학기술 관련 계획작성, 실행, 기술지도, 연구기관 운영 등을 담당.

▫ 중앙은행: 화폐발행, 현금유통의 조절, 현금출납업무취급, 무현금결제예산의 출납업무담당, 정권기관, 그리고 기업소들에 유동자금을 공급.

▫ 중앙통계국: 인구, 경제 관련 각종 국내외 통계를 수집관리하는 업
　무를 담당하고 있으나, 국내 정보에 대해서는 공개하지 않고 있음.
▫ 사무국: 예산, 급여, 문서, 배급 등 내각의 행정업무 일체에 대한 업
　무를 담당.

5) 사법 · 검찰기관

　북한의 재판소는 행정계층과 같이 중앙재판소를 정점으로 도 · 직할,
시재판소, 수개의 시 · 군 · 구역 단위별로 구성되는 인민재판소의 3계
층으로 구성되어 있으며, 군과 인민보안성은 군사재판소, 철도성은 철도
재판소와 같은 특별재판소를 두고 있다. 북한의 최고재판기관인 중앙재
판소는 우리와 같이 입법 · 사법 · 행정의 3권분리원칙에 입각하여 구성
되는 것이 아니라, 민주적 중앙집권제 원칙에 따라 최고주권기관인 최
고인민회의에 의해서 조직되도록 되어 있다. 즉 중앙재판소 소장은 최
고인민회의가 선거 또는 소환하며, 중앙재판소 소장과 최고인민회의의
임기는 같다. 한편 중앙재판소 판사와 인민판심원은 최고인민회의 상임
위원회에서 선거 또는 소환된다. 도 · 직할시 재판소와 인민재판소의 판
사는 해당지역의 인민회의에서 선거 또는 소환된다.
　북한의 검찰소는 우리와 달리 헌법기관으로서 재판소와 유사하게 조
직된다. 즉 최고인민회의가 중앙검찰소를 조직하도록 되어 있고, 중앙검
찰소를 정점으로 그 밑에 도 · 직할시 검찰소, 시 · 군 · 구역 검찰소, 그
리고 특별검찰소가 조직되어 있다. 그러나 재판소와 달리 중앙검찰소는
모든 검찰사업을 통일적으로 지도하며 모든 검찰소는 지방 주권기관에
종속되지 않고 상급검찰소와 중앙검찰소에 복종하도록 되어 있다. 중앙
검찰소장은 최고인민회의에서 임명 또는 해임되지만, 검사는 중앙검찰
소에서 임명 또는 해임한다. 중앙재판소와 중앙검찰소는 자기사업에 대

하여 최고인민회의와 그 휴회중에 최고인민회의 상임위원회 앞에 책임
진다.

북한의 중앙행정기구는 <그림 1>과 같이 요약될 수 있다.

<그림 1> 북한의 중앙행정기구

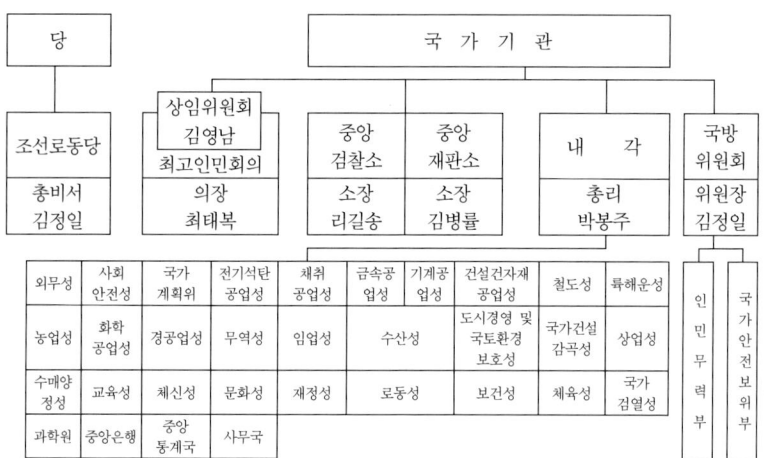

※ 이 글은 최진욱, 『현대북한행정론』(서울: 인간사랑, 2002)의
제1장 중앙조직의 1. 국가기관 내용이다.

주註

1) 권영성, 『헌법학원론』(서울: 법문사, 1992), 583쪽.
2) 정인흥, 『서구정치사상사』(서울: 박영사, 1991), 270쪽.
3) 치자와 피치자의 구별을 부인하는 인민주권론에 의하면 국민의 의사를 절대시
   하여 일반의사(volonte general)로 표현되는 국민의 의사의 무오류성을 주장하
   고 있으나, 이는 국민의 의사를 내세운 전제의 위험이 있다. 주권의 통일성,
   불가분성, 불가양설을 주장하여 직접민주주의를 주장하나 국민주권론은 견제
   와 균형이 필요하다. 허영, 『한국헌법론』(서울: 박영사, 1994), 621쪽.
4) 『백과전서 3』(평양: 백과사전출판사, 1983), 592쪽.
5) 그러나 사회주의의 민주적 중앙집권제는 단순한 중앙집권제와는 달리 지방이
   창의성과 자주성을 발휘할 수 있게 한다고 레닌은 주장하였다. 예컨대, 지방정
   부는 중앙정부에 의해서 조직되는 것이 아니라 지방의 대표기관에 의해서 선
   출된다.

<참고문헌>

1. 북한문헌

백과사전출판사, 『백과전서 3』 (평양: 백과사전출판사, 1983).

2. 남한문헌

권영성, 『헌법학원론』 (서울: 법문사, 1992).
정인홍, 『서구정치사상사』 (서울: 박영사, 1991).
허 영, 『한국헌법론』 (서울: 박영사, 1994).

북한의 법

김 동 한

1. 북한법의 특성

1) 사회주의법으로서 북한법

사회주의국가에서 법의 특징을 설명할 때 최우선적으로 제시하는 것이 '국가의지의 표현이 담긴 계급의지적 성격'이다.[1] 법이 지배계급의 의지표현이기 때문에 개개인의 자유의지가 반영되는 것을 중시하지 않는 것은 당연하다. 사회주의국가의 중심계급은 프롤레타리아이기 때문에 이 계급의 의지를 표현한 강제규범이 곧 법이라고 정의한다.

따라서 사회주의 국가의 법은 "일반적으로 강제적인 행위의 규율체계인바, 그 규칙들은 국가에 의해 세워지고 보장되며, 정치적으로 지배적인 계급의 이해관계에 따라 사회적 관계를 규제하고 그 국가의지를 나타내 준다"고 정의한다.[2]

1917년 이후 소련법제도는 이론과 법, 그리고 정책사이의 상호관계

에 중점을 두고 있다. 레닌시기에는 법소멸론이 득세를 하다가 스탈린
시기에는 법적 안정기로 분류될 만큼 법의 필요성이 강조되었고, 스탈
린 사후에는 실용법학이 강세를 보였다. 결국은 법이 정치의 한 수단임
을 입증한 셈이다.

사회주의법의 주요원리로는 인민주권의 원리, 민주주의의 원리, 인민
평등의 원리, 인민의 권리와 의무간의 불가분의 연결원리, 합법성의 원
리, 사회주의적 국제주의의 원리, 휴머니즘의 원리를 대표적으로 들고
있다.[3] 북한은 여기에 중앙집중의 원리를 추가하여 설명하고 있다.

김일성은 법을 '사회경제제도의 반영이며 정치의 한 표현형식'으로
개념규정하고 있다.[4] 또한 사회주의국가에서는 일반적으로 법을 "지배
계급에게 유리한 사회관계와 질서를 유지공고화하기 위하여 국가가 제
정공포하고 국가의 강제력에 의하여 그 준수가 보장되는 행동준칙의 총
체"라고 정의한다.[5] 따라서 노동계급을 지배계급으로 규정하는 북한에
서 법은 프로레타리아독재의 강력한 무기이며, 모든 근로자들을 교양개
조하여 혁명화, 노동계급화하는 역할을 한다. 반면에 부르죠아법은 노동
계급을 비롯한 근로인민을 가혹하게 탄압하고 착취하며 자본주의제도
를 영구화하기 위한 자본가계급의 독재수단으로 보고 있다.[6]

북한에서는 법이 초기 인민민주주의 시기에는 봉건잔재청산작업에
주도적인 수단으로서 역할을 하였다면 사회주의 건설시기에는 사회주
의혁명과 사회주의건설에 복무하는 역할을 하였고, 사회주의의 완전승
리를 위한 투쟁시기에는 "지난 기간 인민이 혁명투쟁에서 이룩한 정치
적승리와 성과들을 법적으로 고착시키고 혁명발전의 요구에 맞게 우리
국가의 성격과 임무, 활동원칙들을 규정"한 것을 사회주의헌법으로 평
가함으로써 사회주의 발전에 결정적 역할을 하여왔음을 강조하고 있
다.[7]

2) 주체사상과 북한의 법 - 주체의 법이론

북한은 특히 주체사상에 입각한 주체의 법이론을 북한법이론의 전범으로 강조하고 있다. 주체의 법이론은 사회주의법이론사적으로 볼 때 맑스-레닌주의법이론 보다 새로운 높은 단계의 법이론이라고 주장한다.8) 즉, 맑스-레닌주의법이론이야말로 인류법사상 처음으로 확립된 '로동계급의 혁명적 법이론'이라는 것을 인정하는 바탕에서 한 단계 높은 이론으로 발전한 법이론이 주체의 법이론이라는 것이다. 이러한 주체의 법이론의 핵심은 '사람, 근로대중을 중심에 놓고 전개되고 체계화된 사람, 근로인민대중 위주의 새로운 법이론'이다.9)

주체의 법이론 입장에서 정의하는 법의 본질은 국가주권을 쥔 계급의사와 이익에 맞게 사람들의 사회생활, 사회적 활동을 규제하는 의무적인 공동규범이며 준칙이다.10) 이것은 사회주의체제에서 국가주권을 가진 계급은 노동계급이고 노동계급의 의사와 이익에 맞는 공동규범과 준칙이 법이기 때문에 근로인민대중이 사회주의 법의 주인이라는 것을 의미한다. 기존의 사회주의법이 법이론을 노동계급의 법으로 발전시켰다면 북한의 주체의 법이론은 거기에 사람, 근로인민대중을 중심에 놓는 단계까지 발전시켰다는 것이다.

3) 우리식 사회주의와 북한법

북한이 강조하는 우리식 사회주의란 사회역사발전에서 차지하는 인민대중의 지위와 역할에 맞게 인민대중이 모든 것의 주인으로 되며 모든 것이 인민대중을 위하여 복무하는 인민대중중심의 사회주의를 말한다.11) 또한 인민대중중심의 우리식 사회주의는 노동계급의 지향과 요구를 가장 철저히 구현하고 있는 사회주의라고 강조하면서 이것을 주체사상과 연계시켜 설명하고 있다. 즉, 주체사상은 노동계급의 요구를 반영한 노동계급의 혁명사상이며, 노동계급을 혁명의 주체의 핵심부대로 내세운다는 것이다. 그리고 노동계급은 자주적, 창조적으로 살며 발전하려는 사람의 본성적 요구를 가장 높이 체현하고 있는 계급이라는 것이다.[12] 노동계급과 주체사상 그리고 우리식 사회주의는 혼연일체의 개념으로 작동하고 있다. 특히 이러한 주장이 강조된 1991년이라는 시점은 국제정세속에서 소련을 비롯한 사회주의권의 와해라는 엄청난 격변의 시기였다. 우리식 사회주의는 바로 이러한 외세의 변화에 대응하는 논리로 개발된 것이다.

법에 대한 입장도 같은 맥락에서 이해할 수 있다. 사회주의 사회는 집단주의에 기초한 조직화된 사회이며 사회의 높은 조직성은 사회주의법에 의하여 담보된다고 보고 있다. 그리고 북한법은 근로인민대중의 의사를 반영하여 제정되며 근로인민대중의 높은 자각성에 기초하여 집행된다고 주장하면서, 북한 인민은 가장 인민적인 사회주의법무생활을 통하여 국가와 사회의 주인으로서 민주주의적 권리와 자유를 법적으로 철저히 보장받고 있다고 주장한다.[13] 우리식 사회주의나 북한법에서 공통으로 중시하고 있는 주제어는 '근로인민대중'이다.

2. 북한법의 역사적 형성과 전개

1) 북한법의 역사적 형성

(1) 1945~1948년 정부수립과정상의 법제

정부수립이전 3년간을 북한법제사에서는 '반제반봉건민주주의 혁명시기'로 규정하고 있다. 이 시기엔 일제악법을 청산하는 일, 인민의 민주주의적, 혁명적 법의식에 기초하여 법적문제들을 해결하는 일, 혁명적 법제정에서 통일적 법체계를 수립하는 일 등이 주요과업이었다.14) 이 시기 정치, 경제, 사회, 문화 각 분야의 개별법령들을 성격유형별로 분류하면 다음과 같다.

즉, 「민주적 정치개혁을 위한 입법」으로는 '북조선에 시행할 법령에 관한 건'(북조선사법국 포고 제2호, 1945. 11.16)15), '북조선임시인민위원회 구성에 관한 규정'(북조선임시인민위원회 결정, 1946.2.8), '재판소 조직에 관한 건'(북조선사법국 포고 제4호, 1945.11.23) 등이 있다.

「민주적 경제적 개혁을 위한 입법」으로는 '북조선토지개혁에 대한 법령'(북조선임시인민위원회 채택, 1946.3.5)을 가장 중요한 업적으로 꼽는다.16) 이 토지개혁법령은 농촌의 봉건적 토지소유관계를 청산하고 토지에 대한 농민들의 개인소유에 기초한 새로운 민주주의적 토지소유관계를 확립할 것을 기본과제로 내세우고 토지개혁의 기본원칙과 방법, 토지의 몰수대상과 분배대상, 토지의 몰수방법과 분배방법을 규정하였다. 그리고 '산업, 교통, 운수, 체신, 은행 등의 국유화에 관한 법령'(북조선임시인민위원회 결정 제58호, 1946.8.10), '북조선회계규정'(1946.11.25) 등이 있다. 토지개혁법령과 주요산업 국유화법령은 사회경제개혁의 핵심법령이다. 이 법령들은 북한이 사회주의체제로 이행하는데 주요 수단으로 작용하였다.

「사회 및 문화생활의 민주화를 위한 입법」으로는 '북조선 로동자, 사무원에 대한 로동법령'(북조선임시인민위원회 결정 제27호, 1946.6.24), '사회보험법'(북조선임시인민위원회 결정, 제135호, 1946.12.19), '북조선의 남녀평등권에 대한 법령'(북조선임시인민위원회 결정, 제54호, 1946.7.30)17) 등이 대표적이다. 노동법, 사회보험법, 남녀평등권법의 제정 실시는 일제잔재청산과 노동자세상만들기에 그 목적을 두고 있다.

「인민생활안정을 보장하기 위한 입법」으로는 '식량배급에 관한 건'(1946.

12.26), '농업현물세에 관한 결정서'(북조선임시인민위원회 결정 제28
호, 1946.6.27), 개인소유 및 개인의 자유로운 창발적 활동을 보장하여
상업의 정상적 발전을 장려할 것을 목적으로 하는 '북조선 산업 및 상업
발전에 관한 법령'(북조선임시인민위원회 결정 제112호, 1946.11.25) 등
이 있다.

「일제잔재청산 및 부정부패관련 형사입법」으로는 '친일파, 민족반역
자에 대한 규정'(1946.3.7), '북조선의 뇌물 및 기타 직무태만처벌에 관
한 법령'(북조선임시인민위원회 결정 제143호, 1946.12.26)', '봉건유습
잔재를 퇴치하는 법령'(북조선임시인민위원회 결정 제163호, 1947.1.24)
등이 있다.

「인민정권의 수립과 공화국창건에 관한 입법」으로는 '북조선인민위
원회에 관한 규정'(1947.2), '북조선 재판소 및 검찰소에 관한 규정', '변
호사에 관한 규정'(1947.2.7) 등이 있다.

이상의 법제들이 조선민주주의인민공화국의 건설을 위한 기초 정지
작업의 성격을 띠고 있었다면 이것들이 총화되어 제정된 것이 「조선민
주주의인민공화국 헌법」이다. 이 헌법은 1948년 9월 8일 최고인민회의
제1차회의에서 정식 승인을 받는 절차를 거쳤다. 부문법전에 대해서는
1947년 11월 19일 「조선법전초안작성위원회」를 조직하고 여기에서 '재
판소구성법', '형법', '형사소송법' 등의 제정사업을 추진하였다.

(2) 한국전쟁시기 법제의 동향

이 시기에 북한의 법분야에서는 국가사업을 전시체제로 개편하고 인
민정권기관의 기능과 역할을 증진하는데 목적을 둔 입법, 38이남지역을
개혁하는데 목적을 둔 입법, 전시체제와 관련된 입법, 후방인민들의 생
활안정관련 입법 등에 중점을 두고 법제가 양산되었다.[18]

첫째, 「국가사업을 전시체제로 개편하는 입법」으로 '조선민주주의인민

공화국 북반부지역에 있어서의 행정체계 중 면을 폐지함에 관하여'(1952.
12.22. 정령), '지방행정구역 개편사업실행에 관하여'(1952.12.27. 내각
결정), '군사행동구역에서의 군사재판소에 관한 규정'(1950.8.21. 내각
결정), '전시군사재판소에 관한 규정'(1952.11.29. 내각결정) 등이 제정
되었다.

특히 이 시기엔 주로 전시체제와 관련된 법제를 양산하였는데 「전선
의 수요와 전시생산을 위한 입법」으로는 '조선민주주의인민공화국 전
지역에 동원령을 선포함에 관하여'(1950.7.1. 정령)를 제정하고 이 날을
첫 '동원의 날'로 선포하였다.

「후방인민들의 생활안정을 위한 입법」으로는 '전재민구호대책에 관한
결정'(내각결정 제175호, 1950.11.20.), '해방지구 인민생활안정을 위한 대
책에 관한 결정서'(내각결정 제187호, 1950.12.12.), '조국해방전쟁시기에
인민생활안정을 위한 제 대책에 관한 결정서'(내각결정 제197호, 1951.
1.25.), '인민들의 월동준비에 관한 결정'(내각결정 제326호, 1951.9. 10.),
'수해 리재민 구제대책에 관한 결정'(내각결정 제327호, 1951.9.10.) 등이
제정되었다.

(3) 전후복구시기의 법제

전후 사회주의적 건설의 기초로서 법의 중요성을 고양하기 위하여
'조선민주주의인민공화국 지방주권기관구성법'(1954.10.30), '조선민주
주의인민공화국 내각구성법'(1955.3.11) 등을 제정하였다. 입법취지별
로 구분하여 개별법중 대표적인 법령을 살펴보면 우선 「국가기관의 사
업개편과 역할제고를 위한 입법」으로는 '조선민주주의인민공화국 도,
시, 군(구역)인민회의선거에 관한 규정'(1956.9.3), '조선민주주의인민공
화국 최고인민회의 대의원선거에 관한 규정'(정령,1957.6.27) 등이 제정
되었다. 「생산관계의 사회주의적 개조와 협동경리의 공고화를 위한 입

법」으로는 '농업협동경리의 강화발전대책에 관하여'(내각결정, 1954. 3.11), '농업협동조합기준규약'(내각 농업성령, 1954.8) 등이 제정되었다. 「사회주의공업화의 기초축성사업을 위한 입법」으로는 '전력부문의 긴급 시 사업조치'(내각결정, 1953.7.29), '공업생산설비의 실체조사실시에 관하여'(내각지시, 1953.9.17), '창의고안에 관한 상금 제규정'(내각결정, 1959.9.3) 등이 있다. 「교육사업의 개선을 위한 입법」으로는 '1953~ 1954학년 신학년도 준비사업에 관하여'(내각결정, 1953.7.30), '보통교육부문 각급학교 교육사업을 일층 개선강화할 데 대하여'(내각결정, 1956.3.9), '전반적 중등의무교육제를 실시하여 기술의무교육제 실시를 준비할 데 관하여'(법령, 1958.10.2) 등이 제정되었다. 「인민생활의 안정향상을 촉진하기 위한 입법」으로는 '농업협동조합들에 대한 농업현물세의 부과에 관하여'(내각결정, 1955.2.3), '농업현물세의 부과비률을 일부 개정함에 관하여'(정령, 1955.6.25), '주민소득세에 관하여'(법령, 1955.12.22), '지방자치제에 관하여'(법령, 1956.3.13) 등이 제정되었다.

그 이후 이른바 '사회주의의 전면적 건설시기'인 1960년대에는 헌법과 내각구성법의 개정, 검찰기관규정의 제정, 신소, 청원규정의 제정 등을 통해 인민정권기관을 강화하고 기능을 높이고자 하였으며, 중앙기관들의 기구와 정원의 개편, 경공업 부문의 지도기구체계를 개편하는 등 대안의 사업체계의 요구에 맞게 인민경제에 대한 지도관리사업을 개선강화하기 위한 입법의 제정이 모색되었다. 또한, 근로자들의 교육교양사업, 사회주의공업화의 완성과 전면적 기술개선, 인민생활을 획기적으로 높이기 위한 전략차원에서 다양한 법제의 정비가 이루어졌다. 대표적인 법제로는 '조선민주주의인민공화국 최고인민회의 대의원선거에 관한 규정'(정령, 1962.8.8), '조선민주주의인민공화국 헌법일부조항들을 수정, 보충, 폐지함에 관하여'(법령, 1962.10.22), '조선민주주의인민공화국 내각구성법을 개정함에 관하여'(정령, 1962.10.18), '조선민주주의인민공화국 검찰기관에 관한 규정'(1961.8.23), '신소, 청원에 관한 규정'(1962.6.12), '신소처리사업을 강화할 데 대하여'(1968.10.24), '경공업부문의 지도기구체계를 개편할 데 대하여'(내각결정, 1963.11.5), '전반적 9년제 기술의무교육을 실시하기 위한 준비사업을 적극 추진시킬 데 대하여'(내각결정, 1965.8.3) 등이 제정되었다.

(4) 사회주의헌법 제정시기의 법제

북한법제 정비과정에서 최대의 분수령은 사회주의헌법제정이다. 이전의 시기가 인민민주주의헌법체계 아래 사회주의의 기초를 닦기 위한 과도기였다면 1972년 사회주의헌법의 제정[19], 공포야말로 사회주의의 완전승리를 앞당기기 위한 투쟁전략의 하나이다. 따라서 국가, 경제기관들을 강화하고 기능을 높이는 전략을 동원하였으며, 사상혁명을 심화시키는 입법, 기술혁명을 새로운 단계로 전진시키기 위한 입법, 문화혁명을 힘있게 밀고 나가기 위한 입법, 인민생활의 균형적 발전을 보장하기 위한 입법에 초점이 맞춰졌다. 대표적인 법제로는 '중앙인민위원회 법제위원회를 조직함에 대하여'(중앙인민위원회 결정, 1974.8.3), '지방주권기관구성법을 채택함에 대하여'(최고인민회의 상설회의 결정, 1974.12.19), '벌금에 관한 규정'(정무원 결정, 1975.4.11), '세금제도를 완전히 없앨 데 대하여'(최고인민회의 법령, 1974.3.21) 등이 있다.

사회주의헌법은 가장 혁명적인 헌법으로 강조되고 있다. 그것은 사회주의헌법이 당과 정부의 정책을 옹호하며 사회주의혁명의 전취물을 튼튼히 지키는 프로레타리아독재의 예리한 무기라는 것과 사회주의경제건설을 강력히 촉구하며 사상혁명과 문화혁명을 강화하고 사회주의적 생활양식을 확립하여 전 사회의 혁명화, 노동계급화를 촉구할 수 있게 하는 강력한 수단이라는 것에 근거를 두고 있다.[20] 따라서 사회주의헌법을 북한사회에 구현하는 사업을 인민정권의 기능과 역할을 높이는 일, 사상, 기술, 문화의 3대혁명을 강력히 추진하는 일 등과 연계하여 전개함으로서 북한의 법제정비의 핵심에 사회주의헌법이 자리한다는 것을 강조하고 있다.[21]

사회주의법체계를 더욱더 발전시키기 위한 전략으로 인민민주주의시기 제정된 부문법들에 대해 사회주의헌법에 의거하여 대대적인 개편작업이 진행되었는바, '어린이보육교양법'(1976.4.29), '인민보건법'(1980.4.3), '토지법'(1977.4.29), '사회주의로동법'(1978.4.18), '형법'(1974.12.19), '형사소송법'(1974.12.19), '재판소구성법'(1976.1.10), '민사소송법'(1976.1.10) 등이 대표적인 법률이다.

(5) 1980년대의 법제동향

1980년대초부터 불기 시작한 '법무생활' 학습은 드디어 김정일 명의의 '사회주의법무생활을 강화할 데 대하여'라는 문건으로 총화되었다.[22] 사회주의헌법제정 10주년을 맞이하여 발표한 이 문건은(1982년 12월 15일) '법무생활에 대한 지도를 개선 강화함으로서 국가사회제도를 더욱 튼튼히 다지고 주체혁명위업을 힘있게 다그쳐야 할 절박한 과업이 나서고 있던 시기에 발표되었다고 해설하고 있다.[23] 기존의 법령들이 대부분 인민들의 삶과 유리되어 있었다면 법무생활은 인민들의 삶과 직결되어 있다. 기초사회질서의 확립차원에서 법무생활지도위원회를 비상설기구로 운영하면서 검열위원회와 검찰소를 비롯한 감독통제기관들에게 감독통제를 올바르게 하도록 하고 있다. 이 위원회에서는 제기된 자료를 반드시 현지에 내려가 조사 확증하며 위원회 전체성원들의 일치한 합의에 따라 처리하되 절대로 처벌주의로 나가지 말아야 한다는 범주를 설정하고 있다. 이것은 기초생활 질서확립의 근본취지를 제대로 살려 본래의 성과를 도모하겠다는 의지로 해석할 수 있다.

사회주의법무생활을 강화해야 할 필요성으로는 1) 혁명발전의 합법칙적 요구, 2) 외부로부터 부르죠아사상, 수정주의사상이 들어오는 것 방지, 3) 혁명의 전취물을 고수하고 공고발전시키며 주체혁명위업, 사회주의, 공산주의 위업을 성과적으로 추진시키기 위하는 것 등 세가지를 들고 있다. 그리고 이에 대한 대책으로는 혁명적 준법기풍을 확립하고 준법교양을 적극적으로 전개하며 사상투쟁과 법적 통제를 강화하는 방안을 제시하고 있다.24)

법무생활의 강화를 통해 준법기풍을 진작시키자는 법제전략은 준법기풍의 확립의 근본취지가 북한사회의 집단주의, 통일성, 획일성의 일탈을 방지하자는데 있다고 볼 때 준법교양, 사상투쟁, 법적 통제의 강화라는 요소는 중요한 방도로 작용할 수 있다고 강조한다. 준법교양의 방법으로는 '법규범 원문침투사업'과 '법해설선전사업'이 있고, 사상투쟁의 방법으로는 대중앞에서 강한 자극과 충격을 주는 방법을 제시하고 있으며, 법적 통제의 강화는 검열감독사업을 철저히 수행함으로서 가능하다고 본다.

(6) 1990년대 이후의 법제동향

1990년대에 북한법제의 특징은 경제개혁, 개방과 밀접한 연관을 갖고 있다는 점이다. 대부분의 경제법제들이 이 시기에 정비되었다. 대내경제개선조치를 위한 법제의 개정이나 제정뿐만 아니라 대외 경제개방과 관련한 법제의 대대적인 정비는 북한사회가 새로운 패러다임을 모색하는 것으로 해석할 수 있다. 특히 외국기업의 유치라고 할 때 대부분의 외국기업이 자본주의적 성향을 띠고 있다고 할 때 그에 걸맞는 법제의 정비는 불가피하다. 그러할 경우 대부분의 대외경제관련법제는 국제적으로 갈등의 여지를 최소화한다는 전략이 필요하다. 1984년의 합영법의 제정은 북한도 중국처럼 외자유치를 의도하는 신호탄으로 받아들여졌으나 실제적용에는 실패하고 말았다. 첫 작품의 실패는 10년의 공백을 가져왔고 1990년대에 이르러서야 비로소 서방기업들도 수긍이 가는 법제로 정비하는 길을 걷게 되었다.

1990년대에 정비된 법제로는 민법(1990.9.5), 가족법(1990.10.24), 사회주의상업법(1992.1.29), 도시경영법(1992.1.29), 원자력법(1992.2.12), 헌법개정(1992.4.9), 외국인투자법, 합작법, 외국인기업법(1992.10.5), 각급 인민회의대의원선거법(1992.10.7), 국기법(1992.10.22), 산림법(1992.12.11), 라선경제무역지대법, 외화관리법, 외국인투자기업 및 외국인 세금법(1993.1.31), 계량법(1993.2.3), 지하자원법(1993.4.8), 민법개정(1993.9.23), 가족법개정(1993.9.23), 국장법(1993.10.20), 토지임대법(1993.10.27), 세관법(1993.11.17), 외국투자은행법(1993.11.24), 건설법(1993.12.10), 변호사법(1993.12.23), 합영법(1994.1.20), 문화유물보호법(1994.3.24), 민사소송법개정(1994.5.25), 수산법(1995.1.18), 공증법(1995.2.2.), 대외경제계약법(1995.2.22), 중재법(1995.3), 보험법(1995.4.6), 대외민사관계법(1995.9.6), 재정법(1995.8.30), 명승지, 천연기념물보호법(1995.12.13), 전력법(1995.12.20), 수출입상품검사법(1996.1.10), 출입국법(1996.1.19), 국경위생검역법(1996.1.24), 사회주의재산관리법(1996.3.21), 체신법(1997.2.5), 자동차운수법(1997.2.12), 량정법(1997.2.19), 가격법(1997.3.1), 체육법(1997.3.12), 물자원법(1997.6.18), 품질감독법(1997.7.2), 국경동식물검역법(1997.7.16), 규격법(1997.7.23), 도로법(1997.9.17), 해사감독법(1997.9.24), 바다오염방지법(1997.10.22), 공민등록법(1997.11.26), 전염병예방법(1997.11.5), 의약품관리법(1997.11.12), 의료법(1997.12.3), 수의방역법(1997.12.17), 상표법(1998.1.14), 도서관법(1998.1.21), 의료법(1998.1.21), 무역법(1997.12.10), 에네르기관리법(1998.2.4), 발명법(1998.5.13), 화장법(1998.5.20), 국토환경보호단속법(1998.5.27), 공업도안법(1998.6.3), 기술수출입법(1998.6.10), 신소청원법(1998.6.17), 수의약품관리법

(1998.6.24), 식료품위생법(1998.7.22), 헌법개정(1998.9.5), 회폐류통법 (1998.11.26), 수도 평양시관리법(1998.11.26), 유용동물보호법 (1998.11.26), 조약법(1998.12.18), 주민연료법(1998.12.18), 농업법 (1998.12.18), 양어법(1998.12.18), 민법개정(1999.3.24), 인민경제계획법 (1999.4.9), 교육법(1999.7.14), 대외경제중재법(1999.7.21) 등이 있다.

그리고 2000년대에 정비된 법제로는 민용항공법(2000.3.23), 외국인 투자기업파산법(2000.4.19), 가공무역법(2000.12.26), 저작권법 (2001.3.21), 갑문법(2001.3.21), 손해보상법(2002.8.22), 상속법 (2002.3.13), 국토계획법(2002.3.27), 제품생산허가법(2002.7.3), 신의주 특별행정구기본법(2002.9.12), 금강산관광지구법(2002.11.13), 개성공업 지구법(2002.11.20), 하천법(2002.11.27), 과수법(2002.12.4), 회계법 (2003.3.5), 도시계획법(2003.3.5), 콤퓨터쏘프트웨어보호법(2003.6.11), 장애자보호법(2003.6.18), 마약관리법(2003.8.13), 원산지명법(2003.8.27), 배길표시법(2004.3.17), 수로법(2004.3.10), 쏘프트웨어산업법(2004.6.30), 대동강오염방지법(2005.3.15), 소방법(2005.5.20), 북남경제협력법 (2005.7.6) 등이 있다.

이상의 법제에서 보듯이 대내경제개혁관련 법제로는 사회주의재산관 리법, 인민경제계획법, 국토계획법 등을 대표적으로 들 수 있고, 대외경 제개방관련 법제로는 외국인투자법, 합영법, 토지임대법, 대외경제계약 법, 대외민사관계법, 가공무역법, 4개특구법(나진, 선봉경제무역지대법, 신의주특별행정구기본법, 금강산관광지구법, 개성공업지구법), 북남경 제협력법 등을 대표적으로 들 수 있다. 1990년대 이후 경제관련법제는 2002년 7월 1일 경제관리개선조치와 함께 북한법제전략의 새로운 방향 을 제시하고 있다. 그러나 북한이 단기간에 모든 것을 해결하려는 의도 는 보이지 않는다. 그리고 대내경제관리개선조치에 대한 방향은 여전히 사회주의 경제체제를 근간으로 하고 있다.

2) 자본주의법체계와 북한법의 분류

북한법은 헌법을 제외하고는 뚜렷한 체계를 찾기가 쉽지 않다. 성격
상 유사한 것을 묶어 체계화한다는 것은 사회주의법에서는 별 의미가
없는 것으로 여겨져왔다. 그것은 공법과 사법의 구별이 분명하지 않다
든지, 집단주의체제에서 개인의 문제나 개인간의 문제가 그다지 중요성
을 띠지 못했다든지 하는 이유에서 비롯되었다. 집단주의와 이데올로기
의 색채가 짙은 북한법의 출발은 북한법의 체계화를 더디게 하였다. 최
근 들어 법제의 제정과 개정이 비교적 활발한 상황을 감안할 때 북한법
도 체계화할 필요성을 갖게 될 것으로 본다. 자본주의 법체계를 기준으
로 하여 북한법을 분류해 보면 헌법, 행정법, 토지법, 농업협동조합법,
민사법(민법, 가족법), 노동법, 상법(경제법), 사회보장법, 형법, 소송법,
국제법, 기타 등으로 구분하여 볼 수 있다.

그리고 최근의 법제정비상황 가운데 가장 획기적인 것은 우리의 대
법전과 같은 통일법전이 간행되었다는 점이다.[25]

3. 북한법의 내용

1) 북한헌법과 북한체제

북한정권수립 50주년이 되는 1998년은 북한헌법이 또 한번 수정.보
충되었다는 점에서도 주목할 해이다. 내용과 체제, 이념은 달라도 헌법
을 제정하고 필요에 따라 수정하고 그 헌법의 중요성을 강조하는 점에
서는 국가를 형성하고 있는 남북이 비슷한 과정을 겪고 있다. 국가, 정
권, 체제의 정당성을 헌법에서 찾고자 하는 시각 또한 같다. 법의 발전

과정에서 보면 사회주의 국가의 법체계가 대륙법 체계와 유사한 점에서 실정법의 중요성을 무시할 수 없었다고 볼 수 있다.

북한헌법은 임시헌법 초안작성에서부터 치밀한 준비를 거쳐 제정되었다. 물론 이 시대의 헌법은 인민민주주의헌법으로서 사회주의헌법으로 가는 과도기 헌법이었다. 그 이후 24년이 지난 후 사회주의헌법을 제정하면서 '헌법절'까지 제정하여 헌법에 대한 대중적 중요성을 한층 부각시키고 있다.

그런 가운데 1998년에 개정된 헌법에서는 서문을 두고 김일성헌법임을 본격적으로 선전하고 있다. 이 헌법은 권력기구가 제헌헌법과 유사하여 50년전으로 회귀한 것 같은 인상을 주는 부분도 없지 않다. 김정일 1인통치체제에서 김일성헌법임을 강조한 것은 김정일이 김일성의 유일 수령체제를 존중하면서 그 그늘에서 막후통치를 꾀하는 것으로 추론할 수 있다. 김정일의 홀로서기를 위해서는 또 한번의 헌법개정이 필요할 것으로 예측할 수 있다.

북한헌법은 개정의 범위와 특징에서 보면 1948년 제헌헌법(인민민주주의헌법), 1972년 사회주의헌법, 1992년 헌법, 1998년 헌법으로 구별하여 볼 수 있다. 그리고 북한헌법이라는 큰 테두리에서 보면 1948년 헌법을 5회 부분개정(수정·보충)한 바 있기 때문에 1998년 헌법은 8차 개정이고 9번째 헌법이 된다. 또한 성격으로 대별하면 인민민주주의헌법이 1948년 제정되어 5회 개정(수정·보충)되었고 사회주의헌법이 1972년 제정되어 2회 개정(수정·보충)된 셈이다.

(1) 조선민주주의인민공화국임시헌법초안

① 구 성
북한은 대외적으로 남한보다 늦게 헌법제정과 정부수립을 한 것으로 되어 있으나 실질적으로는 남한보다 더 먼저 북한입장이 반영된 한반도 전체에 적용될 헌법초안을 작성하였다.

'조선림시헌법제정위원회'가 제정한(1948년 2월 7일) '조선민주주의
인민공화국 임시헌법 초안'은 제1장 근본원칙, 제2장 공민의 기본적 권
리 및 의무, 제3장 최고주권기관, 제1절 최고인민회의 제2절 최고인민회
의 상임위원회, 제4장 국가중앙집행기관 제1절 내각 제2절 성, 제5장
지방주권기관, 제6장 재판소 및 검찰소, 제7장 국가예산, 제8장 민족보
위, 제9장 국장 국기 및 수부, 제10장 헌법수정의 절차 등 총10장 102개
조로 구성되어 있다.

② 내 용

제1장 근본원칙에서는 국호, 주권소재, 주권행사, 주권기관의 선거,
주권기관의 책임, 국유화, 협동단체소유, 개인의 소유인정, 상소권보장,
인민경제계획 실시 등을 규정하고 있다. 즉 주권과 경제(토지개혁)를 주
요 사안으로 취급하고 있음을 알 수 있다.

제2장 공민의 기본적 권리 및 의무에서는 평등권, 표현의 자유, 신앙
의 자유, 노동권, 휴식권, 사회보험제, 교육권, 산업 · 상업자유경영권,
주택 및 신서의 비밀보호, 남녀동등권, 혼인 및 가정보호, 인신의 불가
침, 청원 · 신소권, 외국인 비호권, 헌법 및 법령 준수의무, 조국 보호의
무, 조세납부의무, 노력의무, 소수민족권을 규정하고 있다.

제3장 최고주권기관에서는 최고인민회의, 최고인민회의 상임위원회
를 규정하고 있는바 상임위원회가 외교권을 전적으로 행사하는 것으로
되어 있는 것이 특색이다.

제4장에서는 국가중앙집행기관으로 내각(국가주권의 최고집행기관)
과 성(국가주권의 부문적 집행기관)을 규정하고 있다.

제5장 지방주권기관에서는 도, 시, 군, 면, 리에 각급 인민위원회를
두기로 하고 휴회중에는 도, 시, 군, 면에 상임위원회를 두기로 하였다.

제6장은 재판소 및 검찰소 규정으로서 재판소는 최고재판소, 도, 시, 군 재판소, 특별재판소를 두고 선거에 의하여 구성한다. 검찰소에는 검사총장, 검사를 두고 검사는 공직자 및 공민의 법령준수를 감시하고 하위법이 상위법에 저촉되는가를 감시한다.

제7장 국가예산에서는 국가재정절약을 강조하고 있으며,

제8장 민족보위에서는 조선인민군 조직을 헌법화 하고 있다.

제9장 국장, 국기 및 수부에서 주목할 것은 '조선민주주의 인민공화국의 수부는 서울시다. 통일정부가 수립될때까지 평양시를 수부로 한다'(제101조)라는 규정이다.

제10장은 헌법 수정의 절차를 1개조항 두고 있다.

③ 특 징

이 임시헌법초안은 정권형성초기 무엇이 시급한 사안인가를 엿볼 수 있는 문건이다. 토지개혁, 일제 잔재청산이 중요과제였고 개인의 소유, 산업·상업자유, 경영권, 납세의무 등에서 보듯이 사회주의 이전단계의 사회경제 상황을 인정하고 있다. 또한 이 헌법이 통일정부로 가는 과도기적 성격을 띠고 있음도 수부수도규정에서 엿볼 수 있다.

(2) 조선민주주의인민공화국헌법

① 구 성

북한정권수립의 법적 근거인 1948년 헌법은 총 10장 104개 조문으로 되어 있다. 이것은 앞에서 언급한 임시헌법에 비해 2개 조문이 더 늘어난 셈이다. 즉 제35조(최고인민회의 대의원은 인구 5만에 1명의 비율로 선출한다)와 제61조(수상, 부수상, 상은 최고인민회의 앞에 다음과 같은 선서를 한다. "나는 조선인민과 조선민주주의인민공화국에 충실히 복무하여, 각원으로서의 자기활동에 있어서 오직 전체인민과 국가의 복리를

위하여 투쟁하며, 조선민주주의인민공화국헌법과 법령을 엄중히 준수
하며, 조선민주주의인민공화국의 자주권과 민주주의적 자유를 보호하
는데 자기의 모든 역량과 기능을 다할 것을 선서한다"). 그리고 제62조
(최고인민회의 대의원은 내각 또는 상에서 질의할 수 있다. 질의를 받은
내각 또는 상은 최고인민회의가 규정한 내부절차에 의하여 해답을 주어
야 한다)가 새로 추가되고 임시헌법초안 제39조, 제40조가 1개 조항으
로 합쳐져 결국 2개 조항이 늘어났다.

② 내 용
임시헌법초안의 내용과 거의 같다. 달라진 부분만 언급하기로 한다.

가) 주권행사방법
임시헌법은 '인민은 1945년 8월 15일 해방과 함께 인민의 자유의사
에 의하여 창건된 새로운 국가주권형태인 인민위원회를 통하여 주권을
행사한다'고(제2조) 하였으나 1948년 헌법은 '주권은 인민의 최고주권
기관인 최고인민회의와 지방주권기관인 인민위원회를 근거로 하여 행
사한다'고(제2조) 하였다.

나) 토지소유권자
임시헌법은 '토지를 밭갈이 하는 자만이 가질수 있다, 법령에 규정한
이상의 토지를 소유할 수 없다'고(제6조) 하였으나 1948년 헌법은 '토지
는 자기의 노력으로 경작하는 자만이 가질 수 있다. 토지소유의 최대한
도는 5정보 또는 20정보로 한다'고(제6조) 구체화 하였다.

다) 신앙의 자유
임시헌법은 '공민은 신앙의 자유를 가진다. 교회는 국가로부터 분리
하며 학교는 교회로부터 분리한다. 종교단체는 그 종교적 사업과 의식
거행을 자유로 할 수 있다. 교회 및 종교를 정치적 목적에 악용할 수

없다'고(제14조) 자세히 규정하고 있으나, 1948년 헌법은 '공민은 신앙 및 종교의식거행의 자유를 가진다'고(제14조) 단순화하였다.

라) 의사정족수, 의결정족수 변경

임시헌법은 '최고인민회의는 대의원 3분의2 이상의 참석으로서 성립된다(제39조). 최고인민회의에 있어서의 법령채택은 그 회의에 참석한 대의원 반수이상의 찬성이 있어야 한다(제40조)'고 하였으나 1948년 헌법은 '최고인민회의는 대의원 전원의 과반수의 출석이 있어야 그 회의를 열수 있다. 법령의 채택은 그 회의에 참석한 대의원의 다수가결로 한다(제40조)'로 정족수를 완화하였다.

마) 최고인민회의 상임위원회 위원수

임시헌법은 위원장, 부위원장 2명, 서기장 및 위원 11명으로 구체화하였으나(제48조) 1948년 헌법은 위원장, 부위원장 2명, 서기장 및 위원 17명으로 구성한다 하여(제48조) 위원수를 6명 더 늘렸다.

바) 수부규정

임시헌법은 '통일정부가 수립될 때까지 평양시를 수부로 한다'라는 조항(제101조)을 1948년 헌법에서는 삭제하고 '조선민주주의인민공화국의 수부는 서울시다'로만 규정하고 있다(제103조).

③ 특 징

가) 인민민주주의헌법

1948년헌법은 북한정권수립에 근거가 된 제헌헌법이다. 1945년부터 1948년까지 3년에 걸친 이른바 사회주의 혁명의 결과물이기도 하다. 그러나 일제잔재의 청산이나 토지개혁 등에서 일정정도 성과를 거둔 전과를 헌법에 선언한 점에서는 나름대로 의미가 있지만 토지소유권자문제, 중소사업, 상업의 자유인정문제, 상속권인정문제, 납세의무규정 등은 아직도 북한사회가 완전한 사회주의 체제로 진입하지 못했다는 것을 간접적으로 시인한 셈이다.

따라서 1948년 헌법은 사회주의 이전단계인 인민민주주의에 부합하는 인민민주주의헌법의 성격을 띠고 있는 것이다.

나) 통일정부를 염두에 둔 헌법

수부(수도) 규정에서 '서울시'를 고집한 것은 북쪽지역만에 만족하지 않겠다는 것으로 한반도전체를 염두에 둔 헌법임을 과시하고 있다.

> '우리국토가 안정되는 때에는 공화국의 수부가 서울로 될 것이다. 공화국헌법은 조국통일에 대한 전체 조선인민의 일치한 념원과 결의와 신심을 표현하면서 그 위업 달성을 위하여 미제와 리승만 역도들을 반대하는 투쟁에로 전체 조선인민을 동원하는 것이다'(「조선민주주의인민공화국헌법」 김일성종합대학국가법강좌. 121~122쪽)

다) 북한당국이 주장하는 헌법의 기본특성과 의의

(가) 특 성

① 인민민주주의 혁명행정에서 조선인민이 쟁취한 거대한 성과들을 총화하여 확고히 하고 있다.

② 북반부에서의 새로운 인민정권 확립과 제반민주개혁을 법적으로 확고히 하고 있다.

또한 이러한 질서를 남반부에도 수립하려고 지망하는 우리인민의 근본이익을 반영하고 있다.

③ 광범한 민주주의적 권리와 자유를 아무런 제한과 보류없이 철저히 부여하고 실제 보장하고 있다.

④ 고상한 애국주의와 프로레타리아 국제주의와 평화애호의 사상으로 일관되어 있다(「조선민주주의인민공화국헌법」, 123쪽).

(나) 의 의

① 우리민족이 역사에서 처음으로 가지는 진정으로 인민적인 헌법

② 북반부에서의 민주혁명의 승리와 북반부 인민이 민주건설에서 달성한 성과들을 간명하게 총화하여 확고히 하고, 앞으로 사회주의에로 나아가는 광활한 길 제시, 고무추동

③ 남반부에 대해서는 장차 실현될 강령

④ 식민지 예속국가 인민들의 해방투쟁에 대하여 커다란 고무

⑤ 조국의 완전통일 독립을 쟁취하는 길로 전체 조선인민을 고무추동(「조선민주주의인민공화국헌법」, 124~125쪽)

라) 1948년헌법의 수정·보충 내용

(가) 제1차개정(1954년 4월 23일 최고인민회의 제1기 제7차 회의)

① 제37조 제8항 : 최고인민회의 권한중 '8, 도·시·군·면·리 구역의 신설 및 변경'을 '8. 도·시·군·리(읍, 로동자구) 구역의 신설 및 변경'으로 수정함. 면을 폐지하였다.

② 제58조 : 내각의 성원중 '농림상'을 '농업상'으로, '도시경영상'을 폐지하고 '수산상' '전기상'을 조직하였다.

(나) 제2차개정(1954년 10월 30일 최고인민회의 제1기 제8차회의)

① 제36조 : 최고인민회의 대의원의 임기를 3년에서 4년으로 개정하였다.

② 지방정권기관의 의결기관인 각급 인민회의, 그 집행기관인 각급 인민위원회를 설치할 것을 주요내용으로 하여 제5장과 이에 관련된 전 조항을 수정하였다. <지방주권기관 구성법>제정(1954. 10. 30.)

(다) 제3차개정(1955년 3월 11일 최고인민회의 제1기 제9차회의)

① 제53조 : 내각권한중 '지시'를 '명령'으로 자구를 수정하였다.

214 · 북한의 정치 2

② 각급 지방정권기관의 권한을 변경하였다.

③ 제48조 : 최고인민회의 상임위원회 구성은 '위원장, 부위원장 2명 서기장 및 위원 17명'에서 '위원장, 부위원장 약간명, 서기장 및 위원들'로 수정하였다.

④ 제58조 : 내각의 성원을 일일히 열거하였던 것을 '수상, 부수상 약간명, 상들, 위원회 위원장 약간명'으로 하고 「내각구성법」을 별도로 제정하였다(1955년 3월 31일).

(라) 제4차개정(1956년 11월 7일 최고인민회의 제1기 제12차회의)

제12조 제1항 : 선거권,피선거권의 연령을 만 20세에서 만 18세로 변경하였다.

(마) 제5차개정(1962년 10월 18일 최고인민회의 제3기 제1차회의)

① 제35조 : 대의원의 선출을 인구 5만에 1명 비율에서 인구 3만에 1명으로 개정하였다.

② 제58조 : 내각 구성원에 대하여 수정, 보완하였다.

(3) 조선민주주의인민공화국사회주의헌법

① 제정경과 및 구성

1972년 10월 23일 노동당 중앙위원회 제5기 제5차 전원회의와 조국통일민주주의전선중앙위원회를 열어 사회주의헌법초안을 토의하였다. 1972년 12월 12일 최고인민회의 제5기 대의원선거를 실시하였고 이에 따라 구성된 최고인민회의 제5기 제1차회의가 1972년 12월 25일 개최되어 27일 사회주의헌법을 채택하였다.

모두 11장, 149개 조문으로 구성되어 있다. 제1장 정치, 제2장 경제, 제3장 문화 부분은 총강부문으로 북한사회주의 헌법의 기본원리 내지 근본원칙을 규정하고 있다. 제4장은 기본권부문으로 공민의 기본권리와

의무라는 제하에 사회권에 중점을 두고 규정하고 있다. 제5장 이하 제
10장 까지는 국가권력기구에 대한 규정이다.
  · 주권기관 :
    제5장 최고인민회의(최고주권기관)
    제6장 조선민주주의인민공화국주석(국가주권을 대표)
    제7장 중앙인민위원회(국가주권의 최고지도기관)
    제9장 지방인민회의 · 인민위원회(지방주권기관)
  · 행정적 집행기관 :
    제8장 정무원
    제9장 지방행정위원회
  · 사법기관 :
    제10장 재판소 및 검찰소

  ② 내 용
  ① 사회주의국가, 사회주의체제, 주체사상, 민주주의 중앙집권제원
칙, 프롤레타리아독재, 계급노선과 군중노선, 청산리정신 · 방법, 천리마
운동, 계획경제, 세금철폐
  ② 집단주의 원칙, 선거권연령 만 17세 이상으로 인하, 반종교선전의
자유추가
  ③ 주석에게 권한 집중 : 중앙인민위원회, 정무원 지도, 최고사령관,
국방위원회 위원장 겸임, 외교권강화, 형식상 중앙인민위원회도 강력한
기관이다(사법기관 지도권보유).

  ③ 특징(북한 당국이 주장하는 특징)
  ① 주체사상을 구현한 인민적이고 혁명적인 헌법
  ② 새로운 형태의 독창적인 사회주의 헌법

③ 사회주의 혁명과 사회주의 건설에서 이룩된 성과의 법적총화

④ 사회주의 제도의 본질과 우월성, 그 발전의 필수적 요구의 법적 반영

④ 사회주의헌법 제1차개정(통산 제7차개정)

가) 1992년 4월 9일 최고인민회의 제9기 제3차회의에서 수정·보충되었고, 구성은 총7장 171개조문으로 되어 있다.

나) 개정배경

소련, 동독 등 구사회주의권의 퇴조 이후 국제환경의 급변에 대응하고 대외 정책의 이념과 원칙을 수정하여 대외경제개방정책의 추진을 위한 법적 토대를 구축하기 위한 것이었다. 또한 김정일로의 후계체제기반구축을 위해 권력구조를 부분적으로 다원화하였다.

다) 개정내용 및 특징

제4장 '국방'의 장을 신설하고, 국가기구를 제6장 국가기구에 통괄하여 중앙인민위원회 산하기관에서 '국방위원회'가 독립하여 격상되었다. 한편 '지방행정위원회'가 '지방행정경제위원회'로 개칭되었다. 맑스-레닌주의 이념을 포기하고 주체사상의 독자성을 강조하였으며 사람 중심의 세계관을 반영하였다. 주권의 소재에서 '병사'를 삭제하고 '모든 근로인민'을 추가하였다. 사회주의발전단계에 대해서 '프로레타리아 독재의 실시'에서 '인민민주주의 독재의 강화'로 개정하였다. 사회주의법무생활을 강조하는 조항을 신설하였다. 천리마 운동대신 김정일의 지도노선인 '3대혁명 붉은기쟁취운동'을 반영하였다. 대외기본정책을 수정하여 맑스-레닌주의와 프로레타리아 국제주의 원칙을 자주·평화·친선의 3대원칙으로 수정하였다. 대외경제개방정책을 구체화하여 외국과의 합영·합작 규정을 신설하였다. 남북관계에서 민감한 부분인 '전국적

범위'라는 표현을 삭제한 것도 눈에 뜨이는 변화이다. 경제부문·문화부문에서 '기술혁명' '인민의 복지향상'을 강조하였고 환경보호규정을 신설하였다. 국방부문에서 4대군사노선을 천명하였다. 기본권 분야에서 특징은 '반종교선전의 자유'라는 문구를 삭제한 것이다.

국가권력구조에서는 주석의 권한을 축소하였고, 최고인민회의를 강화하였다. 또한 국방위원회의 분리·승격과 국가기관의 임기를 5년으로 통일한 것 등이 특징적이다. 국가조항을 신설하여 '애국가'를 명문화하였다.

총제적으로는 1972년에서 1992년 이라는 20년의 시간적 개념속에서 국제정세의 변화에 적응하기 위한 것이고 또한 김정일 집권을 정당화하기 위한 김정일 헌법의 인상을 강하게 풍기고 있다.

⑤ 사회주의헌법 제2차개정(통산 제8차개정)

1998년 9월 5일 최고인민회의 제10기 제1차회의에서 승인되었으며, 총 7장 166개조문으로 구성되어 있다.

가) 북한헌법개정내용

(가) 서문 신설

역대헌법에서 볼수 없었던 서문을 신설하였다. 김일성을 찬양하는 문장으로 일관하고 있으며 이 헌법이 『김일성 헌법』이라는 것을 명문화하였다.

(나) 총강부분

㉮ 정　치

제2조 조선민주주의 인민공화국은 … 혁명적인 '정권'이다를 혁명적인 '국가'이다로 수정하였다. 그리고 제8조에 '모든 근로인민'을 보충하였다.

㉯ 경 제

제20조에서 '협동단체'를 '사회협동단체'로 확대하였으며, 제21조에서 '교통'을 '철도, 항공'으로 구체화 하였고, 제22조에서 '협동경리'를 '해당단체'로 수정하였고, 협동단체소유항목에서 '부림짐승'을 삭제하였으며, '농기구, 고기배'를 '농기계, 배'로 수정하였다. 제24조는 개인소유의 주체를 '근로자들'에서 '공민들'로 수정하였으며 '그밖의 합법적인 경리활동을 통하여 얻은 수입'도 개인소유에 속하는 것으로 하였다. 제26조는 '자주적 발전'을 '융성번영'으로 바꿨다. 제28조는 '현대화'를 추가하였다. 제33조는 '국가는 경제관리에서 대안의 사업체계의 요구에 맞게 독립채산제를 실시하며 원가 가격 수익성 같은 경제적 공간을 옳게 이용하도록 한다'라는 조문을 신설하였다. 제36조는 대외무역은 '국가가 하거나 국가의 감독밑에서 한다'를 '국가 또는 사회협동단체가 한다'로 수정하였다. 제37조는 '특수경제지대에서의 여러가지 기업창설 운영'을 추가하였다.

㉰ 문 화

제40조에서 '문화 · 기술수준'을 '문화 · 예술수준'으로 수정하였다. 제51조에서 '나라의 과학기술발전을 촉진시킨다'를 삭제하였다. 제55조와 제56조는 '예방의학적 방침'을 '예방의학적 제도'등으로 문장을 다듬었다.

㉱ 국 방

제60조에서 4대군사노선인 순서를 약간 바꿨다. 전민무장화, 전국요새화, 전군간부화, 전군현대화의 순서를 전군간부화, 전군현대화, 전민무장화, 전국요새화의 순서로 군을 강조했다고 볼 수 있다.

　(다) 기본권부분

　㉮ 거주여행의 자유 신설

　제75조에 거주 여행의 자유를 신설하여 상징적인 변화의 의미를 부여하고 있다.

　㉯ '집단주의는 사회주의 사회생활의 기초이다'(구헌법 제82조)를 삭제하였으며, '조직과 인민을 배반하는 것은 가장 큰 죄악이며 조국과 인민을 배반하는 자는 법에 따라 엄중히 처벌한다'(제86조) 부분을 삭제하였다. 북한형법(제47조)과의 중복을 피하겠다는 의도나 국제인권단체의 지적에 대한 반응일수도 있으며 나아가 대외관계의 전반적 변화의 하나일수도 있다.

　(라) 국가기구부분

　㉮ 최고인민회의

　최고인민회의 상임위원회 신설하여 이전의 최고인민회의 상설회의를 상임위원회로 기구를 개편하였다. 그리고 최고인민회의 의장의 권한 중 회의집행권과 대외관계에서 최고인민회의 대표권을 삭제하고 사회권만 인정하였다(제94조). 또한 최고인민회의 부문위원회를 조정하였는바 구헌법상에는 법제, 예산, 외교, 통일정책위원회를 두었으나 개정헌법상에는 법제, 예산위원회만 규정하고 있다(제98조). 최고인민회의 대의원의 불체포특권을 수정하여 '현행범인 경우를 제외하고는'이라는 전제문구를 삽입하였다(제99조).

　㉯ 최고인민회의 상임위원회

　최고인민회의 상임위원회는 최고인민회의 휴회중에 최고주권기관이다(제106조)라는 규정을 신설하였다. 그리고 약간명의 명예부위원장제를 신설(제108조)하였다. 또한 임무와 권한이 대폭 강화되었다(제110조). 즉, * 불가피한 사정으로 최고인민회의 휴회기간에 제기되는 국가의 인민경제발전계획, 국가예산과 그 조절안 심의 · 승인, * 헌법과 현행 부문법 규정 해석, * 국가기관들의 법 준수 집행 감독, 대책 수립, * 최고인민회의 부문위원회와의 사업수행, * 내각의 위원회, 성을 창설, 폐지, * 휴회중 부총리, 위원장, 상 등 임명, 해임, * 다른 나라와 맺은 조약을 비준 또는 폐기, * 다른 나라에 주재하는 외교대표의 임명, 소환 결정, 발표, * 훈장과 메달, 명예칭호 수여, * 대사권과 특사권 행사 등의 권한이 그것이다.

㉰ 국방위원회

'전반적인 국방관리기관'을 추가(제100조)하였으며, '국방사업 전반을 지도한다'를 추가(제102조)하였고, 국방위원회 임무와 권한중 '2. 국방부분의 중앙기관을 내오거나 없앤다'를 신설(제103조)하였다.

㉱ 내 각

정무원을 폐지하고 내각을 신설하였다. 그리고 '내각은 … 전반적 국가관리기관'(제117조)이라고 성격을 규정했다. 내각의 임무와 권한으로는 * 국가의 정책을 집행하기 위한 대책을 세운다. * 헌법과 부문법에 기초하여 국가관리와 관련한 규정을 제정 또는 수정 · 보충한다. * 국가관리 질서를 세우기 위한 검열, 통제사업을 한다(제119조) 라고 규정하였다. 그리고 정부대표권을 신설(제120조)하여 '내각총리는 내각사업을 조직 지도한다. 내각총리는 조선민주주의인민공화국 정부를 대표한다'고 규정하였다. 내각의 위원회, 성은 지시를 낸다(제130조).

㉲ 지방인민회의

지방인민회의 새 선거는 지방인민회의 임기가 끝나기 전에 해당 지방인민위원회의 결정에 따라 집행한다. 불가피한 사정으로 선거를 하지 못할 경우에는 선거를 할 때까지 그 임기를 연장한다(제133조)는 조항을 추가하였으며, 의장은 회의를 '집행한다'에서 '사회한다'로 수정(제

137조)하였다.

㉕ 지방인민위원회

인민위원회는 인민회의 휴회중에 '해당지방주권의 행정적 집행기관
이다'를 추가(제139조)하였으며, 서기장을 사무장으로 명칭을 변경하였
다(제140조). 임무와 권한으로는 * 지방의 인민경제발전계획작성, 실행
대책수립. * 지방예산편성, 집행대책수립, * 해당지방의 사회질서유지,
국가 및 사회협동단체의 소유와 이익의 보호, 공민의 권리보장 위한 대
책수립, * 해당기관에서 국가관리질서를 세우기 위한 검열통제사업수행'
(제141조) 등을 규정하였다. 그리고 지방인민위원회는 전원회의와 상무
회의를 가진다(제142조)라는 조항을 신설하였으며, 비상설부분위원회를
둘 수 있다(제145조)는 조항도 신설하였다.

㉖ 주석, 중앙인민위원회, 정무원, 지방행정경제위원회 등의 기구는
폐지하였다.

나) 북한개정헌법의 특징

(가) 김일성헌법 명문화 ─ 서문신설

세계각국의 헌법은 전문前文을 두기도 하고 그렇지 않기도 한다. 우리
헌법은 제헌헌법부터 전문을 계속 두고 있으나 북한헌법은 제헌헌법이
래 이번 헌법개정전까지는 전문이 없었다. 그런데 1998년 개정헌법엔
이례적으로 서문을 두고 있다. 그러나 이 서문은 김일성 개인의 사상과
철학, 업적등을 찬양하는 것이 전부이다.

결국 서문 마지막 '조선민주주의인민공화국 사회주의 헌법은 위대한
수령 김일성동지의 주체적인 국가건설사상과 국가건설업적을 법화한
김일성 헌법이다'에서 규정한 것처럼 개정헌법은 김일성 헌법을 강조함

으로써 그것을 방패삼아 김정일의 권력체계를 더욱 확고하게 하고자 하는 의도가 담겨 있다고 해석할 수 있다.

(나) 경제부문의 점진적 변화

72년헌법에 비해 92년헌법에서 많은 변화를 보였다면 98년헌법에서는 현실에 부합되도록 약간의 변화 모습을 보여주고 있다. 즉 '사회협동단체'개념의 도입이라든지 '독립채산제실시' '특수경제지대에서의 여러 가지 기업창설운영인정' '개인소유'확대 등이 그것이다.

(다) 거주 · 여행의 자유 신설

인간의 기본권중 하나인 거주 · 이전의 자유를 신설한 것은 여러 가지 해석이 있을 수 있으나 상징성을 강하게 띠고 있는 헌법에 명문화함으로써 북한사회의 현 상황을 적절하게 반영한 것으로 해석할 수 있다.

(라) 국가기구의 대대적 개편

㉮ 주석제폐지

주석, 수령은 오직 한사람 김일성뿐임을 헌법상 기구의 폐지에서 재삼 확인할 수 있다.

㉯ 48년 헌법상 국가기구와의 유사성

최고인민회의 상임위원회, 내각, 성의 신설은 그 명칭에서 48년헌법과의 유사성을 강하게 나타내고 있다. 또한 상임위원회의 대외적 대표권과 내각총리의 정부대표권에 있어서도 유사성을 찾아볼 수 있다.

㉰ 정무원을 내각으로 바꾸고 중앙인민위원회, 지방행정경제위원회를 폐지하였다. 정무원을 내각으로 바꾸면서 권한을 강화하였으며 주석, 중앙인민위원회를 폐지하고 그 권한을 최고인민회의 상임위원회와 내각에게 적절하게 배분하였다. 지방행정경제위원회 권한을 지방인민위원회로 이관하였다.

㉔ 재판소와 검찰소 부분에서 그 동안의 규정을 순서를 바꿔 검찰소 규정을 앞으로 배치한 것은 검찰기능에 무게 중심을 두고 있다는 해석이 가능하다.

㉑ 김정일의 기형적 위상

헌법적으로는 김정일은 헌법상 기구인 국방위원회위원장일 뿐이다. 그러나 당우위체제인 북한에서 김정일은 당 총비서이다. 1998년 헌법은 김정일이 당정군이라는 삼두체제에서 당과 군을 장악하고 정부는 최고인민회의 상임위원장과 내각총리에게 각각 대외, 대내책임을 맡겨 정국을 운영하겠다는 의지의 표현이다. 결국 김정일은 김일성 헌법 아래에서 전면에 나서지 않고 국방위원장으로서 군을 확실하게 장악하고 당 총비서로서 당을 장악하여 실질적인 최고실력자로 남겠다는 것이라고 해석할 수 있다.

이상에서 살펴본 바와 같이 북한헌법은 기본이념에서도 변화를 보이고 있다. 즉 인민민주의 헌법인 1948년 헌법에서는 맑스 레닌주의를 답습하였다면 1972년 사회주의헌법에서는 맑스 레닌주의를 창조적으로 계승한 주체사상에 입각한 주체헌법을 표방하였다. 그리고 나아가 1992년 헌법은 김정일 세습체제를 의식하여 이른바 우리식사회주의헌법임을 강조하고 있다. 1998년 헌법은 김일성헌법임을 명문화하여 북한 고유의 독창적 헌법인 점을 내세우고 있다. 사회주의권의 변화에 독자적 반응을 보이는 이와 같은 북한당국의 입장은 민족주체성을 강조하여 주민동원체제를 강화하겠다는 포석으로 해석이 가능하다.

또한 구소련이나 중국과 같은 북한에 영향을 주었던 국가의 헌법들과 비교하여 보면 1948년 헌법은 구소련의 스탈린헌법을 모델로 했으며 1972년 헌법은 권력구조 부분이 중국헌법과 유사하다. 1992년 헌법의 대외경제개방조항은 중국헌법의 관계조항과 유사하다. 나아가 1998년 헌법의 특징 가운데 하나가 경제조항의 변화인 점을 중시할 필요가 있

다. 대외무역을 강화하고 특수경제지대를 규정함으로써 중국처럼 사회
주의 시장경제체제로 조심스럽게 다가가는 조짐을 보이고 있다.

인민민주주의헌법에서 사회주의헌법으로 획기적 변혁을 모색했으나
권력구조의 변화는 오히려 일정한 기준 없이 지나치게 자의적 이었다는
인상을 주고 있다. 1948년헌법이 내각제와 유사하였다면 1972년헌법은
주석제였고 1992년헌법은 최고인민회의 권한이 상대적으로 강화되었고
1998년헌법은 아예 주석제를 폐지하고 최고인민회의 상임위원회 위원장
과 내각총리가 대외·대내의 대표성을 갖는 식으로 역할 분담을 시켰다.

결국 김일성·김정일 부자 세습체제 구축과정에서 필요에 따라 헌법
을 개정해 왔다고 할 수 있다. 1948년헌법 제정시기엔 김일성이 권력을
완전장악하지 못했기에 내각수상에 머물렀으나 그 이후 완전장악하여
1972년헌법에서 주석 1인독재체제를 확고히 하였다. 1992년 헌법은 김
정일에게 권력이양의 모양새를 갖추기 위해 국방위원회를 강화하였으
며 1998년헌법은 김일성 헌법이라는 포장속에서 김정일이 실권을 행사
하겠다는 의지의 표현이다.

따라서 김정일 시대에도 국내외 정세의 변화에 의해 부정기적으로
헌법이 수정·보충될 것으로 보여진다. 헌법이 기본권보장의 장전이 되
지 못하고 집권자의 정당성 확보수단으로 전락할 때 이미 헌법의 의미
를 상실한다는 것은 동서고금의 각국 사례에서 목격할 수 있다. 북한헌
법도 예외가 아니다.

2) 북한 주요법제의 내용

(1) 민 법

북한민법의 연혁을 살펴보면 다음과 같다. 1950년에 총칙, 물권, 채
권, 상속의 4개편으로 구성된 초안이 작성된바 있었다. 1958년 2월 1일

에는 내각결정 제16호로 "조선민주주의인민공화국 민법 및 민사소송법 초안을 준비하는데 관해서"가 채택되어 이른바 제2초안이 작성되었다. 이 제2초안은 총칙, 소유법, 채무법, 저작권법, 창의고안권법, 상속법의 6편으로 구성되었다. 그 이후 1986년 1월 30일에는 중앙인민위원회 정령으로 "민사규정"이 채택되었다. 이 규정은 일반규정, 혼인 및 가족관계, 민사거래행위, 불법행위에 의한 손해보상 및 부당이득의 처리 등 4개장 72개조로 구성되었다. 제대로 민법전의 체계를 갖춘 것은 1990년 9월 5일 최고인민회의 상설회의 결정 제4호로 채택된 "조선민주주의인민공화국 민법"이다. 이 민법의 구성은 총 4개편 271개조문으로 되어있다. 즉, 제1편 일반제도(제1장 민법의 기본, 제2장 민사법률관계의 당사자, 제3장 민사법률행위), 제2편 소유권제도(제1장 일반규정, 제2장 국가소유권, 제3장 협동단체소유권, 제4장 개인소유권), 제3편 채권채무제도(제1장 일반규정, 제2장 계획에 기초하는 계약, 제3장 계약에 기초하지 않는 계약, 제4장 부당리득행위), 제4편 민사책임과 민사시효제도(제1장 민사책임, 제2장 민사시효) 등이다. 이 민법은 1993년 9월 23일 제1차개정에 이어 1999년 3월 24일 제2차 개정을 거쳐 3번째 민법인 셈이다. 민법의 법원의 하나인 헌법과의 관계에서 볼 때 헌법의 개정에 따라 민법도 개정되었음을 알 수 있다. 특히 제2편 제3장 협동단체소유권은 '사회협동단체소유권'으로 개정되었는 바 헌법개정에 따른 대표적인 사례이다.

민법의 목적은 "재산관계에 대한 민사적 규제를 통하여 사회주의 경제제도와 물질기술적 토대를 튼튼히 하며 인민들의 자주적이며 창조적인 생활을 보장하는데 이바지 한다"(민법 제1조)고 규정하고 있다. 당사자관계는 기관, 기업소, 단체, 공민들 사이에 서로 같은 지위, 독자적인 지위를 보장한다. 그러나 생산수단에 대한 '사회주의적 소유'를 국가의 경제적 기초로 삼는다거나 "국가는 재산관계에서 사회주의적 소유에 기초한 인민경제의 계획적 관리운영을 강화하여 사회주의경제제도를 공고히 하도록 한다"(제4조)는 규정속에서 사회주의계획경제를 고수하고자하는 의지를 읽을 수 있다. 나아가 "집단주의는 사회주의사회생활의 기초이다"(제8조)라고 선언하면서 집단주의 원칙에서 재산관계를 설정하고 실현하도록 규정하고 있다.

계약의 종류 가운데 '계획에 기초하지 않는 계약'의 종류로는 팔고사기계약, 작업봉사계약, 보관계약, 빌리기계약, 위탁계약, 려객수송계약, 저금계약, 보험계약, 위임계약, 꾸기계약, 은행대부계약, 합동작업계약 등을 규정하고 있다. 민사책임의 형태로는 재산의 반환, 원상복구, 손해배상, 위약금이나 연체료같은 제재금의 지불, 청구권의 제한 또는 상실 등을 열거하고 있다(제242조).

(2) 형 법

북한의 최초형법은 1950년 3월 3일 제정되어 4월 1일부터 시행되었다. 그 이후 1974년 12월 19일 사회주의 형법이 제정되고[26] 1987년 2월 5일 최고인민회의 상설회의 결정 제2호로 개정되었다.[27] 87년 개정헌법은 74년 형법과 비교할 때 몇가지 특징이 있다.[28] 첫째 반혁명범죄를 폐지하고 반국가범죄만을 규정함으로써 그 동안 이데올로기적 정치형법, 반통일적 형법이라는 비난에서[29] 벗어날 수 있게 되었다. 둘째 유추적용제도의 비교적 상세한 제약을 들 수 있다. 셋째 형법의 소급효를 금지하는 취지의 규정으로 돌아갔다. 넷째 개별적인 범죄구성요건에서 많은 부분 법정형을 완화시켰다. 그 이후 1990년 12월 15일 최고인민회의 상설회의 결정 제6호로 채택되었으며, 1995년 3월 15일 최고인민회의 상설회의 결정으로 수정.보충되었으나 전문을 볼 수는 없었고 1999년 8월 11일 최고인민회의 상임위원회 정령 제953호로 개정된 형법전문은 북한이 유엔인권위원회에 제출한 '시민적.정치적권리의 국제규약 실천에 대한 2차보고서'의 부록으로 영역된 것을 재번역한 것이다. 그 이후 2004년 4월 29일 최고인민회의 상임위원회 정령 제432호로 수정 보충되었다.

북한형법은 모두 9개장 303개조문으로 구성되어 있다. 즉, 제1장 형법의 기본, 제2장 일반규정(제1절 범죄, 제2절 형벌), 제3장 반국가 및 반민족범죄(제1절 반국가범죄, 제2절 반민족범죄, 제3절 반국가 및 반민족범죄에 대한 은닉죄, 불신고죄, 방임죄), 제4장 국방관리질서를 침해한 범죄, 제5장 사회주의경제를 침해한 범죄(제1절 국가 및 사회협동단체소유를 침해한 범죄 제2절 경제관리질서를 침해한 범죄, 제3절 국토관리 및 환경보호질서를 침해한 범죄, 제4절 로동행정질서를 침해한 범죄), 제6장 사회주의문화를 침해한 범죄, 제7장 일반행정관리질서를 침해한 범죄(제1절 일반행정질서를 침해한 범죄, 제2절 관리일군의 직무상 범죄), 제8장 사회주의공동생활질서를 침해한 범죄, 제9장 공민의 생명재산을 침해한 범죄(제1절 생명, 건강, 인격을 침해한 범죄, 제2절 개인소유를 침해한 범죄) 등의 순서로 되어 있다.

북한형법의 목적은 범죄와의 투쟁을 통하여 국가주권과 사회주의제도를 보위하며 인민들의 자주적이며 창조적인 생활을 보장하는 것이다(제1조). 범죄와의 투쟁에서 기본방침은 노동계급적 원칙하에 사회적 교양을 위주로 하면서 법적 제재를 배합한다(제2조). 형사책임 연령은 14살 이상이다. 범죄는 준비, 미수, 기수로 구분한다. 형벌의 종류는 사형, 로동교화형(무기, 유기), 로동단련형, 선거권박탈형, 재산몰수형, 자격박탈형, 자격정지형 등 여덟가지이다. 사형, 로동교화형(무기, 유기), 로동단련형은 기본형벌이고, 그 밖의 형벌은 부가형벌이다. 범죄행위를 한 당시 18살에 이르지 못한 자는 사형을 시킬 수 없다.

사형을 시킬 수 있는 범죄는 다섯가지이다. 첫째, 국가전복음모죄 중 정상이 특히 무거운 경우. 둘째, 테로죄 중 정상이 특히 무거운 경우.

셋째, 조국반역죄 중 정상이 특히 무거운 경우. 넷째, 민족반역죄 중 정상이 특히 무거운 경우. 다섯째, 고의적 중살인죄 중 정상이 특히 무거운 경우 등이다.

(3) 민사소송법

민사소송법은 1976년 1월 10일 최고인민회의 상설회의 결정 제18호로 제정되었고[30] 1994년 5월 25일 수정 보충되었다.[31] 그리고 2002년 10월 24일 최고인민회의 상임위원회 정령 제3369호로 수정 보충되었다.[32]

민사소송법은 제1장 민사소송법의 기본, 제2장 일반규정, 제3장 소송당사자, 제4장 증거, 제5장 재판관할, 제6장 소송의 제기, 제7장 재판준비, 제8장 재판심리, 제9장 판결. 판정, 제10장 제2심 재판, 제11장 비상상소, 제12장 재심, 제13장 판결. 판정의 집행 등으로 구성되어 있다. 민사소송법은 민사소송활동을 통하여 기관, 기업소, 단체, 공민의 민사상 권리와 이익을 보호하는데 이바지 하는 것으로 기본사명을 규정하고 있다(제1조). 그리고 국가는 재판소의 책임성에 소송당사자의 적극성을 옳게 결합하는 원칙에서 민사소송활동을 진행하여야 하며, 민사소송당사자에게 소송상 권리와 소송행위에 필요한 조건을 평등하게 보장하고, 민사소송활동을 인민대중에 의거하여 진행하도록 하여야 한다. 나아가 민사소송활동에서 과학성과 객관성, 신중성을 보장하여야 한다(제2조~제5조).

또한 민사소송법은 기관, 기업소, 단체, 공민사이에 제기되는 민사상 권리, 이익과 관련한 분쟁해결에 적용하는 것을 원칙으로 하며 '공화국 령역'안에 있는 외국투자기업과 외국인에게도 적용하는 것으로 규정하고 있다(제6조).

(4) 형사소송법

형사소송법은 형법과 함께 1974년 12월 19일 사회주의형사소송법으로 제정되었고 그 뒤 1992년 1월 15일 최고인민회의 상설회의 결정 제12호로 개정되었다.[33] 그리고 2004년 5월 6일 최고인민회의 상임위원회 정령 제436호로 수정 보충되었다. 형사소송법은 제1장 형사소송법의 기본, 제2장 일반규정(제1절 형사소송관계자, 제2절 형사소송에 관여할 수 없는 자, 제3절 형사사건의 취급시작, 제4절 형사사건의 병합과 분리, 제5절 형사소송의 중지, 제6절 형사사건의 기각, 제7절 사회적교양처분, 제8절 손해보상, 제9절 형사소송문건, 제10절 형사소송기간과 문건송달, 소송비용), 제3장 증거, 제4장 변호, 제5장 관할, 제6장 수사, 제7장 예심(제1절 예심의 임무와 기간, 제2절 예심의 시작과 형사책임 추궁, 제3절 피심자 심문, 제4절 체포와 구속처분, 제5절 검증, 제6절 감정, 제7절 수색과 압수, 제8절 증인의 심문, 제9절 대질심문과 식별심문, 제10절 재산담보처분, 제11절 예심의 종결), 제8장 기소, 제9장 제1심재판(제1절 재판의 임무와 재판소구성, 제2절 재판준비, 제3절 재판심리, 제4절 기소의 추가와 변경, 제5절 판결), 제10장 제2심재판, 제11장 비상상소와 재심(제1절 비상상소심, 제2절 재심), 제12장 판결, 판정의 집행 등으로 구성되어 있다.

이 개정형사소송법은 수사, 예심, 기소, 재판에서 제도와 질서를 엄격히 세워 형사사건을 정확히 취급 처리하는 것을 사명으로 한다(제1조) 또한 형사사건의 취급처리활동에서 노동계급적 원칙 견지, 군중의 힘과 지혜에 의거할 것을 강조한다(제3조). 그리고 반국가범죄와의 투쟁과 일반범죄와의 투쟁을 구분하여 전자의 경우에는 극소수의 적대분자와 주동분자를 철저히 진압하고 다수의 피동분자를 포섭하는데 비해 후자의 경우에는 사회적 교양을 위주로 하면서 이에 법적 제재를 적절하게 배합한다(제2조)는 원칙을 규정하고 있다. 주목할 조항은 제5조로서 '국가

는 형사사건의 취급처리에서 인권을 철저히 보장하도록 한다'라는 인권
보장규정이다. 이와 관련된 인권보장조항으로 대표적인 것은 강제적인
심문의 금지(제167조)와 피심자의 권리(제170조 이다. 인권에 대한 개념
과 인식은 우리와 다르다하더라도 인권을 형사소송법에 명문화한 것은
긍정적으로 평가할 만 하다.

(5) 노동법

북한의 사회주의노동법은 1978년 4월 18일 최고인민회의에서 채택
되었고, 그 이후 2차에 걸친 수정이 있었다.[34] 이 법은 모두 8개장 79개
조문으로 구성되어 있다. 즉, 제1장 사회주의로동의 기본원칙, 제2장 로
동은 공민의 신성한 의무, 제3장 사회주의로동조직, 제4장 로동에 의한
사회주의 분배, 제5장 로동과 기술혁명, 근로자들의 기술기능향상, 제6
장 로동보호, 제7장 로동과 휴식, 제8장 근로자들을 위한 국가적 및 사
회적 혜택 등으로 되어 있다.

사회주의하에서 노동은 집단주의원칙에 입각한 근로자들의 집단적인
노동으로 본다(제3조). 노동의 신성함과 영예로움을 강조하고, 북한에서
는 실업이 영원히 없어졌다(제5조 제2항)고 천명하고 있다. 따라서 모든
근로자들은 희망과 재능에 따라 직업을 선택하며 국가로부터 안정된 일
자리와 노동조건을 보장받는다(제5조 제3항)고 규정하고 있다. 사회주
의체제는 노동자계급이 주도하는 체제이기 때문에 근로자와 노동에 대
한 관심과 욕구가 지대하다. 사회주의노동법에서도 그와 같은 입장을
그대로 조문화하고 있다. 즉, "로동의 본질적 차이를 없애고 근로자들을
힘든 로동에서 해방하는 것은 기술혁명의 중심과업이다"라고 규정하고
있다(제46조). 1978년의 사회주의노동법에서 국가기관, 기업소와 함께
규정되어 있는 '사회협동단체'는 그 후 1998년의 사회주의헌법에 규정
된 이래 다른 법들의 수정 보충에 영향을 미치고 있다.

(6) 대외경제관련법

북한의 대외경제관계는 40년대의 주식회사형태, 60년대의 유한회사형태, 80년대의 합영회사형태를 거쳐 오면서 좀 더 발전된 형태의 대외경제관계가 요구되었다. 그러나 사실상 그 동안은 명목에 그쳤을 뿐이다. 그리하여 1990년대에 들어와서 현실에 맞는 외국투자관계법, 특수경제지대관련법 등 대외경제관계법을 전면적으로 새롭게 제정, 공포하게 되었다.

① 외국투자관계법

북한의 외국투자관계법에서 기본법전은 "외국인투자법"이다.[35] 이 법은 북한헌법 제 37조(다른나라, 법인, 개인들과의 기업합영, 합작 장려)에 근거한 이 분야의 대표적인 법률이다. 이 법은 외국투자가들의 투자를 보호하며 외국인투자기업을 창설운영하는 일반적 원칙과 질서를 규정하고 있다.

외국투자기업은 외국인투자기업(합작기업, 합영기업, 외국인기업)과 외국기업을 포함한다. 이와 관련된 법률들을 보면 다음과 같다.

"합작법"[36]은 합작기업을 창설운영하는 것과 관련한 당사자들의 권리와 의무에 대하여 규정하고 있다. 합작기업은 북한측 투자가와 외국측 투자가가 공동으로 투자하고 북한측이 운영하며 계약조건에 따라 상대측의 투자몫을 상환하거나 이윤을 분배하는 기업이다(외국인투자법 제2조). 이 법에서는 합작기업법의 기본, 합작기업의 창설, 경영활동, 해산과 분쟁해결 등을 규정하고 있다.

"합영법"[37]은 합영기업운영과 관련된 법으로 합영법의 기본, 합영기업의 창설, 합영기업의 기구와 경영활동, 결산과 분배, 해산과 분쟁해결 등을 규정하고 있다. 합영기업은 외국투자가와 공동투자, 공동운영, 투자몫에 따른 이윤분배를 내용으로 하는 기업이다(외국인투자법 제2조).

"외국인기업법"38)은 외국인기업창설. 운영과 관련된 법으로 외국인기업법의 기본, 외국인기업의 창설, 경영활동, 해산과 분쟁해결 등을 규정하고 있다. 외국인 기업은 외국투자가가 단독으로 투자하여 창설하며 경영활동을 독자적으로 하는 기업을 의미하다.(외국인투자법 제 2조)

"외국투자은행법"39)은 외국투자은행법의 기본, 외국투자은행의 설립과 해산, 자본금과 적립금, 업무와 결산,제재 및 분쟁해결 등의 문제를 기본내용으로 규정하고 있다. 금융분야에 대한 외국자본의 투자관계를 규정한 법이다.

"외국투자기업 및 외국인 세금법"40)은 1985년의 "합영회사소득세법"과 그 "세칙"그리고 "외국인소득세법"과 그 "세칙"을 폐지하고 제정한 새로운 세금제도이다. 1985년의 세법들이 소득세에 국한되어 있었던 문제점을 해결하고자 한 것이다. 또한 이 법은 외국투자기업과 외국인에게 세금을 공정하게 부과하고 납세자들이 세금을 제때에 정확히 납부하도록 하기 위하여 제정한 것이다. 이 법은 법의 기본, 기업소득세, 개인소득세, 재산세, 상속세, 거래세, 지방세, 제재 및 신소청원 등을 기본내용으로 하고 있다.

"토지임대법"41)은 외국투자가와 외국투자기업에 필요한 토지를 임대해주는 것과 관련한 제 관계를 규정하고 있다. 즉 법의 기본, 토지의 임대방법, 토지이용권의 양도와 저당, 토지의 임대료와 사용료, 토지이용권의 반환, 제재 및 분쟁해결 등의 내용을 규정하고 있다.

② 특수경제지대관련법

가) 라선경제무역지대법

라선경제무역지대는 북한이 특혜적인 무역 및 중계수송과 수출가공, 금융, 봉사 지역으로 선포한 일정한 영역을 말한다. 이와 관련한 대표적인 법은 "라선경제무역지대법"이다.42) 이 법의 주요내용으로는 법의 기본, 관리기관의 권한과 임무, 경제활동조건의 보장, 관세, 통화 및 금융, 담보 및 특례, 분쟁해결 등이 규정되어 있다.

나) 신의주특별행정구기본법

이 법은 2002년 9월 12일 최고인민회의 상임위원회 정령을 통해 '신의주특별행정구'를 지정하고 '신의주특별행정구기본법'을 채택하는 절차를 거쳐 제정되었다. 다른 경제특구와는 달리 입법.행정.사법 등 3권을 부여하는 독립성과 자치성이 강한 특별행정구이다. 이 법은 모두 6개 장(제1장정치, 제2장 경제, 제3장 문화, 제4장 주민의 기본권리와 의무, 제5장 기구 : 제1절 입법회의, 제2절장관, 제3절 행정부, 제4절 검찰소, 제5절 재판소, 제6장 구장, 구기, 부칙) 101개조문으로 구성되어 있다. 중국의 '홍콩특별행정구기본법'과 용어 및 내용이 상당부분 일치하는 특징을 갖고 있다. 신의주특별행정구는 체제손상의 위험이 적고 물류유통이 활발한 중국접경지역을 선정하여 경제개방을 과감하게 실시하기 위한 사실상의 경제특구로 평가되나 중국의 견제(초대행정장관 양빈의 구속)로 전망이 밝다고 볼 수는 없는 상황이다.

다) 금강산관광지구법

이 법은 2002년 10월 23일 최고인민회의 상임위원회 정령을 통해 금강산관광지구를 새로 지정하고 11월 13일 금강산관광지구법을 채택하는 절차를 거쳐 제정되었다. 이 법은 금강산관광지구의 운영체계, 개발업자의 권리 등을 장.절 구분없이 29개조와 3개항의 부칙으로 구성되어 있다. '중앙관광지도기관'의 지도를 받되 개발업자의 참여가 보장된 '관광지구관리기관'을 구성하여 지구운영을 관장하도록 함으로써 독자성을 부여하고 있다(제12조).

이 법의 목적은 관광지구의 개발과 관리운영에서 제도와 질서를 엄격히 세워 금강산의 자연생태 관광을 발전시키는 데 있다(제1조). 이 지구에서의 관광은 원칙적으로 남측 및 해외동포들이 하는 것으로 되어 있다(제2조).

라) 개성공업지구법

이 법은 2002년 11월 13일 최고인민회의 상임위원회 정령을 통해 개성공업지구를 새로 지정하고 11월 20일 개성공업지구법을 채택하는 절차를 거쳐 제정되었다. 이 법은 모두 5개장(제1장 개성공업지구법의 기본, 제2장 개성공업지구의 개발, 제3장 개성공업지구의 관리, 제4장 개성공업지구의 기업창설운영, 제5장 분쟁해결) 36개조 부칙 3조로 구성되어 있다. 이 법의 목적은 공업지구의 개발과 관리운영에서 제도와 질서를 엄격히 세워 민족경제를 발전시키는데 있다(제1조). 목적에 규정된 민족경제라는 표현에서 남측과의 관계를 특별한 관계로 암시하고 있다. 그밖에도 남측, 북남사이의 합의, 남측지역에서 공업지구로 출입하는…, 등의 표현과 부칙 제2조 "개성공업지구와 관련하여 북남사이에 맺은 합의서의 내용은 이 법과 같은 효력을 가진다"라는 조항을 통해 이 법이 주로 남측을 의식한 법이라는 것을 알 수 있다.

이 법은 관광지구법보다는 비교적 체계화 되어 있다. 성격상으로는 라선경제무역지대법과 비교될 수 있는 법이다. 공업지구의 사업에 대한 통일적 지도는 중앙공업지구지도기관이 하고 공업지구의 세부적 사업지도는 공업지구관리기관이 한다(제5조).

(7) 사법제도

북한 사법제도의 근거가 되는 법원으로는 헌법 제6장 국가기구 중 제7절 검찰소와 재판소 규정(제147조~제162조)을 비롯하여 재판소구성법(1976.1.10), 변호사법(1993.12.23), 공증법(1995.2.2) 등을 들 수 있다.

재판소에는 중앙재판소, 도(직할시)재판소, 인민재판소, 특별재판소(군사재판소와 철도재판소)가 있다. 재판은 판사 1명과 인민참심원 2명

으로 구성된 재판소가 한다. 특별한 경우에는 판사3명으로 구성하여 할
수 있다(헌법 제157조). 제1심재판에 대하여 상소, 항의가 제기된 경우
에는 해당 상급재판소의 판사 3명으로서 제2심재판을 한다(재판소구성
법 제36조). 재판소는 형사재판활동, 민사재판활동, 중재활동, 집행활동,
공증활동을 주요임무로 수행하면서 법령해설사업, 자료폭로사업, 법률
상담 등 군중정치사업도 아울러 수행한다(재판소구성법 제3장).

검찰소의 임무는 다음과 같다.(헌법 제150조)
1. 기관, 기업소, 단체와 공민들이 국가의 법을 정확히 지키는 가를
   감시한다.
2. 국가기관의 결정·지시가 헌법, 최고인민회의 법령·결정, 국방위
   원회 결정·명령, 최고인민회의 상임위원회 정령·결정·지시, 내
   각 결정·지시에 어긋나지 않는가를 감시통제한다.
3. 범죄자를 비롯한 법위반자를 적발하고 법적 책임을 추궁하는 것을
   통하여 조선민주주의인민공화국의 주권과 사회주의제도, 국가와 사
   회협동단체의 재산, 인민의 헌법적 권리와 생명, 재산을 보호한다.

재판소의 임무는 다음과 같다.(헌법 제156조)
1. 재판활동을 통하여 조선민주주의인민공화국의 주권과 사회주의제
   도, 국가와 사회협동단체의 재산, 인민의 헌법적 권리와 생명, 재산
   을 보호한다.
2. 모든 기관, 기업소, 단체와 공민들이 국가의 법을 정확히 지키고 계
   급적 원쑤들과 온갖 법위반자들을 반대하여 적극 투쟁하도록 한다.
3. 재산에 대한 판결, 판정을 집행하며 공증사업을 한다.

변호사의 권리와 의무는 다음과 같다.(변호사법 제2장)

1. 변호사의 권리 :
가. 형사사건기록을 볼 수 있으며 피심자, 피소자와 담화하거나 서신
거래를 할 수 있다.
나. 증인, 감정인과 담화할 수 있다.
다. 변호에 필요한 증거를 수집확인하며 증거를 보존하여야 할 특별
한 이유가 있는 경우 재판에 앞서 재판소에 증거를 심리하여 줄
것을 신청할 수 있다.
라. 해당 기관, 기업소, 단체와 공민에게 변호에 필요한 증거문서, 증
거물의 열람과 제출을 요구할 수 있다.
마. 피심자, 피소자의 변호권이 보장될 수 있도록 필요한 의견을 검사
또는 재판소에 제기할 수 있다.
바. 맡은 사건의 제1심판결, 판정에 대하여 상급재판소에 상소할 수
있으며 상소를 심리하는 제2심재판에 참가할 수 있다.
2. 변호사의 임무 :
가. 변호사는 국가의 법과 규정을 잘 알고 그것을 존중하며 정확히
집행하여야 한다.
나. 인민들속에서 국가의 법과 규정을 해설하며 그것을 잘 지키도록
도와주어야 한다.
다. 피심자, 피소자의 신청이나 재판소의 의뢰에 따라 형사사건의 변
호인으로 나서는 경우 사건의 진상을 정확히 밝히고 옳게 분석
평가하여 공정한 판결을 내릴 수 있게 하며, 피심자, 피소자의 법
적 권리와 이익을 보장하여야 한다.
라. 기관, 기업소, 단체와 공민의 위임에 따르는 소송대리인, 민사법
률행위의 대리인, 법률고문의 임무를 성실히 수행하여야 한다.
마. 기관, 기업소, 단체와 공민의 신청에 따르는 법률상담과 법률적
의의를 가지는 문서의 작성, 심의를 제때에 정확히 하여야 한다.

바. 직무집행과정에 알게 된 기관, 기업소, 단체와 공민의 비밀을 철저히 지켜야 한다.

3) 북한사회의 법생활 – 사회주의 법무생활 강화 –

(1) 배 경

1982년은 북한사회연구에서 주목할만한 해이다. 김일성의 70회 생일을 위하여 "전국주체사상토론회"를 개최(1982.2.28)하고, 김일성이 창시한 주체사상을 이론적으로 체계화한 김정일의 "주체사상에 대하여"가 발표되었다(1982.3.31). 이러한 일련의 상황은 김일성·김정일 승계체제의 확립과 맥을 같이 하고 있는 것으로서 그동안 주체사상에 대하여 다양하게 주장·강조되어 오던 것을 체계적으로 집대성하였다고 보겠다. 따라서 주체사상은 김일성이 창시·발전시켜오다가 김정일이 종합정리하여 정착심화시켜가고 있다고 볼 수 있다.

또한 법률분야에서도 김정일이 「사회주의 법무생활을 강화할데 대하여」라는 문건을 발표(1982.12.15)함으로서 권력승계의 기틀을 다져나왔음을 알 수 있다.

(2) 내용(개념 및 특징)

사회주의법무생활이란 "모든 사회성원들이 사회주의국가가 제정한 법규범과 규정의 요구대로 일하며 생활하는 것"이라 하며 "국가의 법질서에 따르는 근로인민대중의 자각적인 규율생활이며, 법규범과 규정에 기초하여 사람들을 통일적으로 움직이고 공동행동을 실현해 나가는 국가적인 조직생활"이라고 한다.[43]

따라서 사회주의법무생활은 사회성원들이 법을 실생활에 구현하기 위한 활동이라고 보고 법무생활은 법질서에 따라 진행되는 사회생활영

역이며 사람들의 행동이 법에 의하여 규제되는 규범생활이라고 설명한다.44)

사회주의법무생활의 기본특징으로는 다음과 같이 두가지를 들고 있다.

사회주의법무생활의 기본특징의 하나는 그것이 국가의 법질서에 따르는 근로인민대중의 자각적인 규률생활이라는데 있다. 이 특징은 착취자국가의 법이 사회에 강압적으로 적용되는 것과 구별되는 사회주의 법무생활의 특징이며 바로 여기에 사회주의법무생활의 본질적 우월성이 있다.

사회주의법무생활의 기본특징과 본질적 우월성은 착취자국가의 법과 근본적으로 대립되는 사회주의법의 인민적 성격과 복무적 사명에 기초하고 있다.

사회주의법무생활의 기본특징의 다른 하나는 그것이 법규범과 규정에 기초하여 사람들을 통일적으로 움직이고 공동행동을 실현해 나가는 국가적인 조직생활이라는데 있다. 사회주의법무생활의 이 특징은 법규범이 아닌 다른 사회적 규범에 따라 진행되는 규범생활과 구별되는 법무생활의 특징이라고 볼 수 있다. 사회주의법무생활이 사람들을 통일적으로 움직이고 공동행동을 실현해 나가는 것은 사회주의법의 일반의무성과 관련되어 있으며 그것이 국가적 조직생활로 되는 것은 법무생활이 국가에 의하여 직접 조직되고 운영되며 국가권력에 의하여 담보된다는데 기초하고 있다.

사람들을 통일적으로 움직이며 공동행동을 실현해나가는 국가적인 조직생활로서의 사회주의 법무생활의 특징은 집단주의에 기초하고 있는 사회주의사회의 본성적 요구를 구현하고 있는 법무생활의 본질적 특징이다.45)

사회주의법무생활은 근로인민대중의 자각적인 규율생활이자 국가적인 조직생활이라는 것을 기본특징으로 강조하고 있다.

(3) 사회주의법무생활의 강화 방법

북한은 사회주의법무생활을 강화하기 위하여 여러 방법을 동원하였는데 첫째, 법규범과 규정의 끊임없는 완성, 둘째, 혁명적 준법기풍의 확립, 셋째, 법무생활지도체계의 수립 등이 그것이다. 좀더 자세히 보기로 한다.

첫째, 사회주의법무생활의 기초가 되는 것으로 법규범과 규정을 들고 법무생활의 강화를 위해서는 법규범과 규정을 잘 만들어야 한다고 강조한다.[46]

법규범과 규정을 잘 만들어야 사람들에게 사회주의사회의 집단적 본성에 맞는 행위의 기준을 명백히 제시하여 줄 수 있으며 사람들의 행동통일을 실현하고 집단의 규율과 질서를 보장할 수 있다. 법규범과 규정을 잘 만들어야 또한 국가생활의 모든 분야에서 위법현상을 강하게 통제할 수 있다.[47]

또한 "사회주의사회는 하나의 유기체와 같이 움직이는 고도로 조직화된 사회이다. 사회주의 사회에서는 모든 부문과 모든 단위 그리고 모든 고리들이 치차와 같이 맞물려 계획적으로 움직여 나간다. 그런데 사회주의사회의 조직화는 국가적으로 중요하게 법에 의하여 담보된다"고 보고 "이로부터 사회주의사회의 본성에 맞게 모든 부문, 모든 단위에 고도의 치밀성을 가진 규정들을 완비해 놓을 필요가 있다"고 강조한다.[48]

한편 법규범과 규정의 제정의 중요성 못지않게 개정이 중요함을 다음과 같이 강조하고 있다. 즉 "법규범은 고정불변한 것이 아닙니다. 혁명이 끊임없이 높은 단계에로 발전하는 것만큼 법규범과 규정들도 그에 맞게 고쳐져야 합니다."[49]

법에 대한 인식에서는 여기에 맞추어 이론을 전개하고 있다.

법은 사회경제제도의 반영이며 정치의 한 표현형식이다. 사회경제제

도를 정확히 반영한 법만이 혁명과 건설에 잘 이바지할 수 있으며 사회
주의법무생활의 실효성 있는 기초로 될 수 있다. 같은 혁명단계에서도
사회가 발전함에 따라 이루어지는 새로운 조건과 환경에 맞게 이미 실
시되고 있는 법규범과 규정들을 끊임없이 완성해 나가야 혁명과 건설에
대한 법이 복무적 역할을 높일 수 있으며 사회에 정연한 법질서를 세울
수 있다.[50]

둘째, 사회주의법무생활을 강화하기 위해서는 온 사회에 혁명적 준법
기풍을 확립하여야 한다고 주장한다. 온 사회에 혁명적 준법기풍을 세
울 때 모든 사람들이 법질서에 따라 규율과 절도 있는 생활을 하게 되며
사회생활의 모든 분야에 혁명적 제도가 바로 서고 사회의 건전한 발전
이 이룩된다고 본다.[51]

나아가 혁명적 준법기풍을 확립하기 위하여 근로자들 속에서 사상교
양과 사상투쟁을 강화하는 것이라고 한다.[52]

올바르고 정확한 준법교양교육의 중요성을 강조한다. 이른바 법생활
화운동의 전국민적 전개를 독려하고 있다. 또한 혁명적 준법기풍을 확
립하기 위해서는 법적 통제를 강화해야 한다고 보장한다. 여기서의 법
적통제는 "법준수 집행정형을 늘 료해장악하고 위법현상에 대하여 제재
를 가하는 사업"이라고 해석한다.[53]

셋째, 사회주의법무생활을 강화하기 위해서 법무생활지도체계를 수
립하여야 한다고 본다.

사회의 모든 성원들을 국가의 통일적인 법질서에 따라 하나와 같이
움직이게 하자면 강력한 국가기구의 통일적인 지도가 뒷받침되어야 한
다고 보고 이를 위해서 '사회주의법무생활지도위원회'를 조직하였다.
이 조직은 강력한 법무생활지도기관으로서 기관, 기업소, 사회협동단체
및 공민들의 법무생활을 조직지도하는 비상설기관이다. 이 위원회의 주
요 임무는 국가경제기관지도인들이 권력을 남용하지 않도록 법적으로

통제하며 온 사회에 혁명적 준법기풍을 세우는 것이라고 한다.[54]

이렇듯 철저하게 법적으로 대인민통제를 실시함으로써 사회주의체제를 유지·강화해 나갈 수 있다고 하겠다.

4. 북한의 개혁·개방과 법제

북한당국은 대외경제정책으로 세가지를 내세우고 있다. 이 원칙은 개혁·개방을 위한 명분의 성격을 갖는 것이지만 그 출발점을 북한정권수립 때부터라고 하는 것은 과장되었다고 본다.[55]

첫째, 자립적 민족경제를 바탕으로 대외경제관계를 확대발전시킨다는 것이다. 자립적 민족경제를 폐쇄경제라고 비난하나 실제로 자립적 민족경제건설과정은 다른 나라들과 경제기술적 협조관계의 발전을 동반한 것이라고 주장한다.[56] 따라서 "앞으로 자립적민족경제건설로선을 확고히 견지하면서 발전도상 나라들사이의 남남협조에 중요한 의의를 부여하고 거기에 관심을 돌리며 우리나라의 자주성을 존중하는 자본주의나라들과도 선린관계를 맺고 경제관계를 확대발전시켜 나아갈 것이다"[57]라고 입장을 밝혀 자본주의국가와의 관계개선을 천명하고 있다.

둘째 자주, 평화, 친선의 이념에 기초하여 완전한 평등과 호혜의 원칙에서 다른 나라들과 경제기술적 교류와 협조관계를 발전시킨다는 것이다. 그리하여 '공화국정부는 완전한 평등과 호혜의 원칙에서 우리나라와 경제기술적 교류와 협조를 발전시킬 것을 바라는 나라들에 대하여서는 사상과 리념, 제도에 관계없이 언제나 환영한다'[58]라고 하여 경제개방의 의지를 확고히 하고 있다.

셋째 외국투자가들이 북한영역안에 투자하는 것을 장려한다는 것이다. 대표적인 예로 나진-선봉 자유경제무역지대 설치를 들고 있다. 1994

년의 북·미 제네바합의를 인용하면서 북미관계개선이 외국투자가들의
북한지역 투자에 긍정적으로 작용하리라는 기대를 하고 있다.[59]

90년대에 더욱 활발해진 대외경제관계는 북한으로서 불가피한 대세
의 흐름에 부응하는 것이다. 생존권이 위협받는 상황에서 자립경제를
지나치게 고집하는 것은 곧 체제와해를 의미하기 때문이다.

중국은 이미 정치적 사회주의를 고수 하면서도 시장경제를 사회주의
시장경제로 포장하여 체화시켜왔다. 북한도 중국의 경제개방과정을 답
습하고 있다. 그러나 아직은 매우 더딘 걸음이다. 정치적으로 '우리식
사회주의' 고수는 말할것도 없고 경제적으로도 '자립적 민족경제'의 틀
을 고집하고 있다.

경제개혁·개방관련법제의 공통점은 '기본원칙'과 '국가의 지도통
제'이다. 기본원칙에서는 대부분의 법률들이 인민경제발전을 위해서 이
법을 제정한다는 것이고 마지막 장에서는 한결같이 국가의 지도·통제
하에서 대외경제행위가 이뤄져야 한다는 것이다. 이러한 입장은 북한이
인식하고 있는 사회주의법제사업의 본질에서도 입증되고 있다. 즉 '사
회생활의 모든 분야에서 국가와 사회의 주인으로서의 인민대중의 지위
를 공고 발전시키며 역할을 끊임없이 높여나가기 위한 법적담보를 마련
하는 사회주의국가의 활동'을 법제사업의 본질이자 특징으로 내세우고
있다.[60]

"인민대중중심의 우리식 사회주의"라는 큰 틀에서 벗어날 수 없는
북한의 대외경제관련법제는 앞으로 끊임없는 재정비를 요구받게 될 것
이다. 자본주의국가와 경제관계를 형성하는 과정에서 제일 큰 걸림돌이
국가의 간섭이라고 볼 때 대외경제관련법제가 이러한 부분을 해소시켜
줘야하는데 국가의 지도통제를 철칙으로 삼는 것은 모순이며 더 큰 걸
림돌이 될 수 있다.

그러나 지구촌화, 세계화라는 대세의 흐름에 거역할 수는 없다. 북한

이 자유경제무역지대를 창설하고 나아가 헌법개정을 통하여 '특수경제지대'라는 용어를 새롭게 추가한 것은 경제개혁·개방의 의지를 좀 더 강하고 확고하게 표명한 셈이다. 또한 북한의 대외경제협력추진위원회가 발행한 '라진-선봉 법규집'과 '라진-선봉 자유경제무역지대 투자환경' 이라는 자료는 북한당국의 경제개방의지를 정확하게 보여주고 있다.

90년대에 들어와 대대적인 법제정비를 통하여 경제개혁·개방의 법적 근거를 마련함으로써 경제적 난국타개의 계기로 삼고 있다. 이러한 현상은 2000년대에도 지속되고 있다.

북한은 사회주의 시장경제체제로 (재정법, 가격법, 사회주의재산관리법제정) 경제개혁을 진행중이며 특수경제지대의 추가설치로 (개정헌법 제37조) 경제개방을 가속화하고 있다.

5. 북한법의 전망

북한사회가 변화하고 있는가에 대한 논란은 앞으로도 계속될 것이다. 그러나 예전에 비하여 여러면에서 변화의 모습을 보여주고 있는 점도 간과하여서는 안 된다. 그러한 변화가 과거순환적이든 미래지향적이든 변화의 틀 속에서 관심을 가질 필요가 있다. 이러한 변화의 구도를 상정할 때 북한법의 위상은 높아지고 있는 경향이다.

법을 통한 사회의 변화는 법치주의를 의미하지만 사회주의체제의 변화의 동인에도 법은 긴요한 도구로 사용된다. 즉 인치의 속성을 지닌 북한의 이른바 '우리식 사회주의'체제유지에도 변화된 법제의 충성은 요구된다. 따라서 향후 북한체제에서 법제의 역할과 위상은 더욱 더 강화될 것으로 보인다. 지금까지 북한사회가 당과 수령의 명령이나 지시에 의해 움직여왔다면 앞으로는 점진적으로 법에 의존하려는 경향이 강하게 나타날 것으로 예상된다.

정치체제에서 김정일식 사회주의를 정착시키는데 북한법은 최대한 활용될 것이다. 경제분야에서 개혁·개방이라는 물결을 거스를 수 없다면 대내개혁관련법제와 대외개방관련법제의 지속적인 정비는 불가피하다. 사회분야나 문화분야도 법제정비를 통해 체제안정에 대한 시너지효과를 예상할 수 있다. 사회주의 법무생활을 강화하자는 구호와 함께 사회법질서의 문란에 대한 대책으로 수시로 각종 포고문이 발령되는 것은 북한사회도 법에 대한 의존도가 그만큼 높아지고 있다는 것을 보여 주는 셈이다.

대외개방관련법제의 특징과 성격은 자본주의법제와 밀접한 관계를 갖지 않을 수 없다는 것이다. 자본주의 국가를 상대로 경제개방을 시행하는 상황에서 자본주의국가법제와 유화국면을 형성하여 합의를 이루어 내야하기 때문이다. 또한 유엔 회원국의 입장에서 유엔의 기준에 부합하는 법제정비는 필연적이다. 유엔인권위원회에 제출하는 보고서를 통해 형법상 인권침해적인 조항을 대폭 정비하였다고 의견을 제출한 것은 대표적인 예이다.

북한법은 앞으로 지속적인 발전과 변화의 모습을 보일 것이다. 각 분야의 법제정비사업은 북한사회를 지탱하는 버팀목이 될 것이다. 나아가 북한법이 더욱더 체계화되고 법규범과 사회현실의 괴리가 점점 좁혀질 때 남북통합법의 현실화도 구체적으로 상정할 수 있을 것이다.

※ 이 글은 『현대북한의 이해』(서울: 법문사, 2004)에 실린 것을 수정 보완한 것이다.

주註

1) V. 르킨, Yu. 유딘, O. 지드코프 지음, 송주명 옮김,『맑스주의 국가와 법 이론』
(서울 : 새날, 1990), 217쪽.
2) 위의 책, 219쪽.
3) 위의 책, 296∼299쪽.
4) 김일성,『김일성저작선집 2』(평양: 조선로동당출판사, 1968), 141쪽.
5)『정치용어사전』(평양: 사회과학출판사, 1970), 276쪽.
6) 위의 책, 277쪽.
7) 김일성,『김일성저작선집 6』(평양: 조선로동당출판사, 1974), 350∼351쪽.
8) 심형일, 주체의 법리론』(평양: 사회과학출판사, 1987), 50쪽.
9) 위의 책, 51쪽.
10) 위의 책, 66쪽.
11) 김정일, "인민대중중심의 우리 식 사회주의는 필승불패이다."『김정일선집 11』
평양: 조선로동당출판사, 1997), 42쪽.
12) 위의 글, 42∼43쪽.
13) 위의 글, 55∼56쪽.
14) 홍극표,『조선민주주의인민공화국 법제정사』(평양: 과학백과사전출판사,
1986), 15∼16쪽.
15) 이 포고의 전문은 다음과 같다. "1945년 8월 15일 조선에서 기 효력을 상실할
법령중 성질상 조선신국가건설 급 조선고유의 민정과 조리에 부합치 않는 법
령 급 조항을 제외하고 기여의 법령은 신법령을 발포할 시까지 각각 기 효력을
존속함. 1945년 11월 16일 북조선사법국장 조송파," 국사편찬위원회,『북한관
계사료집 V −법제편−』(서울: 국사편찬위원회, 1987), 744쪽.
16) 이 법령은 모두 17개조항으로 구성되어 있다. 후속 법령으로는 '토지개혁실시
에 대한 임시조치법(1946.3.5), '북조선토지개혁에 대한 법령에 관한 결정서(북
조선임시인민위원회결정 제4호, 1946.3.7)', '토지개혁법령에 관한 세칙(북조선
임시인민위원회위원장 김일성 비준, 1946.3.8) 등이 있다.
17) 이 법은 모두 9개조항으로 구성되어 있다. 이 법과 관련해서는 먼저 '북조선남녀
평등권에 대한 법령초안에 대한 결정서(북조선임시인민위원회 결정 제47호,
1946.7.22)'가 채택되었고, 이 법의 후속법령으로는 '북조선의 남녀평등권에 대
한 법령시행세칙(북조선임시인민위원회 결정 제78호, 1946.9.14)이 채택되었다.
18) 홍극표, 앞의 책, 102쪽.
19) 사회주의헌법의 제정과정을 보면 먼저 '조선민주주의인민공화국 사회주의헌법
기초위원회'를 조직하여 사회주의헌법초안을 작성하였고 이 초안을 '조선로동

당 중앙위원회 전원회의'에서 토의하였으며, '조국통일민주주의전선 중앙위원회'의 심의를 거쳐 '최고인민회의'에 제출되어 채택되었다. 김일성, "우리나라 사회주제도를 더욱 강화하자,"『김일성저작집 27』(평양: 조선로동당출판사, 1984), 578쪽.

20) 량창일,『사회주의헌법학』(평양: 김일성종합대학출판사, 1982), 21~23쪽.

21) 한률호, "사회주의법제의 새 력사를 펼치시여," ≪로동신문≫ 1996년 12월 27일.

22) 김정일, "사회주의법무생활을 강화할 데 대하여,"『주체혁명위업의 완성을 위하여 4 (1978-1982)』(평양: 조선로동당출판사, 1987), 495~512쪽.

23) 사회과학원 법학연구소,『민사법사전』(평양: 사회안전부출판사, 1997), 339쪽.

24) 김정일, "사회주의법무생활을 강화할 데 대하여," 496~507쪽.

25) 2004년 8월 25일 법률출판사에서『조선민주주의인민공화국 법전(대중용)』이 간행되었다. 모두 112개 법률을 수록하였으며 1095쪽에 달하는 대법전의 형태를 띠고 있다.

26) 북한 최초의 형법은 1950년 3월 3일 제정되었다. 사회주의헌법이후의 신형법은 그 전문이 공개되지 않아 알려지지 않고 있으며 다만 이 형법전을 토대로 저작된 북한의 형법교과서를 통하여 그 내용을 확인할 수 있을 뿐이라고 한다. 최달곤 · 신영호 공저,『북한법입문』(서울: 세창출판사, 1998), 85쪽.

27) 1975년 형법은 총 17장 215개 조문으로 되었는데 1987년 개정형법은 총 8장 161개 조문으로 대폭 축소되었다. 김일수 "구소련 형법이 북한형법의 변화에 미친 영향,"『북한법률행정논총』제9집 (고려대학교 법학연구소, 1992), 281쪽.

28) 김일수, 위의 글, 295~296쪽.

29) 북한연구소,『북한형법의 실상』(서울: 북한연구소, 1990)이라는 책이 대표적이다. 이책은 북한이 우리의 국가보안법등을 문제삼는데 대한 대응논리의 성격이 짙다.

30) 76년 민사소송법은 모두 13개장 177개 조문으로 구성되어 있다.

31) 94년 개정민사소송법은 모두 13개장 182개 조문으로 구성되어 있다.

32) 2002년 개정민사소송법도 모두 13개장 182개 조문으로 구성되어 있다.

33) 1992년 형사소송법은 모두 10장 305개 조문으로 구성되어있다. 그 이후 1996년 1월 19일 최고인민회의 상설회의 결정으로 수정 · 보충되었다고 하나 그 자료를 입수하지는 못했다.

34) 사회주의로동법은 1986년 2월 20일 중앙인민위원회 정령 제2494호로 1차 수정되었고, 1999년 6월 16일 최고인민회의 상임위원회 정령 제803-1호로 2차 수정되었다.

35) 이 법은 1992년 10월 5일 최고인민회의상설회의 결정으로 채택되고 1992년

12월 10일 최고인민회의 제9기 제4차회의 법령으로 승인 되었다. 이 법은 모두 22개조문으로 구성되어 있다.

36) 이 법은 외국인투자법과 함께 같은 날 채택, 승인 되었다. 이 법은 모두 21개조 문으로 구성되어 있다.

37) 이 법은 1984년 9월에 채택되었던 합영법을 수정·보충하여 1994년 1월 20일 최고인민회의 제9기 제7차회의에서 승인되었다. 이 법은 5개장 74개조로 구성 되어 있다. 『민사법사전』, 501쪽.

38) 이 법은 외국인투자법과 함께 같은날 채택·승인 되었다. 이 법은 모두 4개장 31개 조문으로 구성되어 있다.

39) 이 법은 1993년 11월 24일 최고인민회의상설회의 결정으로 채택되고 1993년 12월 10일 최고인민회의 제9기 제6차 회의에서 법령으로 승인되었다. 이 법은 모두 5개장 32개 조문으로 구성되어 있다.

40) 이 법은 1993년 1월 31일 최고인민회의상설회의 결정으로 채택되었고 1993년 4월 8일 최고인민회의 제9기 제5차회의 법령으로 승인되었다. 이 법은 모두 8개장 57개 조문으로 구성되어 있다.

41) 이 법은 1993년 10월 27일 최고인민회의상설회의 결정으로 채택되었다. 모두 8개장 42개 조문으로 구성되어 있다.

42) 이 법은 1993년 1월 31일 최고인민회의상설회의 결정으로 채택되었고 1993년 4월 8일 최고인민회의 제9기 제5차 회의 법령으로 승인되었다. 이 법은 모두 7개장 43개 조문으로 구성되어 있다.

43) 김정일, 『사회주의법무생활을 강화할데 대하여』, 2쪽.

44) 홍극표, "사회주의법무생활을 강화하는 것은 혁명발전과 사회주의, 공산주의건 설의 합법칙적요구," 『사회과학』 1983년 제6호, 48쪽.

45) 홍극표, 위의 글, 48쪽.

46) 김정일, 『사회주의 법무생활을 강화할데 대하여』, 20~21쪽: 서창섭, 『법건설 경험』 (평양: 사회과학출판사, 1984), 119쪽에서 재인용

47) 서창섭, 위의 책, 119쪽.

48) 서창섭, 위의 책, 120쪽.

49) 김일성, 『김일성저작선집 6』 (평양: 조선로동당출판사 1972), 427쪽.

50) 서창섭, 앞의 책, 122쪽.

51) 서창섭, 위의 책, 124쪽.

52) 서창섭, 위의 책, 125~133쪽.

53) 서창섭, 위의 책, 133쪽.

54) 서창섭, 위의 책, 140~141쪽.

55) 『라진·선봉자유경제무역지대 투자환경』 (평양: 김일성종합대학 출판사, 1995),

8쪽
56) 위의 책, 9쪽.
57) 위의 책, 9쪽.
58) 위의 책, 10쪽.
59) 위의 책, 11쪽.
60) 진유현, "사회주의 법제사업의 본질과 기본내용," 『김일성종합대학학보』 1997년 제3호, 50쪽 참조.

〈참고문헌〉

1. 북한문헌

『라진·선봉자유경제무역지대 투자환경』(평양: 김일성종합대학 출판사, 1995).

김일성, 『김일성저작선집 2』(평양: 조선로동당출판사, 1968).

김일성, 『김일성저작선집 6』(평양: 조선로동당출판사, 1974).

김일성, "우리나라 사회주제도를 더욱 강화하자,"『김일성저작집 27』(평양: 조선로동당출판사, 1984).

김정일, "사회주의법무생활을 강화할 데 대하여,"『주체혁명위업의 완성을 위하여 4 (1978-1982)』(평양: 조선로동당출판사, 1987).

김정일, "인민대중중심의 우리 식 사회주의는 필승불패이다,"『김정일선집 11』(평양: 조선로동당출판사, 1997).

량창일, 『사회주의헌법학』(평양: 김일성종합대학출판사, 1982).

사회과학원 법학연구소, 『민사법사전』(평양: 사회안전부출판사, 1997).

사회과학출판사, 『정치용어사전』(평양: 사회과학출판사, 1970).

서창섭, 『법건설 경험』(평양: 사회과학출판사,1984).

심형일, 『주체의 법리론』(평양: 사회과학출판사, 1987).

진유현, "사회주의 법제사업의 본질과 기본내용,"『김일성종합대학학보』1997년 제3호.

한룡호, "사회주의법제의 새 력사를 펼치시여," ≪로동신문≫ 1996년 12월 27일.

홍극표, 『조선민주주의인민공화국 법제정사』(평양: 과학백과사전출판사, 1986).

홍극표, "사회주의법무생활을 강화하는 것은 혁명발전과 사회주의, 공산주의건설의 합법칙적요구,"『사회과학』1983년 제6호.

2. 남한문헌

국사편찬위원회,『북한관계사료집 V -법제편-』(과천: 국사편찬위원회, 1987).

김일수 "구소련형법이 북한형법의 변화에 미친 영향"『북한법률행정논총』제9집 (고려대학교 법학연구소 , 1992).

북한연구소, 『북한형법의 실상』(서울: 북한연구소, 1990).

최달곤·신영호 공저, 『북한법입문』(서울: 세창출판사, 1998).

V.치르킨, Yu.유딘, O.지드코프 지음, 송주명 옮김, 『맑스주의 국가와 법 이론』(서울: 새날, 1990).

김정일 시대 북한의 당·정·군 관계 변화: 수령제 변화의 함의를 중심으로

김 근 식

1. 의미 있는 '북한변화'?

최근 북한체제의 변화를 전망한 연구는 크게 두 측면에서 편향을 보이고 있다. 그것은 북한의 비본질적이며 조그마한 변화까지도 쉽사리 변화로 진단하는 '최소주의적'(minimalist) 경향과 다른 한편 북한체제의 본질적 변화만을 변화로 간주하는 '최대주의적'(maximalist) 경향이 바로 그것이다.[1) 이들 양 편향으로 인해 정작 북한변화 연구는 객관성과 정확성을 상실한 채 공허한 논의들로만 채워지기 십상이었다.

예컨대 최소주의적 경향에서는 북한경제의 위기현실만으로 체제변화를 막연하게 점치는 단선적인 예측이 주종을 이루었거나, 부분적이고 일면적인 북한의 변화양태만으로 체제의 전반적 변화를 전망하는 과대

포장의 분위기가 대세를 이루었다. 이들 최소주의적 변화연구는 대부분 북한변화의 징후에 대해 단편적이고 피상적인 고찰에 근거하거나 연구자의 주관적 의지만을 단순히 피력하는 것에 머무르면서 객관적 연구의 한계를 드러내었다.

다른 한편 최대주의적 경향은 북한 스스로의 주장과 구두선에만 경도되어 여하한 경우에도 북한은 변화하지 않을 것이라는 주관에 사로잡힌 채 본질적 변화가능성을 아예 부인하거나, 북한체제에 대한 냉전적 접근을 포기하지 않은 탓에 북한의 변화유도를 아예 불필요한 노력으로 치부함으로써 변화연구 자체를 백안시하는 경향으로도 나타났다. 최대주의적 변화연구의 가장 일반적인 오류는 북한체제의 근본적 변화만을 변화로 간주하고 이에 미치지 못하는 부분적 변화는 아예 변화하지 않은 것으로 치부하는 원죄적 '북한불변론'의 시각에 머물러 있다는 점이다. 이처럼 사회주의원칙의 포기만을 변화로 간주하는 것은 결국 북한변화를 논의하면서 사실은 북한붕괴를 논의하는 딜레마에 빠지게 된다.

이제 북한변화 연구는 이같은 최소주의적 경향과 최대주의적 경향의 양 편향을 극복하고 이의 합치점을 찾아 실질적인 변화를 진단하고 전망할 수 있는 것이어야 한다. 그리고 그것은 무의미한 부분적 변화까지 변화로 보는 최소주의적 변화론과 근본적 변화만을 변화로 보는 최대주의적 변화론의 중간에 위치하면서 실제의 변화를 놓치지 않는 입장이다. 즉 부분적 변화를 경시하지 않되 그것이 근본적 변화에 의미 있는 영향을 미치는 것일 경우 유의미한 변화로 간주하는 것이다. 부분적 변화와 근본적 변화가 상호 연계되는 한에서의 변화양상에 주목하는 것이야말로 모든 변화를 다루지 않으면서도 실제 변화를 놓치지 않는 균형점일 수 있다. 지금 당장의 근본적 변화만을 변화라고 간주하거나 근본적 변화에의 함의를 전혀 갖지 못하는 현상적 변화까지도 변화로 주장하는 것은 지금 시기 북한변화를 제대로 전망하지 못하게 하는 양편향에 불과하기 때문이다.

이러한 북한변화론의 입장을 토대로 본 연구는 최근 북한의 정치체제 변화 특히 당정군 관계의 변화를 다루고자 한다. 그리고 그것은 최소주의적 변화론과 최대주의적 변화론의 한계를 극복하고 유의미한 실질 변화의 가능성을 전망하기 위해 북한 정치체제의 핵심기반인 수령제 시스템의 일정한 변화로 해석되거나 향후 변화가능성을 시사하는 한에서의 당정군 관계의 변화에 주목하고자 한다.

2. 북한 정치시스템의 핵심기반: 수령제

1998년 김정일 체제의 공식화 이후 최근의 변화 양상을 보면서 우리는 김일성 시대와 다른 김정일 시대의 특징들을 생각하지 않을 수 없다. 한 시대를 지배했던 김일성 시대가 끝나고 명실상부한 김정일 시대가 도래했음은 그 자체로 변화의 조건을 제공하고 있기 때문이다. 김일성 시대와 구별되는 김정일 체제의 변화 기미가 있는지 그리고 그 방향은 무엇인지 눈여겨볼 필요가 있는 것이다.

그러나 체제의 근본적 변화가 단기간에 예상되지 않는 지금의 조건에서 북한의 변화는 분명 '체제 내적 변화'에서부터 시작할 수밖에 없다. 그러나 비록 일면적이고 부분적인 체제 내적 변화라 하더라도 그것이 북한 사회주의의 존속기반을 형성하고 있는 핵심근간에 대해 본질적인 영향을 미치는 것이라면 충분히 변화의 조짐으로 봐야 하고, 이 경우 '체제 내적 변화'(change within the system)는 '체제의 변화'(change of the system)로 발전하는 추동력이 될 수 있다. 지금은 일시적이고 부분적이며 현상적인 변화이지만 향후 지속적이고 전면적이며 본질적인 변화로 발전할 가능성을 내포하고 동시에 북한사회주의의 핵심기반 변화에 영향을 미칠 수 있는 것이라면 그것은 분명 의미있는 변화조짐으로 간주해야 한다. 이를 감안할 때 최근 북한의 당정군 관계 변화는 당연히 북한정치체제의 핵심기반으로서 '수령제'의 변화가능성과 연결되어 분석되어야 한다.

일반적으로 사회주의 국가는 개별 국가의 특수성과 다양성에도 불구하고 사회주의의 보편적 원칙으로서 이른바 정치에서의 일당지배 및 당국가 체제와 경제에서의 계획명령경제, 그리고 이데올로기에서의 맑스레닌주의라는 공식이데올로기를 갖고 있다. 이들 세가지 영역의 보편원칙이야말로 사회주의 체제의 유전프로그램이자 근저의 인과고리인 것이다.[2] 이에 입각해 볼 때 북한사회주의는 사회주의 보편의 원칙과 북한의 특수성이 결합된 북한식 정치체제의 핵심기반이 존재하는 바, 당우위의 당국가체제(party-state)라는 사회주의 일반원칙을 근간으로 하면서[3] 여기에 더하여 최고지도자인 수령의 사상과 유일적(monolithic) 영도를 전사회적으로 실현하기 위한 정치 시스템이 결합되어 있는 것으로서의 이른바 '수령제'가 바로 그것이다.

이에 따라 북한의 수령제 정치체제는 혁명과 건설의 최고영도자로서의 수령과 혁명의 참모부로서의 노동계급의 당, 당의 노선과 정책의 집행자이자 당과 인민대중을 연결시키는 인전대(transmission belt)로서의 국가기관들, 그리고 당의 혁명적 무장력으로서의 인민군대로 이루어진 전일적인 조직체를 이루고 있고 이를 통해 수령, 당, 대중이 하나의 사회정치적 생명체를 이루는 유기체적 구조로 되어 있다.

이같은 수령제 시스템에 의해 북한의 수령은 당의 최고지도자(총비서)로서 당을 중심으로 국가기관과 군대를 통솔했는 바, 총비서는 국가기관에 대한 당의 공식적 지배채널인 국가주석과 중앙인민위원회 수위 자격으로 국가기관의 정책방향을 정치적으로 지도할 뿐만 아니라 당의 각급 부서를 통해 해당 정권기관을 지도했으며, 또한 총비서는 당중앙

위원회와 당중앙군사위원회를 통해 군대에 대한 정치적, 정책적 지도를
관철시켰다. 결국 북한 사회주의는 정치체제의 측면에서 수령에 끝없이
충실한 유일지도체계를 관철시키기 위해 수령 중심의 정연한 당정군 체
계를 주요한 특징으로 하고 있는 것이다. 그런데 이같은 수령제하의 당
정군 관계가 최근에 약간의 의미 있는 변화조짐을 보이고 있다.

3. 최근 당·정·군 관계의 변화

1) 주석제와 중앙인민위원회의 폐지

우선 1998년 개정된 헌법에서 보여지는 정치체제의 변화 기미, 즉
국가주석직과 중앙인민위원회의 폐지는 분명 수령제 정치시스템의 변
화와 무관하다고 할 수 없다. 이른바 수령제의 제도화라고 불리우는
1972년 헌법은 국가주석제와 중앙인민위원회를 수령제 관철을 위한 법
적 장치로 마련해 놓았다.[4] 수령은 당의 총비서와 더불어 국가주석이라
는 국가기관의 공식직함을 통해 사회에 대한 전일적 지배를 보다 효율
적으로 수행하게 되었고, 노동당 역시 중앙인민위원회라는 공식기구를
통해 당의 정권기관에 대한 정치적 지도를 더욱 효과적으로 진행할 수
있게 되었던 것이다.

국가주석은 수령의 확고부동한 지배력을 법적으로 보장한 제도적 장
치로서 '공화국의 국가주권을 대표하고 중앙인민위원회와 정무원을 직
접 지도하며 최고사령관과 국방위원회 위원장을 겸임하여 국가의 일체
무력을 통솔'하도록 규정되었다.[5] 주석의 직접 지도를 받는 중앙인민위
원회는 '국가주권의 최고지도기관'으로서 모든 국가기관들과 국가사업
에 대해 주권적인 지도와 감독을 수행한다.[6] 다른 사회주의 국가에서

찾아보기 힘든 중앙인민위원회는 수령의 유일 지도와 당의 국가기관 지
도를 관철시키기 위해 입법, 행정, 사법, 군권에 대한 광범위한 임무와
권한을 부여받았던 것이다.7) 이는 '수령의 교시와 그 구현인 당의 노선
과 정책을 국가사업의 모든 분야에서 정확히 관철하며 공화국 주석의
유일적 영도 밑에 모든 국가기관들이 한 몸과 같이 움직이도록 하는 확
고한 담보'로 설명되었다.8)

실제로도 당 총비서가 국가주석을 겸임하고 당중앙위원회 위원들과
정치국원들이 중앙인민위원회를 구성했으며 이는 국가주석과 중앙인민
위원회가 북한의 수령제 시스템을 유지하기 위한 유력한 법적 골간임을
증명하는 것으로서 수령과 당의 지시를 국가기관이 집행하도록 하는 당
정협의체적 성격을 갖는 것이었다.9)

따라서 1998년 헌법 개정을 통해 국가주석직과 중앙인민위원회가 폐
지된 것은 법적 장치의 측면에서 이제 수령과 당의 국가지배 채널이 공
식적으로는 사라졌음을 의미한다. 물론 이후에도 수령의 유일지배는 당
적 지도를 통해 국가기관과 국가사업에 관철되고 있지만,10) 수령제의
헌법적 장치가 사라진 것은 분명 수령제의 변화라는 측면에서 유의할
만한 대목이 아닐 수 없다.

2) 당·정 관계의 변화: 내각책임제, 내각중심제

북한의 수령제에서 당은 수령의 혁명사상을 실현하기 위한 노동계급
의 정치적 조직인 바, 당정관계는 일반 사회주의 국가와 마찬가지로 당
의 정치적 우위를 전제하고 있고 이는 노동당이 일상적으로 국가기관에
대해 정치적 지도를 수행하고 있음을 의미한다.11) 이른바 당우위의 당
국가체제로서 노동당은 정치적 지도와 정책적 지도를 통해 국가기관을
영도하고 국가기관은 당이 정한 방향과 지침에 따라 정책을 집행하는

것이다.

북한에서 당이 국가기관들을 지도하는 방식은 크게 '당내부 사업'과 '행정경제사업에 대한 당적 지도'를 통해 이루어지는데 당내부 사업은 당원들에 대한 조직사업과 사상사업, 즉 당 자체를 꾸리는 사업이며 행정경제기관에 대한 당적 지도는 당이 정치사업을 강화하여 행정경제기관, 즉 국가기간들로 하여금 당의 정책을 관철하도록 이끌어주는 것을 의미한다.12)

여기서 당정관계와 관련하여 중요한 것은 행정경제사업에 대한 당적 지도로서 이를 통해 당은 행정경제 일꾼들을 장악통제하면서 지도하고 수령의 교시와 당 정책을 정확히 집행할 수 있게 한다.13) 이로써 당정관계는 당의 영도활동과 국가기관의 집행활동으로 구분되고 이때 당적 영도는 행정적, 경제실무적 지도가 아니라 정치적, 정책적 지도이며 해당 기관의 당위원회를 통한 집체적 지도 방식을 기본원칙으로 하고 있다. 결국 당과 행정의 관계는 배에서 키를 잡은 사람과 노를 젓는 사람과의 관계로서 당이 목표를 제시하고 방향을 잡아주는 키잡이라면 정권은 그 목표와 방향을 향하여 노를 저어가는 무기로 표현된다.14)

이처럼 당우위의 당정관계는 명목적으로 당의 정치적, 정책적 지도와 집체적 지도를 규정하고 있는 바, 이는 당이 인민정권을 지도하는 데서 행정을 대행하거나 행정적, 기술실무적 문제에 매달리는 것이 아니라 당조직을 움직이고 간부들과 당원들, 군중을 발동하는 방법으로 정권기관을 이끌어주는 것을 의미한다.

그러나 실제의 당정관계에서는 당이 정치적 지도보다 행정대행의 경향을 보이고 정책적 지도가 아니라 기술실무적 지도에 매달리는 현상이 두드러지게 되었다.15) 이같은 당정관계의 왜곡을 바로잡기 위해 북한은 지속적으로 관료주의와 세도주의 등을 비판하면서 행정경제사업에 대한 당적 지도의 편향을 시정하고자 했고 결국 1994년부터는 이른바 '정

무원 책임제, 정무원 중심제'를 도입하여 당의 행정대행을 막고 행정경
제기관의 책임성을 보다 강조하기에 이른다. 정무원 책임제는 행정적
집행기관인 정무원에 경제사업의 책임을 전적으로 맡김으로써 당은 당
내부 사업에 우선적인 관심을 돌리고 경제사업은 경제사령부인 정무원
이 전담하도록 하는 역할분담 조치였다.

　이에 따라 김정일은 1994년 10월 당중앙위원회 책임일군들과의 담화에
서 정무원의 역할을 결정적으로 높여야 한다고 주장하면서, '정무원책임
제, 정무원중심제'를 대외적으로 공식화하고 정무원에 모든 경제문제를
집중시켜 이를 정무원이 책임지고 수행하라고 강조했다.16) 곧이어 1995
년 5월에는 당창건 50돐을 맞이하여 당중앙위원회에서 발표한 구호들 중
에 "경제사업에서 정무원책임제, 정무원중심제를 강화하고 경제사업에 대
한 국가의 통일적 지도를 확고히 보장하자"라는 구호가 등장했다.17)

　결국 정무원책임제, 정무원중심제는 정무원이 경제사업을 책임진 주
인으로서 '경제사업전반을 통일적으로 틀어쥐고 조직진행하며 경제사업
에서 제기되는 모든 문제를 정무원에 집중시키고 정무원의 주관 하에 풀
어나간다는 것을 의미'한다. 즉 정무원책임제, 정무원중심제는 '정무원이
경제사업 전반을 장악하고 당의 경제정책과 방침에 따라 모든 경제사업
을 작전하고 조직하며 지휘하게 되는 것'으로 당의 영도도 결국 경제기
관들과 일군들을 통하여 실현되기 때문에 경제사업의 모든 문제는 경제
기관들과 일군들에 의하여 해결되어야 함을 강조한 것이라 할 수 있
다.18) 이는 기존의 행정경제사업에 대한 당적 지도가 대폭 약화되고 오
히려 경제기관들과 일군들의 책임성과 역할이 더욱 강조된 것이다.

　정무원책임제, 정무원중심제가 당정관계에서 과거보다 당의 경제개입
을 줄인 것은 사실이지만 그 자체가 제도적으로 새로운 장치를 만든 것
은 아니었다. 여전히 법적으로는 정무원이 중앙인민위원회의 지도를 받
게 되어 있었기 때문이다. 그러나 1998년 헌법개정을 통해 정무원책임

제, 정무원중심제는 '내각책임제, 내각중심제'로 더욱 확대발전되었다. 내각 총리로 선출된 홍성남은 '내각이 경제사업을 전적으로 책임지고 전반적 경제사업에 대한 작전과 통일적 지휘를 바로 하여 나라의 경제를 결정적으로 추켜 세우고 인민생활을 적극 향상시키겠다'고 선언했다.[19]

아울러 헌법개정에서는 정무원이 내각으로 확대개편되면서 내각은 국가주권의 행정적 집행기관이자 전반적 국가관리기간으로 격상되었다.[20] 또한 지방행정경제위원회 역시 지방인민위원회로 흡수되어 내각의 직접 지도를 받게 되었으며 도인민위원장과 도당책임비서의 겸임현상이 사라지고 지방차원에서의 당정분리가 실현되었다.

헌법개정으로 새롭게 도입된 내각책임제, 내각중심제는 행정경제사업에 대한 내각의 통일적, 중앙집권적 지도를 강조한다. 즉 '내각책임제, 내각중심제는 내각이 나라의 전반적 경제사업을 책임지고 모든 경제문제를 통일적으로 풀어나가는 중앙집권적인 경제사업 체계이며 질서'로 규정되며 '당의 방침대로 경제사업을 내각이 통일적으로 틀어쥐고 작전하고 지도하며 경제사업과 관련된 문제들을 일체 내각에 집중시키고 내각의 결심과 주관 밑에 풀어나가는 규률을 엄격히 세우는 것은 내각책임제, 내각중심제의 기본 요구'로 설명되었다.[21] 이제 내각은 과거 정무원의 행정경제사업에 대한 '통일적 지도'를 넘어 '중앙집권적 지도'까지 보장받게 된 것이다.

경제전반의 책임기구로서 자리매김된 내각의 역할이 보다 증대되었음은 2001년 4월 최고인민회의 10기 4차 회의에서 하나의 의제로서 '조선민주주의인민공화국 내각의 주체89(2000)년 사업정형과 주체90(2001)년 과업에 대하여'가 토의된 사실에서도 알 수 있다. 이는 과거 최고인민회의에서 전년도 예산집행 결산과 새해년도 예산문제가 토의되긴 했지만 정식으로 내각의 사업에 대해 토의된 적이 없었음을 감안하면 내각의 위상이 제고되었음을 반증하는 것이다. 홍성남도 최고인민회의에서 내각사업에 대해 토의하게 된 것이 '현실발전의 요구에 맞게 내각의 책임성과 역할을 높이기 위한 중요한 계기'가 된다고 강조했다.[22]

경제사업과 관련하여 내각에 힘을 실린 것을 짐작할 수 있는 조치로는 이밖에도 분산되어 있던 무역회사를 무역성 산하로 집중시킨 점, 1999년 인민경제계획법의 채택[23], 2000년에 기업소 중심의 지역별 국가예산 수납체계를 내각의 성, 관리국 중심의 부문별 수납체계로 개편한 점[24] 등을 들 수 있다.

1990년대 이후 진행된 이같은 당정관계의 변화에는 경제위기의 심화가 주요한 배경이 되고 있다. 즉 계속된 경제위기 속에서 당이 경제사업을 전담할 경우 생길 수 있는 정치적 부담을 최소화해야 한다는 소극적 의미와 함께 위기에 처한 경제난을 극복하기 위해서는 직접 경제를 담당하는 정권기관에 권한과 책임을 과감하게 줘야 한다는 적극적 의미가 동시에 작용한 것으로 보인다.

당우위의 당정관계가 정무원책임제와 내각책임제를 거치면서 행정경제사업에 대한 당적 지도의 약화와 내각의 책임성 강화과정으로 진행된 것만은 틀림없다.[25] 물론 여전히 북한의 수령제에서 당은 비서국과 각급 당위원회 조직을 통해 국가기관에 대한 정치적 지도를 진행하고 있다. 그럼에도 불구하고 당정관계의 변화를 짐작할 수 있는 최근의 일련의 조치들은 북한의 수령제 시스템의 변화와 관련하여 유의할 만한 대목이 아닐 수 없다.

3) 당·군 관계의 변화: 선군정치

수령제의 당군관계는 명백히 당우위의 원칙을 전제한다. 북한에서 인민군을 '당의 혁명적 무장력'으로 규정하고 인민군 최고사령관의 선출이 국가기관 아닌 노동당 중앙위 전원회의에서 이루어짐은 이를 단적으로 증명한다. 그리고 당의 군에 대한 통제는 군대 내에 조직되어 있는 각급 당조직과 군당위원회를 기초로 당중앙위원회와 당중앙군사위원회의 지도를 받는 조선인민군 총정치국이 담당하고 있다.26) 인민군 총참모장 김영춘보다 군대 내 당적 지도와 정치사업을 담당하는 총정치국장 조명록이 국방위원회 제1부위원장으로 실질적인 서열이 위에 있음은 군대에 대한 당우위를 보여주는 좋은 예이기도 하다.

그러나 당군관계 역시 과거와는 다른 변화의 기미를 보이고 있다. 김일성 사망 이후 김정일 체제로 이행하면서 최근의 북한군대는 단순한 당의 물리력 수준이 아니라 위기시대에 당과 국가를 이끄는 견인차로 부각되고 있는 것이다.27)

가장 특징적인 것은 군의 위상과 역할이 과거에 비해 두드러지게 증대되었다는 점이다. 이는 김정일로의 권력승계가 국방위원장이라는 직함을 통해 이루어진 것에 기인하는 바가 크지만,28) 본질적으로는 당면한 체제위기 상황에서 군을 앞세워 위기를 극복하고자 하는 북한의 독특한 정치방식에 더 큰 원인이 있었다. 이른바 '선군정치'의 독특한 정치방식이 군의 역할을 비상하게 증대시킨 것이다. 김일성 사망 이후 군의 중요성이 강조되면서 '혁명적 군인정신', '군사중시' '군사선행' '선군후로' '선군혁명영도' 등의 슬로건들이 제기되었지만 이들이 정연한 정치방식으로 정리된 것은 1998년 이후 선군정치 개념에 의해서이다.

이미 김일성 사망 이후 위기상황에서 김정일은 '당이 곧 군대이고 군대가 곧 당'이라는 당과 군의 일체화를 강조하면서 당과 군대가 혼연일체가 되어야만 혁명투쟁에서 승리할 수 있다고 주장했다.29) 그후 붉은기 사상의 대두와 함께 사회주의 3대 진지의 하나로서 군사적 진지가 중요하게 강조되면서 '혁명의 총대'를 튼튼히 쥘 것을 요구하는 한편 위기극복을 위한 동원담론으로 이른바 '혁명적 군인정신'이 주창되었다.30) 뒤이어 인민군대를 앞세우는 '선군후로'의 개념이 등장하더니

1998년에는 '군대에 의거하여 혁명의 난국을 타개하고 조선혁명 전반을 승리적으로 이끌어 나가는 백전백승의 기치'로서 '선군혁명영도'가 명명되고,[31] 이는 다시 '인민군대를 강화하는데 최대의 힘을 넣고 인민군대의 위력에 의거하여 혁명과 건설을 힘있게 밀고 나가는 김정일 특유의 정치방식'으로서의 선군정치로 정리되었다.[32]

결국 선군정치는 북한이 부닥치게 된 엄중한 정세를 배경으로 채택된[33] 북한식의 위기극복 방식으로서 '군사를 선행하는 정치'와 '군에 의거하여 혁명을 전진시키는 정치'를 기본방식으로 하고 '군대이자(군대가 곧) 당, 국가, 인민'이라는 정치철학과 '총대에도 사상이 있다는 총대철학'을 사상적 기초로 하여 '무적필승의 강군을 키우는 철의 보검'이자 '사회주의를 지키는 필승의 보검'이며 '강성대국 건설을 떠미는 창조의 보검'으로 설명되고 있다.[34] 선군정치는 '김정일의 기본정치방식이자 혁명을 승리에로 이끌어 나가기 위한 만능의 보검'으로 위치지워진 것이다.[35]

이같은 선군정치 방식에 의해 최근년간 북한에서 군대의 위상과 역할은 눈에 띄게 높아졌다. 위기상황에서 김정일의 군부대 현지지도 횟수는 급속도로 증가했고 1996년에는 조선인민군 창건일(4월 25일)과 조국해방전쟁승리의 날(7월 27일) 등 군관련 기념일을 국가명절로 지정했다. 경제부문 현지지도가 군대부문을 앞서고 있는 최근에도 김정일을 수행한 인사에 반드시 군인사가 포함되어 있다는 사실은 군의 역할증대를 짐작케 하는 대목이다.[36]

무엇보다도 군의 부상을 가장 잘 보여주는 것은 주석단 서열에서 군의 위치가 상승했다는 점이다. 과거의 일반적 서열은 김정일, 정치국 위원, 정치국 후보위원, 당비서, 부총리(급), 군인사 순이었는데 1996년 이후에는 군요직 인사가 정치국 후보위원 앞에 위치하고 특히 1998년 제10기 최고위원회 이후에는 국방위원회 제1부위원장과 국방위원들이 당내 서열과 상관없이 대부분 정치국 위원·후보위원 앞에 위치하게 된다.[37]

'선군정치'와 함께 군사관련 기구 특히 국방위원회의 위상 역시 보다 강화되었다. 1998년 헌법개정으로 국방위원회는 종래의 국가주권의 최고군사지도기관에서 국가주권의 최고군사지도기관이며 전반적 국방관리기관으로 권한이 더욱 강화되었다. 특히 무력을 통솔하는 인민무력부는 유일하게 내각에 속하지 않고 국방위원회에 소속되어 있다. 더욱이 실제에서의 국방위원회의 권한은 헌법 조문 이상이며 이는 김영남이 1998년 최고인민회의에서 국방위원장에 대해 '나라의 정치·군사·경제역량의 총체를 통솔지휘하여 사회주의 조국의 국가체제와 인민의 운명을 수호하며 나라의 방위력과 전반적 국력을 강화발전시키는 사업을 조직영도하는 국가의 최고직책이며 우리조국의 영예와 민족의 존엄을 상징하고 대표하는 성스러운 직책'[38]이라고 밝힌 데서 잘 나타난다. 또한 국방위원회의 강화는 상대적으로 당중앙군사위원회의 약화와 비교되어 과거의 당군관계의 변화를 추측케 하기도 하는데 당중앙군사위가 갖고 있던 군수산업 관련 제2경제 부문의 권한이 1998년 이후 국방위원회로 이관된 것으로 알려지고 있다.[39]

북한사회에서 군의 위상강화는 김정일의 군에 대한 인식과 태도에서도 극명하게 드러난다. 1996년 12월 김정일이 김일성종합대학 연설에서 당일꾼들이 군대의 정치사업을 배울 것을 누차 강조했음은 잘 알려진 사실이다.[40] 이같은 군에 대한 김정일의 믿음은 인민군 기관지인 ≪조선인민군≫을 먼저 본 다음에 ≪로동신문≫을 본다는 말에서 단적으로 드러난다.[41]

또한 북한의 군 역할 증대는 인민군이 사회주의 경제건설 현장에 대거 투입되고 있다는 사실에서도 감지할 수 있다. 경제위기 상황을 돌파하고 시급한 경제건설을 이루는데 잘 조직된 군의 노동력은 매우 유용할 수밖에 없다. 북한에서 군은 '사회주의 건설의 가장 어렵고 힘든 전선을 맡아 돌파구를 열아 제기는 돌격대'[42]로 간주되면서 경제현장 곳곳에 투입되어 혁명적 군인정신으로 대중을 선도하고 있는 것이다. '우리 군대가 조국보위도 사회주의 건설도 다 맡아 나섰다'는[43] 자부심 아래 농업현장 뿐 아니라 토지정리 사업과 석탄, 전력, 철도 등 기간공업 분야에서도 인민군대의 노동력 투입은 현저해지고 있다.[44] 생산현장과 경제현장 곳곳에 군이 투입되는 것은 과거에도 종종 보이는 현상이지만 최근의 경우는 군대를 앞세워 위기를 극복하고 군대에 의거해 사회주의 건설을 전진시킨다는 이른바 선군정치의 노선과 닿아있다는 점에서[45] 군위상 제고의 증거로 설명될 수 있다.

북한이 군대를 앞세워 선군정치를 내세운 데에는 1990년대 특히 1994년 수령사망 이후 조성된 대내외의 엄중한 정세가 가장 중요한 원인이 되었다. '경제는 주저앉았다가도 다시 추슬 수 있지만 군사가 주저앉으면 나라의 백년대계의 기틀이 허물어지게 된다'면서 '정권이 정치를 실현하는 기본수단이라면 군대는 정권을 지키는 기본수단'[46]이라는 것이 바로 선군정치의 인식이다. 군을 확고하게 장악하지 않고는 위기를 극복할 수 없으며 군에 의거하지 않고는 위기를 돌파할 수 없다는 판단이었던 것이다.

따라서 선군정치를 통해 군이 과거에 비해 중요시된 것은 사실이다. 그리고 이는 당군 관계에서도 과거에 비해 군의 위상이 강화되는 것으로 나타날 수밖에 없다. 당이 혁명과 건설을 영도하는 데서 노동계급보다 군대를 앞세우려는 것이 선군정치인 이상 당연히 군은 과거보다 향상된 지위와 역할을 부여받게 된 것이다. 최근의 선군정치는 분명 당군 관계의 변화와 관련해 주목해야할 대목이 아닐 수 없다.

4) 당의 정치적 기능 약화와 당우위 견지 노력

북한에서 당은 정치, 경제, 문화, 군사 등 전반 사업을 장악하고 그 집행을 조직하며 지도통제하는 최고지도기관으로서 국가기관과 군대뿐 아니라 근로단체와 인민대중을 유일적으로 지도한다. 그러나 이같은 당의 정치적 영도 기능이 최근에 와서는 눈에 띄게 약화되고 있다.

1993년 12월에 열린 6기 21차 전원회의 이후로 당중앙위 전원회의가 적어도 공개적으로는 지금까지 열리지 않고 있다. 당정책 결정의 중추기관인 정치국과 정치국 상무위원회 역시 그 위상이 약화되어 있다. 정치국 상무위원회는 기존멤버의 사망으로 지금은 김정일 1인 위원회로서 사실상 유명무실한 기구가 되었고 정치국 회의도 김일성 사망 이후에는 개점휴업상태인 것으로 알려지고 있다. 당규약상 당의 최고지도기관들이[47] 제대로 작동하지 않는 것이 당의 정치적 영도를 약화시키는 원인이 되고 있음은 물론이다.

이처럼 당의 최고의사결정 기관이 형해화되면서 상대적으로 당 비서국과 산하 전문부서들에게 힘이 집중되는 왜곡현상이 두드러지고 있다. 당 서열과 상관없이 당비서들과 각 부장들 및 부부장들은 지금 북한에서 가장 강력한 권력을 행사하고 있고 실제로도 김정일의 총애를 받고 있는 사람들이다.[48] 이는 김정일의 당 운영방식과도 연결되는데 주요 의사결정을 김정일 혼자 내리는 경향이 많고 협의할 사항이 있으면 관련 담당 비서와 전문부서 부장에게 상의하는 식으로 정책결정이 이루어지기 때문이다.[49] 이처럼 당의 지도기관인 전원회의나 정치국에서의 토의 없이 당의 집행기관인 비서국과 전문부서를 통해 수직적, 실무적 정책결정이 이루어지는 것은 그만큼 당의 정치적 영도를 약화시키는 원인이 된다.

또한 최근에 당의 정치사업이 제대로 진행되지 못하고 있음은 김정일 스스로의 발언에서도 쉽게 확인된다. 1996년 12월 김정일은 '당조직들이 맥을 추지 못하고 당사업이 잘 되지 않다 보니 사회주의건설에서 적지 않은 혼란이 조성되고 있다'면서 '당일군들이 지금처럼 일하면 앞

으로 해방직후에 일어났던 신의주 학생사건과 같은 사건이 다시 일어나
지 않는다고 담보할 수 없으며 수령님의 교시와 내가 한 말을 학습장에
적어만 놓았지 그대로 일하는 일군들이 많지 못하다'고 지적했다.[50] 김
정일의 발언에서 드러난 당일군들의 관료주의와 행정대행, 무사안일주
의는 그 자체로 혁명의 참모부로서의 당이 정치적 영도기능을 상당히
상실하고 있음을 반증하는 것이기도 하다.

2001년 벽두에 나온 이른바 '신사고' 역시 북한의 개혁개방을 알리는
신호탄이라기 보다는 당일꾼들의 복지부동과 무사안일주의, 형식주의
를 깨트리기 위한 고육책이었다는 해석이 오히려 설득력을 가진다.[51]
신사고 제창을 소련의 페레스트로이카로 연결짓는 것은 무리이며 오히
려 신사고는 당 정치사업의 방법을 새로운 관점과 새로운 높이에서 혁
신해야 한다는 의미로 해석되는 것인 만큼[52] 이 역시도 당의 정치사업
이 근본적으로 문제가 있음을 반증하는 증거가 되고 있다.

당사업의 주요한 한 축을 이루고 있는 당조직사업과 당사상사업 역
시 최근의 경제위기 상황에서 실질적으로 약화되고 있다.[53] 당생활 총
화제도에 의한 당생활 지도와 근로단체를 통한 대중교양과 통제 역시
식량난과 경제난으로 인해 이완되기 시작한 것이다. 배급체계가 붕괴되
고 식량을 구하기 위한 주민들의 유동성이 증가한데다 공장 기업소의
가동률이 떨어지면서 당연히 당의 조직장악력은 저하될 수밖에 없었다.

그러나 당정군 관계의 변화가 있다고 해서 그 변화가 이른바 당의 우
위를 포기하거나 훼손할 정도는 아니다. 여전히 북한 사회에서 당은 국
가기관과 군에 대해 우위에 있으며 이는 내각책임제나 선군정치에서도
명확히 전제되고 있다. 내각이 경제사령부로서 경제사업에 대한 중앙집
권적 지도를 수행하는 내각책임제 역시 '경제사업에 대한 당의 령도를
철저히 보장하기 위한 것'이며 내각은 나라의 모든 행정경제사업을 조직
지도함과 동시에 '당정책을 집행하기 위한 대책을 세워야' 한다.[54] 선군

정치 역시 군대를 앞세우고 군대에 의거하는 정치방식이지만 이는 당보
다 우위에 군대를 놓는 것이 아니라 당의 영도를 전제한 정치방식이다.
선군정치는 군대를 강화하는 정치로서 군대가 당의 위업에 끝없이 충실
하도록 하는 것을 주요한 문제로 내세운다.55)또한 당과 군대의 서열은
'당이 앞자리에 놓이며 따라서 군대는 그 위상에서 명실공히 당군으로'
자리매김되고 '당의 령도는 군대의 생명선'으로 규정된다.56)

실제로 내각구성과 국가기관 선거에서도 여전히 당의 영도는 표현되
고 있다. 예컨대 1998년 최고인민회의 10기 1차 회의에서 김영남은 '조
선로동당 중앙위원회 정치국의 위임에 의하여 김정일 동지를 국방위원
장으로 추대할 데 대한 당 중앙위원회와 당중앙군사위원회의 제의'를
회의에 제기했고 내각 성원 선거에서도 홍성남은 '조선로동당 중앙위원
회의 위임에 의하여' 내각 성원들을 발표했다.57) 실제로 당중앙위원회
와 정치국 회의가 열렸는지는 알 수 없으나 최고인민회의 선거에서 당
의 위임이 거론된다는 것은 아직도 명목적으로는 국가기관에 대한 당의
정치적 지도가 선행되고 있음을 나타내고자 한 표현임에는 분명하다.
최근 북한이 오랫동안 공석이었던 당비서직 후임 인사를 단행한 것 역
시58) 당의 정치적 역할을 강화하고 당우위의 입장을 견지하려는 노력으
로 이해될 수 있을 것이다.

4. 결론에 대신하여: 수령'시스템'에서 수령 '개인의 직할지배'로?

수령제는 수령의 뜻을 전 사회에 관철시키기 위해 당이 국가기관과
군대 및 근로단체와 인민대중을 지도하고 장악하는 일사불란한 체제이

다. 그런데 최근의 당정관계와 당군관계의 변화양상은 이같은 제도화된 체제로서의 수령제의 작동방식을 위협할 가능성을 보이고 있다.

행정경제사업에 대한 당적 지도를 받던 내각은 이제 법적으로 외형적 자율성이 상당히 강화되었고 당의 무장력으로만 한정되었던 군대 역시 이제 혁명의 주력군이자 기둥으로 자리매김되었다. 그리고 상대적으로 당의 정치적 기능은 과거에 비해 약화되었다.

이처럼 당의 정치적 기능이 상대적으로 약화되면서 기존 수령제 시스템의 작동방식에도 당연히 변화가 있을 수밖에 없게 된다. 수령의 영도를 일사불란하게 관철시켜야 하는 당이 국가기관과 군대에 대해 과거와 같은 정치적 지도를 하지 못하는 것은 그만큼 당정군 관계의 변화를 의미하는 것이고 이 경우 '시스템으로서의 수령제'가 작동되기 보다는 수령 김정일의 '개인적 지배'에 의해 당정군이 장악되는 방식으로 변화할 가능성을 내포한다. 당정군이 유기적으로 결합되어 시스템에 의해 수령의 뜻이 관철되는 것이 아니라 이제 수령 개인이 당정군을 각각 직할통치함으로써 뜻을 관철하는 방식인 것이다.[59] 이는 곧 북한의 수령제가 '시스템 지배에서 개인 지배방식으로' 변화하고 있음을 의미하고 이 경우 수령의 사망이나 유고시 혹은 당정군 사이에 의견대립이 있을 경우 유일지도체제로서의 수령제는 작동불가능할 수도 있다.[60]

결국 지금 시기 북한정치체제의 변화가능성은 사회주의 핵심기반으로서 수령제가 아직은 전면적으로 변화하지 않고 있지만 일련의 변화를 통해 핵심내용에서의 변화도 예측해 볼 수 있는 과도기적 상황이라고 정리할 수 있다.

그러나 수령시스템의 변화가능성이 전망된다고 해서 그것이 곧 급격한 변화로 이어짐을 의미하는 것은 아니다. 급격하고도 근본적 변화는 북한의 갑작스런 붕괴상황이 전제되지 않고는 불가능한 것이다. 김정일체제의 유지와 지속을 전제로 이루어지는 북한의 변화는 당연히 점진적이며 제한적일 수밖에 없기 때문이다. 결국 위에서 살펴본 당정군 체제의 변화도 수령제의 본질은 그대로 유지한 채 수령제의 작동 시스템에서의 부분적 변화에 그치고 있다.

따라서 향후 북한 정치체제의 변화 정도와 폭을 전망하는 데는 이른바 '제도적 제약'(institutional constraint)의 문제를 진지하게 고려해야 할 것이다.61) 수십년을 거치면서 북한사회주의의 체제원리로 고착화된 수령제는 이미 공고한 '제도적 힘'으로 구조화되어 변화를 장애하고 제한하는 제약요인이 되고 있기 때문이다. 특히 헌법이나 법률, 절차, 규칙 등의 공식적 제도보다 사상이나 가치, 규범, 관행 등의 비공식적 제도가 보다 큰 의미를 갖는 북한에서 정책결정자의 선택은 이미 구조화되어 있는 체제원리의 규정력에 의해 더욱 제한될 가능성이 높다. 그러나 제도적 제약의 장애에도 불구하고 북한이 처해 있는 당면한 위기와 체제전환의 절실함은 또 다른 한편으로 변화의 길을 강요할 수밖에 없고 그것은 더욱 더 강화되는 경향을 보일 것이다.

결국 지금 보여지는 북한 정치체제에서의 변화는 의미 있는 변화이긴 하지만 급격하고 본질적인 변화는 아직 아니다. 그러나 근본적 변화는 아니지만 그 근본적 변화를 추동할 가능성이 있는 변화인 것도 사실이다. 체제 내적 변화이지만 체제의 변화로 발전할 수 있는 유의미한 변화인 것이다.

※ 이 글은 『한국정치학회보』 36권 2호 (2002)에 게재되었던 논문이다.

주註

1) 김근식, "북한체제의 변화진단 및 변화전망: 정치부문," 『통일정책연구소 국내 학술회의 발표논문집』 (서울: 통일정책연구소, 2001), 2쪽.

2) Kornai, Janos, *The Socialist System: The Political Economy of Communism* (Princeton, New Jersey: Princeton University Press, 1992), pp. 375-377.

3) 당국가체제 하의 공산당은 정치권력에서의 독점적인 지위를 부여받고 인민의 전위대로서 또 정치적 지혜의 원천으로서 모든 정책결정과정을 지배하고 최종 적 결정을 내린다. 사회주의 국가의 당국가체제에 대한 설명은 Jan Triska (ed.), *Communist Party-States: Comparative and International Studies* (Indeanapolis: Bobbs-Merrill, 1969); Milovan Djilas, *The New Class: An Analysis of the Communist System* (New York: Praeger, 1957) 참조. 또한 사회주의 국가의 당군관계에 대한 설명은 Roman Kolkowicz, *The Soviet Military and the Communist Party* (Princeton, N.J.: Princeton University Press, 1967) ; William Odom, "The Soviet Military: The Party Connection," *Problems of Communism*, Vol. 22, No. 5 (July, 1973); Timothy Colton, *Commissars, Commanders, and Civilian Authority* (Cambridge, Mass.: Harvard University Press, 1979); David Albright, "A Comparative Conceptualization of Civil-Military Relations," *World Politics*, Vol. 32, No. 4 (July, 1980) ; Armos Perlmutter and William LeoGrande, "The Party in Uniform: Toward a Theory of Civil-Military Relations in Communist Political Systems," *APSR*, Vol. 76, No. 4 (1982) 등을 참조.

4) 물론 주석제와 중앙인민위원회라는 법적 장치 역시 김일성이라는 수령의 유일 지배가 이미 전사회적으로 작동되는 것을 전제로 한 것이었지 역으로 이들 법 적 장치가 수령의 유일지배를 가능케 하는 필요충분조건인 것은 아니었다.

5) 김일성, "조선민주주의인민공화국 사회주의헌법," 『김일성 저작선집 6』 (평양: 조선로동당출판사, 1974), 383쪽.

6) 한석봉, 『조선민주주의인민공화국 국가사회제도』 (평양: 과학백과사전출판사, 1984), 113쪽.

7) 1972년 헌법에 규정된 중앙인민위원회의 임무와 권한은 입법, 사법, 행정의 국가기관 지도, 법령에 어긋나는 국가기관의 결정과 지시 폐지, 정무원 부서의 신설폐지, 중요 군사간부의 임명 해임, 유사시 전시상태와 동원령 선포 등 실로 광범위하다. "조선민주주의인민공화국 사회주의헌법," 위의 글, 384쪽.

8) 사회과학원 력사연구소, 『조선전사 32』 (평양: 과학백과사전출판사, 1981), 127쪽.

9) 실제로 1970년대에는 중앙인민위원회와 당정치국 합동회의가 자주 열렸다.

10) 물론 중앙인민위원회 자체가 정책결정에서는 허수아비에 불과했다는 주장도

있다. 이에 대해서는 고영환, "북한의 정책결정과정에 관한 소고," 북한문제조사연구소,『북한조사연구』1권 1호 (1997), 73～74쪽. 이를 인정한다면 헌법상 중앙인민위원회가 아니더라도 수령은 당조직을 통해 얼마든지 국가기관을 장악할 수 있게 되며 이 경우 중앙인민위원회의 폐지는 수령시스템의 관철에 별다른 변화의미를 갖지 못하는 것도 사실이다.

11) 1998년 헌법에서도 이같은 당의 영도는 명시되어 있다. '조선민주주의인민공화국은 조선로동당의 령도 밑에 모든 활동을 진행한다'(11조).

12) 이에 대해서는 "당사업과 경제사업을 밀접히 결합하여 사회주의 건설을 힘있게 밀고 나가자,"『근로자』1977년 3호; 한용선, "행정경제사업에 대한 정치적 지도는 당적 령도의 기본요구,"『근로자』1977년 7호 참조.

13) 박정순, "행정경제사업에 대한 당적 지도에서 새로운 전환을 일으키기 위하'여,"『근로자』1976년 9호, 31～32쪽.

14) 리혜정, "당의 령도는 사회주의 정권이 인민의 정권으로서의 사명과 역할을 다하기 위한 근본담보,"『친애하는 지도자 김정일동지의 고전적 로작 <사회주의건설의 력사적 교훈과 우리 당의 총로선>에 대한 해설론문집』(평양: 사회과학출판사, 1993), 215쪽.

15) 이는 곧 '경제의 정치화'를 의미하는 것으로서 행정부의 경제관료나 경제전문가들이 경제정책을 책임지지 못하고 당간부들이 경제계획 수립뿐 아니라 공장, 협동농장 등 모든 경제문제를 정치적으로 해결하려 함으로써 경제발전의 걸림돌로 작용했다. 서대숙,『현대북한의 지도자: 김일성과 김정일』(서울: 을유문화사, 2000), 154쪽.

16) "당에서는 정무원이 경제사령부로서 나라의 경제사업을 전적으로 맡아하도록 하기 위하여 정무원책임제, 정무원중심제를 내놓고 모든 사업조건을 지어주었습니다. 정무원은 당의 의도를 똑똑히 알고 정무원책임제, 정무원중심제를 철저히 실현하여 나라의 경제사업을 책임적으로 조직지도하여야 합니다. 위원회, 부를 비롯한 경제기관들은 경제사업에서 제기되는 모든 문제를 정무원에 집중시키고 정무원의 통일적인 지휘밑에 풀어나가야 합니다." 김정일, "위대한 수령님을 영원히 높이 모시고 수령님의 위업을 끝까지 완성하자,"(1994.10)『김정일 선집』13 (평양: 조선로동당출판사, 1998), 436～437쪽.

17) ≪평양방송≫ 1995년 5월 1일.

18) 홍성남, "정무원책임제, 정무원중심제를 강화하여 사회주의 경제건설에서 새로운 전환을 일으키자,"『근로자』1996년 7호.

19) ≪조선중앙통신≫ 1998년 9월 5일.

20) 내각의 권한 역시 종래의 것에 더하여 '국가의 정책을 집행하기 위한 대책을 수립'하고 '헌법과 부문법에 기초하여 국가관리와 관련한 규정을 제정 또는

수정보충'하며 '국가관리질서를 세우기 위한 검열통제사업'을 하도록 규정되어 폐지된 중앙인민위원회의 권한이 부분적으로 이관되었다.

21) 리영화, "경제에 대한 국가의 중앙집권적 통일적 지도는 사회주의 경제강국건설의 근본담보," 『경제연구』 1999년 3호, 11쪽.

22) ≪조선신보≫ 2001년 4월 11일자.

23) 인민경제계획법에 따르면 '인민경제계획 사업에 대한 지도는 내각의 통일적인 지도 밑에 국가계획기관이 한다'(43조)고 규정되어 있다. 특히 눈에 띄는 것은 계획작성 과정인데, 법에 따르면 국가계획기관이 하부단위에서 제기된 인민경제계획 초안을 검토하고 국가의 인민경제계획 초안을 만들어 내각에 제기하며 내각은 이를 토의하여 최고인민회의의 심의와 승인을 받도록 되어 있다. 물론 국가법률에 당의 역할을 명시할 수는 없겠지만 이 법의 규정만 놓고 본다면 과거와 달리 당의 공식적 개입 없이 내각과 국가계획기관이 계획작성을 책임지게 되어 있음을 알 수 있다. 기업소의 계획작성 과정에서 당의 비준을 받는 것에 대해서는 조명철, "이북기업의 관리방식과 효율성 제고방안," 송자, 이영선 편, 『통일사회로 가는 길』 (서울: 오름, 1996), 159~164쪽 참조.

24) 이에 대해서는 "새로운 국가예산 수납체계의 특징과 우월성," 『경제연구』 2000년 4호를 참조할 것.

25) 그러나 최근의 당정관계에서 내각의 책임과 권한이 증대되었음에도 불구하고 인민무력성이 내각이 아닌 국방위원회 소속으로 배치되어 있는 사실은 선군정치 이후 당군관계의 변화를 반영한 것으로서 북한이 매우 독특한 당정군 관계를 유지하고 있음을 짐작케 한다.

26) 1980년 6차 당대회에서 채택된 당규약은 조선인민군대내 당조직을 별도 장으로 나누어 설명하면서 군대내 각급 단위에 당조직을 구성하고 조선인민군 당위원회를 조직하며 군당위원회는 당중앙위원회의 지도를 받도록 규정하고 있다.(47조) 또한 당중앙군사위원회는 당군사정책 수행방법을 토의결정하며 인민군을 포함한 전무장력 강화와 군수산업 발전에 관한 사업을 조직 지도하며 우리나라 군대를 지휘한다고 명시되어 있다.(27조)

27) 이종석, "김정일시대의 조선노동당: 위상, 조직, 기능," 이종석, 백학순, 『김정일시대의 당과 국가기구』 (성남: 세종연구소, 2000), 16쪽.

28) 후계체제 공고화과정에서 김정일이 당조직 이외에 처음으로 맡은 공식직함이 바로 1990년 국방위원회 제1부위원장이었고 이어 1991년 최고사령관과 1992년 원수 칭호를 거쳐 1993년에 국방위원장으로 선출되었다. 김일성 사후에도 김정일은 국방위원장 자격으로 국가를 통치했으며 1998년 권력승계 완료 이후에는 주석제를 폐지하고 국방위원장을 실질적인 국가최고 지도자로 위치시켰다. 김정일이 군사부문을 장악하고 권력승계를 이룬 탓에 당연히 군은 핵심세

력으로 등장할 수 있는 조건을 갖춘 셈이었다. 권력승계 과정에서 김정일이 유독 군대에 대한 현지지도를 많이 한 것도 이와 관련지어 보면 당연한 일인지도 모른다.

29) 김정일, "위대한 수령님을 영원히 높이 모시고 수령님의 위업을 끝까지 완성하자,"(1994.10)『김정일 선집 13』(평양: 조선로동당출판사, 1998), 437~438쪽.

30) "혁명적 군인정신으로 우리식 사회주의 위업을 힘차게 전진시켜 나가자," ≪로동신문≫ 1997년 5월 19일자.

31) ≪로동신문≫ 1998년 4월 25일자.

32) 고상진, "위대한 령도자 김정일 동지의 선군정치의 근본특징,"『철학연구』 1999년 1호, 17쪽.

33) 선군정치의 도입배경으로서 북한은 동유럽 사회주의 국가의 붕괴가 총대가 흔들린 데서 기인한 것임을 강조하고 있다.

34) 김철우,『김정일 장군의 선군정치』(평양: 평양출판사, 2000), 26~121쪽. 이 책은 김정일의 선군정치에 대한 최근의 가장 종합적인 설명을 담고 있다.

35) "우리 당의 선군정치는 필승불패이다," ≪로동신문≫ 『근로자』 공동논설, 1999년 6월 16일자.

36) 최근에도 김정일은 2001년 4월 30일 황해남도 토지정리사업 현지지도에 조선인민군 리명수, 현철해, 박재경 대장을 동행시켰다.

37) 2001년 4월 최고인민회의 10기 4차 회의에서도 주석단 서열은 김정일 뒤에 최고인민회의 상임위원장인 김영남과 내각총리인 홍성남을 빼고는 조명록, 김영춘, 김일철, 전병호, 연형묵, 리을설, 양형섭, 백학림, 리용무, 김철만 순이었는데 여기서 양형섭 최고인민회의 상임위 부위원장을 제외하고는 모두 국방위원들이다. 군인사들이 정치국 위원과 후보위원보다 앞에 배치된 것이다. ≪조선중앙통신≫ 2001년 4월 5일.

38) ≪로동신문≫ 1998년 9월 7일자.

39) 이종석, 앞의 글, 22쪽.

40) 이 연설의 전문은 김정일, "우리는 지금 식량 때문에 무정부상태가 되고 있다,"(1996.12)『월간조선』1997년 4월호 참조.

41) 김정일, "인민군대를 강화하며 군사를 중시하는 사회적 기풍을 세울데 대하여,"(1992.2)『김정일 선집 13』(평양: 조선로동당출판사, 1998), 9쪽.

42) 박광수, "총대중시는 국사중의 제일국사,"『철학연구』, 2000년 2호, 18쪽.

43) ≪로동신문≫ 1999년 4월 9일자.

44) 김동남, "위대한 령도자 김정일동지의 선군정치는 사회주의경제강국건설의 결정적 담보,"『경제연구』2001년 2호, 7쪽.

45) 선군정치를 설명하고 있는 북한의 책자에는 「선군정치현장」이라는 부분을 따

로 모아 적고 있는데 여기에는 인민군대가 강성부흥의 길을 열어가고 있음을
묘사하면서 '김정일장군께서 1997년 농사를 인민군대에 통째로 맡겨 주셨고
중요기간공업 분야의 난관돌파의 중임도 인민군대에 맡기셨다'는 대목이 나온
다. 김철우,『김정일장군의 선군정치』, 앞의 책, 211~222쪽.

46) ≪로동신문≫『근로자』공동론설, "우리당의 선군정치는 필승불패이다," 1999
  년 6월 16일자.

47) 노동당 규약에 따르면 당의 최고지도기관은 당대회이고(21조) 당대회가 열리지
  않을 경우 당중앙위원회는 당대회 사이에 모든 당사업을 조직지도하며(23조)
  중앙위 전원회의가 열리지 않을 경우 당중앙위원회 정치국과 정치국 상무위원
  회는 전원회의와 전원회의 사이에 당중앙위원회 명의로 당의 모든 사업을 조
  직지도한다고(25조) 규정되어 있다.

48) 김정일의 측근이 누구인지는 현지지도에 가장 많이 동행한 사람들을 살펴보면
  알 수 있는데 정치국 성원들보다는 대부분 당비서와 전문부서 부부장들이다.
  핵심 수행인사를 보면 간부담당 비서 김국태, 선전 담당비서 김기남, 대남 담당
  비서 김용순, 군수공업 담당비서 전병호, 당 조직지도부 제1부부장인 리용철,
  장성택과 당 군수공업부 제1부부장 박송봉과 당 선전선동부 제1부부장 최춘황
  등이다. 군관련 인사들 역시 당의 직접 지도를 받는 총정치국 인사들이 가장
  자주 수행한다. 총정치국 조직담당 부국장 현철해와 선전담당 부국장 박재경
  등이 대표적인 인물이다.

49) 이종석, 앞의 글, 30~31쪽 ; 고영환, "북한의 정책결정과정에 관한 소고," 북한
  문제조사연구소,『북한조사연구』1권 1호 (1997), 65~72쪽.

50) 김정일, 1997, "우리는 지금 식량 때문에 무정부상태가 되고 있다,"(1996.12)
  『월간조선』1997년 4월호, 308·312쪽.

51) 이에 대해서는 이기동, "북한의 '신사고', '선군정치' 그리고 정책변화,"『통일
  정책연구』, 10권 1호 (통일연구원, 2001) 참조.

52) 한호석, "6.15 공동선언 이후의 한반도 정세와 조국통일운동을 바라보는 새로
  운 관점," http://www.onekorea.org/research/010505.html

53) 노동당의 치밀한 조직생활 통제에 대해서는 현성일, "북한사회에 대한 노동당
  의 통제체제,"『북한조사연구』, 1권 1호 (북한문제조사연구소, 1997), 18~37
  쪽 참조.

54) 리영화, "경제에 대한 국가의 중앙집권적 통일적 지도는 사회주의 경제강국건
  설의 근본담보,"『경제연구』1999년 3호, 11쪽.

55) 고상진, 앞의 글, 18쪽.

56) 김철우, 앞의 책, 49~50쪽.

57) ≪조선중앙통신≫ 1998년 9월 5일.

58) 최근에 북한은 황장엽 비서 망명이후 공석이었던 국제담당비서에 최태복 교육
담당 비서를, 교육담당 비서에 김기남 선전담당 비서를, 그리고 선전담당비서
에 정하철 당선전선동부장을 임명함으로써 당체제를 정비하고 당의 정책기능
을 정상화한 바 있다.

59) 군은 국방위원장으로, 당은 총비서로서 그리고 국가기관에 대한 장악은 당 비
서국과 전문부서를 통해 김정일 개인이 장악하고 있는 것으로 보인다.

60) 물론 수령제를 뒷받침하는 시스템으로서의 당정군관계의 변화에도 불구하고
유일사상 10대원칙이나 사회정치적 생명체론 등 수령제의 작동을 가능케 하는
사회문화적 메카니즘은 아직도 유지되고 있음을 간과해서는 안된다.

61) 제도적 제약은 위기상황이 정책변화의 가능성을 제공한다 해도 현실에서는 '자
유로운 선택'보다 '구조화된 선택'(structured choice)으로 나타나고 이는 정책결
정자의 선택이 구조적 환경의 제약 내에서 결정됨을 의미한다. 여기서 제도적
제약 개념은 신제도주의로부터 원용한 것이다. 이른바 '신제도주의'는 구조나
제도의 역할이 단순히 어둠상자(blackbox)나 외생적 변수로만 취급되는 경향을
비판하면서 제도를 주요한 독립변수로 파악하여 현상을 분석해야 한다는 것이
다. 신제도론적 접근에 대한 개괄은 James March and Johan Olsen, *Rediscovering
Institutions: The Organizational Basis of Politics* (New York: Free Press, 1989); 염재
호, "국가정책과 신제도주의," 『사회비평』 제11호 (1994), 10~33쪽 ; 이호철,
"사회, 국가, 그리고 제도-정치경제의 제도론적 접근," 『한국과 국제정치』 9권
2호. (1993), 235~256쪽을 참고할 것.

〈참고문헌〉

1. 북한문헌

고상진, "위대한 령도자 김정일 동지의 선군정치의 근본특징,"『철학연구』1999년 1호.

김동남, "위대한 령도자 김정일동지의 선군정치는 사회주의경제강국건설의 결정적 담보,"『경제연구』2001년 2호.

김일성, 『김일성 저작선집 6』(평양: 조선로동당출판사, 1974).

김정일, "우리는 지금 식량 때문에 무정부상태가 되고 있다,"(1996.12)『월간조선』 1997년 4월호.

김정일, "위대한 수령님을 영원히 높이 모시고 수령님의 위업을 끝까지 완성하자,"(1994.10)『김정일 선집 13』(평양: 조선로동당출판사, 1998).

김정일, "인민군대를 강화하며 군사를 중시하는 사회적 기풍을 세울데 대하여,"(1992.2)『김정일 선집 13』(평양: 조선로동당출판사, 1998)

김철우, 『김정일 장군의 선군정치』(평양: 평양출판사, 2000)

"당사업과 경제사업을 밀접히 결합하여 사회주의 건설을 힘있게 밀고 나가자,"『근로자』 1977년 3호.

리영화, "경제에 대한 국가의 중앙집권적 통일적 지도는 사회주의 경제강국건설의 근본담보,"『경제연구』, 1999년 3호.

리혜정, "당의 령도는 사회주의 정권이 인민의 정권으로서의 사명과 역할을 다하기 위한 근본담보,"『친애하는 지도자 김정일동지의 고전적 로작 <사회주의 건설의 력사적 교훈과 우리 당의 총로선>에 대한 해설론문집』(평양: 사회과학출판사, 1993)

박광수, "총대중시는 국사중의 제일국사,"『철학연구』, 2000년 2호.

박정순, "행정경제사업에 대한 당적 지도에서 새로운 전환을 일으키기 위하여,"『근로자』, 1976년 9호.

사회과학원 력사연구소, 『조선전사 32』(평양: 과학백과사전출판사, 1981).

"새로운 국가예산 수납체계의 특징과 우월성,"『경제연구』2000년 4호.

한석봉, 『조선민주주의인민공화국 국가사회제도』(평양: 과학백과사전출판사, 1984).

한용선, "행정경제사업에 대한 정치적 지도는 당적 령도의 기본요구,"『근로자』, 1977년 7호.

홍성남, "정무원책임제, 정무원중심제를 강화하여 사회주의 경제건설에서 새로운 전환을 일으키자,"『근로자』, 1996년 7호.
≪로동신문≫
≪조선신보≫
≪조선중앙통신≫
≪평양방송≫

2. 남한문헌

고영환, "북한의 정책결정과정에 관한 소고," 북한문제조사연구소,『북한조사연구』
　　1권 1호 (1997).
김근식, "북한체제의 변화진단 및 변화전망: 정치부문,"『통일정책연구소 국내학술
　　회의 발표논문집』(2001.10.25).
서대숙,『현대북한의 지도자: 김일성과 김정일』(서울: 을유문화사, 2000).
염재호, "국가정책과 신제도주의,"『사회비평』제11호 (1994).
이기동, "북한의 '신사고', '선군정치' 그리고 정책변화," 통일연구원,『통일정책연
　　구』10권 1호 (2001).
이종석, "김정일시대의 조선노동당: 위상, 조직, 기능," 이종석, 백학순,『김정일시
　　대의 당과 국가기구』(성남: 세종연구소, 2000)
이호철, "사회, 국가, 그리고 제도－정치경제의 제도론적 접근,"『한국과 국제정치』,
　　9권 2호(1993).
조명철, "이북기업의 관리방식과 효율성 제고방안," 송자, 이영선 편,『통일사회로
　　가는 길』(서울: 오름, 1996).
한호석, "6.15 공동선언 이후의 한반도 정세와 조국통일운동을 바라보는 새로운
　　관점," (2001) http://www.onekorea.org/research/010505.html
현성일, "북한사회에 대한 노동당의 통제체제," 북한문제조사연구소,『북한조사연
　　구』1권 1호 (1997).

3. 외국문헌

Albright, David, "A Comparative Conceptualization of Civil-Military Relations,"
　　World Politics, Vol. 32, No. 4 (July, 1980).
Colton, Timothy, *Commissars, Commanders, and Civilian Authority* (Cambridge, Mass.:
　　Harvard University Press, 1979).
Djilas, Milovan, *The New Class: An Analysis of the Communist System* (New York:
　　Praeger, 1957).
Kolkowicz, Roman, *The Soviet Military and the Communist Party* (Princeton, N.J.:
　　Princeton University Press, 1967).

Kornai, Janos, *The Socialist System: The Political Economy of Communism* (Princeton, New Jersey: Princeton University Press, 1992).

March, James, and Johan Olsen, *Rediscovering Institutions: The Organizational Basis of Politics* (New York: Free Press, 1989).

Odom, William, "The Soviet Military: The Party Connection," *Problems of Communism*, Vol. 22, No. 5 (July, 1973).

Perlmutter, Armos, and LeoGrande, William, "The Party in Uniform: Toward a Theory of Civil-Military Relations in Communist Political Systems," *APSR*, Vol. 76, No. 4 (1982).

Triska, Jan, *Communist Party-States: Comparative and International Studies* (Indeanapolis: Bobbs-Merrill, 1969).

제2부
선군정치와 국가성격

북한 군사국가화의 기원

김 용 현

1. 서 론

21세기 들어서도 북한체제의 위기를 매개로 하는 한반도 위기설은 진화되지 않고 있다. 2002년 10월 북한의 핵개발 의혹이 불거지고, 2006년 7월 미사일사태가 발생했다. 북한이 2002년 '7·1경제관리개선' 조치, '신의주특구' 개발 계획, '북·일 정상회담' 개최 등 전향적 조치들을 내놓은 바 있지만 신통치 않다. 북핵문제가 해소되지 않는 한 현상황이 개선될 여지는 거의 없다. 경제·대외·정치군사적 차원 등 북한체제 전반의 상황은 1990년대와 별반 다를 게 없는 것이다.

여전한 체제위기 상황에서 북한이 선택하고 있는 기본수단은 군을 앞세우는 전략 즉, '선군정치'다.[1] 선군정치는 현재 북한체제 유지와 발전의 최고 슬로건이자 실천방식으로 규정되고 있다. 또 선군의 영역은 당과 거의 대등한 수준에서 위기 돌파의 주체로 적극 활용되고 있다.[2]

구체적으로 그것은 제도적 차원에서 국방위원장체제로, 사회적 차원에서 사회경제적 동원의 가장 강력한 기제로 작동하고 있다.3) 한마디로 선군정치는 '북한지도부가 역사적으로 생성된 군사화를 토대로 1990년대 들어 심화된 위기상황에 대응하여 체제의 생존과 안정, 나아가 강화를 위해 선택한 국가운영방식'4)이라 할 수 있다.

그렇다면 선군정치가 오늘의 상황에서만 비롯된 현상인가? 이 글은 지난 반세기 동안 북한 사회를 이끌어온 중요한 동력을 군사화로 본다. 해방 직후부터 사회주의 건설에 이르는 과정 전반은 상당 부분 군사화라는 동력에 의해 이끌려 왔다. 즉 군사화는 '항일무장투쟁과 한국전쟁 등 역사적 경험과 분단구조, 대외적 환경 등의 배경 속에서, 정치권력의 유지·강화와 사회경제적 동원을 목적으로 북한 지도부가 한국전쟁 이후 적극적으로 호명(呼名, interpellation)한 것'5)이다.

물론 북한체제의 발전과정에서 그것은 대내외적 상황에 따라 진전과 후퇴의 과정을 보이기도 했다. 하지만 군사화는 '총력전 태세'6)로서 역사구조적인 축적 속에서 자기 재생산의 과정을 거쳐 오늘에 이른 것이다. 더욱이 혁명이 좌초 위기에 이른 오늘, 군사화는 부분적인 제도화 단계에 이르러 체제위기 극복의 가장 중요한 자원으로 기능하고 있다.

이 글은 이같은 북한체제 군사화 현상의 제도화, 구조화 과정을 군사국가화로 규정하고, 그것의 동태적 진행과정을 주목한다. 다음으로 북한의 군사국가화를 역사적 경험과 대내외적 환경 속에서 찾고자 한다. 본 논문은 시기적으로 선군정치의 중요한 기원에 해당하는 1950~60년대를 주목한다. 이는 기본적으로 '1990년대 이후 현상'이 '1950~60년대적 현상'에 기원을 두고 있다고 보기 때문이다. 1950~60년대는 북한의 정치, 경제, 사회 등의 영역이 새롭게 구축되는 대단히 중요한 시점이었으며, 군대식 질서가 사회 전반에 뿌리를 내리는 때였다.

2. 군사국가화의 개념

북한체제의 군사적 성격과 관련된 국내외 연구자들의 논의는 대부분 1990년대 이후 체제위기에 대한 북한의 대응방식과 관련된 것이었다. 특히 북한이 1990년대 후반 위기관리체제로서의 '선군정치'를 통치방식화하면서 이에 대한 논의가 활발하게 진행되었다. 김구섭·고성윤·서주석은 '유사전시체제화'[7)로, 안찬일은 '선군정치'[8)로, 정성장은 '당우위의 군중시체제'[9)로, 양현수는 이와 같은 개념들을 포괄한 '군사국가화'[10) 논지로 표현한 바 있다.

한편, 와다 하루끼는 오늘의 북한을 '유격대 국가'에서 1990년대 이후 '정규군 국가'로 전환[11)한 것으로, 서동만은 '전시체제적 사회주의의 강화,'[12) 즉 전시체제의 연장과 강화로 분석하고 있다. 이종석은 군사국가화를 '군이 최고지도자의 명을 받들어 사회, 경제 전반에서 국가운명의 개척자로 나서는 양상'이라고 규정한 바 있다. 그리고 이 군사국가가 김정일위원장이 '위기의 북한을 이끌어 가는 중요한 정치적 수단'이 되고 있다고 보고 있다[13).

대체로 이 논지들은 북한에서 군부의 위상이 높아지고 그 역할이 강화되고 있다는 점을 강조하는 데 그치고 있다. 몇몇을 제외한 대부분의 논의들은 군사적 성격의 역사구조적 경험과 그것의 진화과정에 대한 분석을 소홀히 하고 있는 것이다. 또한 북한의 정치·사회·경제 등의 부문에서 군사적 질서가 어떻게 상호작동하고 있는가에 대한 대답은 명확히 하지 못하고 있다.

이러한 가운데 북한을 군사국가로 보는 류길재의 논의는 주목할 만하다. 그는 군사국가를 '국가 운영을 위한 규범과 의식, 절차, 관행 등 제도적 틀이 군사문화 또는 병영문화에 토대하고 있는 국가'로 규정한다. 또 이 국가가 '강압과 동의를 창출하고 유지하기 위해 군사주의적 담론을 전사회적으로 유포시킬 뿐만 아니라 이를 체계적으로 환류시키기 위한 제도적 장치를 갖추고 있다'고 보고 있다. 북한의 경우 이 장치가 사회적 연대화(regimentation)를 통해 오래 전에 구축되었다고 보고 있는 것이다.14)

이 글은 류길재의 논지에서 그러한 군사문화가 실제 사회 속에서 독자적으로 작동하는 구조와 그 진화과정을 주목하며, 그 범주가 정치·경제·사회 등 모든 영역을 포괄한다고 보고 있다. 기본적으로 이 글은 북한에 군사주의적 담론이 전사회적으로 유포되고 있다는 견해에도 동의한다. 하지만 그것이 아직 완전한 제도적 장치를 갖추고 작동하는 것은 아니라고 본다. 국방위원장체제 등 부분적으로 군사국가화의 제도화가 이뤄졌지만, 그것이 현재 전반적으로 체계적인 환류장치로 작동하는 수준까지 가는 완전한 제도화는 아니기 때문이다. 이 글은 북한이 군사국가로 가는 동태적 진행과정에 주목한다.

이 글이 개념화하는 군사국가화는 정치·사회·경제에 대한 군대의 '영향력'보다 군사적 질서가 정치·사회·경제 등의 공간에서 작동하는 '구조'를 주목한다. 따라서 군사국가화는 군이 사회의 전면에 나서 직접 통치하는 제3세계의 군사통치나 비공산주의 국가 등의 군의 역할15)과는 다른 개념이다. 사회주의 당·군관계론, 민·군관계론과도 차별성이 있다. 이같은 개념들이 당과 군, 민과 군의 관계라는 일면적이고 단선적인 분석에 치우친 것이라면, 군사국가화는 군사적 질서가 정치·경제·사회 등의 영역에서 작동하는 구조 전체를 포괄하는 총체적 분석개념이라 할 수 있다.16) 동태적 개념으로써 '군사국가화' 개념이 요구되는 것은 이 때문이다.

북한의 국가성격을 군사적 측면에서 규정할 때는 전반적으로 군사질서가 전체 사회에서 작동하는 양식을 총체적으로 조명해야 할 것이다.

이 글은 군사국가화 개념을 '군대식 담론과 운영논리 및 방식이 국가의
정치·경제·사회 등 제 분야에 구현되고, 그 과정에서 구축된 군대식
질서 안에 개인 및 집단의 의식과 행위 전반이 구조화되는 과정'으로
규정한다. 북한 군사국가화의 기원을 설명하는 틀은 <그림 1>과 같다.

<그림 1> 북한 군사국가화의 기원: 설명틀

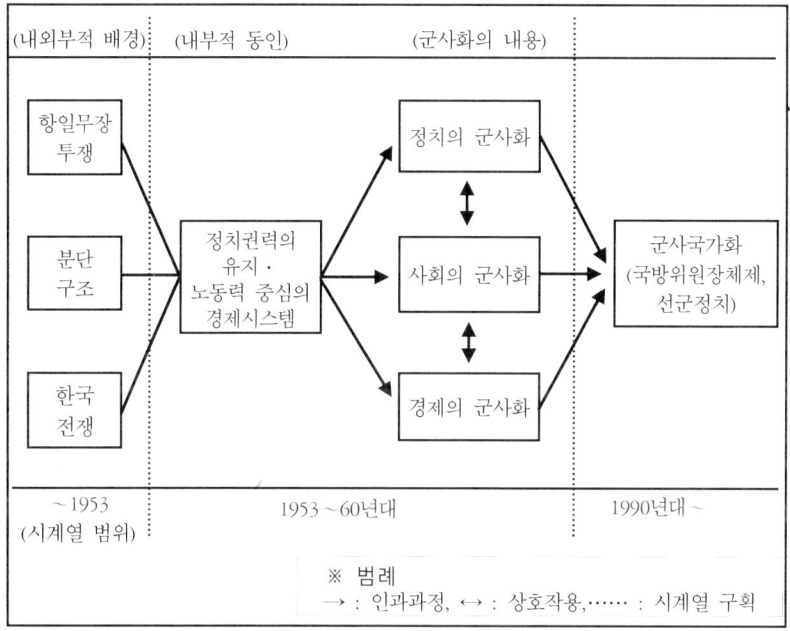

3. 군사국가화의 역사구조적 배경

1) 항일무장투쟁 전통의 체제 내화

북한의 역사는 김일성과 그의 동료들이 참가한 만주항일무장투쟁 경
험과 떼놓을 수 없다. 그것은 오래 전부터 건국 이데올로기로 정식화되

었다. 또 계승해야 할 혁명전통으로, 전 인민이 학습하고 실천해야 할 최고의 덕목이 되었다. 특히 1974년부터는 '생산도 학습도 생활도 항일유격대식으로'[17]라는 구호가 내세워짐으로써, 이후 북한의 모든 정치·사회·경제 활동의 준거가 되었다. 이는 곧 항일무장투쟁 정신을 사회 전체로 확산시키는 것이자, 만주에서의 경험이 절대적인 전통으로 자리 잡아 가는 과정이기도 했다.[18]

항일무장투쟁의 경험이 호명되기 시작한 것은 해방 직후부터였다. 해방과 동시에 발생한 분단은 한반도 전체의 정통성과 대표성을 주장하는 두 정부의 출현을 가져왔다. 그리고 그 정통성과 대표성의 잣대는 항일독립운동의 정도와 방법에 있었다. 확실한 비교우위를 갖고 있던 만주파는 항일무장투쟁의 경험을 적극적으로 활용하여 정권건설 과정에서 지도집단으로 우뚝 설 수 있었다.

항일무장투쟁 전통이 본격적으로 등장한 것은 1961년 제4차 당대회 전후 무렵이었다. 만주파가 당과 정부를 완전히 장악한 이 대회를 전후로 항일무장투쟁 참가자들의 회상기가 대거 간행되기 시작했다.[19] 이 시점은 1956년 '8월종파사건' 이후 지속된 전사회적인 숙청 및 만주파 중심의 권력 집중이 가속화되는 때였다. 만주파 중심의 단일적 권력 장악과 항일무장투쟁 전통의 강조가 동시에 이뤄진 것이다.

북한은 수많은 항일전기를 발간해 만주의 역사를 '신화화'했다.[20] 회상기와 항일전기 등에 대한 전 주민의 학습을 통해 항일무장투쟁은 가장 중요한 통치이데올로기로 작용했다.[21] 이를 주민들에게 광범위하게 주입시키고, 수령에 대한 충성과 집단주의적 삶의 고취에 활용했다. 이 투쟁의 경험은 '항일유격대식 삶'으로 요약되는 전체 주민들의 삶의 푯대이자 지향해야 할 최고의 선으로 자리매김되었다. 나아가 이 슬로건은 통상 '항일유격대식 사업방식', '항일유격대식 학습방식', '항일유격대식 생활기풍' 등의 형태로 활용되었다. 그리고 그것은 '항일유격대의 자력갱생・간고분투의 혁명정신과 인민적인 군중사업방법, 혁명적인 생활기풍과 학습방법' 등을 내용으로 했다.

아울러 항일무장투쟁 경험이 정치・군사・경제・문화 등 모든 분야에서 사업방식의 원형으로 등장했다. 심지어 이 투쟁은 군 창건기념일을 1978년부터는 1948년 2월 8일에서 김일성이 안도유격대를 창설했다는 1932년 4월 25일로 바뀔 정도로 위력을 발휘했다.[22] 역사적 사실이 신화에 의해 밀려날 정도로 항일무장투쟁의 경험은 위력적이었다.

항일무장투쟁은 지도집단 충원의 가장 중요한 자원으로도 기능했다. 만주파로의 당・군 일체화가 완성되는 4차 당대회 이후 북한 지도부의 면면은 대부분 항일무장투쟁과 직간접적으로 관련된 인물들이었다 김일성의 동료들과 갑산지역에서 활동했던 조국광복회 관련자들, 그리고 항일혁명 2세대들이 바로 그들이었다.[23] 이들은 항일무장투쟁을 집단적으로 경험하면서 강한 응집력과 동료애로 결속될 수 있었다. 그리고 북한의 최고 지도집단으로 부상한 후에도 지속적인 재생산 과정을 거쳐 인적, 정치사상적 유대가 강고한 연줄망을 형성했다. 이들이 최고 지도부의 인적 자원 충원장치로 기능함으로써 북한체제 작동의 핵심그룹으로 성장한 것이다.

이같이 김일성과 그의 동료들이 전개한 항일무장투쟁의 경험은 단순한 역사적 사실을 뛰어 넘는 것이었다. 이 경험은 북한 사회 전반을 이해하는 데 중요한 고리가 될 정도로 체제 내화했다. 항일무장투쟁에 관한 담화가 전 주민에게 각인되고 혁명전통의 뿌리로 인식되는 과정은 '신화화한 역사'가 현실에서 작동하는 '실체'가 되는 것과 다름없었다. 지도집단을 충원하는 통로로써, 군사국가화의 배경으로써 이 경험은 원천이 되었다.

2) 한국전쟁과 '당의 군대'

한국전쟁은 군을 창군 이후의 '통일전선의 군대'에서 '당의 군대'로 급격히 전환시킨 주요한 계기가 되었다. 당의 군대로의 전환은 군내 정치기관 및 당 단체의 건설, 중·하급 군인들의 대거 '화선'火線 입당, 전시체제하 전 주민에 대한 강력한 사회적 동원 등을 통해 가능하게 되었다.

전쟁 이전 군은 당 밖에서 자율성이 강한 존재로 성장했다. 당시 대내외적인 상황적 제약요인과 당내의 복잡한 사정 등은 군을 공식적인 정치적 통제로부터 분리시킨 중요한 요인이었다.[24] 그렇다고 해서 군이 당과 정부 밖에서 독주한 것은 아니었으며, 상호간 별다른 마찰 없이 성장했다. 이는 당 및 정부의 지도부와 군지도부의 인적 결합에 의해 확보된 군 내부의 자율적 통제 때문에 가능한 것이었다. 아울러 항일무장투쟁이라는 민족해방투쟁의 전통이 군에 공식성과 예외성을 부여함으로써 독자적인 성장을 가능케 했다.[25]

전쟁 발발을 전후해 많은 당·정 간부가 군 행정, 특히 정치간부로 이동했다. 이는 전시체제의 특성상 일반적인 것이기도 했지만, 당을 군에 접근시키는 중요한 계기로 작용했다. 만주파는 이미 전쟁 전 군 최고지도부를 장악했다. 그리고 전쟁 발발 전후에는 주로 소련계가 후방 담당 및 참모 분야에, 연안계 인사들이 군 정치부문에 배치되었다. 남로계는 남한 내 유격전을 통해 극소수가 군내에 들어왔다. 북한측 입장에서 본다면, 이 전쟁은 이상적으로는 연안계와 소련계의 협력 하에 만주파가 장악한 정규군형의 군대, 연안계가 경험했던 인민전쟁형 군대, 남로계가 지향한 유격전 및 대중봉기 조직 등을 결합시킨 복합전술 전쟁이었다.[26]

북한은 개전 직후 전시최고지도부인 군사위원회[27]를 설치했다. 그리

고 기존 문화부와 더불어 전선사령부와 군단사령부 수준까지 '당의 영
도와 정치교양 사업'을 위해 군사위원을 파견했다.[28] 그러나 이때까지
만 해도 개별 당원들만 존재했을 뿐 군내 당 단체는 조직되지 않았다.
최초 군내 당단체의 조직은 중국인민지원군의 참전 직후, 미군의 인천
상륙 이후 인민군의 무질서한 후퇴[29]가 심각하게 받아들여진 직후에야
비로소 급조되었다.

당중앙위원회 정치위원회는 서둘러 민족보위성 문화훈련국을 총정치
국[30]으로, 각급 문화부를 정치부로 개편하였으며, 구분대와 부대들에
정치부 부대장, 구분대장 직제를 두는 조치를 취했다. 또 중대에 당 세
포, 대대 및 연대에 대대 및 연대 당위원회를 구성하고, 사단과 군단,
총정치국에는 당 조직 문제를 심의·결정하기 위한 비상설위원회인 '당
꼬미씨야'를 설치했다.[31]

이런 가운데 군에서는 전선 즉, '화선火線' 입당을 통해 급격히 당원
이 늘어났다. 비당원 병사에게 입당은 명예와 진급을 보장하는 것이며,
당은 이들의 충성과 용맹을 활용할 수 있었기 때문에 양자간의 이해는
정확히 일치했다. 전쟁 중 군 입당자 수는 당시 전체 군인의 절반에 가
까운 14만여 명이나 되었다.[32] 장교의 경우는 거의 대부분 당원이 되었
으며, 병사들도 상당수 입당했다. 전쟁 동안 총 입당자 40여만 명의 1/3
을 넘는 수준으로, 군의 당원 비율이 사회에 비해 훨씬 높게 되었다.

이는 군에 대한 당의 통제 기반 강화를 의미하는 것이며, 정치사업의
강화와 맞물려 군은 당의 군대로 급격히 전환되었다.[33] 아울러 이들 입
당자들은 자연스럽게 김일성의 강력한 지지자가 되었다. 병사들에게 김
일성은 관문주의關門主義를 혁파하고, 책벌을 해제시킨 은인이었기 때문
이다. 김일성 역시 이들을 자산으로 아래로부터의 권력을 강화했으며,
군내 권력 기반은 더욱 굳건해지게 되었다.

한편 전쟁은 전사회적 동원을 필연적으로 수반하는 것이었다. 북한은

전쟁 개시 직후 모든 사회·경제적 자원을 단기간에 전시체제로 개편시켰다. 노동동원과 전 산업의 전시체제 개편, 그리고 각종 대중운동을 통한 사회적 동원이 이뤄졌다. 국가경제시스템의 전치체제로의 전환, 강력한 노동규율, 조국보위후원회의 각종 헌납운동, 민주선전실 제도와 반관료주의 투쟁 등을 통한 정치사상적 유인운동 등이 강력하게 실시되었다.[34]

이같이 북한은 전시체제 하에서 다양한 사회적 동원을 통해 국가 존망의 위기에 대처했다. 그것은 물질적 유인과 정치·사상적 동원, 다양한 비판운동 및 증산경쟁운동 등을 통한 사회적 동원 속에서 가능한 것이었다. 하지만 이러한 동원이 전시체제에서만 한시적으로 나타난 것이 아니었음을 주목하지 않을 수 없다. 이와 유사한 사회적 동원이 전후에도 지속적으로 유지되었으며, 그것은 사회적 차원의 군사화로 귀결되었다.

3) 분단구조와 대외환경

사회주의 일반의 국가들과 달리 북한체제는 국가 건설 초기부터 매우 독특한 분단구조 속에 포박되었다. 또 이 구조를 공고화시킨 격렬한 전쟁이 곧바로 뒤따랐다. 이러한 조건에서 이후 분단구조는 북한체제가 군사적 성격을 띠는 데 지속적이며 구조적인 요인으로 작용했다. 이러한 상황은 남한체제에서도 상당 기간 유사하게 나타났다.

한국전쟁 이후 세계적 수준의 냉전체제 하의 특이한 정전체제는 북한군의 유지 및 강화를 지속적으로 부추겼다. 군의 형성과정에 대해서는 별개로 하더라도 중국, 베트남 등은 전쟁의 종결을 통해 하나의 사회주의 국가로 탄생했다. 그러나 북한은 종전이 아닌 정전상태의 지속 속에서 국가 발전을 달성해야 하는 매우 불리한 조건이었다. 이는 다른 사회주의 국가와 다른 북한만의 특징적 현상이자, 그 자체가 군사국가화의 구조적 배경으로 작용했다.

분단구조 하에서 북한은 미국 및 남한에 대한 상상 이상의 위기의식과 대항의식을 키웠다. 그 과정에서 북한 지도부와 주민들의 의식 속에는 항상 정전체제의 붕괴 및 '2차 한국전쟁'에 대한 우려와 피포위의식이 자리잡게 되었다. 이 자체가 북한이 군사국가화로 나아가는 구조적인 자양분이 되었으며, 전체 주민의 동의 속에 북한 지도부는 군사화를 수월하게 호명할 수 있었다. 이에 대한 반대는 있을 수 없었다. 군대 자체의 성장과 동시에 정치·사회·경제 등 모든 부문이 군사화라는 명분에 압도당했다. 그리고 실제 모든 부문이 군사화라는 틀에 꿰어 맞춰졌다.

전후 분단구조에서 파생한 대외적 조건도 북한을 군사화로 치닫게 하는 중요한 배경으로 작용했다. 군사화는 미국의 계속되는 압박과 중소 갈등, 그리고 남북한의 첨예한 정치·군사적 긴장 등 피포위 의식 속에서 이뤄진 것이었다. 1950년대 후반부터 보여지는 북한·소련·중국의 북방삼각동맹의 균열과, 반대로 남한·미국·일본의 남방삼각동맹의 강화[35] 및 베트남전쟁의 확전은 북한의 위기 의식을 더욱 고조시키는 요인으로 작용했다.

이에 대해 북한은 이미 1961년 소련 및 중국과 각각 군사동맹관계를 보다 강화하는 새로운 조약들을 체결하는 것으로 대응했다.[36] 이 조약들은 쌍방 간 자동 군사개입 조항이 포함된 상호원조조약이었으며, 이로써 외형적인 북방삼각동맹이 유지되었다. 하지만 이 동맹은 외형적인 공고함에 비해 갈등과 분열이 심각한 상황으로 내재되어 있었다.[37] 이제 북한은 자체의 힘으로 모든 문제를 해결해야 하는 상황에 내몰리는 것으로 인식하게 되었다. 그리고 그것은 강력한 전사회적 차원의 군사화와 내부의 국방력 강화로 귀결되었다.

4. 군사국가화의 기원: 1950~60년대

이같은 경험적, 구조적 조건 속에서 북한의 군사국가화에 가장 중요한 배경으로 작용한 것은 대내적인 요인이었다. 정치권력의 유지와 안정의 기제로, 사회경제적 동원의 기제로 군사화가 적극적으로 선택되었다. 1950년대와 1960년대 북한사회의 정치·사회·경제적 불안정성은 상당 부분 군사화를 통해 해소될 수 있었으며, 체제의 전반적인 구조도 군사적 질서로 구축되었다.

1) 당·군의 일체와 정치의 군사화

정치적 차원에서 군사화는 중국인민지원군의 철군에 대한 대응, 군내 숙청, 당·군의 일체화, 군부강경파사건의 해소 등의 과정을 통해 이뤄졌다. 1950년 10월 19일부터 1958년 10월 28일까지 중국인민지원군은 한반도 또는 휴전선 이북에 주둔했다.[38] 이 8년 동안 상대방 내정에 대한 불간섭 원칙이 적용되었음에도 불구하고, 북한에서 중국의 역할과 영향력은 매우 컸다. 지원군의 참전으로 북한은 국가 존망의 위기에서 빠져나올 수 있었다. 또 전후 잔류로 북한은 안보를 이들에 의존하면서 전후복구사업에 전력투구할 수 있는 기회를 갖게 되었다. 전후복구사업이 원활하게 이뤄지고, 이후 1950년대 고도성장을 가능케 했던 주요한 배경에는 지원군의 주둔이 매우 중요한 몫을 한 것이다.[39]

그러나 1958년 10월 지원군이 완전 철군함으로써 북한은 군사부문에 대한 독자적인 역량을 키워야만 했다. 이는 이미 예고된 것이고, 겉으로는 북한의 자신감 속에서 진행된 것이기도 했다.[40] 하지만 철군은 북한에게 많은 비용을 지불케 했다. '자신감'은 곧 이은 중소 갈등의 심화,

소련의 원조 단절에 따른 경제사정의 악화 등 대내외적인 상황 변화 속에 '위기의식'으로 바뀌었다. 당장 안보상의 공백을 대체하기 위해 1959년 로농적위대가 창설되었다. 복구와 생산 활동에 지출될 물적 자원도 군으로 빠져나갔다. 하지만 보다 큰 지출은 준전시상태의 강화로 북한 사회가 휩쓸려가면서 치른 정치·경제·사회적 부담이었다.

한편 1950~60년대 북한의 군사화 과정에서 특징적인 정치적 현상은 당과 군의 일체화였다. 창군 과정에서 군 지도부를 장악한 만주파는 한국전쟁을 거치면서 당과 국가의 최고지도부를 구축할 수 있었다. 그것이 자기완결적인 모습을 드러낸 것은 1956년 '8월종파사건'을 거쳐 1961년 4차 당대회를 전후로 한 시기였다. 정치적 대격변의 여진 속에 1958년 초부터 군내 연안계와 소련계에 대한 숙청이 본격적으로 이뤄졌기 때문이다.[41]

전후 최대의 정치·사회적 격동을 마무리하는 행사인 4차 당대회 직후 구성된 당지도부는 만주파 일색이었다. 여기서 주목되는 것은 이 대회에서 중앙위원에 선출된 군인들의 분포였다. 중앙위원과 후보위원에 선출된 현역 군인의 전원이 만주파였으며, 이는 군의 만주파화와 당중앙위원회의 만주파화를 넘어 '당과 군의 일체화'를 의미하는 것이었다. 이를 통해 군뿐만 아니라 당도 완전히 만주파의 통제 속에 들어가게 되었다.[42]

동시에 만주파의 완벽한 군 통제를 위한 제도화도 이뤄졌다. 그것은 전군에 '인민군당위원회'와 '로동당군사위원회'의 설치로 나타났다. 아울러 군내에 민족주의와 항일무장투쟁의 전통이 강조되기 시작했다. 군내 정치사업이 소련으로부터의 탈피와 이를 대체하는 항일무장투쟁의 전통으로 전환된 것이다. 결국 당 및 군내 숙청과 군 통제를 위한 제도화를 통해 만주파 중심의 '당·군 일체화'가 이뤄졌다.[43]

1960년대 후반 발생한 군부강경파사건도 정치의 군사화를 촉발시킨

중요한 요인이었다. 이미 1967년 당 제4기 15차 전원회의에서 갑산계에
대한 숙청이 이뤄졌다. 이는 김일성의 유일지도성에 대한 범만주파 내
부의 갈등에서 비롯된 것이었으며, 정치사상투쟁을 동반한 것이었다. 연
이어 1968년 말부터 1969년 초까지 발생한 '군부강경파사건'은 극단적
인 개인숭배와 계속되는 동원으로 인한 사회적 '피로현상'의 누적 속에
서, 대외적으로는 사회주의권의 분열과 남북관계의 팽팽한 긴장상태의
심화과정에서 비롯되었다.[44]

군부강경파사건은 북한사회에서 극단적인 군사모험주의의 예봉이 꺾
이는 중요한 계기가 되었다. 또한 이 사건은 역설적으로 수령의 군대로
서의 군의 정치적 색채를 강하게 띠는 분기점이 되었다. 당시 수령제
확립과정에서 김일성의 권위에 대항할 가능성이 있는 세력은 비대화된
군부뿐이었다. 좌편향 강화일로에 있는 군부에 대한 사전 정지작업으로
서의 의미가 이 사건에 있었던 것이다. 또한 당시 후계체제와 맞물려서
이에 대항할 수 있는 군부의 세력화 가능성의 싹을 없애는 측면도 고려
된 조치였다.

2) 군사적 동원체제의 구축과 사회의 군사화

사회적 차원의 군사화는 항일무장투쟁 전통의 호명을 통한 군사문화
의 확산, 제대군인을 통한 사회의 군사적 동원, '4대군사노선'으로 대표
되는 군사적 사회질서의 형성 등을 통해 이뤄졌다.

앞서 살펴본 항일무장투쟁 전통이 사회적으로 확산되고 개인적 삶의
푯대가 되어 가는 과정은 곧 군사문화의 사회적 확산을 동반하는 것이
었다. 이 전통 자체가 역사적으로 군사적인 내용을 담고 있을 뿐만 아니
라 주민들에게 각인되는 내용 역시 군사문화였기 때문이다. 이것은 한
마디로 항일유격대 '최고사령관'의 명령을 '고난과 난관'을 뚫고 수행하

는 유격대원의 삶이 주민들의 학습과 토론 속에서 체화되어야 하는 것이었다. 개인과 집단의 모든 행위양식과 실천과정에 이것들이 지속적으로 침투함으로써 집단주의적이고 위계적인 군사문화가 전체 사회를 지배하는 양식이 되었다.

한편 한국전쟁이 정전체제로 전환되면서 북한은 상당수의 병력을 단계적으로 제대시켰다. 특히 1956년 5월 31일 인민군 8만명 제대 방침이 발표됨으로써 농업협동화와 전사회의 사회주의적 개조는 더욱 탄력을 받게 되었다.[45] 제대군인들에게는 전쟁 영웅으로, 사회주의 건설의 모범으로 사회를 이끄는 견인차 역할이 부여되었다. 이들은 다양한 분야로 진출했지만, 그 중에서도 특히 당시 노동력 부족이 심각한 농촌, 탄광지역 등에 집중 배치되었다. 농촌지역에 '무리배치'된 제대군인들은 농업협동화 과정에서 농촌사회의 사회주의적 개조의 전위대 역할을 했다.[46]

제대군인들의 사회활동과 관련해서 특히 주목되는 것은 이들의 '민주선전실'[47] 장악과 '선동원' 임무였다. 제대군인들은 당과 국가의 시책을 충실히 전달, 선전, 교양하는 주체로 "조합 사업의 주요한 역할을 담당하게 된 것만큼 조합원들을 사회주의적 정신의 태도로 교양하는 교양자적 역할"이 강조되었다[48]. 민주선전실을 제대군인들이 장악하고 이들이 대거 선동원이 됨으로써 농촌사회의 사회주의적 의식 개조는 급속히 진행될 수 있었다.[49] 이 과정에서 이들은 군사화의 전위대로서 가장 중요한 몫을 했다.

사회에 대한 군의 영향력이 커지면서, 사회의 군사적 동원도 가능케 되었다. 그것은 각 단위별 '군사위원회'의 설치, '로농적위대'의 역할 등을 통해 이뤄졌다. 지방 수준에서 군의 역할이 당사업과 대중 정치교양 등의 영역으로 확장되면서 사회를 향한 영향력이 대폭 확대되었다. 그것의 제도적 표현은 도·시(구역)·군 당위원회에 설치된 '군사위원회'

296 · 북한의 정치 2

였다. 이 위원회는 해당 지역 당위원장이 위원장을, 주둔부대의 장교가 부위원장을 맡도록 되어 당의 형식적 우위가 인정되었다. 하지만 이는 지방당의 주둔부대에 대한 통제를 의미하는 것이 아니라, 지방당에 군인들이 파견되어 '로농적위대' 등 군관련 사업을 조정·지도하는 조치였다.50) 군 주둔 지역의 지방당 조직과 군事당위원회 조직의 결합이 이뤄진 것이다.

사회적 차원의 군사화를 위한 인적 재생산구조도 마련되었다. 중국인민지원군의 철군과 전사회의 사회주의적 개조가 완료된 1959년 1월 로농적위대가 창설되었다. 이전의 인민자위대가 로농적위대로 확대 개편되고, 지휘권이 당군사위원회로 이관되었다. 도·시(구역)·군·리 등의 행정단위 및 전체 직장 단위의 각급 로농적위대가 그물망처럼 촘촘히 조직되었다. 지방당군사위원회가 이를 관리하며, 로농적위대의 각급 부대장은 지방당 각급 위원장이 담당하도록 조치되었다. 예컨대 군단위 연대급의 경우 연대장은 군당위원장, 정치부연대장은 군당 선전담당 부위원장, 군사부연대장은 군인민위원회 군사동원부장, 후방부연대장은 군인민위원장 등이 담당하는 식이었다51).

이와 같이 로농적위대의 조직 형식과 지휘관은 민간중심으로 구성되었지만 실제 이 조직의 기층 간부들은 대부분 제대군인으로 이뤄졌다. 또 당군사위원회의 조직 구성상 군대의 영향력이 로농적위대에 행사될 수 있는 구조가 마련되었고, 실제 군의 입김이 강하게 작용했다. 로농적위대가 조직되면서, 이제 북한사회의 군사화로의 진행은 사회적 재생산구조를 갖게 되었으며, 그것이 사회적 군사화의 전위대로서 역할을 부여받게 된 것이다. 이로써 지방 차원에서의 당·군 일체화가 가능하게 되었다. 이제 사회 자체의 동력으로 군사화를 진행시킬 수 있게 됨으로써 군의 사회에 대한 영향력이 확대되고, 사회의 군사적 동원이 가능케 된 것이다.

또한 사회적 비판세력이 제거된 상태에서 지도부가 대외적인 위협을 빌미로 '4대군사노선'을 제시함으로써 북한은 전체 사회를 군사적 질서로 일색화시킬 수 있는 중요한 토대를 마련하게 되었다. 1960년대 북한은 4대군사노선의 추진과 관철에 꾸준한 노력을 경주했다. 그 과정에서 북한은 예비전력 중 가장 핵심조직으로 1963년 '교도대', 1970년 '붉은 청년근위대' 등을 연이어 창설함으로써 사회 구성원들에 대한 전반적인 '예비군인화' 조치를 완성시켰다.

이는 북한이 전반적인 군사력 강화를 위해 취한 조치이기도 했지만, 보다 중요하게는 전체 사회를 군사적 질서 속에 편입시키는 조치였다. 그리고 그 과정은 북한사회 전반을 제도적으로 군사조직화하는 출발점이기도 했다. 이로써 전체 사회가 군사적 그물망 속에 들어가고, 군의 사회에 대한 침투의 제도화가 가능케 되었다. 이 과정에서 사회문화 자체가 급격히 군사문화로 대체되었으며, 경제건설의 우선순위가 바뀜에 따라 경제의 왜곡현상이 본격적으로 나타나기 시작했다.

3) '경제 · 국방 병진노선'과 경제의 군사화

경제적 차원의 군사화는 경제 · 국방 병진노선과 경제시스템의 군사적 방법으로의 확산 등을 통해 진행되었다. 1960년대 병진노선 채택의 대외적 배경은 중 · 소 갈등과 북 · 소 간 균열 속에서 한 · 미 · 일 남방삼각동맹의 결성이라는 위기의식이 크게 반영된 것이었다. 남한에서의 군사쿠데타, 쿠바사태, 월남전 등 한반도적, 세계적 차원의 긴장 심화도 위기의식을 조장했다.[52]

또다른 중요한 병진노선 채택의 배경은 대내적인 것이었다고 할 수 있다. 그것은 당과 군의 일체화를 이룬 만주파의 물적, 군사적 재생산구조의 실현 즉, 거대 정치 · 군사집단으로 성장한 만주파의 정치적 이해와 요구의 관철을 의미하는 것이었다. 만주파 출신의 지도자들은 체질적으로 군의 강화에 관심이 컸다. '8월종파사건'과 연안계 및 소련계에 대한 대대적인 숙청 이후 만주파 중심의 당·군 일체화가 이루어짐으로써 이제 군사력 강화에 거부반응을 보일 수 있는 세력은 존재기반을 상실했다. 이 상태에서 북한 지도부가 대외적인 위협요인의 등장을 계기로 자기재생산의 물적·군사적 기반을 확고히 한 것이다.

외연적 산업화 전략, 즉 노동력 중심의 산업화 전략의 지속도 병진노선 채택과 관련을 맺고 있다. 이 전략은 그 특성상 필연적으로 노동동원의 일상화, 위로부터의 억압과 동원, 경제시스템의 군사화를 동반했다.53) 이 과정에서 단기적으로 군대식 경제, 군대식 사회가 보다 효율적인 성장을 가져오는 견인차가 된 것이다. 이 전략은 내포적 산업화 전략으로 전환되지 않고 지속되면서 북한사회의 정체를 가져온 주요한 요인이 되었다.

이에 대해 지도부는 전사회적 차원의 위기의식 조장 속에서 정치·사상적 일체감을 통해 위기 상황을 극복하려 했다. 그 결과 병진노선은 정치적 측면에서 정치사상사업의 강화로, 사회적 측면에서 증산·절약운동의 강조로 나타났다. 하지만 '병진'이라는 형식에도 불구하고, 이 노선은 실제 국방분야로의 과도한 지출로 경제구조의 구조적 한계를 확대재생산함으로써 경제발전 전략에 엄청난 차질을 가져오게 했다.

한편 중앙집권적 경제체제에서 강력한 노동동원은 단기적으로 양적 성장을 극대화하는 데 가장 효과적인 방법이었다. 대표적으로 1959년 3월 시작된 '천리마 작업반 운동'은 대내외적인 위기의 강조 속에서 경제 성장 목표를 조기에 달성하기 위한 사회주의경쟁운동이었다.54) 그러나 1950년대 후반 북한을 둘러싼 대내외 정세는 심각할 정도의 위기상황은 아니었다.

위기의식 조장에는 주민들에 대한 강력한 노동동원의 목표가 숨어 있었다. 위기의식은 주민들에게 "혁명에 대한 무한한 충실성으로" 노동에 임해야 하는 것55)으로 주입되었다. 그리고 그것은 자연스럽게 '군인적 희생정신'을 촉발시키는 것으로 전환되었다. 이러한 위기의식의 제기 속에서 사상적 단결과 조직성 및 규율성의 강화가 동시에 이뤄졌다. 이를 기초로 주민을 생산증대로 동원하는 것이 가능케 되었다. 이와 같은 위로부터의 대중동원을 통해 노동을 끌어내는 경제방식은 북한경제의 기능적인 측면에서 지속적인 하나의 원칙으로 자리잡았다.

많은 대중동원운동이 여러 계기에서 출발해 수행되었다. 1956년 '집단적 혁신운동', 1959년 이후의 '천리마작업반운동', 1959년의 '공작기계새끼치기운동', 1961년의 '비날론 속도', 1969년의 '강선속도' 운동 등이 숨 돌릴 틈 없이 '연속적'이고 '반복적'으로 발기·수행되었다. 이 운동들은 한결같이 위로부터의 발의, 아래로부터의 열광적인 접수, 속도전 등 고정요소들로 이뤄진 것이었다.56) 대개 돌격대식, 군대식 방법으로 전개된 이 운동들은 노동력 중심의 발전전략에서 생산효율을 극대화시킬 수 있는 대중동원방식이었다.57)

하지만 이와 같은 방식은 단기간에는 효율을 극대화할 수 있었으나, 장기적으로는 가장 비효율적인 것이었다. 물론 군대식 조직체계와 방법으로의 노동동원과 통제는 노동력 중심의 발전전략에서 선택할 수 있는 가장 손쉬운 방법이었다. 당장에는 이 체계와 방법이 가장 '합리적'이고, 가장 생산성 높은 것으로 확인되었다. 그러나 각종 대중운동에 지속적으로 반복된 이 방식이 1960년대 후반 이후에 이르러서는 대중의 '피로현상'을 가중시키면서 수동적으로 작동하게 됨으로써 북한경제 침체의 중요한 요인이 되었다.

5. 결 론

북한의 군사국가화는 항일무장투쟁과 한국전쟁의 경험, 그리고 분단 구조라는 역사구조적 배경 아래 지속적인 정치·사회·경제적인 자기 재생산의 과정을 거쳐 형성되었다. 그 과정에서 1960년대까지는 정치적 차원에서 군사화의 틀이 마련되었으며, 사회경제적 차원에서도 자기재 생산의 구조를 갖추게 되었다.

군사국가화는 경험적으로 항일무장투쟁과 한국전쟁을 배경으로 한 다. 이 배경은 경험적·이데올로기적 차원에서 북한체제를 군사국가화 로 이끄는 데 매우 강력하게 작동했다. 항일무장투쟁의 전통은 북한체 제의 군사적 질서로의 재편과 지도집단 충원 과정에 중요한 자원으로 기능했다. 한국전쟁도 북한의 군사국가화 형성의 중요한 경험적 배경으 로 작용했다. 우선 정치적으로 김일성 중심의 단일권력이 만들어지는 결정적 토대가 전쟁과정에서 구축되었다. 군이 북한사회의 중심축이 될 수 있는 자연스런 조건도 만들어졌다. 전쟁으로 인한 군의 양적·질적 과대성장이 미국과 남한의 침략 기도에 대한 방어라는 명분으로 전후에 도 지속적으로 재생산되었던 것이다.

한편 전후 세계적인 냉전체제 하의 특이한 정전체제와 분단의 지속 은 군의 존재와 군사화의 재생산을 유지시킨 구조적인 요인으로 작용했 다. 분단구조는 대외적으로도 전쟁으로 파생한 반미, 반남 이데올로기를 통해 외부에 대한 대항과 내부에 대한 통제 기제로 강력하게 작용했다. 군의 정치·사회·경제 부문으로의 침투에 대한 항구적인 명분이 제공 된 것이다.

하지만 북한의 군사국가화 형성에 보다 중요한 동인으로 작용한 것 은 내부적 요인, 즉 북한 내부의 체제 작동 메커니즘에 의한 것이었다.

이를 행위자적 측면과 구조적 측면에서 살펴볼 수 있을 것이다. 우선 행위자적 측면에서 군사화는 김일성 중심의 권력 확립의 강력한 물리력으로 작용했다. 정치권력의 유지와 안정의 기제로, 사회·경제적 동원의 기제로 군사화가 적극적으로 선택되었다. 군사화 선택은 가장 확실한 권력확립 작업의 도구였던 것이다.

한편 구조적인 측면에서의 동인은 노동력 중심의 산업화 전략이 수반한 경제시스템과 관련된 것이었다. 노동력 중심의 산업화 전략은 노동의 군사화, 경제시스템의 군사화 등의 경향과 친화성을 가질 수밖에 없었다. 게다가 북한은 이미 군사국가화로 나아갈 다양한 경험적·역사구조적 배경을 갖고 있는 상태에서 사회와 노동의 군사화는 보다 강력하게 전개될 수 있었다.

이같이 정치권력의 유지와 안정을 위한, 사회·경제적 동원을 위한 기제로서 군사화가 호명되었다. 이로써 1950년대와 1960년대 북한사회의 정치·사회·경제적 갈등과 불안정성은 상당부분 해소될 수 있었으며, 북한체제의 군사화된 틀도 이 과정에서 형성되었다. 이를 통해 전체 체제차원에서 군사화가 스스로 작동하는 구조가 만들어질 수 있었다. 그리고 1970년대 이후부터는 이 구조가 지속적으로 작동하게 되었다. 더욱이 1990년대 들어와 대내외적 위기가 심화되면서 군사국가화라는 제도화의 길에 들어서게 되었다.

※ 이 글은 『한국정치학회보』 37집 1호 (2003 봄)에 게재된 논문을 수정·보완한 것이다.

주註

1) 북한은 선군정치를 '김정일정치의 기본 방식', '군사를 선행하는 정치, 군에 의거하여 혁명을 전진시키는 정치'로 규정하고 있다. 또 '군대를 강화하고 그를 강화하는 데 선차적인 힘을 넣는 정치'로 풀이하고 있다. 김철우, 『김정일장군의 선군정치』 (평양: 평양출판사, 2000), 26~45쪽.

2) 북한은 여전히 전 사회에 대한 '당의 영도적 역할'을 강조함으로써 당의 우위를 공식화하고 있다. 그러나 경제위기의 심화 이후 당의 역할이 약화되었으며, 현재 주요 통치수단은 군대인 것으로 판단된다.

3) 고유환·김용현, "북한의 선군정치와 군사국가화 연구," 『서울평양학회보』 창간호 (2002), 195~201쪽.

4) 김용현, "북한체제 군사화의 정치·사회적 기원: 1990, 1950년대를 중심으로," 『통일문제연구』 13권 1호 (2001), 255쪽.

5) 김용현, "북한의 군사국가화에 관한 연구: 1950~60년대를 중심으로" (동국대학교 정치학과 박사학위논문, 2001), 26~139쪽.

6) 북한을 포함한 사회주의 체제 전반을 총력전 태세로 보는 입장은 和田春樹, 『歷史としての社會主義』 (東京: 岩波書店, 1992) ; 오쿠무라 사토시(奧村哲) 저·박선영 역, 『새롭게 쓴 중국 현대사: 전쟁과 사회주의의 변주곡』 (서울: 소나무, 2001) 참조.

7) 김구섭·고성윤·서주석 공저, 『북한 군부의 위상 변화에 따른 대내외 정책 전망』 (서울: 한국국방연구원, 1997).

8) 안찬일, "김정일 체제와 선군정치: 북한군사화의 요인과 전망," 북한연구학회 1999년 하계 학술회의(1999년 6월).

9) 정성장, "김정일체제의 지도이념과 권력체계: '붉은기사상'과 당·정·군 관계의 변화를 중심으로," 한국정치학회 1999년 추계 학술회의(1999년 9월).

10) 양현수, "북한군의 정치적 위상과 역할: 북한 '군사 국가화' 논의 비평," 한국정치학회 추계 학술회의(1999년 9월).

11) Wada Haruki, "The Structure and Political Culture of the Kim Jong Il Regime: It's Novelty and Difficulties." the Graduate School of North Korean Studies. Kyungnam University. May 1998.

12) 서동만, "북한붕괴론에 관하여," 건국대학교 한국문제연구원·Center for Asia-Pacific Studies 편, 『북한의 개방과 통일전망』 (서울: 건국대학교 출판부, 1998), 123쪽.

13) 이종석, 『새로 쓴 현대북한의 이해』 (서울: 역사비평사, 2000), 544~555쪽.

14) 류길재, "'예외국가'의 제도화: 군사국가화 경향과 군의 역할 확대," 최완규 편,

『북한의 국가성격 변용에 관한 연구: '예외국가'의 공고화』(서울: 한울아카데미, 2001), 118~120쪽.

15) Lee, Suck-Ho, *Party-Military Relations in North Korea: A Comparative Analysis* (Seoul: Research Center for Peace and Unification of Korea, 1989), pp. 13~31.

16) 고유환·김용현, "북한의 선군정치와 군사국가화 연구," 192쪽.

17) 와다 하루키는 이 구호의 공식 등장 시기를 1980년 제6차 당대회로 보고 있다. 하지만 이것은 김정일이 1974년 3월 '당 일군들의 사업방식과 사업작풍'에 대한 일대 혁신을 요구하는 과정에서부터 등장했다. 편집국, "<생산도 학습도 생활도 항일유격대식으로!>라는 혁명적 구호를 높이 받들고 주체의 혁명위업을 빛나게 완수해나가자," 『근로자』 제5호 (1975), 3쪽 ; 재일본조선인총연합회 중앙상임위원회 편, 『김정일장군략사』 (동경: 재일본조선인총연합회 중앙상임위원회, 1994), 42쪽.

18) 와다 하루키 저·이종석 역, 『김일성과 만주항일전쟁』 (서울: 창작과비평사, 1992), 5~6쪽.

19) 1959년부터 1969년까지 10년에 걸쳐 최현, 김동규, 허봉학, 오진우, 최광 등 109명이 집필에 참여할 정도의 대규모 혁명전통 확립작업이 이뤄졌다. 최현 외, 『항일빨치산 참가자들의 회상기 1-12권』 (평양: 조선로동당출판사, 1959~1969).

20) "김일성 장군 략전," ≪로동신문≫, 1952년 4월 15일; 백봉, 『민족의 태양 김일성장군 1~3권』 (평양: 인문과학사, 1968~1971); 조선로동당중앙위원회 편, 『김일성 저작집 1권』 (평양: 조선로동당출판사, 1979); 김일 외, 『항일무장투쟁 경험 1~3권』 (평양: 조선로동당출판사, 1983) 등 참조.

21) 물론 항일무장투쟁이 주체사상과 같은 수준의 통치이데올로기일 수는 없을 것이다. 하지만 북한체제 형성과정에서 현재에 이르기까지 인적자원의 풀로서, 이데올로기적 차원 등에서 항일무장투쟁의 전통은 중요한 통치이데올로기의 하나로 작용하고 있다. 1990년대 후반 이후 '고난의 행군정신' 등의 강조는 1930년대 후반 항일무장투쟁 당시의 경험을 현재의 위기 극복의 이데올로기로 끌어낸 대표적인 예이다.

22) "<사설> 위대한 수령 김일성동지께서 창건하시고 령도하시는 조선인민군은 필승불패이다," ≪로동신문≫ 1978년 4월 25일; "위대한 수령님의 자위적군사사상을 관철해나가는 우리 인민과 인민군대는 필승불패이다," ≪로동신문≫ 1978년 4월 26일.

23) 이종석. 『새로 쓴 현대북한의 이해』, 474~489쪽 ; 와다 하루키 저·이종석 역, 『김일성과 만주항일전쟁』, 304~319쪽 ; 와다 하루키 저·서동만·남기정 역, 『북조선: 유격대국가에서 정규군국가로』 (서울: 돌베개, 2002), 278~281쪽.

24) 김용현, "북한의 군사국가화에 관한 연구: 1950~60년대를 중심으로," 45~53쪽.

25) 徐東晩, "北朝鮮における社會主義體制の成立 1945-1961," (東京大學大學院總合文化研究科國際關係論專攻 博士學位論文, 1995), 150쪽.

26) 徐東晩, "北朝鮮における社會主義體制の成立 1945-1961," 232~233쪽.

27) 위원장 김일성을 비롯해 박헌영(부수상 겸 외무상), 홍명희(부수상), 김책(부수상), 최용건(민족보위상), 박일우(내무상), 정준택(국가계획위원장) 등 7인으로 구성되었다. "군사위원회 조직에 관하여(1950년 6월 26일)," 김준엽 외 편,『북한연구자료집』제2집 (서울: 고려대 아세아문제연구소, 1974), 2쪽.

28) 사회과학원 역사연구소 편,『조선전사 25권』(평양: 과학백과사전출판사, 1981), 162~163쪽.

29) 군의 후퇴과정에 대한 비판은 김일성, "현 정세와 당면 과업(1950년 12월 21일 조선로동당 중앙위원회 제3차 전원회의에서 진술한 보고)," 김일성,『자유와 독립을 위한 조선 인민의 정의의 조국해방전쟁』(평양: 조선로동당출판사, 1954), 118~124쪽 참조.

30) 당시 총정치국의 전반적인 사업 내용을 확인할 수 있는 자료로는 조선로동당 중앙조직위원회 편, "내무기관내 당정치사업 지도에 대하여(조선로동당 중앙조직위원회 제71차회의 결정서 1951년 9월 1일)," 『결정집(1949. 7-1951. 12 당 중앙 조직 위원회)』(조선로동당중앙위원회), 282~297쪽.

31) 김일성, "인민군대내에 조선로동당 단체를 조직할데 대하여 (조선로동당 중앙위원회 정치위원회에서 한 결론 1950년 10월 21일)," 『김일성저작집 6』(평양: 조선로동당출판사, 1980), 148쪽 ; 김재욱. "조선인민군은 조국해방전쟁의 과정에서 더욱 단련, 성장하여 조선 인민의 강력한 무장력이 되었다," ≪로동신문≫ 1952년 2월 7일.

32) 리권무,『영광스러운 조선인민군』(평양: 조선로동당출판사, 1958), 52쪽.

33) 군내 정치적 통제 및 정치사업의 강화에 대해서는 조선로동당중앙위원회 편, "인민군대내 당정치사업 진행정형과 그강화를위한 금후 제대책에 대하여(당중앙 정치위원회 제125차회의 결정서 1952년 7월 7일)," 『결정집(1947.8-1953.7 당 중앙정치 위원회)』(조선로동당중앙위원회), 63~70쪽.

34) 김용현, "북한의 군사국가화에 관한 연구: 1950~60년대를 중심으로," 60~64쪽.

35) 1961년 남한 군사쿠데타 정권의 등장과 한미 동맹의 강화, 1965년 한일협정 등을 통한 한·미·일 삼각동맹의 성립은 북한의 위기의식을 고조시키는 중요한 요인이었다. 정진위,『북방삼각관계: 북한의 대중·소 관계를 중심으로』(서울: 법문사, 1985); 이종석, "북에서 본 한일협정과 '조일회담'," 역사문제연구소 편,『역사비평』, 봄호 (1995), 57~69쪽 참조.

36) 1961년 7월 6일, 11일 북소, 북중 간 "조선민주주의인민공화국과 쏘베트 사회
주의공화국 련맹 간의 우호, 협조 및 호상 원조에 관한 조약" 및 "조선민주주의
인민공화국과 중화인민공화국 간의 우호, 협조 및 호상 원조에 관한 조약"이
체결되었다. 조선중앙통신사 편,『조선중앙연감 1962』(평양: 조선중앙통신사,
1962), 157∼162쪽 참조.

37) 정영철, "김정일 체제 형성의 사회정치적 기원: 1967∼1982" (서울대학교 사회
학과 박사학위논문, 2001), 77∼78쪽.

38) 한국전쟁 당시 지원군은 최대 135만 명 이상이 참전했다. 휴전 이후에도 정전
후의 불안정한 대내외 정세 속에서 34개 사단, 약 40만 명이 잔류하여 북한의
안보와 복구를 지원했다. 홍학지 저·홍인표 역,『중국이 본 한국전쟁』(서울:
고려원, 1992), 354쪽; 이종석,『북한-중국관계: 1945∼2000』(서울: 중심,
2000), 191∼205쪽 참조.

39) 김용현, "북한의 군사국가화에 관한 연구: 1950∼60년대를 중심으로," 77∼80
쪽.

40) 지원군의 철군은 외국군대의 한반도 동시 철군을 주장한 북한의 요구, 중국의
사회주의 경제건설의 실질적 개시, 미소간 평화무드의 조성, 북·일 관계의 개
선 등 한반도 정세의 상대적 안정이 주요 배경으로 작용했다. 김용현, "북한의
군사국가화에 관한 연구: 1950∼60년대를 중심으로," 80∼82쪽.

41) 1958년 2월 8일 김일성이 인민군 창건 10주년을 기념하여 제324군부대에서
한 연설 "조선인민군은 항일무장투쟁의 계승자이다"는 매우 주목할 만한 것이
었다.군의 기본 성격을 항일무장투쟁의 계승자로 공식 규정하고 당의 군대임을
공식적으로 공포한 연설이자, 연안계와 소련계에 대한 군내 숙청의 시작을 선
언한 연설이었기 때문이다. 김일성, "조선인민군은 항일무장투쟁의 계승자이
다(조선인민군 제324군부대관하 장병들 앞에서 한 연설 1958년 2월 8일)," 『김
일성저작집 12』(평양: 조선로동당출판사, 1981), 63∼102쪽.

42) 김용현, "1960년대 북한의 위기와 군사화,"『현대북한연구』5권 1호 (2002),
136∼140쪽.

43) 김용현, "1950년대 북한사회 군사화의 내용과 성격,"『북한연구학회보』제6권
제1호 (2002), 187∼195쪽.

44) 김용현, "1960년대 북한의 위기와 군사화," 146∼152쪽.

45) "조선인민군 병력 축소에 관한 조선민주주의인민공화국 정부의 성명," ≪로동
신문≫ 1956년 6월 1일.

46) 김용현, "1950년대 북한사회 군사화의 내용과 성격," 195∼197쪽.

47) 민주선전실은 주민들과 가장 가까이에서 당의 노선과 이데올로기를 선전하고
학습시키며, 아래로부터의 의견을 취합하는 당의 말단기구이다.

48) "조합의 제대 군인들," ≪로동신문≫ 1956년 6월 8일.

49) "민주선전실 사업 강화를 위하여 노력," ≪로동신문≫ 1954년 1월 27일 ; "<농촌 경리 발전의 선두에서> 조합의 젊은 선동원들," ≪로동신문≫ 1955년 12월 8일 ; "제대 군인의 수기," ≪로동신문≫ 1956년 6월 21일.

50) 서동만, 『북조선 사회주의 체제 성립사: 1945~1961』(서울: 선인, 2005), 810~811쪽.

51) 북한연구소 편, 『북한총람』(서울: 북한연구소, 1983), 47~48쪽.

52) 김일성, "현정세와 우리 당의 과업(조선로동당대표자회에서 한 보고 1966년 10월 5일),"『김일성저작집 20』(평양: 조선로동당출판사, 1982), 448~456쪽.

53) 사회주의체제가 등장하기 이전 북한은 경제적으로 근대화가 이루어지지 않은 후진체제였다. 따라서 국가 수립 이후의 발전 과정은 추격발전, 급속한 따라잡기 전략을 취할 수밖에 없었다. 이 과정에서는 노동력의 확보가 대단히 중요하게 되었다. 그리고 이를 위해서는 노동규율의 강화가 필수적이었고, 군대식 강제와 교육이 가장 효율적인 방법으로 자리잡게 되었다.

54) 김일성, "천리마기수들은 우리 시대의 영웅이며 당의 붉은 전사이다(전국천 리마작업반운동선구자대회에서 한 연설 1960년 8월 22일)," 조선로동당출판사 편, 『사회주의경제관리문제에 대하여 1』(평양: 조선로동당출판사, 김일성 1970), 384~393쪽; 윤세중,『천리마 공장 사람들』(평양: 직업동맹출판사, 1965).

55) 리만걸, "혁명에 대한 무한한 충실성으로 일할 때," 정총화 편,『천리마작업반 3』(평양: 직업동맹출판사, 1961), 16~25쪽.

56) 1970년대 이후에도 이와 같은 패턴의 대중운동들이 계속되었다. 1970년대에는 1974년의 '70일 전투', 1975년 이후의 '3대혁명 붉은기쟁취운동' 등이 수행되었다. 이후 1982년 '80년대 속도운동', 1988년 '200일 전투운동', 1990년대 이후 '90년대 속도운동' 등이 수행되었다.

57) 1958년 8월 완공된 '해주-하성간 광궤 철도' 공사는 이같은 방법의 전형을 보여주는 것이었다. 80여 Km의 기존 협궤철도를 광궤철도로 확장하는 이 공사는 통상 4~5년 걸릴 공사를 75일 만에 완공한 기적으로 대서특필되었다. "해주-하성간 광궤 철도 청년 건설자들이 이룩한 집단적 혁신운동의 모범을 따르자!," ≪로동신문≫ 1958년 8월 13일.

〈참고문헌〉

1. 북한문헌

김일 외, 『항일무장투쟁경험 1~3』 (평양: 조선로동당출판사, 1983).

김일성, "인민군대내에 조선로동당 단체를 조직할데 대하여 (조선로동당 중앙위원회 정치위원회에서 한 결론 1950년 10월 21일)," 『김일성저작집 6』 (평양: 조선로동당출판사, 1980).

김일성, "조선인민군은 항일무장투쟁의 계승자이다(조선인민군 제324군부대관하 장병들 앞에서 한 연설 1958년 2월 8일)," 『김일성저작집 12』 (평양: 조선로동당출판사, 1981).

김일성, "천리마기수들은 우리 시대의 영웅이며 당의 붉은 전사이다(전국천리마작업반운동선구자대회에서 한 연설 1960년 8월 22일)," 『사회주의경제관리 문제에 대하여 1』 (평양: 조선로동당출판사, 1970).

김일성, "현 정세와 당면 과업(1950년 12월 21일 조선로동당 중앙위원회 제3차 전원회의에서 진술한 보고)," 김일성, 『자유와 독립을 위한 조선 인민의 정의의 조국해방전쟁』 (평양: 조선로동당출판사, 19540.

김일성, "현정세와 우리 당의 과업(조선로동당대표자회에서 한 보고 1966년 10월5일)," 『김일성저작집 20』 (평양: 조선로동당출판사, 1982).

김철우, 『김정일장군의 선군정치』 (평양: 평양출판사, 2000).

리권무, 『영광스러운 조선인민군』 (평양: 조선로동당출판사, 1958).

리만걸, "혁명에 대한 무한한 충실성으로 일할 때," 정총화 편, 『천리마작업반 3』 (평양: 직업동맹출판사, 1961).

백봉, 『민족의 태양 김일성장군 1~3』 (평양: 인문과학사, 1968~1971).

사회과학원 역사연구소 편, 『조선전사 25』 (평양: 과학백과사전출판사, 1981).

윤세중, 『천리마 공장 사람들』 (평양: 직업동맹출판사, 1965).

조선로동당중앙위원회 편, 『김일성 저작집 1』 (평양: 조선로동당출판사, 1979).

조선로동당중앙위원회 편, "내무기관내 당정치사업 지도에 대하여(조선로동당 중앙조직위원회 제71차회의 결정서 1951년 9월 1일), 『결정집(1949. 7-1951. 12 당중앙조직위원회)』, 조선로동당중앙위원회.

조선로동당중앙위원회 편, "인민군대내 당정치사업 진행정형과 그강화를위한 금후제 대책에 대하여(당중앙 정치위원회 제125차회의 결정서 1952년 7월 7일)," 『결정집(1947. 8 - 1953. 7 당중앙정치위원회)』, 조선로동당중앙위원회.

조선중앙통신사 편, 『조선중앙연감 1962』 (평양: 조선중앙통신사, 1962).

최현 외, 『항일빨치산 참가자들의 회상기』 전12권 (평양: 조선로동당출판사, 1959~1969).

편집국, "≪생산도 학습도 생활도 항일유격대식으로!≫라는 혁명적 구호를 높이 받들고 주체의 혁명위업을 빛나게 완수해나가자," 『근로자』 1975년 제5호.

≪로동신문≫ 1952년 4월 15일. "김일성 장군 략전"

≪로동신문≫ 1952년 2월 7일. 김재욱, "조선인민군은 조국해방전쟁의 과정에서 더욱 단련, 성장하여 조선 인민의 강력한 무장력이 되었다"

≪로동신문≫ 1955년 12월 8일. "<농촌 경리 발전의 선두에서>조합의 젊은 선동 원들"

≪로동신문≫ 1954년 1월 27일. "민주선전실 사업 강화를 위하여 노력"

≪로동신문≫ 1978년 4월 25일. "<사설> 위대한 수령 김일성동지께서 창건하시고 령도하시는 조선인민군은 필승불패이다"

≪로동신문≫ 1956년 6월 1일. "조선인민군 병력 축소에 관한 조선민주주의인민공화국 정부의 성명"

≪로동신문≫ 1956년 6월 8일. "조합의 제대 군인들"

≪로동신문≫ 1978년 4월 26일. "위대한 수령님의 자위적군사사상을 관철해나가는 우리 인민과 인민군대는 필승불패이다"

≪로동신문≫ 1956년 6월 21일. "제대 군인의 수기"

≪로동신문≫ 1958년 8월 13일. "해주-하성간 광궤 철도 청년 건설자들이 이룩한 집단적 혁신운동의 모범을 따르자!"

2. 남한문헌

국토통일원 편, 『조선노동당대회자료집』 제2집 (서울: 국토통일원, 1980).

"군사위원회 조직에 관하여(1950년 6월 26일)," 김준엽 외 편, 『북한연구자료집 2집』 (서울: 고려대 아세아문제연구소, 19740).

고유환·김용현, "북한의 선군정치와 군사국가화 연구," 『서울평양학회보』 창간호 (2002).

김구섭·고성윤·서주석, 『북한 군부의 위상 변화에 따른 대내외 정책 전망』 (서울: 한국국방연구원, 1997).

김용현, "1950년대 북한사회 군사화의 내용과 성격," 『북한연구학회보』 제6권 제1호 (2002).

김용현, "1960년대 북한의 위기와 군사화," 경남대학교 북한대학원 편, 『현대북한연구』 5권 1호 (서울: 한울, 2002).

김용현, "북한의 군사국가화에 관한 연구: 1950~60년대를 중심으로," (동국대학교 정치학과 박사학위논문, 2001).

김용현, "북한체제 군사화의 정치·사회적 기원: 1990, 1950년대를 중심으로," 『통일문제연구』 제13권 1호 (2001).

류길재, "'예외국가'의 제도화: 군사국가화 경향과 군의 역할 확대," 최완규 편, 『북한의 국가성격 변용에 관한 연구: '예외국가'의 공고화』 (서울: 한울아카데미, 2001).

북한연구소 편, 『북한총람』 (서울: 북한연구소, 1983).

서동만, 『북조선 사회주의 체제 성립사: 1945~1961』 (서울: 선인, 2005).

서동만, "북한붕괴론에 관하여," 건국대학교 한국문제연구원·Center for Asia-Pacific Studies 편, 『북한의 개방과 통일전망』 (서울: 건국대학교출판부, 1998).

안찬일, "김정일 체제와 선군정치: 북한군사화의 요인과 전망," 북한연구학회 하계 학술회의, 1999년 6월.

양현수, "북한군의 정치적 위상과 역할: 북한 '군사 국가화' 논의 비평," 한국정치학회 추계 학술회의. 1999년 9월.

오쿠무라 사토시(奧村 哲) 저·박선영 역, 『새롭게 쓴 중국 현대사: 전쟁과 사회주의의 변주곡』 (서울: 소나무, 20010.

와다 하루키 저·서동만·남기정 역, 『북조선: 유격대국가에서 정규군국가로』 (서울: 돌베개, 2002).

와다 하루키 저·이종석 역, 『김일성과 만주항일전쟁』 (서울: 창작과비평사, 1992).

이종석, 『북한-중국관계: 1945~2000』 (서울: 중심, 20000).

이종석, 『새로 쓴 현대북한의 이해』 (서울: 역사비평사, 2000).

이종석, "북에서 본 한일협정과 '조일회담," 역사문제연구소 편, 『역사비평』1995년 봄호.

정성장, "김정일체제의 지도이념과 권력체계: '붉은기사상'과 당·정·군 관계의 변화를 중심으로," 한국정치학회 추계 학술회의, 1999년 9월.

정영철, "김정일 체제 형성의 사회정치적 기원: 1967~1982,"(서울대학교 사회학과 박사학위논문, 2001).

정진위, 『북방삼각관계: 북한의 대중·소 관계를 중심으로』 (서울: 법문사, 1985).

홍학지 저·홍인표 역, 『중국이 본 한국전쟁』 (서울: 고려원, 1992).

3. 외국문헌

재일본조선인총연합회 중앙상임위원회 편, 『김정일장군략사』 (동경: 재일본조선인총연합회 중앙상임위원회, 1994).

Lee, Suck-Ho, *Party-Military Relations in North Korea: A Comparative Analysis* (Seoul: Research Center for Peace and Unification of Korea, 1989).

Wada Haruki. "The Structure and Political Culture of the Kim Jong Il Regime: It's Novelty and Difficulties." the Graduate School of North Korean Studies. Kyungnam University. May1998.

徐東晚, "北朝鮮における社會主義體制の成立 1945-1961," (東京大學大學院 總合文化研究科 國際關係論專攻 博士學位論文, 1995).

和田春樹, 『歷史としての社會主義』(東京: 岩波書店, 1992).

洪學智, 『抗美援朝戰爭回憶』再版 (北京: 解放軍文藝出版社, 1991).

1990년대 '고난의 행군'과 선군정치: 북한의 인식과 대응

김 갑 식

1. 문제제기

1990년대 이후 북한정치의 화두는 단연 '고난의 행군'과 '선군정치'이다. 북한은 1990년대 식량난과 냉전체제의 해체, 그리고 김일성 사망 및 지배체제의 불안정성 등 총체적 위기 상황을 고난의 행군[1]으로 부르고 있다. 또한 이 시기 북한 정치체제에서 두드러진 특징은 과거와 달리 이 위기상황을 군을 중심으로 극복하려는 이른바 선군정치가 출현했다는 것이다.[2]

북한은 '선군정치가 고난의 행군이라는 한 시대, 한 역사를 이끌어온 승리의 기치'이며 '고난의 행군과 더불어 주체혁명의 새로운 한 시대, 새로운 한 세대, 새로운 하나의 역사'가 만들어졌기 때문에 고난의 행군 시기로 인해 '역사의 계선'이 과거 그 어느 때보다도 명확하게 그어졌다고 주장하면서 '선군정치로 군사는 물론 나라의 정치, 경제, 문화의 모든 부문에서 근본적인 변혁이 일어났으며 인간도 사회도, 투쟁과 생활도 새롭게 일신한 선군시대라는 완전한 하나의 새 시대가 개척되었다'고 주장하고 있다.3) 이처럼 고난의 행군과 선군정치는 불가분의 관계에 있다.

우리 학계에서도 고난의 행군4)과 선군정치5)에 대한 연구가 많이 진행되었다. 그런데 북한이 고난의 행군으로부터 선군정치가 창시되었다고 주장하고 있음에도 불구하고, 그동안 고난의 행군에 대한 연구는 주로 사회문화적 차원에서 북한주민들의 의식변화에만 치중하였고 선군정치에 대한 연구는 고난의 행군과의 관계보다는 당군관계 변화 및 군사국가화 등에 주된 관심을 두었다. 고난의 행군과 선군정치에 대한 연구가 양자간의 상호 밀접한 연관성 속에서 분석된 것이 아니라 각각 별개로 진행된 것이다.

따라서 본고에서는 고난의 행군이 북한 정치체제에 어떠한 영향을 미쳤는지를 살펴보기 위해 '고난의 행군 → 혁명적 군인정신 → 선군정치'라는 일련의 담론구조를 체계적으로 분석하고, 특히 고난의 행군에 대한 천착을 통해 북한이 선군정치를 만들 수밖에 없었던 고민과 주장을 비판적으로 고찰함으로써 선군정치의 미래를 전망하고자 한다.6)

이를 위해 2장에서는 북한이 '총포성 없는 전쟁'으로 이해하고 있는 고난의 행군의 내용과 북한의 인식을 살펴보고, 3장에서는 고난의 행군 과정에서 제기된 '새로운 시대정신'인 '혁명적 군인정신'의 내용과 이것을 전사회적으로 확산시키는 과정을 고찰하며, 4장에서는 군사선행의 정치방식인 선군정치의 구체적 양상과 그것이 우리식 사회주의 체제와 어떠한 연관성을 가지고 있는가를 혁명의 주력군, 인민대중 및 노동계급 간의 관계, 당군관계 등을 중심으로 분석하고, 마지막으로 5장에서는 선군정치의 함의와 미래에 대해 알아본다.

2. 고난의 행군: '총포성 없는 전쟁'

본래 '고난의 행군'은 1938년 12월초부터 이듬해 3월말까지 몽강현 남패자에서 장백현 북대정자에 이르는 조선인민혁명군 주력부대의 행군[7])을 의미했는데, 북한은 1990년대 위기상황을 '고난의 행군'이라 명명하고 있다. 당시의 극한 상황과 1990년대의 그것이 비슷하다는 것이다. 북한은 1990년대 고난의 행군을 다음과 같이 회상하고 있다.

> 세계적 판도에서 사회주의 국가들이 련이어 무너지고 제국주의자들이 저들의 승리를 요란스럽게 광고하며 제 세상을 만난 듯이 기고만장하여 날뛰던 그때, 나라의 형세가 간과할 수 없는 국면에 처하고 사회주의 조선의 존재를 두고 커다란 우려와 가시 돋친 랑설이 떠돌던 시기에 우리는 사회주의의 유일한 희망이시고 민족의 생명의 어버이이신 혁명의 위대한 수령을 잃었던 것이다. … 그에 편승이나 하듯 이번에는 또 수백년래에 처음 보는 무서운 자연재해가 련이어 들씌워졌다. 처음에는 대홍수가 모든 것을 휩쓸어간데 이어 그 다음에는 왕가물이 모든 것을 말리워 버렸다. 한 국가, 한 민족이 완전히 괴멸해버릴 수 있는 이런 최악의 형편에서 우리가 피할 수도 없고 피해서도 안 되었던 조국수호전은 얼마나 준엄했던가. 그것은 말 그대로 선전포고 없는 전쟁, 총포성이 울리지 않는 세계적인 대전이었다.[8])

1990년대 '경제의 정치화'로 인한 비효율성과 경직성, 강행적 발전전략으로 인한 속도전과 사상전의 한계, 냉전체제로 인한 무리한 중공업과 군수산업중심의 개발전략 및 사회주의권에 대한 과도한 의존, 자급자족적 폐쇄경제 고수로 인한 기술수준의 낙후·산업구조의 왜곡·산업시설의 노후화, 그리고 1990년대 들어와서 계속되는 농업생산성의 약화 및 자연재해 등은 북한의 경제성장률이 1990년부터 1998년까지 9년 연속 마이너스였을 정도로 총체적 경제난을 야기하였다.[9]) 식량난이 가

중되어 '미공급'이 시작되자 북한이 지난 반세기 동안 온갖 정치교육과 물리적 통제를 통하여 구축한 우리식 사회주의 체제가 침식되기 시작했다.10)

일반적으로 사회주의 정권의 생존력은 당기구의 규율과 응집성, 그리고 조직화된 정치적 저항을 분쇄할 수 있는 능력에 달려있다. 만약 경제난이 당국가 기구의 규율과 응집성을 약화시키는 요인으로 작용한다면 그것은 사회주의 쇠퇴의 원인이 된다. 당조직의 권위는 물질적 필요와 직업 배분에 있어 시민들을 만족시킬 데 유지된다. 그런데 보상과 배급이 줄어들어 대안적인 통로(암시장)에 시민들이 의존하면 당기구의 규율과 응집성은 약화되고 사회주의 체제는 균열되기 시작한다.11) 이러한 점에서 동구 사회주의 국가의 붕괴원인이 경제적 문제라는 주장은 일면 타당성이 있다.12) 북한 역시 공식 계획경제의 약화와 배급제 마비상황은 국가의 재분배 정책에 의해 일상생활을 영위해 온 주민들의 '조직화된 의존관계'(organized dependence)를 약화시켜 이들의 국가와 체제에 대한 순응력이 저하되고 정치사회적 기강이 이완되었다.13)

그런데 1990년대 북한체제의 심각성은 그 위기가 경제적 문제에만 국한되지 않았다는 점에 있었다. 전세계적 차원의 냉전의 해체가 한반도 냉전체제의 해체를 가져오지 못했다는 것은 북한의 '피포위 의식'14)의 심화에 중요한 작용을 하였다. 북한은 사회주의 체제의 원군도 잃고 냉전체제의 해체로 인한 체제불안감의 해소도 얻지 못하는 최악의 처지에 빠지게 된 것이다.15) 이러한 인식은 고난의 행군 시기 신년공동사설에 그대로 나타나 있다. "우리 공화국을 고립압살하려는 제국주의자들과 반동의 책동이 전례없이 강화되었고"(1995년), "제국주의자들과 반동들은 사회주의 보루인 우리 공화국을 고립시키고 사회주의 위업을 말살하려고 계속 악랄하게 책동하였다"(1996년), "제국주의의 포위 속에서 혹심한 자연재해와 경제적 난관 속에서"(1998년). 또한 반세기 이상 북한체제를 이끌어왔던 '수령 김일성'의 갑작스런 사망은 북한체제에 커다란 충격과 손실이었다. 북한이 30여년간 후계체제 구축에 심혈을 기울였지만 1994년까지만 해도 김정일은 김일성의 권력을 상당부분 이양 받았지만 권위까지는 완전히 전수받지 못한 상태였다. 만성적인 경제적 어려움, 사회주의권의 붕괴에 이은 김일성의 사망은 일찍이 북한 역사에서 있어 본 적이 없는 엄혹한 시련이었다.

그런데 북한은 대외적으로는 1990년대 위기상황의 원인을 외부에서 찾고 있다. 미국의 봉쇄정책에 의해 북한이 식량난을 겪게 되었고 동구 사회주의가 붕괴되었다는 것이다. 하지만 북한 지도부가 고난의 행군 시기에 내심 두려워했던 것은 미국의 압박이나 식량난만은 아니었다. 오히려 내부적으로는 아사자 속출 및 탈북자 대량 양산과 북한체제에 대한 회의가 예상치 못한 수준에 도달했다는 사실이 더욱 심각했던 것 같다.[16] 1980년대 후반 시작된 식량난이 1994년을 기점으로 기근으로 발전하였고 최소한 1998년까지는 지속되어 이 시기 통제시스템이 제대로 작동되지 않았다.[17] 그리고 고난의 행군 시기 우리식 사회주의 체제를 부정하고 김정일의 후계승계를 반대하는 정치적 파벌이 생겼다. 이것은 '세계정치사를 보아도 그렇고 국제공산주의운동 역사를 보아도 모든 변화와 우여곡절은 수령의 서거를 계기로 생겨났으며 그로인해 강하던 것이 약해지기도 하고 한길을 가던 것이 두 길, 세 길로 갈라지기도 했으며 붉은 것이 희어지기도 했다'[18]는 주장에 의해 우회적으로, 그리고 그 정치적 파벌로 지목된 황장엽에 의해 직접적으로 확인할 수 있다.[19]

이렇듯 고난의 행군은 북한 스스로 "우리 당이 50년 동안 혁명과 건설을 령도하여 왔지만 최근 시기와 같이 어려운 환경이 조성된 때는 없었다"[20]고 고백할 정도로 매우 지난한 과정이었다. 특히 북한 내부의 '혁명성' 탈각은 북한지도부로 하여금 존망의 위협을 느끼게할 정도로 충분했다. 김일성이 1930년대 고난의 행군을 엄혹한 자연과의 투쟁, 극심한 식량난과 피로와의 투쟁, 무서운 병마와의 투쟁, 간악한 적들과의 투쟁이 하나로 엉켜진 것 뿐 아니라 더욱 심각한 투쟁이 '자기 자신과의 투쟁'[21]이었다고 이야기한 것처럼, 김정일도 1990년대 위기의 심각성이 경제난에만 있는 것이 아니라 오히려 더욱 염려되는 것은 정치사상적 동요와 패배주의가 확대되고 있다는 데 있다고 진단하였다. 이것은 북한의 '불멸의 향도' 시리즈에 그대로 나타나 있다.

> 미국 강경보수파들(은) 위기요 종말이요 하는 과장된 표현들이 있었지만 진실이 있었다. 미국의 정보기관들도 청맹과니는 아니었다. 그들은 우리의 경제적 난관이 사회주의 영상을 흐리우고 정치와 군사에 영향을 주고 있는데 대하여 알고 있었다. 그러나 실지는 그들의 평가보다 나라의 정세가 더욱 엄혹하였다. … 문제는 거기에만 있지 않았다. 미국의 정보원들과 정세분석가들은 우리가 겪고 있는 난관의 정신적 측면에 대해서는 도외시하고 있었다. 그런데 사실은 그것이 중요했다. 그것은 다름아닌 우리의 대오안에서 나타나고 있는 패배주의였다. 사회주의에 대한 신념이 흔들리고 적에 대한 공포를 느끼는 의지가 박약한 사람들 속에서 숨은 형태로 지어는 공개적인 형태로 나타나고 있는 난관에 겁을 먹고 주저앉아 움직이지 못하는 그런 사람들이 있다는 사실이었다. 그런 사람들은 근로대중 속에 있는 것이 아니라 혁명의 지휘성원들, 간부들 속에 있었다. 이것이 무서운 것이었다. 김정일은 바로 여기에 문제의 엄중성을 보았다.[22]

1990년대 위기상황의 핵심을 정치사상적 동요와 패배주의 확산으로 정리한 북한은 이를 극복하기 위해 고난의 행군을 '총포성 없는 전쟁', 즉 '사상전'으로 규정하고 자력갱생, 간고분투의 혁명정신, 혁명적 낙관주의의 강화를 들고 나왔으며[23] '새로운 시대정신'으로 '혁명적 군인정신'을 만들어냈다.

3. 새로운 시대정신: 혁명적 군인정신

북한의 주장에 따르면, 선군정치는 혁명적 군인정신이 온 사회에 일반화되는 과정에 정립되고 펼쳐지는 정치이다. 즉, 선군정치의 근본바탕이 혁명적 군인정신이다.[24] 북한은 고난의 행군을 극복해 나갈 새로운 담론으로 혁명적 군인정신을 제기한 것이다. 북한은 김일성이 해방 이후 북한에 들어와 처음 방문한 곳이 강선의 노동계급이었던 반면, 김정일이 김일성 사망 이후 첫 현지시찰로 조선인민군을 찾았다고 하면서 이를 '군대를 믿고 군대에 의거하여 험로역경을 헤치며 미래를 열어나가려는 정치비전을 제시한 것'으로 평가하고 있다.[25]

> 인민군대의 위력으로 오늘의 난국을 헤치자! 적들과 총포성 없는 전쟁을 하자! … 수령님의 혁명역사는 총대를 틀어쥐라락 가르치고 있었다. … 김정일은 이렇게 강조하였다. 중요한 것은 새로운 시대정신을 창조하는 것입니다. 그 시대정신을 군인들이 창조해야 합니다. 1950년대 시대정신을 로동계급인 천리마기수들이 창조했다면 오늘의 새로운 환경이 요구하는 시대정신은 혁명의 기둥인 우리 군인들이 창조해야 합니다. 우리는 군인들이 창조한 그 정신으로 온 사회를 무장시키고 들끓게 함으로써 수령님께서 개척하신 혁명위업을 끝까지 완성하자고 합니다. 이것은 우리 당의 전략적 로선으로 될 것입니다.[26]

북한이 이해하는 혁명적 군인정신은 '사회주의 건설에서 혁명적 전환을 일으키기 위한 중요한 정신적 원천으로, 당이 맡겨준 전투적 과업을 어김없이 수행하는 절대성, 무조건성의 정신, 아무리 어려운 과업도 자체의 힘으로 해내는 자력갱생, 간고분투의 정신, 당과 혁명, 조국과 인민을 위해서는 자기 한 몸을 아낌없이 바쳐 싸우는 자기희생정신, 영웅적 투쟁정신'이다.[27] 즉 내핍과 인고 그리고 충성을 요구하는 담론인 것이다.

고난의 행군 이후 북한은 혁명적 군인정신을 선군시대를 대표하는 위대한 정신이자 북한 인민의 사상정신세계를 지배하는 시대정신으로 규정하였다. 또한 김정일이 혁명적 군인정신으로부터 시작하여 선군정치를 하였기 때문에 우리식 사회주의 체제를 지켜낼 수 있었다고 주장하고 있다. 더 나아가 김정일의 영도 아래 선군시대가 펼쳐져온 역사는 혁명적 군인정신이 창조되고 전면적으로 구현되어온 역사라고 강조하고 있다. 그 근거로 인민군대에서 창조된 혁명정신과 투쟁기풍이 전사회에 침투하여 군대와 인민의 사상의 일치, 투쟁기풍의 일치가 실현되고 인민의 정치사상적 풍모가 몰라보게 달려져 혁명적 인민이 되었으며 북한은 사상강국이 된 것을 들고 있다.[28] 북한이 고난의 행군 시기 성과로 내세우고 있는 '강계정신', '성강의 봉화', '라남의 봉화'도 혁명적 군인정신이 있었기에 가능했다는 것이다. 이는 북한이 고난의 행군을 사상전으로 규정하면서 경제회생과는 별개로 혁명적 군인정신을 중심으로 전사회를 정치사상적으로 혁명화하려는 북한의 의도가 어느 정도 달성된 일단의 자신감의 표현으로 보인다.

북한은 이 과정에서 인민군대의 혁명적 군인정신이라는 모범을 창출하여 이를 일꾼들과 당원들 그리고 근로자들이 다 따라 배워야 할 투쟁정신이라며 전사회적으로 확산하려는 많은 노력을 하였다.[29] 우선 '우리 군대야말로 조선혁명의 고귀한 사상정신적 재보의 창조자, 선도자이고 사회주의 새문화의 무진장한 저수지이다. 인민군대가 창조한 사상과 도덕, 문화가 온 사회에 차넘치게 하는 것은 우리식 사회주의 혁명위업을 끝까지 완성하기 위한 가장 중요한 사업으로 된다'[30]며 이에 대한 혁명적 교양사업의 중요성을 자주 강조하였다. 또한 북한의 격변기마다 제기되었던 영웅창출을 통한 대중동원의 방식이지만[31] 고난의 행군 시기, 선군시대에도 많은 영웅들을 만들어냈다. 근 20년 동안 산림 조성과

보호에 투신한 리웅찬, 최첨단 과학기술성과인 특수합금원판, 새로운 전기접점 재료를 연구·도입한 현영라, 마라톤 여왕 정성옥, 13년 동안 석탄전선을 굳건히 지킨 김유봉, 산골에서 세벌농사의 기적을 창조한 90년대의 애국농민 박옥희, 중소형발전소 건설방침 관철투쟁의 선구자 허용구 등이 대표적인 고난의 행군세대 영웅들이다.32) 그리고 2003년 9월 5~6일에는 '선군시대 영웅대회'를 개최하여 '총대영웅', '건설자영웅', '지식인영웅' 등을 다수 배출하면서 '모든 당원들과 근로자들은 그 어떤 고난과 시련 속에서도 변심을 모르고 령도자의 사상과 의도만을 받든 우리 시대 영웅들처럼 위대한 선군사상의 절대적인 신봉자, 견결한 옹호자, 철저한 관철자가 되자'고 독려하였다.33)

그런데 북한이 새로운 시대정신으로 혁명적 군인정신을 들고 나온 이유는 무엇보다도 위기상황에서 있을 수 있는 군의 독립적 행보를 차단하려는 고려가 있었다. 북한 지도부가 군을 중시하는 동시에 군을 장악할 수 있는 가장 효과적인 방법이 혁명적 군인정신의 제기였던 것이다. 정치적 권력은 총구로부터 나오지만 군이 정치적 통제를 벗어날 때 가장 위협적인 적대세력이라는 것을 잘 알고 있었다.34) 북한은 동구 사회주의권의 붕괴과정을 보면서 그 주된 원인이 군대를 '비사상화, 비정치화, 당군분리, 정군분리' 때문이라고 판단했고 이로 말미암아 '국제무대에서 주권국가의 전복을 겨냥하며 벌어지는 제국주의 폭군들의 강도적 침략행위가 그처럼 손쉽게 성사되고 며칠간의 반정부집회와 시위만으로 그처럼 빨리 정부교체가 일어났다'고 생각하였다.35)

또한 북한은 동구 사회주의 국가의 붕괴 이후 세계정세를 '미제국주의자들과 반동들이 <1극화세계>를 꿈꾸며 세계제패 야망을 실현하려는 것'으로 바라보면서 당시를 '총포성 없는 대결전으로 북한이 제국주의의 노예가 되느냐 아니면 자주적 인민으로서 존엄을 지키느냐' 하는 매우 긴박한 상황으로 느끼고 있었다.36) 동독의 서독으로의 흡수통합,

걸프전에서의 미국의 일방적 승리, 북핵문제를 둘러싼 국제사회의 압박 등은 북한이 이러한 인식을 갖게 하는 데 충분했다. 북한은 경제냐 군사냐 하는 갈림길에 섰고 결국 '경제는 침체되더라도 다시 일어날 수 있지만 군사가 무너지면 나라의 백년대계의 기틀이 허물어진다'며 군을 선택하였다.37)

북한이 군을 선택하게 된 과정은 김일성 사망 이후 갑자기 진행된 것이라기보다는 그보다 이전인 동구 사회주의권 붕괴를 지켜보면서부터 결정된 것으로 바라보는 것이 타당하다. 김정일이 1980년 6차 당대회에서 당중앙군사위원으로 피선되었지만 본격적으로 군에 대한 리더십을 확장하기 시작한 때는 1990년대 들어와서였다. 김정일은 1990년 5월 국방위원회 제1부위원장에 취임하였고 이후 1991년 12월 조선인민군 최고사령관에 추대되었으며 1992년 4월 군 원수 칭호를 부여받고 1993년 4월 국방위원장에 취임하면서 명실상부하게 군의 지도권을 김일성으로부터 이양 받는다. 이 시점은 북한체제의 위기가 심화되면서 체제정통성의 위기가 닥치고 당 헤게모니가 약화되는 때와 일치할 뿐만 아니라 동구 사회주의권 붕괴 이후이다.38) 김일성 사망 이전에 김정일이 선군정치를 추진할 토대, 혹은 최소한 김정일이 인민군을 장악할 수 있는 장치가 마련된 것이고, 이 과정에서 김일성의 역할이 두드러졌다 하겠다.39)

다음으로 북한이 혁명적 군인정신을 들고 나온 이유는 고난의 행군을 뚫고 나갈 새로운 혁명세력이 필요해서였다. 김정일은 1996년 12월 당비서들에게 했다는 비밀연설에서 '당사업이 제대로 되지 않고 있고 당간부들이 사업을 혁명적으로 진행하지 못한다'며 당일꾼들의 무사안일주의를 매우 심각하게 질타하고, 반면 '인민군 군인들의 사상정신 상태를 흡족하게 생각하고 있다'며 군에 대한 대단한 신뢰를 보였다.40) 이는 고난의 행군 시기 대내외적 압박 속에서 당의 대중통제력이 약화되고 노동계급의 혁명성이 저하된 데 따른 불가피한 현상으로 바라볼 수 있으며 군의 강력한 기율과 조직력을 활용하여 사회기강을 회복하고 이를 전사회적으로 확산하려는 의도로 파악될 수 있다.[41]

통상적으로 기존 영토 내에서 효율적인 통치력 발휘가 전영토적으로 이루어지지 않는 이른바 '통치력의 공백지대'(empty territories)가 발생했을 때, 이에 대한 중앙정부의 통치력 강화방안으로는 군의 동원이라는 물리력 · 폭력적 수단과 높은 조직력이 가장 보편적이었다.[42] 또한 대내외적 환경의 변화가 체제의 존재를 위협할 때 정책과 구조를 변화시켜 적응해야 하는데, 이때 변화를 주도하는 지도자의 정통성을 뒷받침하는 지지세력이 존재해야 한다. 폐쇄된 북한체제에서 가장 현대적이며 근대적인 조직체인 북한군은 이러한 역할을 담당하는 데 가장 적절했던 것이다.[43]

결국 북한은 고난의 행군 시기 당을 중심으로 나타났던 이데올로기 엘리트의 형식주의와 관료주의에 대한 대응책으로 혁명적 군인정신을 들고 나와 인민군을 사상과 조직 그리고 동원운동의 모델로 위치 지웠고 그것을 전사회적으로 확산시킨 것이다. 그 결과 북한군은 직업적인 군(professional army)보다는 혁명적 군(revolutionary army)의 성격을 더욱 명확히 하였다.[44]

4. 선군정치: 군사선행의 정치방식

북한은 선군정치의 시작이 "1995년 1월 1일 경애하는 장군님께서 다박솔 초소를 찾으신 날은 이 땅우에 선군정치의 첫 포성이 울린 역사의 날"[45]이라고 하면서 1995년 정초라고 주장하고 있다. 그러나 '선군정치'라는 용어가 북한 공식문헌에 나타난 것은 1998년 5월부터이다.

1998년 5월 26일 ≪로동신문≫의 "군민일치로 승리하자"에서 처음 등
장한 것으로 보이고 이후 1999년 신년공동사설에서 '선군혁명령도'라
는 개념이 구체화되었고 1999년 6월 16일 ≪로동신문≫,『근로자』공
동논설 "우리 당의 선군정치는 필승불패이다"에서 김정일의 독특한 정
치방식으로 정립되었다.

선군정치란 군사선행의 원칙에서 국정을 운영해 나가며 인민군대를
혁명의 주력군으로 하여 사회주의 혁명과 건설을 이끌어나가는 정치이
다.[46] 여기서 군사선행의 원칙은 군사를 국사 중의 제1국사로 내세우고
군력 강화에 선차적인 힘을 넣는 것을 의미한다. 즉, 군사에 정책의 제1
우선순위를 부여하고 인민군대를 사회의 그 어느 집단보다 먼저 최정예
부대로 만들며 국방력 강화에 우선적인 힘을 넣는 것이다. 따라서 선군
정치에서는 인민군대를 혁명의 제1기둥, 주력군으로 바라본다.[47]

또한 선군정치에서 군은 단순히 전쟁과 조국방위를 위한 수단으로서
만이 아니라 혁명과 건설을 함께 수행해나가는 역할을 담당한다. 전기,
식량, 석탄, 금속, 철도운수를 비롯하여 사회주의 건설의 주공전선에 인
민군대를 내세워 경제회생의 돌파구를 마련한다는 것이다. 북한은 경제
난, 에너지난으로 경제전반이 피해를 입었을 때 인민군대가 그 막힌 부
분을 해결함으로써 경제의 전반분야에서 활성화, 정상회복의 길을 열어
놓았다고 주장하고 있다.[48] 이어 북한은 선군시대의 경제노선으로 국방
공업 우선 원칙을 핵심으로 하여 경공업과 농업을 동시에 발전하자는
새로운 경제운영방침을 제시하였다.

> <고난의 행군>, 강행군의 나날은 혁명의 주력군으로서의 우리 군
> 대의 위력이 남김없이 과시된 나날이었다. 우리의 인민군 군인들은 조
> 국보위도 사회주의 건설도 우리가 다 맡자는 구호를 높이 들고 사회주
> 의 수호전과 강성대국 건설의 돌파구를 열기 위한 투쟁에서 선봉대,
> 돌격대로서의 위력을 남김없이 과시하였다. 그처럼 엄혹한 시련의 시

기에 혁명의 수뇌부를 한목숨 바쳐 결사옹위한 위대한 장군님의 제일 동지, 제일충신들이 바로 우리 군대였고 <당이 결심하면 우리는 한 다!>는 결사관철의 구호를 맨 먼저 추켜든 것도 우리 군대였다. 안변 청년발전소를 비롯한 대기념비적 창조물들을 도처에 일떠세우고 나라 의 토지를 눈이 번쩍 뜨이게 변모시켰으며 온 나라에 현대화의 열풍을 몰아온 우리 군대의 창조적 투쟁은 조국 땅우에 강성대국 건설의 진격 로를 열어 놓은 결정적 요인이었다.49)

선군정치의 개시와 더불어 인민군대가 북한사회에서 주도적 역할을 담당하고 있고 그 위상이 강화되었다. 대표적인 것이 위에서 살펴본 혁 명적 군인정신의 전사회적 확산, 군민일치·원군기풍 등을 비롯하여 군 인사의 주석단 서열 상승, 사회통제기구의 인민무력부 편입, 김정일의 인민군 현지지도 그리고 1998년 헌법 개정이다.

주석단 서열 변화를 보면, 1994년 7월 장례위원회 명단에서는 총참 모장을 제외한 군 관련 인사는 부총리(급) 뒤에 나열되어 있었는데 1995 년 10월 당창건 50주년 주석단 서열은 이전과 약간 달랐다. 오진우의 사망으로 공석이었던 인민무력부장에 최광이 취임하면서 인민무력부장 이 외교부장 앞에 놓이게 되었고 군 관련 인사의 위치도 '기타 당비서' 와 부총리(급) 앞에 놓였다. 그러다 1996년 7월 김일성 사망 2주기 주석 단부터는 획기적인 변화가 있었는데, 이 때 인민군 최고위 간부들이 정 치국 후보위원 앞에 섰고, 1998년 9월 이후부터는 국방위원회가 강화되 자 정치국 중심의 군력순위를 완전히 무시되었고 당내 서열과 상관없이 군 관련 인사의 부상이 뚜렷하였다.

인민군의 강화는 김정일의 현지지도에서도 드러난다. 북한에서 현지 지도는 최고지도자의 활동반경과 사업의 중요성50)을 보여주는데, 김정 일은 1990년대 후반기 5년 동안에 12만 여리를 걸었고 430여개 단위의 인민군 부대·구분대들을 현지시찰 하였다고 한다.51) 또한 북한은 인민 군대의 영향력을 강화하기 위해 군조직을 일부 개편하였다. 전사회 통제기관을 국방위원회의 지도를 받는 인민무력부 산하로 재편성한 것이다. 사회안전을 담당하는 인민보안성 소속 인민경비대와 국경경비와 반란군 진압을 하는 국가안전보위부 휘하의 국경경비대총국, 호위총국 등을 인민무력부 산하로 편입하면서 군을 통한 사회통제를 강화하였다.[52]

<표 1> 당내 서열 변화와 군 인사의 부상[53]

1994년 7월 김일성사망		1995년 10월 당 창건 50주년		1996년 7월 김일성사망 2주기		1998년 9월 이후 10기 최고인민회의
김정일		김정일		김정일		김정일
정치국위원	상무위원	정치국위원	부주석	정치국위원	부주석	상임위원장
	총리		총리		총리	국방위 제1부위원장
	부주석		인민무력부장		인민무력부장	내각총리
	외교부장		외교부장		외교부장	최고인민회의명예부위원장, 인민군원수, 총참모장, 인민무력상, 일부국방위원
	총참모장		당 비서		당 비서	
	당 비서		기타		기타	
	기타					기타 정치위원
정치국 후보위원		정치국 후보위원		군요직	원수	정치국 후보위원
					총정치국장	
					총참모장	
당 비서		인민군원수		정치국 후보위원		당 비서
		인민군차수				
부총리(급)		당 비서		당 비서		인민군차수
인민군차수		부총리(급)		부총리(급)		부총리(급)
				인민군차수		

주: ▓ 군 인사

북한은 1998년 9월 최고인민회의 제10기 1차 회의에서 사회주의헌법을 '김일성헌법'으로 개정하면서 국방위원회를 종래 '국가주권의 최고군사지도기관'에서 '국가주권의 최고군사지도기관이며 전반적 국방관리기관'으로 그 권한과 위상을 강화하였다. 또한 국방위원장의 직책이 헌법에서 규정된 이상인 '사실상의 국가수반'이라고 대외적으로 공포하였다. 최고인민회의 상임위원장인 김영남은 국방위원장의 직책을 '나라의 정치·군사·경제역량의 총체를 통솔지휘하여 사회주의 조국의 국가체제와 인민의 운명을 수호하며, 나라의 방위력과 전반적 군력을 강화발전시키는 사업을 조직영도하는 국가의 최고직책이며 북한의 영예와 민족의 존엄을 상징하고 대표하는 성스러운 직책'[54]이라고 밝혀, 국방위원장이 기존의 군통수권에다 정치·경제분야 통솔권까지 행사한다는 점을 명확히 하였다. 북한은 이로 인해 국방위원회와 국방위원장의 지위와 권능을 격상시킨 '군 중시의 국가정치체제'를 수립하였다.[55]

이러한 선군정치의 가장 큰 특징은 과거 북한 주장과 달리 인민군대를 혁명의 주력군으로 하고 있다는 사실이다. 북한은 김일성 생존시까지 '노동계급은 피착취근로대중 가운데서 가장 선진적이며 혁명적인 계급이며 공산주의 미래를 대표하는 유일한 계급이다. 노동계급만이 전체 근로대중의 근본이익을 대표하고 옹호할 수 있으며 그들을 사회주의, 공산주의에로 이끌어나갈 수 있다'고 일관되게 주장하였다.[56] 그런데 선군정치에서는 이러한 주장을 뒤집고 인민군대를 혁명의 주력군으로 내세웠다.

이에 대해 북한은 '혁명의 주력군'은 혁명의 주체의 구성에서 핵심을 이루고 선도자적 역할을 하는 역량, 즉 혁명의 주체의 다른 계급, 계층, 사회적 집단의 본보기가 되고 그들을 이끌어나갈 수 있는 역량, 혁명의 제일기둥으로 정의하면서, 사회의 어느 계급, 계층 또는 사회적 집단이 혁명의 주력군으로 되는 것은 그가 혁명과 건설에서 차지하는 지위와 역할, 그리고 그의 혁명성과 조직성, 전투력에 의하여 규정된다고 주장한다. 그리고 혁명의 주력군에 관한 문제는 어느 시대, 어느 사회에서나 또 어떤 혁명에서나 고정불변한 것이 아닐 뿐 아니라 순수 계급관계에 기초해서도 해결할 문제가 아니라고 강조한다.[57]

다시 말하면, 지난 시기 노동계급은 자신의 계급적 처지와 사명을 자각한 혁명적인 계급으로서 피압박근로인민대중의 사회계급적 해방과 세계의 변혁과정을 추동하는 데서 중요한 역할을 하였기 때문에, 사회주의 건설에서 반드시 노동계급을 선봉에 내세우고 그에 의거하여 혁명과 건설을 추진하는 것으로 바라보았고 그것은 사회주의 건설에서 어길 수 없는 하나의 철칙으로 공인되어 왔는데, 이제 시대가 상당히 진전되었고 사회적 환경도 계급관계도 노동계급의 처지도 크게 달라졌으므로 혁명의 주력군 문제를 달리 봐야 한다는 것이다.[58]

이어 북한은 시대적 환경 그리고 노동계급의 노동과 사회적 처지, 노동운동의 실태 등을 볼 때, 오늘의 노동계급은 산업자본주의 시대나 프롤레타리아혁명 시기의 노동계급과는 근본적으로 다르다는 입장을 명확히 하고 있다. 오늘 과학기술의 급속한 발전과 생산과 건설의 현대화가 추진됨에 따라 노동계급의 생활적 기초가 달라지고 노동은 더욱더 기술화, 지능화되어 가고 있으며, 노동계급대열이 인텔리화되어 육체노동에 종사하는 노동자들보다 기술노동, 지능노동, 정신노동에 종사하는 근로자들이 급격히 늘어나고 있을 뿐만 아니라, 자본주의가 발전하고 독점자본의 지배가 강화되어 반동적인 부르조아 사상문화가 범람하여 노동계급의 계급적 각성과 의식화, 혁명화를 구조적으로 억제하고 있다는 것이다.[59] 따라서 혁명의 제일 생명선인 반제군사전선을 담당하고 있고 혁명성, 전투력, 조직성이 가장 강한 인민군대가 혁명의 주력군이 된다고 주장한다.[60] 나아가 현재 제국주의 연합세력의 정치군사적 압력과 경제적 봉쇄, 사상문화적 침투 등 온갖 지배주의적 책동이 더욱 노골화되고 있는 첨예한 정세이기 때문에 노동계급도 군대가 있는 조건에서만 자기의 지위와 역할을 차지하게 된다고 강조하고 있다.[61]

또한 북한은 역사의 주체인 인민대중의 자주적 요구와 이익을 실현하려면 무엇보다도 혁명무력이 튼튼해야 하므로 선군정치와 주체사상이 충돌하지 않는다고 주장한다.62) 즉 혁명과 건설에서 인민들의 자주적 요구와 이익을 옹호할 수 있는 집단이 인민군대이므로 인민군대를 강화해야 인민대중의 자주성을 실현할 수 있다는 것이다. 이처럼 선군정치가 인민대중의 자주성 실현이라는 점을 부각시킴으로써 '누구에 의한'(주력군) 혁명보다는 '누구를 위한'(주체) 혁명의 논리를 전개하여 선군정치와 주체사상 간의 모순을 탈피하려 하고 있다.63)

다음으로 군이 강화되고 당이 상대적으로 약화된 상황에서 과연 당과 군의 위치가 전도되었느냐 하는 문제는 우리의 관심거리이다. 고난의 행군 이후 당 공식기구는 비정상적으로 운영되고 있고 당간부에 대한 김정일의 비판도 심심치 않게 제기되고 있다. 그러나 북한은 인민군대를 혁명의 주력군으로 내세운 선군정치에서도 인민군대가 혁명의 주력군으로서의 지위와 역할을 하기 위해서는 당의 영도를 받아야 한다는 사실을 빼놓지 않고 있다. 선군정치는 군대가 당의 위업에 끝없이 충실해야 하는 것을 그 전제로 하고 있는 것이다.64) 즉 김정일의 시대의 당군관계도 당은 혁명의 참모부이고 군대는 당의 전략적 목표, 과제 실현을 무장으로 받드는 기둥이라는 기존의 당군관계 기본 원칙이 지속되고 있다. 선군정치에서도 당의 영도는 '군대의 생명선'이 되며 군대의 강화발전을 위한 원동력이다. 따라서 당과 군대가 서열상 누가 선차냐 할 때 당이 앞자리에 놓이며 '군당'이 아니라 여전히 '당군'으로 당과 군의 관계가 정립된다.65) 결국 선군정치에서는 군대 안에서 당조직들의 권위를 더욱 높이고 그 역할을 강화하여 인민군대가 그 어느 때보다도 조선로동당기를 높이 들고 나가는 당의 군으로서의 진면모를 착실히 다져야 하며 구체적으로 당의 유일적 영도 아래 전군이 하나와 같이 움직이는 강철같은 규율과 당풍에 기초한 군풍의 확립, 군정배합을 잘하는 문제 등 당의 영도체계 확립에서 나서는 문제들을 전면에 내세우고 실천해 나가야 한다고 주장한다.[66] 이는 동구 사회주의권의 붕괴를 목도하면서 군의 비사상화, 비정치화를 붕괴의 주요원인으로 파악한 북한으로선 당연하다 하겠다.

현실에 있어서도 군이 당을 압도하지는 못한다. 인민군대 내에는 당 중앙위원회의 지시를 받는 각급 당조직과 군당위원회 그리고 당중앙군 사위원회의 지도를 받는 조선인민군 총정치국 등 당조직들이 조직되어 있어 이들이 군을 통제하고 있다. 특히 총정치국은 인민군대의 하부말 단 전투단위인 중대에 이르기까지 방대한 당지도기관과 정연한 당정치 조직을 가지고 군인들을 조직 및 사상적으로 지도·통제하는 기능과 역할을 담당하고 있다. 그리고 인민군 총참모장 김영춘(10위 내외)보다 군대 내 당적 지도와 정치사업을 담당하는 총정치국장 조명록(3위)이 서열상 상위에 놓여 있다. 또한 1998년 9월 제10기 1차 최고인민회의에서 김영남은 김정일을 국방위원장에 추대하자고 보고하였는데 보고문에 '조선로동당 중앙위원회 정치국의 위임'이라는 글귀가 있다. 실제로 당 중앙위원회 정치국 회의가 개최되었는지는 확인할 수 없지만 하여튼 정책결정과정에서 당의 정치적 기능이 거론되고 있다는 점은 중요한 사실이다.[67]

이처럼 북한은 고난의 행군 이후 인민군대를 혁명의 주력군으로 내세운 선군정치를 제기함으로써 대내외적 위기를 돌파하려 하지만 선군정치는 주체사상과 일정한 충돌지점을 가지고 있다.[68] 물론 북한은 '주체의 선군정치'라는 절충의 방식으로 또는 '변용을 애써 부정하려는 자기포박식' 선언적 강조로 그 모순을 부인하고 있다. 그러나 선군정치의 출현으로 지난 반세기 이상 북한을 지배해온 주체사상의 사회적 규정력은 약화되고 있다 하겠다.

5. 결론에 대신하여

　북한이 고난의 행군이라고 부르는 1930년대 항일혁명, 1950년대 전후복구, 1990년대 총체적 위기 등은 말 그대로 '고난'과 '시련'이 중첩된 시기라 할 수 있다. 특히 1990년대 고난의 행군은 현재적 관점이지만 체제존립을 걱정할 정도로 북한 역사상 유례없는 위기가 몰아친 시기였다. 북한은 이 위기의 원인을 경제난, 자연재해, 미국의 봉쇄정책에서도 찾고 있지만 본질적으로는 객관적 위기상황에서 비롯한 인민들의 정치사상적 동요와 혁명성 탈각으로 바라보고 이 사상전에서 승리하기 위해 새로운 시대정신으로 혁명적 군인정신을 제기하였다. 김일성과 김정일은 동구 사회주의권의 붕괴과정과 미국의 봉쇄정책을 지켜보면서 군대의 중요성을 실감하였고 노쇠화된 당과 노동계급을 대신할 혁명의 대안세력으로 인민군대를 선택하였다. 김정일의 선군정치는 바로 이 인민군대를 혁명의 주력군으로 삼아 조국보위와 사회주의 건설을 함께 하려는 정치방식이다.

　2005년은 선군정치가 시작된 지 10년이 되는 해이다. 북한은 2005년 2월 '선군혁명총진군대회'를 개최하며 '선군은 주체조선의 불패성의 상징이며 우리 군대와 인민의 영원한 승리의 기치'라며 앞으로도 선군정치를 더욱 발전시켜 주체혁명위업을 달성하겠다는 결의를 다졌다.[69] 이를 위해 북한은 이미 선군정치의 시원이 김일성에 있다고 주장하고 선군'정치'를 선군'사상'으로 격상시켜 혁명과 건설의 확고한 지도적 지침으로 내세우며 선군사상 일색화를 도모하고 있다. 선군정치에 대한 대대적인 의식화 과정을 볼 때, 북한은 앞으로도 당분간 인민군대를 중심으로 하는 정치방식을 포기하지 않을 것 같다.

　그러나 문제는 선군정치가 강화되면 될수록 역으로 그만큼 효용도가 약해진다는 데 있다. 선군정치라는 '긴장체제'는 일정기간 동안에는 매우 효율적일 수 있으나 긴장이 일상화 국면에 들어서면 그 효용도가 떨어지기 때문이다. 따라서 북한이 선군정치를 계속 강화하겠지만 상황변화에 따라 그 내용을 달리할 수도 있다. 이러한 점에서 북한이 선군정치의 조건으로 내세운 '지구상에 제국주의가 남아 있는 한'이라는 단서는 의미 있는 대목이다. 북한이 이른바 '제국주의'가 없어졌다고 주장하면 선군정치의 변형은 무방하기 때문이다. 즉 북핵문제가 해결되고 북미간 관계개선이 이루어진다면 '미제국주의' 관점은 약화될 수 있고 선군정치는 그 긴장도를 줄이는 방향으로 변형될 수 있을 것이다. 물론 반제국주의 노선이 북한체제 유지와 대내통합의 주요기제였기 때문에 당장 완전한 폐기는 무리일 것이고 다만 미국, 일본 등을 적시하지 않은 형태, 제국주의에 대한 추상화 수준을 높여 일반적 의미에서 반제국주의 노선을 천명하고 제국주의의 대항개념인 민족주의(남북공조)를 강화시킬 가능성이 높다. 이 경우 북한의 선군정치는 현실조응력을 높여 보다 탄력적이고 유연한 형태로 변화될 수 있을 것이다.

※ 이 글은 『현대북한연구』 제8권 1호 (2005)에 게재되었던 논문이다.

주註

1) 여기서 '고난의 행군' 시기는 좁게는 김일성 사망 이후부터 김정일체제 공식출범 이전인 1994년 하반기부터 1997년까지를 말하나, 넓게는 북한의 체제위기 기간인 1980년대 후반부터 1990년대 후반까지를 의미한다.

2) 물론 1990년대 이후 북한 정치체제의 기본 특징은 선군정치와 당정분리이다. 본고에서는 주로 정치사상적 측면에서 고난의 행군과 선군정치와의 관계를 분석하기 때문에 당정분리에 대한 분석은 제외한다. 당정분리에 대해서는 김갑식, 『김정일정권의 권력구조』(파주: 한국학술정보, 2005)의 "제4장 위기극복과정"을 참조.

3) 동태관, "우리는 영원히 잊지 않으리라: 백두의 령장 김정일장군의 <고난의 행군> 혁명실록을 펼치며,"≪로동신문≫ 2000년 10월 3일.

4) 이우영, 『북한의 자본주의 인식변화』(서울: 통일연구원, 2000) ; 최봉대, "북한 사회 주민들의 멘탈리티와 사회적 통합 기제,"『현대북한연구』 2권 2호(1999) ; 김경숙, "북한주민의 시장경제 의식화 방안,"『북한조사연구』 2권 2호 (1999) ; 박형중 · 정세진, "고난의 행군과 북한주민의 일상생활 변화," 민족화해협력범국민협의회 정책위원회 편, 『북한주민의 일상생활과 대중문화』 (서울: 오름, 2003); 김갑식 · 오유석, "고난의 행군과 북한사회에서 나타난 의식의 단층," 『북한연구학회보』 8권 2호 (2004) 등.

5) 정성장, "김정일 시대의 북한의 '선군정치'와 당군관계,"『국가전략』 7권 3호 (2001); 서동만, "북한 정치체제 변화에 관한 시론," 한국정치연구회, 『정치비평』 4호 (1998) ; 정영태, "북한 강성대국론의 군사적 의미: 김정일의 군사정책을 중심으로,"『통일연구논총』 7권 2호 (1998) ; 최진욱, "북한 선군정치의 정치적 함의,"『현대북한연구』 4권 2호 (2001) ; 고유환 · 김용현, "북한의 선군정치와 군사국가화 연구,"『서울평양학회보』 창간호 (2002) ; 김갑식, "김정일의 선군정치: 당군관계의 변화와 지속,"『현대북한연구』 4권 2호 (2001) ; 정성장, "김정일의 선군정치: 논리와 정책적 함의,"『현대북한연구』 4권 2호 (2001) ; 이대근, "조선인민군의 정치적 역할과 한계,"『현대북한연구』 4권 2호 (2001) ; 김근식, "김정일 시대 북한의 당정군 관계 변화,"『한국정치학회보』 36집 2호 (2002) ; 박형중, "북한정치 연구의 쟁점과 과제,"『현대 북한연구와 남북관계』, 통일연구원 · 북한연구학회 공동주최 북한연구학회 2004 추계학술회의 논문집 ; 이기동, "북한의 신사고, 선군정치 그리고 정책변화,"『통일정책연구』 10권 1호 (2001) 등.

6) 1980년대 후반 이래 북한학 연구방법론에서 내재적 접근 대 외재적 접근이 논쟁이 된 적이 있었다. 본고는 종래의 내재적 접근이 '운동'과 '실천'의 차원에서 '북한의 내재적인 사회작동원리'만을 규명하였다는 비판에 동의하면서도,

고난의 행군 이후 진행되고 있는 '북한식 변화와 작동원리'를 밝히기 위해서는 '비교' 이전에 북한의 변화를 내부로부터 읽어내는 작업이 선행되어야 한다는 이른바 '신내재적 접근방법'에 서있다 하겠다. 이에 대해서는 구갑우, "북한연 구방법론의 심화,"『북한사회의 입체적 이해와 북한연구』북한연구학회 주최 2004 연말학술회의 자료집, 237~243쪽 참조.

7) 『김일성동지 회고록: 세기와 더불어』 7권 (평양: 조선로동당출판사, 1996), 147 쪽.

8) 동태관, 앞의 글.

9) 황의각, "북한의 경제침체: 개괄 및 총량분석,"『북한 사회주의 경제의 침체와 대응』(서울: 경남대학교 극동문제연구소, 1995), 31쪽.

10) 서재진,『7.1조치 이후 북한의 체제 변화: 아래로부터의 시장사회주의화 개혁』 (서울: 통일연구원, 2004), 22쪽.

11) Andrew Walder, ed., *The Waning of the Communist State: Economic Origins of Political Decline in China and Hungry* (Berkeley: University of California Press, 1995), p. 5, p. 7.

12) Daniel Chirot, "What Happended in Eastern Europe in 1989?," in Daniel Chirot, ed., *The Crisis of Leninism and the Decline of the Left: The Rovolutions of 1989* (Seattle: University of Washington Press, 1991), pp. 4-5.

13) 박형중・정세진, "고난의 행군과 북한주민의 일상생활 변화," 36~37쪽 ; 박형 중,『북한의 개혁개방과 체제변화』(서울: 도서출판 해남, 2004), 141~154쪽.

14) 북한의 기본적 대외인식은 제국주의의 공세에 포위되어 있다는 피포위 의식에 근거하고 있다. 와다하루끼 저, 고세현 역,『역사로서의 사회주의』(서울: 창작 과비평사, 1994), 139쪽.

15) 이에 대한 자세한 설명은 홍용표,『김정일정권의 안보딜레마와 대미・대남정 책』(서울: 민족통일연구원, 1997)을 참조.

16) 1998년 여름 북중 접경지역을 순회한 NGO 대표들은 김일성배지가 시장에서 거래되는 것을 목격했다고 한다. 북한에서 김일성배지는 종교적인 신앙심과 비슷한 김일성에 대한 존경심의 표현인데, 이것이 고난의 행군 시기 돈과 식량 을 얻기 위한 방편으로 사용된 것이다. 이것은 체제에 대한 상징적인 불복종의 경우라 할 수 있다. 나초스 저, 황재옥 역,『북한의 기아』(서울: 다흘미디어, 2003), 292쪽.

17) 이석,『1994-2000년 북한기근: 발생, 충격 그리고 특징』(서울: 통일연구원, 2004), 52쪽.

18) ≪로동신문≫ 1995년 8월 28일.

19) 김재홍, "김정일체제의 통치이념과 권력실세들,"『신동아』1998년 7월호

(1998);『월간조선』1997년 3월호(1997), 100쪽.

20) 황창만, "우리 당은 준엄한 시련 속에서 단련된 불패의 당이다," ≪로동신문≫ 2000년 10월 5일.

21) 『김일성동지 회고록: 세기와 더불어』 7권, 151쪽.

22) 송상원, 『총검을 들고』(평양: 문학예술출판사, 2002), 40～42쪽.

23) "우리는 지금 가장 어려운 환경 속에서 사회주의를 건설하고 있습니다. 고난의 행군 정신은 제힘으로 혁명을 끝까지 해나가는 자력갱생, 간고분투의 혁명정신 이며 아무리 어려운 역경 속에서도 패배주의와 동요를 모르고 난관을 맞받아 뚫고 나가는 락관주의 정신이며 그 어떤 안락도 바람이 없이 간고분투해나가 는 불굴의 혁명정신이다." ≪로동신문≫ 1996년 1월 1일.

24) 리금희, "선군정치는 혁명적 군인정신을 근본바탕으로 하는 독창적이며 위력 한 정치,"『철학연구』2004년 2호, 17쪽.

25) 김철우, 『김정일장군의 선군정치』(평양: 평양출판사, 2000), 16～17쪽.

26) 송상원, 앞의 책, 43·55쪽.

27) ≪로동신문≫ 1997년 3월 15일.

28) <론설> "혁명적 군인정신으로 위대한 선군시대를 빛내여나가자," ≪로동신 문≫ 2002년 8월 19일.

29) 김정일, "혁명적 군인정신을 따라 배울데 대하여,"(1997.3.17)『김정일선집』14 권 (평양: 조선로동당출판사, 2000), 292쪽.

30) "혁명적 군인정신으로 우리식 사회주의 위업을 힘차게 전진시켜 나가자," ≪로 동신문≫ 1997년 5월 19일.

31) 이에 대한 자세한 설명은 차문석, "북한의 노동 영웅에 대한 연구: 영웅 탄생의 정치경제적 메카니즘,"『사회과학연구』12집 1호 (2004) 참조.

32) ≪로동신문≫ 1999년 11월 6일.

33) ≪로동신문≫ 2003년 9월 5일.

34) 장달중, "김정일체제의 주체비전: 이데올로기, 당 그리고 군중을 중심으로," 장 달중 외, 『김정일체제의 북한: 정치, 외교, 경제, 사상』(서울: 아연출판부, 2004), 53～54쪽.

35) <론설> "사상과 신념의 총대를 주력으로 선군시대를 빛내여나가자," ≪로동신 문≫ 2003년 12월 22일 ; "막강한 군사력에 의거하여 세계초대국의 지위를 차 지하고 사회주의를 세계적 체계로 전환시키는데서 크게 기여한 이전 쏘련이 총 한방 쏘지 못하고 하루아침에 무너진 것은 사회주의 배신자들이 군대를 비사상 화, 비정치화한데 있다. 인민들 속에서 비록 사상적으로 동요하는 현상이 나타 났다고 하더라도 군대만이라도 사상적으로 견결하고 사회주의 수호자로서의 사 명을 다 했더라면 그러한 비극적인 사례는 막아낼 수 있었을 것이다." 최순옥,

"선군정치는 우리 당의 위대한 혁명방식,"『철학연구』2001년 3호, 16쪽.

36) 최학근, "우리 당의 선군혁명사상은 가장 철저한 반제자주사상,"『철학연구』 2003년 1호, 11쪽.

37) ≪로동신문≫ 1999년 6월 16일.

38) 이대근, 『북한군부는 왜 쿠데타를 하지 않나』(서울: 한울아카데미, 2003), 72~ 73쪽.

39) 황장엽에 따르면, 김정일은 1996년 12월 김일성종합대학을 방문한 자리에서 김일성이 생전에 자신에게 절대로 경제사업에 말려들지 말고 당과 군대 사업 에 집중하라는 이야기를 했다고 한다. 황장엽, 『북한의 진실과 허위』(서울: 통일정책연구소, 1998), 15쪽.

40) "우리는 지금 식량 때문에 무정부상태가 되고 있다,"(1996.12.7)『월간조선』 1997년 4월호, 307~312쪽.

41) 서보혁, 『북한 정체성의 두 얼굴』(서울: 책세상, 2003), 139쪽.

42) Joseph LaPalombara, "Penetration: A Crisis of Government Capacity," in Leonard Binder, et al., *Crisis and Sequences in Political Development* (Princeton, N.J: Princeton University Press, 1971) ; 라팔롬바라, "침투: 정부능력의 위기," 민준기, 신정현 공역, 『근대화와 정치발전: 정치위기의 극복』(서울: 법문사, 1974), 253~261쪽.

43) 이석호, "북한체제의 변화전망과 군의 역할,"『북한체제의 변화: 현황과 전망』 (서울: 민족통일연구원, 1991), 427쪽.

44) 장달중, 앞의 글, 53쪽.

45) ≪로동신문≫ 2000년 11월 18일.

46) 김재호, 『김정일 강성대국 건설전략』(평양: 평양출판사, 2000), 26쪽.

47) 김철우, 앞의 책, 27쪽.

48) 위의 책, 38, 43, 120쪽.

49) "사회주의 사회에서 혁명군대의 주도적인 지위와 역할," ≪로동신문≫ 2002년 11월 11일.

50) Dae-Sook Suh, *Kim Il Sung: The North Korean Leader* (New York: Columbia University Press, 1988), 164쪽.

51) 김철우, 앞의 책, 173쪽.

52) 한용섭, "북한 권력구조의 동요: 군부와 노동당,"『계간 사상』1997년 가을호, 144~145쪽.

53) 이종석, "김정일시대의 조선노동당: 위상・조직・기능," 이종석, 백학순, 『김 정일시대의 당과 국가기구』(성남: 세종연구소, 2000) ; 유영구, "북한의 정치 -군사관계의 변천과 군내의 정치조직운영에 관한 연구,"『전략연구』제4권 제 3호 (성남: 세종연구소, 1997) 참조.

54) ≪로동신문≫ 1998년 9월 6일.

55) 북한은 군 중시의 정치체제가 '이집트의 군사총통제나 1970년대까지 많은 나라에서 존재했던 군정과는 구별되는 것으로 국가기구 자체를 군사체제화한 것이 아니라 국가기구체제에서 군사를 우선시하고 군사분야의 지위와 역할을 최대한 높이도록 권능을 규제한 정치체제'라며 군사독재와의 차별성을 주장하고 있다. 김철우, 앞의 책, 23~24쪽.

56) 사회과학출판사 편, 『영도체계』 (서울: 지평, 1989), 67쪽.

57) 리영섭, "선군시대에 새롭게 밝혀진 주체혁명위업 완성의 주력군에 관한 사상,"『철학연구』 2004년 1호, 30쪽.

58) "선군정치는 시대와 혁명의 요구를 가장 정확히 반영한 과학적인 정치방식,"『철학연구』 2004년 2호, 15쪽.

59) "현시대 사회계급관계에 대한 독창적인 사상리론," ≪로동신문≫ 2004년 8월 13일.

60) 리영섭, 앞의 글, 30~32쪽.

61) 리영섭, "선군정치는 우리식 사회주의의 생명선,"『철학연구』 2004년 3호, 15~16쪽. 하지만 2000년에 들어와서도 아직까지 노동계급의 선진성을 강조하는 이데올로그가 남아 있다. "로동계급은 자주성과 혁명성이 가장 강한 선진계급으로서 단결력과 조직력이 강하고 집단주의 원칙을 자기 존재와 발전의 근본원칙으로 하고 있을 뿐만 아니라 집단적인 활동과정에서 자주적으로, 창조적으로 살며 발전하려는 사람의 본성적 요구를 가장 높이 체현하게 된다." 박응식, "주체사상은 로동계급의 혁명사상,"『철학연구』 2000년 3호, 16쪽.

62) 김룡진, "주체사상은 선군정치의 뿌리,"『철학연구』 2004년 2호, 10쪽.

63) 박형중 외,『김정일시대 북한의 정치체제: 통치이데올로기, 권력엘리트, 권력구조의 지속성과 변화』 (서울: 통일연구원, 2004), 43쪽.

64) 고상진, "위대한 령도자 김정일동지의 선군정치의 근본특징,"『철학연구』 1999년 1호, 18쪽.

65) 김철우, 앞의 책, 49~50쪽.

66) 위의 책, 150쪽.

67) 선군정치의 당군관계에 대해서는 김갑식, "김정일의 선군정치: 당군관계의 변화와 지속," 65~69쪽 참조.

68) 본고에서는 북한에서 선군사상 일색화가 2003년 이후 진행되고 있기 때문에 선군사상과 주체사상간의 문제를 실천이데올로기와 순수이데올로기로 나누어 분석하는 것을 제외했다. 이에 대한 자세한 설명은 곽승지, "김정일시대의 북한 이데올로기: 현상과 인식,"『통일정책연구』 9권 2호 (2000) ; 김근식, "1990년대 북한의 체제정당화 담론: 우리식 사회주의와 붉은기철학을 중심으로,"『통

일정책연구』8권 2호 (1999) ; 박형중 외,『김정일시대 북한의 정치체제』의 "Ⅱ장 통치 이데올로기의 지속성과 변화" 등 참조.
69) "전당, 전군, 전민이 일심단결하여 선군혁명총진군 앞으로!" ≪로동신문≫ 2005년 2월 2일.

〈참고문헌〉

1. 북한문헌

『김일성동지 회고록: 세기와 더불어』 7권 (평양: 조선로동당출판사, 1996).

고상진, "위대한 령도자 김정일동지의 선군정치의 근본특징," 『철학연구』 1999년 1호 (1999).

김룡진, "주체사상은 선군정치의 뿌리," 『철학연구』 2004년 2호 (2004).

김재호, 『김정일 강성대국 건설전략』 (평양: 평양출판사, 2000).

김정일, "혁명적 군인정신을 따라 배울데 대하여,"(1997.3.17) 『김정일선집』 14권 (평양: 조선로동당출판사, 2000).

김철우, 『김정일장군의 선군정치』 (평양: 평양출판사, 2000).

리금희, "선군정치는 혁명적 군인정신을 근본바탕으로 하는 독창적이며 위력한 정치," 『철학연구』 2004년 2호.

리영섭, "선군시대에 새롭게 밝혀진 주체혁명위업 완성의 주력군에 관한 사상," 『철학연구』 2004년 1호.

리영섭, "선군정치는 우리식 사회주의의 생명선," 『철학연구』 2004년 3호.

박응식, "주체사상은 로동계급의 혁명사상," 『철학연구』 2000년 3호.

"선군정치는 시대와 혁명의 요구를 가장 정확히 반영한 과학적인 정치방식," 『철학연구』 2004년 2호.

송상원, 『총검을 들고』 (평양: 문학예술출판사, 2002).

최순옥, "선군정치는 우리 당의 위대한 혁명방식," 『철학연구』 2001년 3호.

최학근, "우리 당의 선군혁명사상은 가장 철저한 반제자주사상," 『철학연구』 2003년 1호.

≪로동신문≫ 1997년 5월 19일. "혁명적 군인정신으로 우리식 사회주의 위업을 힘차게 전진시켜 나가자"

≪로동신문≫ 2000년 10월 3일. 동태관, "우리는 영원히 잊지 않으리라: 백두의 령장 김정일장군의 <고난의 행군> 혁명실록을 펼치며"

≪로동신문≫ 2000년 10월 5일. 황창만, "우리 당은 준엄한 시련 속에서 단련된 불패의 당이다"

≪로동신문≫ 2002년 11월 11일. "사회주의 사회에서 혁명군대의 주도적인 지위와 역할"

≪로동신문≫ 2002년 8월 19일. 편집국 론설, "혁명적 군인정신으로 위대한 선군시대를 빛내어나가자"

≪로동신문≫ 2003년 12월 22일. 편집국 론설, "사상과 신념의 총대를 주력으로 선군시대를 빛내여나가자"

≪로동신문≫ 2004년 8월 13일. "현시대 사회계급관계에 대한 독창적인 사상리론"

≪로동신문≫ 2005년 2월 2일. "전당, 전군, 전민이 일심단결하여 선군혁명총진군 앞으로!"

2. 남한문헌

고유환, 김용현, "북한의 선군정치와 군사국가화 연구,"『서울평양학회보』창간호 (2002).

곽승지, "김정일시대의 북한 이데올로기: 현상과 인식,"『통일정책연구』9권 2호 (2000).

구갑우, "북한연구방법론의 심화,"『북한사회의 입체적 이해와 북한연구』, 북한연구학회 주최 2004 연말학술회의 논문집.

김갑식, 『김정일정권의 권력구조』(파주: 한국학술정보, 2005).

김갑식, "김정일의 선군정치: 당군관계의 변화와 지속,"『현대북한연구』4권 2호 (2001).

김갑식, 오유석, "고난의 행군과 북한사회에서 나타난 의식의 단층,"『북한연구학회보』8권 2호 (2004).

김경숙, "북한주민의 시장경제 의식화 방안,"『북한조사연구』2권 2호(1999).

김근식, "1990년대 북한의 체제정당화 담론: 우리식 사회주의와 붉은기철학을 중심으로,"『통일정책연구』8권 2호 (1999).

김근식, "김정일 시대 북한의 당정군 관계 변화,"『한국정치학회보』36집 2호 (2002).

김재홍, "김정일체제의 통치이념과 권력실세들,"『신동아』1998년 7월호.

나초스 저, 황재옥 역,『북한의 기아』(서울: 다흘미디어, 2003).

박형중 외,『김정일시대 북한의 정치체제: 통치이데올로기, 권력엘리트, 권력구조의 지속성과 변화』(서울: 통일연구원, 2004).

박형중,『북한의 개혁개방과 체제변화』(서울: 도서출판 해남, 2004).

박형중, "북한정치 연구의 쟁점과 과제,"『현대 북한연구와 남북관계』, 통일연구원, 북한연구학회 공동주최 북한연구학회 2004 추계학술회의 논문집.

박형중, 정세진, "고난의 행군과 북한주민의 일상생활 변화," 민족화해협력범국민협의회 정책위원회 편,『북한주민의 일상생활과 대중문화』(서울: 오름, 2003).

사회과학출판사 편,『영도체계』(서울: 지평, 1989).

서동만, "북한 정치체제 변화에 관한 시론," 한국정치연구회, 『정치비평』 4호 (1998).

서보혁, 『북한 정체성의 두 얼굴』 (서울: 책세상, 2003).

서재진, 『7.1조치 이후 북한의 체제 변화: 아래로부터의 시장사회주의화 개혁』 (서울: 통일연구원, 2004).

와다하루끼 저, 고세현 역, 『역사로서의 사회주의』 (서울: 창작과비평사, 1994).

"우리는 지금 식량 때문에 무정부상태가 되고 있다" (1996.12.7) 『월간조선』 1997년 4월호.

유영구, "북한의 정치-군사관계의 변천과 군내의 정치조직운영에 관한 연구," 세종연구소, 『전략연구』 제4권 제3호(1997).

이기동, "북한의 신사고, 선군정치 그리고 정책변화," 『통일정책연구』 10권 1호 (2001).

이대근, 『북한군부는 왜 쿠데타를 하지 않나』 (서울: 한울아카데미, 2003).

이대근, "조선인민군의 정치적 역할과 한계," 『현대북한연구』 4권 2호(2001).

이 석, 『1994-2000년 북한기근: 발생, 충격 그리고 특징』 (서울: 통일연구원, 2004).

이석호, "북한체제의 변화전망과 군의 역할," 『북한체제의 변화: 현황과 전망』 (서울: 민족통일연구원, 1991).

이우영, 『북한의 자본주의 인식변화』 (서울: 통일연구원, 2000).

이종석, "김정일시대의 조선노동당: 위상·조직·기능," 이종석, 백학순, 『김정일시대의 당과 국가기구』 (성남: 세종연구소, 2000).

장달중, "김정일체제의 주체비전: 이데올로기, 당 그리고 군중을 중심으로," 장달중외, 『김정일체제의 북한: 정치, 외교, 경제, 사상』 (서울: 아연출판부, 2004).

정성장, "김정일 시대의 북한의 '선군정치'와 당군관계," 세종연구소, 『국가전략』 7권 3호 (2001).

정성장, "김정일의 선군정치: 논리와 정책적 함의," 『현대북한연구』 4권 2호(2001).

정영태, "북한 강성대국론의 군사적 의미: 김정일의 군사정책을 중심으로," 『통일연구논총』 7권 2호 (1998).

차문석, "북한의 노동 영웅에 대한 연구: 영웅 탄생의 정치경제적 메카니즘," 『사회과학연구』 12집 1호 (2004).

최봉대, "북한사회 주민들의 멘탈리티와 사회적 통합 기제," 『현대북한연구』 2권 2호 (1999).

최진욱, "북한 선군정치의 정치적 함의," 『현대북한연구』 4권 2호 (2001).

한용섭, "북한 권력구조의 동요: 군부와 노동당," 『계간 사상』 1997년 가을호.

홍용표, 『김정일정권의 안보딜레마와 대미·대남정책』 (서울: 민족통일연구원, 1997).

황의각, "북한의 경제침체: 개괄 및 총량분석," 『북한 사회주의 경제의 침체와 대응』

(서울: 경남대학교 극동문제연구소, 1995).

황장엽,『북한의 진실과 허위』(서울: 통일정책연구소, 1998).

3. 외국문헌

Chirot, Daniel, "What Happended in Eastern Europe in 1989?," in Daniel Chirot, ed., *The Crisis of Leninism and the Decline of the Left: The Rovolutions of 1989* (Seattle: University of Washington Press, 1991).

LaPalombara, Joseph, "Penetration: A Crisis of Government Capacity," in Leonard Binder, et al., *Crisis and Sequences in Political Development* (Princeton, N.J: Princeton University Press, 1971) ; 라팔롬바라, "침투: 정부능력의 위기," 민준기, 신정현 공역,『근대화와 정치발전: 정치위기의 극복』(서울: 법문사, 1974).

Suh, Dae-Sook, *Kim Il Sung: The North Korean Leader* (New York: Columbia University Press, 1988).

Walder, Andrew, ed., *The Waning of the Communist State: Economic Origins of Political Decline in China and Hungry* (Berkeley: University of California Press, 1995).

북한 국가 성격의 이론과 쟁점:
비교 사회주의적 관점

최 완 규

1. 서 론

이 글의 목적은 북한의 국가 성격을 비교 사회주의적 맥락에서 분석하는 데 있다. 이러한 분석을 위해서 우선적으로 고려해야 할 사항은 사회주의 국가를 당-국가체제(party-state system)[1]로 개념화할 것인가, 아니면 국가를 체제보다 우위 개념으로 볼 것인가를 결정하는 일이다.

모델스키(George Modelski)가 적절히 지적했듯이 사회주의 국가의 구조를 이해하기 위해서는 국가를 지배하는 공산당에 대한 이해가 필요하다. 사실상 사회주의 국가는 공산당 없이는 존재할 수 없는 반면 공산당은 국가 없이도 존재할 수 있다.[2] 당-국가체제의 원형은 스탈린에 수립되었고 2차 대전 이후 수립된 대부분의 사회주의 국가가 이 모델을 수용했다.

따라서 북한 사회주의 국가의 성격을 제대로 분석하기 위해서는 국가를 당－국가체제로 개념화할 필요가 있다. 만약 국가를 당－국가체제보다 상위로 놓고 국가 성격을 분석하는 경우에는 북한의 국가와 다른 사회주의 국가 간의 비교가 어려워진다. 사실 국가(state)를 체제(regime)보다 상위의 개념으로 파악할 때의 북한의 국가는 베버(Max Weber)가 지적한 것처럼 "일정한 영토 내에서 물리적 폭력을 합법적으로 사용하는 독점권을 가진 인간공동체 …"3) 또는 무력의 합법적 독점을 바탕으로 제반 법률적·행정적 장치에 근거하여 특정 영토 내의 사회와 주민에 대하여 배타적 지배를 행하며 영토 내의 타 조직들에 대해 주권을 행사하는 정치적 조직으로 파악할 수 있다.

그런데 이처럼 어떤 국가가 자본주의체제인가 사회주의체제인가와 무관하게 존재할 수 있는 국가에 대한 분석은 국가 일반에 대한 추상적인 논의로 흐르기 쉽기 때문에 사회주의체제의 국가 성격에 대한 구체적인 분석이 어렵다.

일반적으로 북한의 국가를 당-국가체제로 개념화하고 그 성격을 비교 사회주의적 맥락에서 분석하는 경우, 우선적으로 고려해야 할 것은 북한 당-국가체제의 특수성 문제이다.4) 주지하듯이 북한체제는 다른 사회주의체제와 구별되는 '독특한' 성격을 갖고 있다. 예컨대 주체사상(사회정치적 생명체론)에 기반을 둔 수령 중심의 유일적 영도체계, 근대 세계에서는 거의 유례를 찾아볼 수 없는 가족적 조합주의 국가 질서, 권력의 부자세습, 선군정치에 기초한 비정상적 국가기구, 자립노선에 기초한 인민동원 중심의 경제성장전략의 고수, 그리고 시민사회나 반체제적 대중 운동의 경험 부재 등 외견상 사회주의체제로 일반화하기 어려운 '북한적 현상'이 있다.

그러나 북한체제의 특수성을 지나치게 강조하다 보면 비교 사회주의적 맥락에서 북한체제의 성격을 규명하는 일 자체가 불가능하다. 이것

은 곧 '북한적 현상'에 대한 과학적 설명과 예측을 할 수 없다는 것을
자인하는 것이다. 물론 북한의 특수성을 강조하는 연구를 소홀히 할 수
없다. 하지만 이것이 사실의 단순한 나열이 되지 않기 위해서는 사회주
의체제의 비교연구의 틀 속에 북한체제 연구를 연결시키는 것이 필요하
다. 비록 북한 사회가 갖는 특수성을 인정한다고 해도 특수성의 이면에
있는 범사회주의적 현상의 의미를 고려할 때 북한에 대한 과학적 연구
가 가능한 것이다.

　이 글에서는 이와 같은 문제 의식을 바탕으로 다음과 같은 두 가지
사항에 논의의 초점을 맞추어 북한의 국가 성격을 분석하고자 한다. 우
선 다른 사회주의권 국가들, 특히 스탈린 치하의 소련 및 차우세스쿠
치하의 루마니아와 비교론적 접근을 통해서 북한 국가 성격의 특수성과
일반성을 규명할 것이다. 둘째, 이러한 일련의 논의와 기존의 국가 성격
에 관한 국내외 연구 성과를 토대로 북한 국가 성격의 보편성과 특수성
을 분석한다.

2. 사회주의 국가체제의 특성: 비교 사회주의적 맥락

1) 스탈린식 사회주의 국가(전체주의) 체제

　일찍이 레닌은 "우리는 새로운 형태의 국가를 창안했다"[5]고 반복해
서 강조한 바 있다. 그가 주장하는 새로운 형태의 국가란 다름 아닌 프
롤레타리아 독재를 근간으로 하는 당-국가체제로서의 사회주의 국가
(socialist state)다. 정치적 영역에서 볼 때, 사회주의 국가는 다음과 같은
몇 가지 공통적 특성을 갖고 있다. 첫째, 하나의 동일정당 또는 사실상

소수의 자체 호선 엘리트에 의한 국가와 사회의 영구 지배, 둘째 마르크스, 엥겔스, 레닌, 그리고 중국에서는 모택동의 교리에 기초한 유일한 가치체계의 수용, 셋째 전 정치 과정과 매스컴이 마르크스-레닌주의 정당의 수중에 있는 관계로 자율적인 정치 또는 사회적 하위체계의 부재, 넷째 민주집중제의 원칙을 토대로 한 국가 조직 등이다. 경제 영역에서 공통적으로 나타나고 있는 사회주의 국가의 특징으로서는 생산 수단의 공적(국가) 소유와 계획경제를 들 수 있다.6) 물론 이와 같은 특징은 각 국가마다 정도의 차이가 있다.

주지하듯이 이러한 특성을 갖는 사회주의 국가의 원형은 소련이다. 1917년 러시아에서는 볼셰비키 혁명의 성공으로 마르크스-레닌주의를 이데올로기 수범체계로 하는 최초의 사회주의 국가가 수립되었다. 이후 세계 여러 지역에서 자체의 혁명(사회주의)투쟁 또는 스탈린의 소비에트화정책에 따라 사회주의 국가들이 등장했다. 이들 중 중국, 유고슬라비아, 베트남은 자체의 무장(게릴라)혁명에 의해 사회주의 국가를 수립했으며 동독과 폴란드 등 동유럽 국가들과 북한에서는 스탈린의 소비에트화정책에 의해 사회주의 국가가 등장했다. 소비에트화정책에 의해 형성된 국가의 성격은 대부분 스탈린식 사회주의 국가 모델을 그대로 답습한 것이었다.

스탈린주의체제의 특징에 대한 설명은 다양하다. 가장 일반적 해석은 스탈린체제를 전체주의적 단일정당체제로 개념화시키는 것이다. 좀더 구체적인 설명으로서는 스탈린체제를 일인독재와 결합된 단일조직체계(mono-organizational society)내지 단일화된 국가유기체(unified state organism)로 개념화하는 것이다.7) 콜라코프스키(Leszek Kolakowski)는 스탈린체제의 특징으로서 법률의 폐지(공적 문제의 통치절차라는 의미에서만 법률이 존속), 일인 독재, 통치의 보편적 원칙으로서의 감시제도, 전지전능한 이데올로기 등을 들고 있다.8) 마르코비치(Mihailo Markovic)

는 보다 구체적으로 스탈린주의의 필요 충분조건들을 다음과 같이 제시하고 있다.9)

①정치적 관료제 권력에 의한 부르주아 정치 권력에의 대체와 생산수단의 국가 소유에 의한 사적 소유에의 대체를 초월해서는 발전될 수 없는 폭력적인 반자본주의 혁명의 수행.

②혁명의 선도적 세력과 혁명 후 사회의 중추는 일석지주적이며 강하게 훈련되고 엄격한 계서적 정당이며 이 정당이 모든 경제적·정치적 권력을 독점하고 여타 사회조직체를 단순한 매체로 전락시킴.

③국가의 최우선적인 새로운 기능은 전 생산체제의 엄격한 관리 계획 및 모든 정치적 활동의 완전한 통제다. 국가는 공식적으로는 노동계급의 독재체제지만 현실적으로는 당 지도력 또는 유일 지도자에 의한 독재체제.

④경제적 정치적 소외의 거의 모든 형태가 존재하는 집단적 복지 사회.

⑤중앙집권적인 정치적 경제적 구조로 인하여 다민족 국가에서 소수 민족들은 자주성이 부인되고 다수 민족의 지배를 계속 받음.

⑥모든 문화는 정치권에 종속되며 정당에 의해 엄격히 통제 감시 받음.

이러한 일련의 설명 내용을 종합적으로 검토해 보면 스탈린식 사회주의 국가체제는 역시 전체주의체제와 가장 근접한 체제임을 알 수 있다. 사실 여러 학자들이 스탈린주의적 증후군으로 지적하고 있는 일련의 현상들은 스탈린 치하에서는 스탈린주의로 불리어지지 않았다. 스탈린 당시의 공산주의 사회정치체제에 대한 통칭어로는 전체주의라는 용어가 사용되었다. 스탈린에 의해 공고화되었던 소련 사회주의체제는 히틀러의 나치 독재체제와 무솔리니의 파시스트 독재체제와 더불어 전형적인 전체주의 독재체제의 모델로 간주되었다.

따라서 스탈린식 사회주의 국가의 성격을 제대로 이해하고 분석하기 위해서는 우선 전체주의 독재체제의 특성을 파악할 필요가 있다. 전체주의 내지 전체주의 국가 개념은 1920년대와 1930년대를 풍미했던 소련, 이태리, 독일 및 기타 유럽 국가들에서 공통적으로 대두된 새로운 독재 현상을 설명하기 위해서 정립된 것이다. 말하자면 전체주의 독재는 20세기 산업 사회에 적용된 독재정치, 즉 독재정치의 새로운 형태로서 현대의 정치적 및 기술적 조건하에서 전체주의자들의 의도를 현실화하기 위한 통제체계이다. 전체주의 독재체제는 다음과 같은 공통적 특징군을 지니고 있다.10)

첫째, 인간 존재의 모든 사활적 국면을 포함하는 공식이론체계로 구성된 정교한 이데올로기를 갖고 있으며 이 사회에 살고 있는 모든 사람은 적어도 수동적이라도 이 이데올로기를 고수한다. 이 이데올로기는 인류의 완벽한 최종 상태에 초점을 맞추거나 이상 형태를 투사하는 특징을 갖고 있다. 즉, 이 이데올로기는 새로운 세계를 창조하기 위해 현 세계를 정복함으로써 기존 사회를 급격히 부정하는 데 기초를 둔 재림 예수적 요구를 내포하고 있다.

둘째, 독재자 1인이 영도하고 전체 인구 중에서 비교적 소수의 남녀(10% 정도)로 구성되는 단일 대중정당을 가지며 이 당의 핵심분자들은 이데올로기에 대하여 열정적으로 확실하게 헌신하며 이 이데올로기를 수용할 준비가 되어 있다. 이 당은 또한 계서적, 과두적으로 조직되어 있고 정부의 관료기구보다 상위에 있거나 완전히 혼합되어 있다.

셋째, 당과 비밀경찰의 통제를 통해 효력을 발휘하는 물리적 또는 심리적 테러 체계를 가지고 있다. 이 체계는 당간부들을 위해 당을 지원할 뿐 아니라 감시하며 정권의 명백한 '적'에 대해서는 물론 다소 자의적으로 선정한 계급에 대해서도 감시의 눈길을 보낸다. 비밀경찰의 테러나 당 주도의 사회적 압력은 근대 과학을 체계적으로 이용하고 특히 과학적 심리학을 한층 더 잘 이용한다.

넷째, 신문, 라디오, 영화와 같은 일체의 유효한 대중 전달 수단을 당과 정부의 수중에 장악하여 고도의 기술을 통해 거의 완벽하게 독점한다.

다섯째, 위와 동일한 방법으로 모든 전투에 사용되는 일체의 유효한 무기를 독점한다.

여섯째, 대부분의 단체나 집단 활동을 형식적으로 독립을 유지하고 있는 조합체계 속에 관료적으로 연계시킴으로써 전체 경제를 중앙에서 통제, 지휘하는 체제를 갖고 있다.

이러한 특징군들은 흔히 '유기체'에서 볼 수 있는 바와 같이 서로 얽히고 상호 보완하는 특성의 집합을 이루고 있다. 따라서 동양적 전제정이나 희랍의 폭군정 또는 유럽의 절대정이 전체주의 특징들을 한두 개 정도 갖고 있다고 해서 이것을 전체주의 독재체제라고 규정할 수는 없다.

한편 샤피로(Leonard Schapiro)는 전체주의의 여섯 가지 대표적 특징군을 비판적으로 검토하고 있다. 우선 전체주의적 현상은 여섯 가지 특징군 만큼 중요한 다른 요소, 즉 공식 이데올로기를 수반하는 세계 지배 이론과 대중 동원이 추가될 필요가 있다. 반면에 일체의 유효적 무기의 독점 현상은 전체주의체제에만 국한된 특수한 현상이 아니라 권위를 지키려고 하는 모든 정부에게 해당되기 때문에 배제되어야 한다는 것이다. 샤피로는 전체주의적 현상을 특징적 면모(contour of polity)와 기축(pillar)으로 구분해서 설명하고 있다.[11] 그는 여섯 가지 특징군에서는 서로 완전히 다른 이 양자를 혼동하고 있다고 지적하고 있다.

전체주의의 특징적 면모로서는 지도자, 법적 질서의 종속, 사적 도덕성의 통제, 지속적 동원과 대중적 지지에 기초한 정통성을 들 수 있다. 기축으로서는 이데올로기, 당, 교회, 국가와 사회 등 지배 수단을 들고 있으며 전자 특히 지도자 개인을 지배 수단보다 훨씬 중시하고 있다. 즉, 전체주의체제의 세 가지 원형은 강력한 지도자가 이끄는 대중 운동에 의해 처음 형성되었고 이 대중 운동이 지배 엘리트와 당을 만들었다. 당은 단순한 지배의 수단인 것이다. 반면에 지도자는 만약 그가 없었다면 세 가지 원형 모두 그 존재를 확인할 수 없을 정도로 중요한 존재이

다. 지도자에 의해 영도되는 대중 정당을 전체주의의 핵심으로 보는 것
은 수단을 전체주의의 특질로 혼동하는 것이다. 마찬가지로 언론 혹은
경제 수단에 대한 독점 역시 다른 것들과 구분되는 전체주의의 특징이지
만 정당이나 경찰, 이데올로기 등은 지배를 위한 수단에 지나지 않는다.
이렇게 볼 때 전체주의 국가는 일종의 '지도자 국가(Leader State)'[12]인
셈이다. 즉, 전체주의체제는 본질적으로 지도자체제인 것이다. 기실 이
체제의 이데올로기도 지도자에게 정통성을 부여하기 위해서 존재하는
것이다. 요컨대 전체주의체제에서 허용되는 독점적인 권력은 최고 지도
자가 장악하고 있으며 당권력의 독점은 외형적인 것에 불과한 것이다.

샤피로의 전체주의론은 독재자 개인의 비중을 다른 어떤 전체주의적
요소보다 중시하고 있다는 점에서 스탈린식 사회주의 국가체제를 설명
하는 데 유용한 분석 틀을 제공해 주고 있다. 한때 소련에서는 독재자
개인보다는 당이 공산당이 궁극적 권력을 행사한다든가 정치국 같은 소
규모의 당 기관이 최종 결정권을 가지고 있다는 등의 논의가 있었다.
동일하게 히틀러나 무솔리니의 권력도 실권을 장악하고 있는 '대기업'
이나 장군들에게서 단순히 파생했다거나 히틀러와 그 추종자들은 이러
한 집단의 도구에 지나지 않았다는 설도 있다.

그러나 문헌상에 나타난 증거에 의하면 이들은 그들 국가의 실질적
인 통치자였다. 그들의 의사는 결정적이었으며 그들이 행사하는 권력은
과거의 독재 국가에서 보다 한층 더 완벽할 정도로 '절대적'이었다.[13]
이들은 각각 당을 이용하여 권력을 장악한 후에는 당의 제도적 특성을
파괴하고 그것을 굴복시켜 가능한 한 당을 그 자체의 정치적 생명을 갖
고 있는 계층적 제도로부터 자신들에게 순종하는 지지자집단으로 변질
시키려고 노력하였다. 어느 경우에도 그들의 목적은 모든 당원이 지도
자에게 의존함으로써만 각각의 권력과 영향력을 지속할 수 있도록 하여
여한한 의미에서도 제도로서의 당이나 당 내의 각각의 직무 등의 권위

와 위신에 의존하지 않도록 하는 것이었다.

스탈린의 경우 1929년 12월 50회 생일을 전후해서 좌파 우파할 것 없이 자신의 반대 세력을 모두 패배시켰다. 이후 그는 보즈트(Vozhd: 영도자)로 불리었고 소련의 각종 신문과 출판물, 그리고 심지어 이전의 정적들조차 앞다투어 그를 칭송하기 시작했다. 소련의 역사가 다시 쓰여지기 시작한 것이다. 겔러와 네크리츠는 이러한 현상을 '기억의 국유화'로 규정했고 바로 이 때문에 소련의 지적 풍토는 급속히 황폐화되기 시작했다.14) 소련에서 지도자 국가 현상은 1936~1938년의 대숙청을 계기로 더욱 강화되었다. 스탈린은 대숙청을 통해서 제도로서의 당이나 국가기구의 지배를 물리치고 절대적인 개인독재체제를 구축하는 데 성공한 것이다. 그는 권력 장악 이후 숙청을 끝낼 때까지의 기간을 이용해서 시종일관 레닌적 공산당을 독재자 개인의 정당으로 변질시켰다.

스탈린은 당과 정부기구 같은 정규적인 지배기구보다는 개인 정보원과 정보기관을 보다 적극적으로 활용하였다. 당은 보안기관에 대한 통제력을 행사할 수 없었으며 당 내의 권력 핵심기관인 서기국조차도 스탈린이 독자적으로 활동하는 개인적 서기국에 의해 무력해졌다. 말하자면 공식적 지배 도구인 당이 일 개인에게 종속되어 버린 것이다. 이 시기에 스탈린은 당대회를 한 번도 개최하지 않았으며 당중앙위원회도 거의 소집되지 않았다. 샤피로에 의하면 스탈린 치하에서 국가기구는 '지도자' 개인의 정책을 실천에 옮길 경우에 한에서만 이용될 수 있었다. 당조차도 스탈린이 개인적 지배를 주장함으로써 지배의 제도적 성격을 상실했다.15)

앞에서 지적한 바와 같이 2차 대전 이후 스탈린의 소비에트화정책에 의해 공산화된 동구와 북한은 스탈린식 전체주의체제를 그대로 모방했다. 이들 국가의 지도자 및 체제 자체가 사실상 스탈린에 의해 임명, 부과된 것이기 때문이다. 스탈린 사망 이후 소련과 동구 사회주의

권 국가들에서는 전체주의적 현상의 현격한 퇴조, 즉 탈스탈린화(de Stalinization) 현상이 가속화되었다. 즉, 지도자의 쇠퇴와 집단지도체제의 등장, 테러의 감소, 지배기구로서의 당의 제도적 부활, 당기구와 국가기구의 기능 분화, 이데올로기의 쇠퇴, 제한적 다원주의와 집단 간 갈등과 같은 변화 현상이 나타난 것이다. 비교 공산주의를 연구해 온 학자들은 이러한 현상은 전체주의적 접근법으로는 설명할 수 없다는 점을 지적한다.16)

그러나 북한은 동구의 사회주의권 국가들과는 달리 스탈린 사후 오히려 스탈린식 전체주의체제가 점점 강화되는 양상을 보여 왔다. 역설적으로 북한의 김일성은 스탈린 사후에 오히려 전체주의 국가의 가장 특징적 면모인 지도자 국가(수령 국가)를 공고화시키는 작업에 착수했으며 시간이 지남에 따라 '수령 국가'는 북한의 역사 문화와 접목됨으로써 더욱 강화되는 양상을 보여 왔다. 따라서 전체주의적 접근법은 북한의 수령 중심 당-국가체제, 특히 김일성 유일사상체계가 확립되고 우상화가 본격화된 이후의 당-국가체제, 그리고 김정일 시대의 당-국가체제를 설명할 수 있는 가장 유용한 모델이라고 할 수 있다. 맥코맥(G. McCormack)은 북한의 국가 성격을 다섯 가지 모델, 즉 사회주의 국가, 유교적·봉건적 왕조 국가, 유격대 국가, 코포라티즘 국가, 전체주의 국가 모델을 중심으로 논의하고 있다. 그는 북한 국가 성격을 분석하는 데 있어서 가장 유용한 모델은 전체주의 모델이라고 주장한다.17)

맥코맥은 고전적 전체주의론을 약간 수정한 기든스(A. Giddens)의 전체주의 모델을 북한에 적용하고 있다. 기든스는 전체주의 지배의 특징으로서 ① 감시 활동의 중시(국민에 관한 정보 수집, 서류 작성), ② '도덕적 전체주의': 정치공동체로서 운명을 공유한다는 역사 의식, ③ 테러: 경찰력의 극대화(이것은 산업 전쟁과 재산 압류 수단의 임의 처리와 직결됨), ④ 지도자에 대한 개인 숭배(지도자의 전문적인 군사 능력이

아니라 대중지지의 획득이 중요)를 제시하면서 그 중에서도 개인 지도
자를 전체주의의 핵심으로 파악하고 있다. 개인 지도자는 다양한 국가
기구, 예컨대 사법부, 의회에 분배되어 있는 권력을 한 손에 장악하게
된다. 권력 장악은 부분적으로 테러에 의해 실현되며 반대 세력을 철저
하게 숙청함으로써 가능해진다. 그러나 기든스는 전체주의에서 가장 중
요한 것은 대중의 지지이며 테러는 지배의 토대이기보다는 다만 '일탈
자'에 대한 규제 수단으로 사용되는 것이라는 점을 강조하고 있다.[18]
맥코맥은 스탈린 사후 북한처럼 전체주의적 지배 모델이 딱 들어맞는
나라는 없다고 지적하고 있다. 그에 의하면 북한 사회만큼 철저하게 공
식 교의를 주입시켜 자발적인 성장 공간을 빼앗아 버린 곳은 없다. 요컨
대 북한은 철저한 감시와 테러, 그리고 국가 의식을 통한 대중동원이라
는 세 가지 요소가 혼합된 전형적인 전체주의 국가인 것이다.[19]

2) 차우세스쿠식 술탄체제

스탈린식 전체주의 모델과 더불어 북한 국가 성격의 특성의 일단을
비교 사회주의적 맥락에서 볼 수 있는 것은 루마니아의 차우체스쿠식
술탄 모델이다. 어떤 의미에서 북한과 루마니아체제는 스탈린식 전체주
의체제와 술탄체제의 조합[20]이라고 볼 수 있다. 베버에 의하면 술탄체
제(Sultanistic regimes)는 극단적인 형태의 세습주의적 성향을 갖는다. 세
습 국가는 통치자 개인 또는 그의 가족의 권위에서 연유하는 고도로 집
중화된 권력으로 특징화할 수 있다. 세습 국가의 통치자는 행정기구를
지배하고 정치적 권위를 규정하고 자신의 의지를 여러 방식을 통해서
개인과 사회에게 부과한다. 정치 엘리트들은 자신의 지위와 권한을 지
도자와의 개인적 관계에서 찾는다.[21] 이 체제하에서는 사적인 것과 공
적인 것이 혼용되며 법과 제도보다는 개인 및 그 일족 중심의 지배가

보편화된다. 술탄적 정치체제는 술탄 개인의 영역인 것이다. 또한 이 체제하에서는 정교한 이데올로기보다는 매우 자의적인 상징 조작을 통한 지도자 개인에 대한 극단적인 칭송이 보편화된다.

주지하듯이 루마니아는 다른 동구 사회주의권 국가들과 다른 점이 많다. 린덴(Ronald H. Linden)이 적절히 지적한 바와 같이 동유럽에 관한 논의를 할 때 불가피하게 포함시켜야 하는 경구가 있는데 그것은 다름 아닌 "루마니아는 제외하고"이다.22) 우선 루마니아는 동구 국가 중에서 시민사회 기반이 가장 취약하다. 루마니아에서는 국가기구에 자율적이거나 반자율적인 지위 상승의 통로가 없었다. 심지어 최고위 노멘클라투라도 집사처럼 고용되었고 부당한 처우를 받았으며 해고당했다. 1979년 11월 공산당 12차당대회를 계기로 루마니아는 차우세스쿠 일족 중심의 정치가 본격화되기 시작했다. 차우세스쿠의 부인인 엘레나(Elena Petrescu)는 명실상부한 권력의 2인자였으며 아들과 동생들 또한 권력의 중심부로 진입시킴으로써 루마니아는 이른바 일족 사회주의(socialism in one family) 내지 왕조 사회주의 국가(dynastic socialism)가 되어 버렸다. 차우세스쿠 일가가 당과 정부의 요직을 독점해 버렸고 절대적 권력을 행사한 것이다. 티스마노누(Vladimir Tismaneanu)에 의하면 차우세스쿠는 당의 관료들을 모욕하고 시민들을 자신의 소유물인양 다루면서 절대 군주처럼 행세했다. 당의 지도적 역할은 총서기와 그의 가족의 절대 권력으로 대체되었으며 당과 정부기구는 차우세스쿠 일족의 의례적 추인 기구(rubber stamp)에 불과했다. 특히 차우세스쿠의 아들 니쿠(Nicu)는 1983년 공산주의 청년동맹의 제1서기가 되었다. 이후 당중앙위원회 위원, 1984년에는 정치위원회의 후보위원이 되면서 권력 승계자로 알려졌고 그의 절친한 동료들도 당중앙위원으로 선임되었다.23)

한편 차우세스쿠에 대한 개인 우상화 작업도 강화되었다. 그의 독창적 사상을 칭송하기 위한 출판물이 쏟아져 나왔으며 사회과학, 윤리학,

미학에 관련된 모든 출판물은 과학적 사회주의의 발전에 대한 차우세스
쿠의 공로에 대해 언급하고 있다. 그리고 그의 고향은 성지가 되었고
생일은 루마니아 최고의 명절이 되었다. 또한 그는 마르크스 교의의 최
고의 정통적 해석자로 부각되었으며 국제 공산주의 운동의 가장 뛰어난
인물로 묘사되었다. 아울러 그는 현 시기 외교의 천재, 루마니아 인민들
의 가장 순수한 덕의 화신으로 격찬되었다. 피셔(Mary Ellen Fischer)에
의하면 1970년대 중반까지 어떤 루마니아 관료도 영감과 지침의 원천으
로서 차우세스쿠의 개인적 통찰력과 지도력을 참고하지 않고서는 보고
서나 글을 쓸 수 없었다는 것이다.[24)

　이와 같은 루마니아의 전체주의와 술탄체제의 조합체제는 스탈린 사
후 반소 스탈린주의(anti-Soviet Stalinism)라는 다소 역설적 노선을 택함
으로써 가능했다. 실제 스탈린 사망 이후 대부분의 동구 국가들은 후르
시쵸프의 탈스탈린화정책을 수용하여 집단지도체제를 도입하고 경제
제도와 운영 방식을 개혁했다. 그리고 개인 숭배와 일인 독재, 테러 및
공포 정치 등 스탈린식 전체주의체제를 완화시켰다. 그러나 루마니아와
북한은 소련의 탈스탈린화 요구를 거절하면서 스탈린식 발전노선을 고
수하고 대외적으로도 소련으로부터 독자노선을 견지하였다. 이 과정에
서 루마니아는 민족주의를 북한은 주체노선(주체사상)을 부각시킴으로
써 개인 숭배와 1인 지배체제를 강화시킬 수 있었다. 박형중에 의하면
루마니아와 북한에서는 다같이 스탈린주의적 인민주의 권력 블록의 수
립을 시도했다. 최고 지도자(수령과 Conductor)의 지도를 일반 대중에게
보다 효율적으로 수행하기 위한 일련의 조치들, 예컨대 대량의 공산당
입당, 반지식인 및 반기술 실무정책, 극단적인 토속적 문화정책, 개인
숭배, 민족주의의 극단적 강조 등이다.[25)

3. 비교 사회주의적 맥락에서 본
북한 국가체제의 특수성과 보편성

그렇다면 북한의 국가(체제) 성격은 스탈린식 전체주의와 술탄체제의 조합으로 어느 정도 정확하게 설명할 수 있는가? 앞에서 지적한 바와 같이 만약 북한의 국가(체제)가 구소련을 비롯한 여타의 사회주의 국가와 전혀 다른 특수한 성격('북한적 현상')을 갖고 있다면 양 체제의 조합 모델만으로는 북한의 국가 성격을 제대로 설명할 수 없게 된다. 그동안 많은 북한 연구가들이 북한의 특수성을 강조하면서 북한의 국가(체제) 성격을 신정체제, 유일지도체제, 유격대 국가체제, 수령(절대주의)체제, 조합주의적 사회주의체제(가족적 조합주의), 군사국가체제 등으로 다양하게 개념화해 왔다.26) 북한의 국가 성격을 이와 같은 방식으로 개념화하는 것은 북한체제만이 갖고 있는 '특징적 현상'을 설명하는 데에는 유용하지만 북한 국가체제의 전체주의체제로서의 '보편적 현상'을 간과하게 된다. 여기서 특수성을 강조하는 국가체제 모델들을 조합주의적 사회주의체제, 유격대 국가체제 수령체제, 군사국가체제 등 네 가지로 대별해서 좀더 구체적으로 검토하고 그 문제점을 분석하고자 한다.

1) 특수성을 강조하는 국가체제 모델

우선 커밍스가 제시한 조합주의적 사회주의체제 모델은 지배의 억압적 측면을 강조하는 전체주의 모델과 달리 체제와 지도자에 대한 인민의 자발적 지지에 관심을 갖는다. 사실 조합주의는 자유주의에 대비되는 이념으로서 전자는 공동체주의적(communitarian) 사고인 반면 후자는 개인주의적(individual) 발상에서 시작된다. 그는 사회주의의 일반적 전례에서 보면 북한은 독특한 사회주의를 개척해 왔다고 전제하면서 북한국가체제의 조합주의적 특성을 제시한다. 즉, 지도자(정통성과 이데올로기의 카리스마적 원천으로 작동, 아버지와 같은 존재, 북한 가족의 우두머리. 정체의 머리와 마음), 당(정체의 핵심부, 통치자와 피치자를 연결시키는 혈맥, 어머니 당), 사상(민족과 지도자의 상징인 주체사상), 가족(사회의 핵심 단위), 혁명(지도자의 전기, 그를 통해서 반세기, 그리고 그의 가족을 통해서 1세기에 미침), 안내자(지도자의 후손, 미래를 상징, 가족 세습원칙의 확립), 집단(당과 가족을 매개하는 사회조직), 세계(태양, 즉 지도자를 중심으로 하는 국가 중심주의에 의해 구조화)가 상호 연결된 유기체가 북한 국가체제의 특성이라는 것이다.27)

바로 이와 같은 특성이 조합주의가 갖는 증후군들, 즉 유기체적인 유대, 비유와 모델로서의 가족, 과거 – 현재 – 미래를 연결짓는 커다란 사슬, 지도자의 아버지와 같은 역할, 가족 – 공동체 – 국가 속으로의 개인의 흡수, 정치에서의 자유주의에 대한 적대와 문화에 있어서의 현대성, 위계 질서의 원리를 설명해 주는 것이다. 커밍스는 이러한 현상의 원인으로서 조선 왕국의 은둔성과 유교의 영향을 들고 있으며 조합주의는 가족주의와 혈통 의식을 가진 국민들에게 어필한다고 주장한다.28)

기실 조합주의는 강력한 대가족제도나 혈통을 중시하는 사회에서 정당화되며, 이는 유교적 배경을 지닌 사회에서 더욱 호소력이 있다. 북한의 경우 이러한 유교적 사회구성체의 전통적 경험을 유지하고 있으며, 가족 중심적인 사회 구조를 토대로 혈연적 조합주의를 형성하고 있기 때문에 북한 사회의 대중 동원이 성공적으로 가능하였다고 볼 수 있다. 실제로 북한 헌법은 가족을 사회의 핵심 단위로 정의하고 있으며, 북한의 사회문화에서도 결혼은 여전히 큰 행사이고 북한 정권은 이러한 가족 중심적인 가치체계를 파괴하려 하지 않았다.

요컨대 커밍스는 북한의 국가체제와 권력 조직을 혈연적 조합주의의 성격으로 분석할 수 있다고 보고 있다. 그에 의하면 북한의 국가체제는 김일성과 김정일 개인을 정점으로 하는 권력의 핵심으로 출발하여 자신의 가족, 조선로동당과 빨치산파, 관료, 지식인과 전문인, 사무원, 프롤레타리아트, 농민이[29) 하향식 위계 질서로 형성되어 있는 유교적 조합주의 성격이 강한 사회구성체를 형성하고 있다. 북한은 이러한 계급에 기초한 사회로 구성되어 있으며, 인민이 함께 하는 조합주의적 방식의 사회를 형성하고 있는 것이다.

두번째는 와다 하루끼(Wada Haruki)의 유격대국가체제 모델이다.[30) 이 모델은 소련형 국가사회주의를 토대로 북한의 국가 성격을 규명하고 있다. 국가사회주의는 소련형 사회주의 건설의 모델이 되어 전세계 사회주의 국가들의 일반적 형태가 된 것을 의미한다. 그는 이 체제의 핵심을 공산당, 국가, 사회단체가 일체화된 구조라고 파악한다. 국가사회주의는 이 3자가 일체화되어 이루어진 공적 주체가 정치·경제 일체를 일원적으로 관리하는 체제를 의미한다. 와다에 의하면 유격대 국가체제는 바로 이러한 국가사회주의체제가 이차적으로 형성된 것이다. 그는 유격대 국가를 김일성이 유일한 최고 사령관이고 북한 인민 전체가 유격대원화한 것으로 보면서 이러한 현상은 다른 사회주의 국가에서는 찾아보기 어렵다고 지적하고 있다.

유격대 국가체제는 이후 영도예술과 가족 국가론, 전통적 국가론에 의해서 보강되었다. 가족 국가론에서는 수령=아버지, 당=어머니, 인민 대중=자식이라는 등식이 강조되고 있는데 이후 이것은 일심단결, 대가정, 충효의 결합을 강조하고 김일성=할아버지, 김정일=아버지라는 확대된 가정의 이미지를 지닌 전통적 국가론으로 대체되었다. 이 모델은 일견 커밍스의 가족적 조합주의론과 유사한 점도 있다.

세번째는 수령제 모델이다. 수령제 모델은 수령체계의 구조와 특성에 따라 몇 가지 모델로 세분해 볼 수 있다. 우선 수령제 개념으로 북한 국가체제의 성격을 분석한 선도적 연구로서는 스즈키 마사유키의 수령체제론을 들 수 있다. 그는 수령제를 "수령의 영도를 대를 이어 계속 실현하는 것을 목적으로 하는 체제"와 "사회주의체제의 특징을 지닌 동시에 당국가 시스템 위에 수령을 추대한 체제"로 정의하고 있다.[31] 전자는 김정일 후계체제와 관련된 것이고 후자는 지도자 개인의 절대 권력에 초점을 맞춘 것이다.

스즈키의 수령제 국가체제의 핵심은 수령의 유일적 영도, 즉 수령의 영도 아래 "한 사람같이 움직이는" 정연한 조직체계와 규율을 제도와 사상적으로 보장하는 시스템에서 찾을 수 있다. 여기서 수령이란 "프롤레타리아 독재체제에서 최고 뇌수이고 심장이며 당과 계급, 대중을 하나로 결속시키는 유일한 중심"[32]을 의미한다. 이러한 수령이 인민대중의 혁명투쟁을 영도하기 위해 당을 조직하고, 당은 수령의 영도를 보장하며 수령의 혁명사상을 실현하기 위해 투쟁하는 혁명의 참모부인 것이다. 따라서 수령 이외에 지도자는 존재하지 않는다. 모든 권위도 수령에게서만 나온다. 즉, 유일사상체계의 확립이 다름 아닌 수령제 국가체제의 확립인 것이다. 이 수령체제는 노동당 당규약(1970년 당규약 및 1980년 당규)에 "당 안에 유일사상체계를 세우는 것을 기본원칙으로 삼고 주석제와 비서국제를 도입함으로써 제도화되었다.

스즈키는 이러한 수령제를 직접 설명하고 정당화시키는 이론이 주체사상 중에서도 '혁명적 수령관'과 '사회정치적 생명체론'이라고 지적하고 있다. 혁명적 수령관에서는 주로 수령이 모든 것을 결정하는 논리 구성, 노선의 제시와 조직 동원이라는 수령과 대중 사이의 기본적 관계 문제를 다루고 있다.[33] 사회정치적 생명체론은 수령과 당, 대중이 하나의 생명으로 결합되어 운명을 함께 하면서 영원히 살아가는 생명체를 강조하기 위한 것이다. 스즈키는 '사회정치적 생명체론'은 '뇌수'로서의 수령, 수령과 인민을 결합시키는 '신경' 및 '혈관'으로서의 당, 그리고 '생명체'로서의 인민 대중을 삼위일체로 하는 사회유기체론으로 규정하고 있다. 그에 의하면 이 생명체의 중심은 수령이다. 유기체의 생명인 사회정치적 생명은 혁명의 지도자인 수령에 의해 각 개인에게 부여되고 각 개인은 수령에 의해 통일체인 사회정치적 생명체를 형성하고 진정한 존재, 즉 영원한 생명을 지닌 존재가 된다.34)

북한은 이러한 수령제를 강화하고 지속시키기 위해서 수령 승계론을 내세워 김정일의 유일적 지배와 수령의 유일적 영도를 일치시켰다. 또한 수령과 대중을 혈연적으로 연결시켜 수령을 혈연 집단의 아버지로 당을 어머니로 하는 일종의 가족 국가를 만들었다. 그리고 엄격한 계층 질서, 즉 수령을 중심으로 그 친족, 주위에 항일투사 및 한국전쟁 영웅과 혁명 유가족, 당·정·군 간부, 그리고 인민이라는 동심원 모양의 계층 질서를 형성하고 있다. 스즈키는 이러한 형태의 모델은 항일빨치산 집단이었다고 지적함으로써 수령제가 부분적으로는 유격대 국가체제와 유사한 점을 인정하고 있다.35)

스즈키가 북한의 국가체제의 성격을 수령제로 규정한 이후 이 모델을 수정, 보완한 연구들이 나왔다.36) 가장 대표적 연구로서는 이종석의 유일체제 모델이다. 그는 스즈키의 모델이 북한체제 작동의 제도적 메커니즘이나 사회문화적 조건 등을 규명하는 데는 부족한 점이 있다고 지적하면서 북한의 국가체제 성격을 유일체제로 개념화하면서 이 체제야말로 "북한 사회의 특징을 가장 분명하게 보여주고 있는 '북한적 현상'이라고" 강조한다.

이종석은 유일체제의 특징적 현상을 네 가지로 설명하고 있다.37) 즉, 첫째 수령의 사상을 지도적 지침으로 하여 혁명과 건설을 하며 수령의 사상과 명령, 지시에 따라 전당, 전국, 전민이 하나와 같이 움직이는 체계, 둘째 동원화되고 군사화된 사회체계를 자신의 강력한 재생산 기반으로 삼고 있는 체제, 셋째 자신을 합리화하는 담론과 행위 양식들을 재생산하는 광범한 사회적 체계, 즉 유일사상체계를 갖고 있는 체제, 넷째 문화적으로 광범한 개인 숭배 현상을 동반하는 체제이다. 그는 유일체제는 지배의 강제적 기제뿐만 아니라 자발적 동의기제를 구비한 체제임을 강조하고 있다. 이종석도 스즈키와 마찬가지로 이 체제의 이론적 기초로서 혁명적 수령관과 사회정치적 생명체론[38]을 들고 있다.

끝으로 북한 국가체제 성격 특수성을 강조하는 모델은 군사국가체제론이다. 서대숙은 김정일의 정치체제는 북한에서 군인 지상정치체제가 출범했음을 말해 준다고 지적하고 있다. 그는 이 체제는 군국주의 국가들에서 흔히 볼 수 있는 현역 군인들의 정치 개입이나 그들의 과도한 정치적 영향력을 행사하는 정치체제가 아니라 군인들의 정치 개입을 제도화한 정치체제라고 규정하고 있다.[39] 한마디로 김정일 시대의 북한은 노동당이 아니라 군부가 통치하는 체제로 전환되었다는 것이다. 따라서 북한은 당-국가체제에서 기형적인 군-정-당체제로 바뀌었다.

와다 하루끼 또한 김정일 시대에 들어와 북한은 유격대 국가가 아니라 정규군 국가가 되었다고 주장한다. 그에 의하면 북한은 군대가 곧 인민이고 국가이며 당이 되기 때문에 최고 사령관인 김정일이 북한의 모든 것이 되는 정규군 국가가 되었다는 것이다.[40] 이 밖에도 여러 연구자들이 북한은 당면한 위기 상황을 타개하고 체제생존을 위해서 전통적인 당-국가체제를 형식화시키면서 군의 정치적 영향력을 강화시키고 있다고 지적하고 있다.

이대근은 북한 군사 국가화를 주장하는 연구자들의 논거를 네 가지로 정리하고 있다.[41] 첫째, 군부 중심의 현지지도, 경제 건설 등 군부 역할의 확장, 군 중심체제 이데올로기 강화, 주석단 내 군부 지도자의 부상, 최고 사령관 및 국방위원회에 의한 통치 등 인민군의 정치적 영향력의 증대 현상, 둘째 당대회, 당중앙위원회 당 정치국 등 당의 주요

정책결정기구가 개최되지 않고 있는 현상, 셋째 인민군의 정치적 영향력 증대와 노동당의 약화로 노동당보다 군부가 우위에 서는 현상, 넷째 이 결과로 북한 사회주의체제는 당-국가체제에서 군대가 노동당과 함께 혹은 단독으로 통치하는 군-당체제, 당－군체제로의 전환 현상이다. 양현수는 북한군의 정치적 위상의 변화(강화)를 주목하는 연구자들의 주장을 세 가지로 정리하고 있다.42) 첫째, 북한의 국가기구 및 당기구에서 북한군의 비중과 서열이 증가하고 있는 현상, 둘째 김정일의 북한군에 대한 우대정책, 즉 대규모 승진 인사, 빈번한 군부대 방문과 격려발언 현상, 셋째 1998년 개정헌법에서의 변화, 즉 국방위원회의 확대 개편 현상 등이다. 요컨대 북한은 김정일 정권이 들어선 이후 군 중심의 지배와 건설 및 통제체제가 고착되어 이른바 선군정치체제가 정착되었으며 이러한 현상은 여타의 사회주의 국가에서는 찾아보기 어렵다는 것이다.

2) 북한 국가체제의 보편성: 전체주의체제와 술탄체제의 조합

사실 북한 국가체제의 특수성을 강조하는 이유는 네 가지로 설명할 수 있다. 그 첫번째 이유는 국가(지도자)와 사회(인민 대중)와의 매개 양태가 여타 사회주의권 국가들, 특히 억압 위주의 스탈린식 전체주의체제와 다르다는 점이다. 커밍스의 조합주의 모델, 와다의 유격대 국가 모델, 그리고 수령제 모델은 정도의 차이는 있지만 지도자와 사회를 매개시키는 자발적 동의 내지 순응기제가 있기 때문에 전체주의 모델로는 북한의 국가체제 성격을 제대로 설명할 수 없다는 것이다. 물론 북한이 국가나 지도자 개인에 대한 사회구성원의 자발적 동의(순응)와 동원기제, 즉 이데올로기, 정치적 담론, 선전・선동, 정치 학습, 교양체계 등을 갖고 있다. 그러나 이러한 기제는 북한만이 갖고 있는 것이 아니라 전체주의체제의 일반적 특성들인 것이다. 앞에서 지적한 바와 같이 전체주의에서 가장 중요한 것은 대중의 지지이며 테러는 지배의 토대이기보다는 '일탈자'에 대한 규제 수단인 것이다.

설사 북한에서 국가가 사회를 포섭하는 방식이 자발적 동의 내지 순응적 요소가 있다고 해도 노동당의 사회통제 메커니즘의 속성을 이해한다면 이것이 곧 북한체제를 전체주의체제와 구분해 주는 특성이라고 규정할 수는 없을 것이다. 적어도 포섭 방식에 있어서 자발적 동의기제가 확립되었다면 유례 없는 폐쇄체제의 유지와 감시 및 통제 현상은 설명하기 어렵다. 현성일에 의하면, 북한의 주민통제 및 감시체계는 단순한 피라미드식 종적 체계가 아니라 감시자와 감시 대상, 통제하는 사람과 통제 대상이 따로 없는 모든 고위층과 주민들의 상호 감시와 통제, 상호 견제의 복잡하고 치밀한 조직 구조로 이루어졌다. 북한에서 어느 누구의 통제도 감시도 받지 않고 절대적 자유를 누릴 수 있는 사람은 오직 김정일뿐이다. 바로 이러한 통제 구조와 감시체계는 헌법이나 당규약에서가 아니라 '당의 유일사상체계 확립의 10대 원칙'에 의해 합법화되고 있다.[43] 10대 원칙[44]의 내용과 북한의 통제 및 정치법 수용소체계로 미루어 보면 북한은 스탈린식 전체주의국가체제의 전형인 것이다.

이종석은 자신이 제안한 유일체제는 1인의 절대 권력자가 물리적 강제력을 바탕으로 해서 운용하는 지도체계 일반을 가리키는 단일지도체계와는 달리 힘뿐만 아니라 자신을 합리화시켜주는 이데올로기와 사회, 문화적 정서까지도 스스로 재생산하는 체제임을 강조한다.[45] 그러나 자유민주주의체제나 전체주의체제를 막론하고 모두 지배의 수단으로 강제와 자발적 동의기제를 갖추고 있다. 즉, 전체주의체제는 강압적 수단만을 자유민주주의체제는 자발적 동의기제만을 활용하는 것이 아니다. 따라서 이러한 현상이 북한국가체제의 특성이 될 수는 없다.

두번째, 신정체제, 수령(절대주의)체제, 유일지배체제란 용어가 시사하듯이 지도자 1인의 절대 권력과 철저한 개인 숭배 현상이 독특하다는 것이다. 그러나 이러한 현상은 정도의 차이는 있지만 본질적인 면에서는 스탈린식 전체주의와 술탄체제에서도 그대로 나타나고 있다. 이미 지적한 바와 같이 전체주의 국가의 본질적 특성은 지도자 국가라는 데 있다. 특히 스탈린은 대숙청을 통해서 제도로서의 당이나 국가기구를 무력화시키고 절대적인 지도자 국가체제(수령 국가)를 구축했다. 스탈린의 개인 권력은 지배력, 범위, 토대, 정당화의 양식이라는 여러 가지 측면에서 고찰될 수 있다. 지배 권력의 무제한적 성격, 정밀과학, 철학, 언어학, 문학, 예술 등 인간 활동의 전 분야에서 절대적 권위의 요구, 권력 수단의 다양화, 직책으로부터 오는 정통성의 요구로부터 개인적 자질로부터 오는 정통성의 요구에로의 이전 등은 스탈린과 김일성의 권력체계 모두에 공통되는 현상이다.46)

사실 1930년대 이후부터 소련에서는 스탈린의 수령으로서 역할과 신비화 작업이 계속 강화되었다. 이렇게 볼 때 북한 국가체제의 특징으로 강조되고 있는 수령체제의 특징적 면모는 후계체제의 특성을 제외한다면 기실 스탈린식 전체주의체제의 현상인 것이다.

세번째 요인은 권력의 부자 세습 현상이다. 물론 북한은 사회주의 역사상 처음으로 권력을 대물림시켰다. 따라서 이 현상은 매우 이례적이다. 정성장은 북한식 '수령의 유일적 영도체계'가 스탈린식 수령독재체계를 본질로 하면서도 그것과 크게 구별되는 점은 후계자 문제와 관련되어 있다고 강조하면서 수령의 유일적 영도체계는 김일성, 김정일의 유일적 영도를 보장해 주는 체계임을 알 수 있다고 지적하고 있다.47) 사실 수령의 유일적 영도(수령제)를 보장하는 유일사상체계 확립의 10대 원칙의 핵심은 마지막 항목인 수령 승계의 원칙에 있다고 볼 수도 있다. 따라서 수령 체제의 한 면모인 권력 세습 현상이 '북한적 현상'임은 분명하다.

그러나 아직 일회적 현상을 체제를 구분하는 배타적 특성으로 간주하기는 어렵다. 더욱이 죠위트(Kenneth Jowitt)에 의하면, 소련과 루마니아가 1953년 스탈린 사망 이전에 강력한 세습적 경향을 갖고 있었다. 그는 술탄주의 형태의 세습주의가 적어도 1957년부터 1965년까지 루마니아 공산당의 지배적 현상이었다고 지적하고 있다.[48] 특히 차우세스쿠 치하의 루마니아는 그가 권력을 계속 유지했다면 북한과 같은 권력의 부자 세습이 가능했을 것이다. 즉, 니쿠는 루마니아의 김정일이 되었을 것이다.

네번째 요인은 선군정치 내지 군사 국가화 현상이다. 북한에서는 '선군정치'를 "정치사에 일찍이 있어 본 적 없는 독창적인 주체의 정치"[49]로, 김정일 시대를 대표하는 정치로 규정하고 있다. 선군정치는 "이집트 대통령이 내왔던 군사총통제나 1970년대까지 세계의 많은 나라들에 존재했던 군정과는 구별되는 군중시의 국가정치체제"이며 "국가기구자체를 군사체제화한 것이 아니라 국가기구체제에서 군사를 우선시하고 군사 분야의 지위와 역할을 최대한 높이도록 권능을 규제한 정치체제"[50]인 것이다. 그리고 선군정치는 "군대를 중시하고 그를 강화하는 데 선차적인 힘을 넣는 정치"로 정의하고 있다. 또한 근본 특징으로서는 "당과 군대, 인민을 옳게 결합시켜 나감으로써 혁명과 건설을 힘있게 밀고 나갈 수 있게 하는 불패의 위력한 정치 방식"[51]임을 들고 있다. 말하자면 지난 시기에는 노동자 농민을 혁명과 건설의 주력군으로 내세웠다면 김정일 시대에 들어 와서는 군대를 혁명의 주력군으로 삼아 북한이 직면한 어려움을 돌파해 나가겠다는 것이다. 앞에서 지적한 바와 같이 일부 연구자들은 군 중시 또는 군의 영향력 증대 현상에 주목해서 기존의 당-군 관계에 변화가 왔다고 주장해 왔다.

그러나 이러한 현상은 군-정 관계의 변화는 의미할 수 있어도 당-군 관계의 변화는 아니다. 1998년 9월 헌법개정된 헌법에서 북한은 국가기구체계에서 국방위원회와 국방위원장의 지위와 권능을 격상시켰다. 즉, 국방위원회의 구성, 임무와 권한에 있어서 최고인민회의 상임위원회, 내각, 지방주권기관들, 사법검찰기관보다 우위에 놓이게 되었다. 반면 "당과 군대가 서열상 누가 선차냐 할 때 당이 앞자리에 놓이며 따라서 군대는 그 위상에서 당군으로 자리 매김 된다".52) 그리고 바로 "이와 같은 상호 관계로부터 군대는 당의 령도를 생명선으로 하며 당의 영도를 받아야만 군력 강화도 력사적 사명 수행도 이루어 낼 수 있다"53)는 것이다. 이렇게 볼 때 북한에서 군사국가체제로의 전환을 주장할 만큼 노동당의 위상이 약화된 것은 아니다.

  아울러 소련과 폴란드의 경우에도 전쟁 등 국가가 위기시에는 이른바 선군정치 현상이 나타났다. 예컨대 조국전쟁시 스탈린은 당의 기능과 권한을 현저하게 약화시켰으며 당중앙위원회도 소집하지 않았으며 당의 기능 자체를 군대의 기구들이 담당했다. 또한 정치국과 비서국의 일부 핵심 인물만으로 구성된 국방위원회(State Defense Committee)를 구성해서 주요 업무를 처리했다.54) 이 위원회는 현재 북한의 국방위원회와 조직과 구성 및 권한 면에서 유사점이 많다. 그러나 이 시기에 소련의 군대가 당을 지배한 것은 아니었다. 폴란드의 경우 1981년 솔리다리티(Solidarity) 문제로 당내 갈등과 위기가 심화되었을 때, 야루젤스키가 쿠데타의 형식을 빌어 당과 정부 권력을 장악한다. 이때도 군이 당을 지배했다기보다 '군복을 입은 당(party in uniform)'이 전면에 나와 당면한 위기를 해결하고자 한 것이다.55) 이렇게 볼 때 북한의 선군정치는 북한만의 특수한 군사 국가체제가 아니라 최고 지도자(김정일)를 정점으로 한 당 중심의 군중시체제일 뿐이다.

4. 결 론

지금까지 북한 국가체제의 성격을 비교 사회주의적 맥락에서 검토, 분석하였다. 그것의 핵심적 내용은 스탈린식 전체주의 또는 전체주의와 술탄체제 모델의 조합으로 북한의 국가체제의 본질을 제대로 파악할 수 있는 적합성 있는 모델인가 아닌가를 규명하는 것이었다. 분석 결과는 북한국가체제가 갖고 있는 보편적 현상을 가장 잘 설명할 수 있는 것은 스탈린식 전체주의 모델이라는 사실이다.[56]

한동안 사회주의체제의 특성, 특히 스탈린 치하의 소련의 국가체제를 논의할 때 전체주의 모델은 전가의 보도처럼 원용되었다. 그러나 이 모델은 스탈린 사후의 소련 체제의 내부 변화의 역동성을 설명해 주지 못하고 있으며 가치 부하적 속성을 띠고 있다는 비판이 제기된 이후 그 이론적 적실성이 의문시되었다. 그러나 국가 수립 이후 탈스탈린화가 한 번도 이루어진 적이 없는 북한, 그리고 스탈린식 전체주의의 특성인 수령 개인의 절대 독재 현상을 고려한다면 이 모델은 북한의 국가체제를 설명하는 데 여전히 유효하다. 특히 북한 국가체제의 특징적 요소로 제기된, 즉 지도자 국가 현상, 대중의 지지, 집단주의 현상 등은 기실 전체주의 국가체제 일반에서 볼 수 있다는 점에서 더욱 그러하다.

사실 일부 연구자들이 북한 국가체제의 특수성으로 강조해 온 일련의 현상들, 즉 자발적 동의 내지 순응의 기제, 철저한 1인 독재와 개인우상화, 권력 세습, 선군정치 현상 등은 정도의 차이는 있지만 다른 사회주의 국가들의 경우에서도 찾아볼 수 있다. 박형중은 특수성을 강조하는 연구자들이 "사회주의체제에 보편적으로 나타나는 현상을 북한에 특수한 것으로 단정하고, 그것의 원인을 북한에 특수했던 여러 상황, 즉 지도자의 성격과 개인적 경험, 북한 사회주의 건설과정의 여러 역사적 조건과 배경, 한국의 정치적 전통 등과 관련시켜 설명하면서 그것이 북한에만 특수한 것임을 단정"[57]한다고 비판하고 있다. 그는 우리가 직면하는 '북한적 현상'들은 사회주의의 유전적 특성이 북한이라는 조건에서 구체화되어 발현한 것이라고 강조하고 있다.[58]

이렇게 볼 때 북한의 국가체제는 특정 시점이나 부문에서는 이른바 '북한적 특수성'이라고 부를 수 있는 현상이 있다. 그러나 이러한 현상은 기실 스탈린식 전체주의나 술탄체제라는 보다 일반적인 비교 사회주의체제의 맥락 속에 포함할 수 있는 특수성이지 완벽한 체제 구분을 할 수 있는 배타적 특성은 아닌 것이다. 따라서 북한의 국가체제가 갖고 있는 보다 보편적 현상은 스탈린식 전체주의체제와 술탄체제의 조합으로 설명이 가능하다. 북한의 국가체제의 성격을 이 두 체제의 조합으로 규정한다면 이러한 체제를 경험한 국가의 사례에서 보듯이 북한에서의 위로부터의 체제전환은 기대하기 힘들다.

※ 이 글은 최완규 엮음, 『북한의 국가성격 변용에 관한 연구』
(서울: 한울, 2001)에 게재되었던 논문이다.

주註

1) 당－국가체제란 용어는 공산주의 국가들에 적용되는 것이지만 나치즘, 파시즘 및 이와 유사한 어떤 것에도 적용될 수 있다. 이 체제를 합리화하는 주장은, 부분들인 여러 정당들은 국가와 동일시될 수 없지만, 전체로서의 정당은 그 스스로를 국가와 일치시킬 수 있다는 것이다. 이 두 개의 전체는 그것들이 서로 일치하지 않는 한 공존할 수 없다. 이러한 의미에서 단일정당은 국가의 복사판이라고 할 수 있다. Giovanni Sartori, *Party and Party Systems: A Framework for Analysis* (London: Cambridge University Press, 1976), p. 44.

2) George Modelski, *The Communist International System in International Encyclopedia of the Social Science*, Vol. Ⅲ, pp. 126～132.

3) H. H. Gerth and C. Wright Mills(eds.), *From Max Weber: Essays in Sociology* (New York: Oxford University Press, 1946), p. 78.

4) 이에 대한 자세한 논의는 박형중, "북한정치연구에서 '북한 특수성론'," 『통일문제연구』 제27호 (1997) 참조.

5) C. J. Friedrich & Z. K. Brezezinski, *Totalitarian Dictatorship and Autocracy, second ed.* (New York: Frederick A. Praeger, 1965), p. 3.

6) Robert Furtak, *The Political Systems of Socialist State: An Introduction to Marxist-Leninist Regimes* (Brighton, Sussex: Wheatsheaf Books, 1986), pp. 6～7.

7) T. H. Rigby, "Stalinism and the Mono-Organizational Society," *Robert Tucker(ed.), Stalinism: Essays in Historical Interpretation* (New York: W. W. Norton & Co. Inc., 1977), pp. 53～76.

8) Leszek Kolakowski, "Stalinism Versus Marxism?: Marxist Roots of Stalinism," *Robert Tucker(ed.), Stalinism: Essays in Historical Interpretation*, pp. 287～290.

9) Mihailo Markovic, "Stalinism and Marxism," *Robert Tucker(ed), Stalinism: Essays in Historical Interpretation*, pp. 299～300.

10) C. J. Friedrich & Z. K. Brezezinski, *Totalitarian Dictatorship and Autocracy, second ed.*, pp. 22.

11) Leonard Schapiro, *Totalitarianism* (New York: Praeger, 1972), pp. 18～71.

12) 히틀러는 "총통 겸 제국 재상"이라는 직함을 힌덴부르크 사후에 취하였지만 이렇게 함으로써 그의 권위는 헌법 이외의 원천으로부터 유래한다는 것을 시사한 것이다. 실제로 이것은 총통의 권위가 국가나 당이 아니라 "국민의 통일된 의지"로부터 나온다는 것을 의미하기 위하여 행해진 것이다. 그는 기존 국가제도를 통해서도 또 그것을 통하지 않고서도 그가 원하는 대로 행동할 수 있었다. 요컨대 히틀러는 갖가지 대립적인 권위, 즉 국가, 당, 친위대, 육군,

산업의 최고 조정자였으며 최종적으로는 그것들 모두에 대한 무자비한 지배자
였다. 히틀러는 그의 식탁 담화에서 종종 다른 무엇보다도 "지도자 국가
(Fuhrerstatt)"가 우월하다는 점을 강조하였다. 그가 의미하는 바에 의하면 지도
자는 선거 혹은 만장일치에 의한 선출 후에는 국민의 지지를 체현하고 있기
때문에 여하한 경우에도 법적 혹은 기타 군에 의하여 도전 받을 수 없는 일종
의 최고 권위를 갖는다. 그러한 지도자 국가는 "몇 세기 동안이라도 존속 가능
하다." 위의 책, 26~27쪽.

13) C. J. Friedrich & Z. K. Brezezinski, *Totalitarian Dictatorship and Autocracy, second
ed.*, pp. 31.

14) Jeffery Hosking, *A History of the Soviet Union*, 김영석 옮김, 『소련사』(서울: 홍성
사, 1990), 187~188쪽.

15) Leonard Shapiro, *Totalitarianism*, pp. 69~70.

16) 전체주의 접근법의 문제점은 다음과 같다. 첫째, 전체주의란 용어 자체가 냉전
적 개념으로서 특정 정치체제의 가치를 낮추거나 높이기 위해서 의도적으로
사용되었다는 점, 둘째 스탈린 사후 소련 및 동구에서 일어나고 있는 변화 현
상을 설명할 수 없다는 점, 셋째 유사한 체제간의 차이점을 제대로 밝혀주지
못하고 있다는 점을 들 수 있다. 이에 관한 자세한 논의는 Lenard J. Cohen
& Jane P. Shapiro, "Introduction: Communist Systems in Comparative Perspective,"
in L. J. Cohen, Shapiro(ed.), *Communist Systems in Comparative Perspective* (New York:
Anchor Books, 1974), pp. xxv-xxviii; Shapiro, *Totalitarianism*, pp. 105~118 참조.

17) Gavan McCormack, "Kim Country: Hard Times in North Korea," *New Left
Review*, No. 198(1993), pp. 41~48.

18) Anthony Giddens, *Nation-State and Violence*, 진덕규 옮김, 『민족국가와 폭력』(서
울: 삼지원, 1991), 348~349쪽.

19) Gavan McCormack, "Kim Conutry: Hard Times in North Korea," 46쪽.

20) 전체주의와 술탄체제의 조합은 우리가 생각하고 있는 것처럼 아주 드문 경우만
은 아니다. 조위트는 여러 레닌주의체제의 세습주의적 속성을 오랫동안 강조해
왔다. 그의 견해로는 소련과 루마니아가 1953년 스탈린 사망 이전에 강력한
세습적 경향을 띠고 있었다. 또한 1957년부터 1965년까지 루마니아 공산당에
서도 술탄주의적 세습주의 현상을 발견할 수 있다고 주장하였다. Kenneth
Jowitt, *Revolutionary Breakthroughs and National Development: The Case of Romania,
1944~1965* (Berkeley: University of Califor- nia Press, 1971). Juan J. Linz &
Alfred Stepan, *Problems of Democratic Transition and Consolidation* (Baltimore: Johns
Hopkins University Press, 1996), p. 347에서 재인용.

21) Max Weber, *Economy and Society* (New York: Bedminster, 1968), pp. 1006~

1069.

22) Ronald H. Linden, "Socialist patrimonialism and the global economy: the case of Romania," *International Organization*, Vol. 40, No. 2(1986), p. 347.

23) Vladimir Tismaneaunu, "Ceausescu's Socialism," *Problems of Communism*, Vol. 34(1985), pp. 60~66.

24) Mary Ellen Fischer, "Idol or Leader? The Origins and Future of the Ceausescu Cult," Daniel N. Nelson(ed.), *Romania in the 1980s* (Boulder, Cold.: Westview, 1981), p. 118.

25) 박형중, "루마니아와 북한: 사회주의 주변부의 스탈린주의체제에 대한 비교연구,"『통일문제연구』제7권 1호 (1995), 51~52쪽.

26) 이에 대한 자세한 설명은 이종석,『새로 쓴 현대 북한의 이해』(서울: 역사비평사, 2000), 113~124쪽 ; Gavan McCormack, "Kim Country: Hard Times in North Korea," pp. 21~48 참조.

27) 브루스 커밍스, "북한의 조합주의," 김동춘 엮음,『한국현대사 연구 I 』(서울: 이성과 현실사, 1988), 342~343쪽.

28) 브루스 커밍스, 위의 글, 343쪽.

29) 브루스 커밍스, 위의 글, 352쪽.

30) 이에 대한 상세한 논의는 和田春樹, "遊擊隊國家の 成立と 展開,"『世界』1993年 10月號 ;『歷史としての社會主義』(東京: 岩波書店, 1992)를 참조. 유격대 국가에 대한 자세한 내용 소개와 비판에 대해서는 이종석, "'유격대국가론'의 성과와 한계: 와다 하루끼의 논의에 대한 검토,"『한국과 국제정치』제10권 2호(1994), 291~307쪽 참조.

31) 스즈키 마사유키, 유영구 옮김,『김정일과 수령제 사회주의』(서울: 중앙일보사, 1994), 20쪽, 268쪽.

32) 위의 책, 153쪽.

33) 위의 책, 148~157쪽.

34) 위의 책, 166쪽.

35) 위의 책, 270~274쪽.

36) 최성은 북한 국가체제를 스탈린적 당-국가체제와 봉건적 수령제의 조합으로 규정하고 있다. 최성, "수령체계의 형성과정과 구조적 작동 메커니즘에 관한 연구"(고려대학교 정치학 박사학위 논문, 1993). 김광용은 북한의 국가체제를 수령, 당, 대중의 일심동체를 강조하면서 당-국가 시스템 위에 수령을 추대한 체제로 규정하고 있다. 그는 위로부터의 통제와 아래로부터의 지지의 결합으로 북한의 수령제 정치체제의 특성을 분석하고 있다. 김광용, "북한 수령제 정치체제의 구조와 특성에 관한 연구"(한양대학교 정치학 박사학위 논문, 1995).

김연철은 당-국가체제에서 최고 지도자의 인격화된 지배가 관철되는 체제로 규정하고 있다. 김연철, "북한의 산업화과정과 공장관리의 정치, 1953~1970" (성균관대학교 정치학 박사학위 논문, 1996). 정우곤은 당-국가체세 위에 수령의 유일적 영도체계가 구축되어 있는 이데올로기 권력으로 수령제를 규정하고 있다. 정우곤, "북한사회주의 건설과 수령제의 형성에 관한 연구, 1948~1972" (경희대학교 정치학 박사학위 논문, 1997).

37) 이종석, 『새로 쓴 현대 북한의 이해』, 210~211쪽.

38) 위의 책, 212~220쪽.

39) 서대숙, 『현대 북한의 지도자: 김일성과 김정일』 (서울: 을유문화사, 2000), 223쪽.

40) Haruki Wada, "The Structure and Political Culture of the Kim Jong Il Regime: Its Novelty and Difficulties," Jae Kyu Park(ed.), *North Korea in Transition and Policy Choices:Domestic Structure and External Relations* (Seoul: Kyungnam University Press, 1999), pp. 69-81.

41) 이대근, "조선인민군의 정치적 역할과 그 한계" (고려대학교 정치학 박사학위 논문, 2000), 10~11쪽.

42) 양현수, "북한군의 정치적 위상과 역할: 북한 '군사 국가화' 논의 비평"(1999년도 한국정치학회 추계학술회의 발표 논문, 1999.9.18), 9~14쪽.

43) 현성일, "북한 노동당의 조직구조와 사회통제체계에 관한 연구: 당의 유일사상체계 확립의 10대 원칙을 중심으로"(한국외국어대학교 정책과학대학원 석사학위 논문, 1999), 18쪽.

44) 10대 원칙의 내용(요약)은 다음과 같다. ① 수령의 혁명사상으로 전체사회를 일색화하기 위해 목숨 바쳐 투쟁한다. ② 수령을 충성으로 우러러 받들어야 한다. ③ 수령의 권위를 절대화해야 한다. ④ 수령의 혁명사상을 신념으로 수용하고 수령의 교시를 신조화해야 한다. ⑤ 수령의 교시 집행에서는 무조건성 원칙을 지켜야 한다. ⑥ 수령을 중심으로 한 전당의 사상의지적 통일과 혁명적 단결을 강화해야 한다. ⑦ 수령에게 배워서 공산주의적 풍모와 혁명적 사업방법, 인민적 사업작풍을 가져야 한다. ⑧ 수령으로부터 부여된 정치 생명을 소중히 지키고 수령의 정치적 신임과 배려에 대해 충성으로 보답해야 한다. ⑨ 수령의 유일한 영도 밑에 전당·전국·전군이 시종일관 활동할 수 있는 강력한 조직 규율을 확립해야 한다. ⑩ 수령이 개척한 혁명위업을 대를 이어 끝까지 계승하여 완성시켜야 한다.

45) 이종석, 『새로 쓴 현대 북한의 이해』, 121쪽.

46) 정성장, "북한체제와 스탈린체제의 비교," 오일환 외, 『현대북한체제론』 (서울: 을유문화사, 2000), 116쪽.

47) 위의 글, 119쪽.

48) Kenneth Jowitt, *Revolutionary Breakthroughs and National Development: The Case of Romania*, 1944~1966 (Berkeley: University of California Press, 1971), pp. 190-197.

49) 김철우, 『김정일장군의 선군정치』 (평양: 평양출판사, 2000), 2쪽.

50) 위의 책, 24쪽.

51) 고상진, "위대한 령도자 김정일동지의 선군정치의 근본 특징," 『철학연구』 1999년 1호, 17~18쪽.

52) 김철우, 『김정일 장군의 선군정치』, 50쪽. 필자가 2차례에 걸쳐 평양 방문시 면접한 북한 인사들도 한결같이 당 우위원칙론을 주장하였다.

53) 위의 책.

54) Richard Sakwa, *Soviet Politics: An Introduction*(London: Routledge Kegan Paul, 1989), Chap. Ⅰ, Ⅱ 참조.

55) 이에 대해 자세한 논의는 Amos Permutter & William LeoGrande, "Party in Uniform: Toward a Theory of Civil-Military Relation," *American Political Science Review*, Vol. 76, No 4 (1982), pp. 778-789 참조.

56) 북한의 국가체제의 특성을 시종 전체주의 모델로 분석, 설명하고 있는 연구로서는 오일환, "김정일시대의 북한체제의 현황," 오일환 외, 『현대북한체제론』, 15~79쪽 참조.

57) 박형중, "북한정치연구에서 '북한 특수성론'," 184~185쪽.

58) 위의 글.

〈참고문헌〉

1. 북한문헌

고상진, "위대한 령도자 김정일동지의 선군정치의 근본 특징,"『철학연구』1999년
    1호.
김철우,『김정일장군의 선군정치』(평양: 평양출판사, 2000).

2. 남한문헌

김광용, "북한 수령제 정치체제의 구조와 특성에 관한 연구"(한양대학교 정치학 박
    사학위 논문, 1995).
김연철, "북한의 산업화과정과 공장관리의 정치, 1953~1970"(성균관대학교 정치
    학 박사학위 논문, 1996).
박형중, "북한정치연구에서 '북한 특수성론',"『통일문제연구』제27호(1997).
박형중, "루마니아와 북한: 사회주의 주변부의 스탈린주의체제에 대한 비교연구,"
    『통일문제연구』제7권 1호(1995).
브루스 커밍스, "북한의 조합주의," 김동춘 엮음,『한국현대사 연구 Ⅰ』(서울: 이
    성과 현실사, 1988).
서대숙,『현대 북한의 지도자: 김일성과 김정일』(서울: 을유문화사, 2000).
스즈키 마사유키, 유영구 옮김,『김정일과 수령제 사회주의』(서울: 중앙일보사,
    1994).
양현수, "북한군의 정치적 위상과 역할: 북한 '군사 국가화' 논의 비평" (1999년도
    한국정치학회 추계학술회의 발표 논문, 1999.9.18).
이대근, "조선인민군의 정치적 역할과 그 한계" (고려대학교 정치학 박사학위 논문,
    2000).
이종석,『새로 쓴 현대 북한의 이해』(서울: 역사비평사, 2000).
이종석, "'유격대국가론'의 성과와 한계: 와다 하루끼의 논의에 대한 검토,"『한국
    과 국제정치』제10권 2호 (1994).
정성장, "북한체제와 스탈린체제의 비교," 오일환 외,『현대북한체제론』(서울: 을
    유문화사, 2000).
정우곤, "북한사회주의 건설과 수령제의 형성에 관한 연구, 1948~1972" (경희대
    학교 정치학 박사학위 논문, 1997).
최 성, "수령체계의 형성과정과 구조적 작동 메카니즘에 관한 연구" (고려대학교
    정치학 박사학위 논문, 1993).

현성일, "북한 노동당의 조직구조와 사회통제체계에 관한 연구: 당의 유일사상체계
　　확립의 10대 원칙을 중심으로" (한국외국어대학교 정책과학대학원 석사학
　　위 논문, 1999).

3. 외국문헌

和田春樹, "遊擊隊國家の 成立と 展開,"『世界』1993년 10月號.

和田春樹,『歷史としての社會主義』(東京: 岩波書店, 1992).

Cohen, Lenard J. & Jane P. Shapiro, "Introduction: Communist Systems in
　　Comparative Perspective," in L. J. Cohen & J. P. Shapiro(ed.), *Communist
　　Systems in Comparative Perspective* (New York: Anchor Books, 1974).

Fischer, Mary Ellen, "Idol or Leader? The Origins and Future of the Ceausescu Cult,"
　　Daniel N. Nelson(ed.), *Romania in the 1980s* (Boulder, Cold.: Westview,
　　1981).

Friedrich, C. J. & Z. K. Brezezinski, *Totalitarian Dictatorship and Autocracy, second ed.*
　　(New York: Frederick A. Praeger, 1965).

Furtak, Robert, *The Political Systems of Socialist State: An Introduction to Marxist-Leninist
　　Regimes* (Brighton, Sussex: Wheatsheaf Books, 1986).

Giddens, Anthony, Nation-State and Violence, 진덕규 옮김,『민족국가와 폭력』(서
　　울: 삼지원, 1991).

Gerth, H. H. and C. Wright Mills(eds.), *From Max Weber* (New York: Oxford
　　University Press, 1946).

Hosking, Jeffery, *A History of the Soviet Union*, 김영석 옮김,『소련사』(서울: 홍성사,
　　1990).

Jowitt, Kenneth, *Revolutionary Breakthroughs and National Development: The Case of
　　Romania, 1944~1966* (Berkeley: University of California Press, 1971).

Linz, Juan J. & Alfred Stepan, *Problems of Democratic Transition and Consolidation*
　　(Baltimore: Johns Hopkins University Press, 1996).

Linden, Ronald H., "Socialist patrimonialism and the global economy: the case of
　　Romania," *International Organization*, Vol. 40, No. 2(Spring 1986).

McCormack, Gavan, "Kim Country: Hard Times in North Korea," *New Left Review*,
　　No. 198(1993).

Modelski, George, *The Communist International System in International Encyclopedia of the
　　Social Science*, Vol. Ⅲ.

Permutter, Amos & William LeoGrande, "Party in Uniform: Toward a Theory of
　　Civil-Military Relation," *American Political Science Review*, Vol. 76, No. 4

(1982).

Sakwa, Richard, *Soviet Politics: An Introduction* (London: Routledge Kegan Paul, 1989).

Sartori, Giovanni, *Party and Party Systems: A Framework for Analysis* (London: Cambridge University Press, 1976).

Schapiro, Leonard, *Totalitarianism* (New York: Praeger, 1972).

Tismaneaunu, Vladimir, "Ceausescu's Socialism," *Problems of Communism*, Vol. 34 (1985).

Tucker, Robert(ed.), *Stalinism : Essays in Historical Interpretation* (New York: W. W. Norton & Co. Inc., 1977).

Wada, Haruki, "The Structure and Political Culture of the Kim Jong Il Regime: Its Novelty and Difficulties," Jae Kyu Park(ed.), *North Korea in Transition and Policy Choices: Domestic Structure and External Relations* (Seoul: Kyungnam University Press, 1999).

Weber, Max, *Economy and Society* (New York: Bedminster, 1968).

찾아보기

필자 약력

▫ 전현준

　　통일연구원 선임연구위원, 북한연구학회 회장

　　전남대학교 정치학 박사

　　주요 저서 및 논문:『김정일 정권의 권력엘리트 연구』,『김정일 리더쉽
　　　　연구』,『북한의 대남정책 특징』,『북한의 사회통제 기구 연구』

▫ 정성장

　　세종연구소 연구위원

　　파리 10 - 낭떼르대학교 정치학 박사

　　주요 저서 및 논문:『한국의 국가전략 2020: 대북통일』(편저),『현대 북한연
　　　　구의 쟁점1』(공저), "김정일 시대 북한의 후계문제: 징후와 후계구도"

▫ 김창근

　　부산교육대학교 윤리교육과 조교수

　　단국대학교 정치학 박사

　　주요 저서 및 논문:『북한이해의 길잡이』(공저), "통일문화 형성의 기본방
　　　　향과 실천과제", "통일교육에서 민주적 가치와 민주시민의 자질"

▫ 이기동

　　국제문제조사연구소 연구위원

　　건국대학교 정치학 박사

　　주요 저서 및 논문: "한반도 비핵화 실현을 위한 '한반도비핵지대'의 효용
　　　　성 연구", "김정일 후계체제 구축, 어디까지 왔나", "제도론적 시각
　　　　에서의 탈공산주의 체제전환: 국가 - 사회관계 분석을 위한 개념적
　　　　틀 형성을 중심으로"

▫ 정우곤

　　통일부 정책기획팀 행정사무관

　　경희대학교 정치학 박사

주요 저서 및 논문:『정상회담이후의 북한』(공저), "북한 사회복지제도와 사회경제적 계층구조 변화", "김정일 정권의 국가발전전략 – 강성대국건설을 중심으로", "1990년대 북한 주민생활보장제도와 도시 계층구조 변화", "주체사상의 변용담론과 그 원인"

▫ 김동한

동국대학교 북한학연구소 연구교수

경희대학교 법학 박사

주요 저서 및 논문:『북한의 사회문화』(공저),『북한의 경제』(공저),『현대 북한의 이해』(공저)

▫ 최진욱

통일연구원 선임연구위원

미국 신시내티대학교(University of Cincinnati) 정치학 박사

주요 저서 및 논문:『하늘길, 바닷길, 땅길 열어 통일로: 통일노력 60년』(공저),『현대북한행정론』,『김정일정권과 한반도장래』

▫ 김근식

경남대학교 정치언론학부 교수

서울대학교 정치학 박사

주요 저서 및 논문:『남북한 관계론』(공저), "한국의 대북한 정치적 영향력 평가: 사례비교와 원인분석", "북한의 핵프로그램: 논리와 의도 및 선군시대"

▫ 최완규

북한대학원대학교 원장

경희대학교 정치학 박사

주요 저서 및 논문:『북한 도시의 위기와 변화: 1990년대 청진, 신의주, 혜산』(편저),『북한 도시의 형성과 발전 :청진, 신의주, 혜산』(편저),『북한의 국가성격 변용에 관한 연구』(편저),『북한은 어디로: 전환기 북한적 정치현상의 재인식』

▫ 김용현

　　동국대학교 북한학과 교수

　　동국대학교 정치학 박사

　　주요 저서 및 논문: 『로동신문을 통해 본 북한 변화』(공저), "선군정치와
　　　　김정일 국방위원장 체제의 정치변화", "'로동신문'을 통해 본 북한
　　　　의 수령제 형성과 군사화"

▫ 김갑식

　　경남대학교 극동문제연구소 연구교수

　　서울대학교 정치학 박사

　　주요 저서 및 논문: 『김정일의 권력구조』, "북한 민족주의의 전개와 발전:
　　　　민족공조론을 중심으로", "북한 내각의 경제적 역할과 당정관계"

북한학총서 북한의 새인식

▫ 발간위원회
　발간위원장: 전현준(북한연구학회 회장)
　발 간 위 원: 고유환(북한연구학회 부회장, 동국대학교 교수)
　　　　　　　정규섭(북한연구학회 부회장, 관동대학교 교수)
　　　　　　　이기동(북한연구학회 총무 이사, 국제문제조사연구소 연구위원)

▫ 편집위원회
　책임편집: 정영철(북한연구학회 연구이사, 서울대학교 국제대학원 책임연
　　　　　　구원)
　편집위원: 고재홍(북한연구학회 편집위원, 국제문제조사연구소 연구위원)
　　　　　　신효숙(북한연구학회 편집위원, 북한대학원 대학교 연구교수)
　　　　　　이무철(북한연구학회 연구위원회 간사, 북한대학원 대학교 연구
　　　　　　교수)
　　　　　　전영선(북한연구학회 문화분과위원장, 한양대학교 연구교수)

북한의 정치 2　　　　　　　　　　　　정가 : 24,000원

2006년 11월 20일　　초판 인쇄
2006년 11월 25일　　초판 발행

　　　　　　　　편　　저 :　북한연구학회
　　　　　　　　발 행 인 :　한 정 희
　　　　　　　　발 행 처 :　경인문화사
　　　　　　　　　　　　　　서울특별시 마포구 마포동 324-3
　　　　　　　　　　　　　　전화 : 718-4831～2, 팩스 : 703-9711
　　　　　　　　　　　　　　http://www.kyunginp.co.kr 한국학서적.kr
　　　　　　　　　　　　　　E-mail : kyunginp@chol.com
　　　　　　　　등록번호 :　제10-18호(1973.11.8)

ISBN : 89-499-0437-3 93340
ⓒ 2006, Kyung-in Publishing Co, Printed in Korea
* 파본 및 훼손된 책은 교환해드립니다.